中外教育交流与变革书系

ZHONGWAI JIAOYU
JIAOLIU YU BIANGE
SHUXI

余子侠　主编

近代电化教育的传入成型

◎／乔金霞　著

中原出版传媒集团
中原传媒股份公司

大象出版社
·郑州·

图书在版编目(CIP)数据

近代电化教育的传入成型 / 乔金霞著. — 郑州：
大象出版社, 2022.12
 ISBN 978-7-5711-1686-6

Ⅰ. ①近… Ⅱ. ①乔… Ⅲ. ①电化教育-教育史-研究-中国-近代 Ⅳ. ①G43-092

中国版本图书馆 CIP 数据核字(2022)第 236539 号

近代电化教育的传入成型
JINDAI DIANHUA JIAOYU DE CHUANRU CHENGXING

乔金霞　著

出 版 人	汪林中
责任编辑	何　姗　宋海波
责任校对	张迎娟　代亚丽
版式设计	付铱铱
封面设计	王晶晶
责任印制	郭　锋

出版发行　**大象出版社**(郑州市郑东新区祥盛街 27 号　邮政编码 450016)
　　　　　发行科 0371-63863551　总编室 0371-65597936
网　　址　www.daxiang.cn
印　　刷　郑州新海岸电脑彩色制印有限公司
经　　销　各地新华书店经销
开　　本　720 mm×1020 mm　1/16
印　　张　21.75
字　　数　375 千字
版　　次　2022 年 12 月第 1 版　2022 年 12 月第 1 次印刷
定　　价　96.00 元
若发现印、装质量问题，影响阅读，请与承印厂联系调换。
印厂地址　郑州市鼎尚街 15 号
邮政编码　450002　　　　　电话　0371-67358093

总 序

人类社会已进入这样的历史时期——任何国家要想跻身于世界强国之列，必须高度重视教育。人才是国家强盛的战略资源，而人才的培养依赖教育的发展。教育交流与互鉴，对教育的发展有重要的促进作用。缘此，今日在认定教育为立国之本的同时，积极推进和发展与世界各国之间的教育交流，既是历史之必然，也是时代之应然。

一

早在十多年前，笔者在组织撰研中外教育交流丛书时，就阐明自学校教育在中国社会产生以来，中华民族的教育交流在不断地推进和发展的观点。站在中国自身的角度或立场，这种教育交流大致可分为顺向交流、逆向交流和互向交流几种类型。笔者还根据学校教育与中华文化变迁和传衍之间的关系，大致分析了每种教育交流类型在中国历史进程中的主要特征或表现。

所谓顺向交流，是指在教育领域以中国为定点，通过相应的途径，将自身处于先进地位的文明因子和文化成分传输给其他的国家或民族的交流活动。以这种方式发生教育交流活动之时，中华文明往往处于一种上势地位或先进态势，通过相应的教育交流渠道，传播或输出到与己交流的国家或民族。例如中国近代以前的教育交流就是顺向交流，正是这种顺向教育交流，促进了今日人们所言的"东方儒学文化圈"的形成。

所谓逆向交流，则是中国作为一个文化的接受者，通过种种教育交流的渠道，将他国或他民族的先进文明因子和文化养分吸纳或引进国内，再结合国情所需融收化解于自身文明之中。其时自身的教育基本处于一种后进态势。这种逆向交流初现于明清之际，尤其突显于近代。这种类型的教育交流，推动了中国学校教育的变革和更新。

所谓互向交流是指在中外教育交流过程中，既有中华文化通过相应的教育交流途径传输给其他国家或民族，同时又有他国文化或他种文明输入中国的教育领域。其时教育交流的双方各有对方可资借鉴和吸纳的文明因子与文化养分。这种教育交流的情形，近二三十年来比较明显。它促进了中外文化的交流与互鉴，推动着人类文明的发展。

回望历史，上述三种教育交流类型只是以一种静态的眼光相对而言，其实无论在哪一个历史时期，中外教育交流的活动方式及文化内容，都不是单一的类型在发生或进行，而是顺向交流时也有逆向交流发生，逆向交流时也有顺向交流活动，或者互向交流发生时一时顺向交流占据优势，一时逆向交流成为主流。这不仅因为人类社会各个民族或国家，其文化各有优势，任何时候交流的双方互相都有可取之处，还因为双方的政治、经济、文化以及国际地位都处于一种恒动状态，故而在借鉴和吸收对方先进文化养分和积极文明因子时，也将自身的优良因素传输给对方，反之也是。如若求其区别，只是态度方面的积极与消极，作为方面的主动与被动，流量方面的充沛与弱小，以及交流时选择层面与领域的不同而已。要言之，教育，使人类社会走向文明且日益进步；交流，使教育事业得以创新而不断发展。

二

根据哲学的变易观点，任何事物只有不断地输入活性因子或吸纳新鲜养分，才能真正做到"日新，日日新"，具有"生生不息"的生命力。学校教育，无论其教育制度、教学内容，还是教育的思想理论、教学的方式方法，都只有不断地吸纳新的养分，才能够适应人类社会的发展和时代的需求，才能求其"系统"的活力常新，以利其更好地发挥自身的社会功能。

进入近代社会，中国发生"数千年来未有之变局"，国际政治地位由传统的"天朝上邦"沦落为贫弱挨打的后进之国，主体经济形态表现为自给自足的农耕经济被迫纳入世界工商经济的运行轨道。与之相应的传统教育系统，同样处于必须革新的历史关头。于是，通过教育交流我国的学校及其知识人才的培养获得了"自救"：学校教育系统吸纳新的养分，在艰难的"蜕变"过程中走向"涅槃"。

这一过程，在后人看来不过是万变宇宙间的一瞬，但在我国学校教育的发展历程中是一个极其重要的阶段，基本完成了中国学校教育的历史转型。这一转型，由何而起、因何而生、如何实现以及有何成效和经验教训，都值得学界去分析、总结，并借以探究其历史发展的规律性。因此，我们有必要也应该对这一历史时期的"中外教育交流"与中国教育的应变、革新与发展进行系统性研究和总结。

三

本书系定名为"中外教育交流与变革"，其中"交流"指中外之间在教育领域的交流，"变革"则指中国自身学校教育的变革。这两者自近代中国新式教育产生之后，一直处于一种相互联系又互相促进的状态。但学校教育无论是在理论层面、制度层面，或是教育教学实践层面，若进行线性梳理和分析，涉及的方方面面实在太多，不是一个小小的书系即能完事，因此在着手选题时，既要考虑研究者自身的学研能力和知识基础，又要考虑研究内容具有一定代表性。其结果就是产生了"码堆"的10部著作或10个方面的研究，虽说有些杂乱，但并非完全无"章"。

就学校教育的层次看，有学前教育方面和研究生教育层级的交流和变革作代表；就学校教育的类型看，有专门美术教育和电化教育这两种不同形态的教育交流与演变作代表。就教育交流的主体而言，既有来华者，也有华人出国者；既有受教者——学生群体，也有授教者——教师群体；就教育交流的成效而言，既有促进自身教育发展的教育翻译，又有促进中国社会变化的人才培养……当然，就教育交流的主要渠道或重要途径而言，留学教育及留学生群体着墨最多；就教育交流的流向及成效而言，则选题大多立足于中国自身教育的变革和发展。所有这些选题，从时间上来看，大多立足于"近代"。但如前面所言，中外教育交流与中国学校教育的发展，进入了一个新的历史阶段，即在过去近一个半世纪主要呈现为逆向交流的基础上，已开始转入以互向交流为主要特征的时代。缘此，本书系在外人来华留学和中外合作办学两项研究上，将其时间下限延至"当代"——以利于人们借以窥见新的"时代变局"中教育交流流向、形态变化之一斑。

纵观中华民族自古以来的教育交流，既有将自身已有的最先进文化推向世界的活动，亦有从其他先进的国家或民族摄取自身所需的文明因子的行为。在这种传输与求取、播衍与认同人类新知的过程中，中华民族通过种种途径一直未停歇教育交流活动，直到今天，仍在深化拓展与世界各国的教育交流与互鉴，为构建人类命运共同体贡献力量。

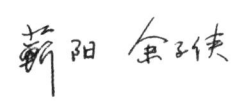

蕲阳 余子侠

于己亥年大寒

目 录

导　论 /001

第一章　近代电化教育传入的时代背景 /025
  第一节　近代西方国家电化教育的萌生发展 …………… 027
  第二节　近代中西科技与教育发展的时代势差 …………… 034
  第三节　电化教育在近代中国传播的历史基础 …………… 037

第二章　近代电化教育传入的社会主体 /047
  第一节　"海外来客"——电化教育的传入 …………… 049
  第二节　引介电化教育的出国考察者 …………… 068
  第三节　宣导电化教育的留学群体 …………… 102
  第四节　助推电化教育发展的外国来华教育人士 …………… 110

第三章 近代电化教育传入的纸媒载体及内容 /127
第一节 百科全书式纸媒的引介 …… 129
第二节 教育专业类刊物的宣导 …… 137
第三节 其他报纸和杂志的传引 …… 183

第四章 近代电化教育传入的实践表征 /189
第一节 新式学校的施为 …… 191
第二节 社会教育领域的应用 …… 199
第三节 电化教育运动的表现 …… 207

第五章 电化教育在中国的接受、吸纳 /219
第一节 观念的转变：由"奇技淫巧"到"教育利器" …… 221
第二节 教育家的电化教育实践与思想 …… 228
第三节 电化教育著作的翻译 …… 260

第六章 电化教育在中国的学科建构 /269
第一节 课程与学科：教育和培养电化教育人才的养料和基材 …… 271
第二节 论文与专著：创立与构建电化教育学科的学研结晶 …… 290
第三节 学会与期刊：创建与发展电化教育学科的交流平台 …… 303

结 语 /320

主要参考文献 …… 333

后 记 …… 337

导 论

19世纪中叶后,我们的先辈一面继续自觉或不自觉地遵循着中国的文化传统,一面努力学习西方,追求"现代化"。中国近代教育的现代化作为近代社会整体现代化的一部分,以1862年京师同文馆的成立为标志而逐步生发。教育现代化是教育从传统到现代的一个整体转化过程,虽然在局部或枝节上存在着起步时间或者转化速率的差异,但严格说来并非为教育某一方面或某一部分的现代化,而是一种整体的现代化。因此,教育现代化不仅包含教育制度、教育思想、教育内容与方法的现代化,也应包含教育手段的现代化。事实上,以幻灯、电影等新型媒介在教育领域中的运用为标志,中国教育手段的现代化历程同样开始于19世纪中后期。在近代的教育现代化历程中,教育手段现代化不仅启动,而且已然成为整个教育现代化的有效推进动力。时至今日,作为教育现代化之一部分的教育手段的现代化,在整个教育改革与发展中的作用日显重要,世界各国均把教育手段的现代化作为促进教育质量提升与效率提高的一个重要砝码,为此进行着不懈的努力。1996年,国际21世纪教育委员会在历经3年的广泛咨询与调研后,在其报告《教育——财富蕴藏其中:国际21世纪教育委员会报告》中呼吁,各国在教育发展的过程中,要"既能注意教育的目的,也能注意教育的手段"[1]。在世界各国以人的现代化为核心、以实现人与社会协调发展为目的的教育现代化进程中,离开教育

---

[1] 联合国教科文组织总部中文科译:《教育——财富蕴藏其中:国际21世纪教育委员会报告》,教育科学出版社,1996,第2页。

手段的现代化则不可想象。推及目前的中国，在全民提倡教育信息化的今天，如何有效地利用各项信息技术手段促进教育改革深入发展及电化教育学科本身的应时发展，如何正确对待和处理信息技术手段与传统教育手段的关系，以及如何在纷繁复杂的国际网络沟通中采择有效信息，已成为一大时代命题。无疑，仅就眼前现象来观察事物的变化发展自然远远不够，我们有必要做深入的历史考察，以揭示历史积淀下来的某些经验和规律。这也是本书选择电化教育传入中国及其学科成型作为研究对象的初衷与动机。

历史上，教育与各种媒介工具一直如影随形。教育的发展促进了媒介的发展与改进，教育媒介的更新与发展又成就了其时的教育变革和进步。从历史发展的维度上看，人类教育的历次实质性变化均由作为传播知识的媒介变革引起。首先是语言的产生。语言作为人类生活与生存的主要交往媒介，对人类自身文明进步的重要性不言而喻，不仅使人类的社会交往得以顺畅进行，还促进了人类知识经验的交流与传播。正如古人类学家理查德·利基（Richard Leakey）所言："人类有了语言，就能在自然界中创造出多种新的世界：内省意识世界以及我们创造的并与他人分享的，我们称之为'文化'的世界。"[①] 语言的产生，使人类内心世界的复杂情感与思维认识以及人类在外部世界的交往与经历有了表达的渠道，人类的文化教育活动由此发生实质性的突变：在知识的授受上，传授者与接受者双向互动的知识反馈系统得以建立，在互动交流中促进施教者与受教者双方对知识的再思考以及对自身的反省与考问，从而促进人类文化知识更新的频度以及传播的深广度。人类教育领域发生的第二次革命性变化源于文字的发明与运用。比如在中国，古老的东方文字的创造，为知识传承的纵深发展与文化交往的横向拓展创造了一种最好的媒介，从而为学校的问世奠定了必要的文化基础，继而使得教育剥离于日常生产生活成为一种独立的专门事业，由此使得教育再次发生革命性的改变。人类教育领域发生的第三次革命性变化源于印刷技术的创造以及由此带来的真正书籍的出现。书籍廉价易得，为学校教育的发展提供了传递知识的媒介通道和基本的物质条件，为知识传播与文

---

① ［英］理查德·利基：《人类的起源》，吴汝康、吴新智、林圣龙译，上海科学技术出版社，1995，第92页。

化交流跨越时空提供了实质的载体与动力。同时，为打破知识的官方上层垄断、促进文化知识向下层社会流动带来了新的契机，使得人类共同创造的文化知识第一次成为人类共同拥有的财富，使教育朝着服务全人类的方向发展成为可能，也使得世界先进文化与文明扩散至更为广阔的时空，不同地域、不同国度的文化得以流转、迁徙、碰撞和融汇。

纵观教育历史上发生的革命性变化及其演进历程，不难看出，时代发展与媒介变迁所带来的文化知识更新及由此而带来的知识传播媒介的巨变，是教育发生革命性变化的根本动力：人类教育的发展，在于新兴媒介技术的变革及其与教育的不断磨合与互动。回观人类教育发展的文明史，与教育共处且组建整个社会环境的政治、经济、文化，是教育发展中不可或缺的重要组成部分，它们与教育之间存在着唇齿相依、无法割舍的联系，正是这种关系使不同时代、不同国家的教育各有特色又互有融通。除此之外，我们还可以从教育发展的促进因素上看出，注重科技发展的国家往往是教育较为发达的国家，而技术与教育能够较好地互动与融合的国家，又往往最具特色。换言之，作为承载文化知识并促进文化交流的教育媒介是技术文明进步的结果，与教育相伴互促，并推动着整个文化的发展。正如美国著名的传播学家威尔伯·施拉姆（Wilbur Schramm）所说："媒介就是插入传播过程之中，用以扩大并延伸信息传送的工具。"[1]也即是说，作为知识传承载体的媒介及其技术，在不同的国家以及不同的历史阶段，对文化知识交流与教育传承发展都具有决定性的作用，它决定了教育存在的观念与思想、具体教育行为的方式方法以及与此相关的文化知识交流与传播的范围。

近代以来，因于科技革命与各国教育现代化的启航而促成的电化教育，以及由此带来的教育影响，被誉为世界范围内的"教育领域的第四次变革"。由近代新兴技术与转型中的教育结合而成的电化教育，对教育产生的影响的广度与深度，均为上述前三次教育变革所无法比肩。教育作为人类社会的一项实践活动，就历次教育变革来说，改革的实质无非是教育方式的根本性

---

[1] ［美］威尔伯·施拉姆、威廉·波特：《传播学概论》，陈亮、周立方、李启译，新华出版社，1984，第144页。

改变，都是教育作为生产领域中的一种实践活动，是其自身生产方式的更新与改变，这种变革的特点在上述前三次教育变革中尤为明显。但电化教育不同于前三次教育变革，它的物质基础不仅是近代先进技术发展的结晶与成果，而且反映近代科技文明的成果在教育领域的运用。更值得关注的是，作为近代科技产物的教育媒介及其技术，它们不仅仅在教育教学活动当中作为提升教育效果的工具而被运用，而且作为一种教育媒介，自身具备的知识传播通道作用使其成为文化知识传递与交流的载体。电化媒介本身的知识传播与教育者借助其而进行知识的传递，使这种教育媒介本身拥有了双重的传播价值。即是说，电化媒介在为教育者所用的同时，自身亦成为教育行为中的一个执行者，可谓此时达到人与物的合二为一，真正达到了技术与教育的有效融合。从此种意义上讲，电化媒介不仅仅是作为教育教学的辅助工具而存在，还是教育过程中传递出来的人、物、世界乃至自我相互之间的一种内在关联。换言之，电化教育在近代的诞生及其在教育领域的运用，使教育媒介由作为教育过程中联结施教者与受教者的物件而存在，转变为可以独立于任何人的作用而存在，教育媒介本身具有的教育内容使其可以独立于人的存在而充当教育行为的主体，并因教育过程中其他因子如教师、学生之间的相互配合，达到教师、媒介、学生三者和谐共处、互动相融的状态，从而再次实现教育质量与规模的提升。随着时代的发展与科技的进步，更为先进的技术手段运用于各种形态的教育中，在教育媒介与手段更新换代的基础上，使知识存储的形态、属性以及内容等均朝着灵便、丰满、科学的方向发展，无形之中拓宽了文化知识交流与传播的范围。因此，诞生于19世纪末20世纪初的电化教育，不仅是近代科学技术与文化教育联结交汇的结晶，而且因其自身兼具教育者与教育媒介的双重角色，在教育过程中发挥着重要作用，因而给近代以来各国教育改革与发展带来了以往教育变革无法比拟的影响，从而备受青睐。

　　作为历次教育变革的主推力量，教育媒介因为传播文化知识的载体作用，使其随着时代的更迭与科技的发展而不断地更新与发展。在教育媒介历次化蛹成蝶的过程中，新出现的媒介因为更能融汇于其时的教育环境而被广泛运用且成为主要教育媒介，并与先前出现的媒介一起共同推动教育的再次变革。与旧的教育媒介相比，虽然新的媒介技术与教育结合并成为主流媒介的过程与界限并不明晰，但按照传播学者马歇尔·麦克卢汉（Mashall Mcluhan）的媒介发展理论，人们依然把媒介演进递变过程划分为口语媒介、文字媒介、印刷媒介、电子媒介，而教育领域的第四次革命即由电子媒介引入教育领域而兴起。教育媒介的历次变更不仅是媒介技术本身的发展以及由此引起的教育媒介的多样化存在，也是教育中的技术因子推动教育变革的过程。也即是说，教育媒介的历次发展与教育的变革之间是双向互动关系。诚如麦克卢汉所说："媒介对信息、知识、内容有强烈的反作用，它是积极的、能动的，对信息有重大的影响，它决定着信息的清晰度和结构方式。"[1] 回望教育的历次变革，可发现教育的每次变革均由教育媒介的变革引起，反之亦然。时至近代，电化教育的兴起所引发的第四次教育革命之所以对教育的影响更为广泛与深刻，也在于它在知识的传播方面，更能反映实物实境，更能接近事物本真与事实真相。

近代以来，随着科学技术的发展，西方新兴的媒体技术，如幻灯、电影等相继产生，这些新兴的技术直观且不受时空限制，因此很快被应用到教育领域，并促发了西方电化教育的产生。由于特殊的时代环境，中国近代的电化教育是在引介西方媒介技术如幻灯、电影、无线电广播的基础上，配合我国当时的社会发展及教育改革的需要而逐渐生成发展的。在这个引介与发展的过程中，不同的传播主体，或通过各种传播载体，广泛宣介电化媒介在教育上的功效，或者身体力行利用电化媒介开展各项教育运动，电化教育一时被称为中国教育发展的利器，而广泛运用于社会及学校教育领域，并在此基础上促发了中国电化教育学科的诞生。因此，电化教育在中国近代的引入及其学科创建成型，毫无疑问在中国近代教育史及中外教育交流史上具有非常重要的意义。

中国近代电化教育的产生与成长，走的是一条边借鉴边学习边发展的演变路径，在教育实践领域把电化教育由学校拓展至社会，再发展为社会与学校兼重，在实施地域上由南京、上海几个重点区域推广至西南、西北等边疆

---

[1] ［加］马歇尔·麦克卢汉：《理解媒介：论人的延伸》，何道宽译，商务印书馆，2000，第132页。

地区。同时在电化教育理论建设方面也取得了累累硕果，涌现出大量的研究论文、著作以及译著，创建了专业学会与期刊等，进而创建了初具形态的电化教育学科。在电化教育传入及学科构建的过程中，在国弱民穷无法保证其发展所急需的器材、电源、人才等情况下，竟有如此辉煌的成绩，这是一个值得深思的问题。是谁把作为近代西方科技成果代表的电化媒介引入中国并用之于教育教学的？又是谁推动了中国电化教育的本土发展并创建了电化教育学科？作为引介与传播的主体，他们借助或通过什么样的介质或者载体来传播，或者说传播的途径或渠道有哪些？这些引介者又是如何开展电化教育实践活动的？我国教育界是如何接受与吸纳这种称为"电化教育"的新生事物，并构建电化教育学科的？澄清这些问题，对认识中国电化教育传入与学科成型以及中西科技和教育交流，或许能起到窥斑见豹的效果。在带着这些疑问查阅资料的过程中，笔者也发现中国的电化媒介在19世纪七八十年代就开始在教会学校中运用，20世纪初运用于通俗教育领域，而且不少新式学校也已开始采用。这与以往多数学者认为中国电化教育起源于20世纪二三十年代的研究观点有所不同。因此，在电化教育起源的时间及具体操作上，需要做出更为深入细致的研究。

基于上述，本书以电化教育传入中国及其学科构建为研究对象，通过全面考察电化教育在近代传入过程中的重要人物、活动、事件以及由此带来的影响，力求全面而真实地再现电化教育在近代中国传入的主体、渠道、成效，国人对其由排斥到吸纳的心理转变过程，以及电化教育学科体系的创建。近代电化教育的传入以电化器材和应用技能的传入为先导，在运用于教育的实践活动中，逐渐开始电化教育理论的引介。虽说在正式进入教育领域之前，电化媒介在学校也有过零星的运用，但将电化媒介有目的、有意识地运用于教育教学是在1874年。是年，幻灯作为新的教学媒介被登州文会馆的创办人狄考文运用于教学实践。本书研究即以此为标识，即将研究对象的考察时间以是年为起始，顺延至中华人民共和国成立即1949年而终止。需要说明的是，这样的时间设定只是一种按照历史事件发生发展的节点来进行的"大致"划定，因为任何历史事件或社会行为，其开始皆非突如其来，而其结束亦非戛然而止。时间上的划分，只是为研究者提供叙事的方便，所以在实际研究中，于时间边界上难免出现一定的跨越，以利于人们更为明晰地了解其来龙去脉。笔者从教育交流的角度，将中国近代电化教育引介中的传播主体、传播载体、传播效果以及影响等若干要素作为研究的重点，按照电化教育传入中国的关键人物与重要事件连缀起来的历史主线，结合传播学中相关的传播模式理论，分析了作为近代新型教学手段电化教育的引介主体与主要传播载体的变化及其不同的传播内容和国人的接受与吸纳，以及学科体系的建构等，揭示了电化媒介与中国教育融合的历程及其对中国教育产生的影响，彰显了电化教育在近代中国传入的多维路径与传播过程中的多元主体。所有这些表明，近代以来传入中国的电化教育不仅是中国近代文化教育转型的必然要求，也是中国教育近代化的重要组成部分；不仅是近代中外教育文化交流的必然产物，同时也是拓展教育文化交流的应然途径。

电化教育在近代传入中国的过程中，随着时代的变化和教育的发展，其传播的社会主体与受众在不同时期都有所变化，传播的载体或渠道也有所不同，其影响渐至深远，构成了近代中西文化教育交流的重要组成部分，无疑是中国近现代教育史、学术史、电化教育史上具有重要研究价值的主题之一。

其一，从学术的角度看，研究电化教育的传入及其学科建构，能够有力地促进电化教育史、教育文化交流史及教育学科发展史的体系拓展和知识扩充。作为舶来品的电化教育，在中国的引介与传播的过程也就是与中国的教育文化汇聚融合的过程，涉及众多的作为社会传播主体的中西人士，引起了诸多报刊传媒的广泛关注，对中国教育的变革与进步产生了较大影响，促进了中国电化教育理论的构建，形成了真正学科意义上的中国电化教育学科。因此，电化教育理应成为研究教育文化交流史不可或缺的重要内容。从学术史方面看，通过早期一些传教士及中国先驱人物的努力，西方科技的产物如幻灯、电影及后期的广播等电化媒介先后进入中国教育领域，并逐步形成了电化教育研究的学术建构与教育体系等，电化教育学科开始在中国建立起来。因此，在中国电化教育学科发展轨迹及其学术变迁过程中，亦有必要对电化教育在中国传入的历程以及如何构建电化教育学科进行深入的考察。

其二，从实践的角度看，电化教育在近代传入中国已属于一种历史事实，但它的传入对电化教育学科创建初期的理论与实践贡献，以及近代电化教育实践中的具体史实对当代信息化文化语境下通信技术教育、网络教育等其他新媒体教育的建构，仍然具有直接的参照、借鉴与启示意义。特别是以电化媒介为传播渠道沟通中外教育的通道作用，与当下以网络传输等其他新媒体为传播通道的教育文化交流所形成的历史呼应，为当下的网络教育教学、新媒体教学浚通了历史的源流。其实对于历史研究来说，如果要考量电化教育研究对于今日到底有何意义或有何价值，诚如余英时先生所说："今天许多史学家已不再相信鉴往可以知来；严格科学意义的预言也诚然不在史学的范围之内，但是史学家通过精辟的研究使我们认清这种'势'的性质与作用，对我们眼前的处境有指点方向之功。"[1]故而，本文从教育交流视角入手，对电化教育在近代中国的引介及其学科创建以及对教育的影响，进行历史溯源性的探讨，自应为当下的新媒体教育教学揭示教育科技化的演进规律并获得某些历史启示，为后续的研究提供一定的史鉴参考和学研铺垫，借以加固学科研究及发展的历史基础。

本研究要回答的问题是：近代中国电化教育的传入是由何等人物在何时何地开始的？传入的社会主体都是谁？他们通过什么渠道或采用什么手段将其传入？这种新生的事物及相关技能如何走进中国的教育教学领域？中国人又是如何接受与吸纳并于教育教学过程中创建成电化教育系科和学科的？近代电化教育理论研究状态如何？专业的学会与期刊又有哪些？它们与电化教育学科创建的关系如何？对中国的教育有何影响？依循如此设想的路径，在广泛搜集资料的基础上，笔者以实证性研究对这些问题进行了一一解答。

这里谈"电化教育在近代中国的引入"，"中国"主要是指中国大陆。由于历史的原因，香港、澳门、台湾等地区的电化教育，均因其历史独特性而未被纳入本书的研究范围。这里的"近代"，主要是指1840年鸦片战争到1949年中华人民共和国成立的这段历史。而"电化教育"正是产生于中国这

---

[1] 余英时：《十字路口的中国史学》，李彤译，上海古籍出版社，2004，第91页。

个特殊时代的特有名词。

关于"电化教育"一词的来源，学者吴在扬主编的《中国电化教育简史》一书中提到了三种说法：一是近代教育学者舒新城之说。舒氏认为"电化教育"是在1933年由时任国民政府教育部社会教育司司长陈礼江提出来的，其内容指电影和广播。一是刘之常的说法，即1934年由镇江民众教育馆提出。"当时他们认为'教育电影、教育播音以及幻灯等，都是利用电力而影响一个人与其世界的相互关系'，并提出镇江民众教育馆在1935年就将电影放映厅改称为'电化教学放映场'。"[①] 再是陈友松和戴公亮的说法，即在1936年，他二人在翻阅美国联邦政府教育署出版的杂志《学校生活》时，发现其中一篇文章把视听教育统称为"Electrifying Education"，他们认为可译为"电化教育"。其时正值中国教育界人士讨论电影、播音教育的定名之时，电化教育一词因具有"先进含义"而获得了教育界人士的认同，遂决定采用之，以指代幻灯、电影、广播用于中国教育的具体实践活动。1936年，国民政府教育部"播音教育委员会"与"电影教育委员会"合二为一，并称为"电化教育委员会"，随着教育行政部门的正式采用，"电化教育"一词开始普遍使用。其实，早在此前，我国著名教育家陶行知在1931年10月27日发表在《申报·自由谈》上的文章中，开篇即提出"未来的世界是一个电化的世界，未来的中国也必定要造成一个电化的中国"[②]。时隔几天后，他又于《法拉第》《化磁为电》等文章中，提出"电化世纪""电化世界""电化文明"的说法。此外，他于1934年4月发表于《生活教育》第1卷第4期的《怎样指导小先生》一文中，指出"山海工学团从四月一日起要实现电化教育"[③]，明确使用"电化教育"这一名词。可见，"电化"及"电化教育"的说法早已出现，但并未得到普遍的运用，直到国民政府教育部以官方文件的形式正式采用，"电化教育"一词才得到普遍推广，一直沿用至今。由于科技的日新月异与教育的飞速发展，今日与往昔的电化教育已有很大的不同，其内容与范围也在不断地扩充变化。自20世纪80年代开

---

① 吴在扬主编：《中国电化教育简史》，高等教育出版社，1994，第10—11页。
② 华中师范学院教育科学研究所主编：《陶行知全集》第二卷，湖南教育出版社，1985，第384页。
③ 华中师范学院教育科学研究所主编：《陶行知全集》第二卷，湖南教育出版社，1985，第658页。

始，关于"电化教育"能否涵括学科建设及教育现代化的全部范畴的问题，国内学者意见不一。1993年，"电化教育"专业正式更名为"教育技术学"专业。自是而后，"教育技术"这一术语和名称被越来越多的专业人员及社会公众所采用。

不管电化教育的名称源于何时以及如何变更，既然本书的研究对象是产生于特定时代的特定教育活动——电化教育，那么本文的"电化教育"概念还得按照其时教育界的原初称谓，将其概括为：在现代教育理论和思想指导下，主要运用现代电化媒体幻灯、电影、广播及其技术进行教育教学活动，以提高教育效率的教育教学方式与技能。

作为中国特定时代所产生的专有教育术语，电化教育并不适用于西方国家。近代以美国为首的西方各国大多以"视听教育"指称，在内容与范围上远大于电化教育。考虑到叙述的方便以及避免引起读者误解，本文在阐述西方国家的此类活动时，也只能以"电化教育"来表述。

"传播"的英文为"communication"。究竟什么是传播？较早研究传播的学者、美国社会学家库利在其著作《社会组织》中，对"传播"一词的定义为："所有人类关系借以存在和发展的机制——包括心灵中的所有符号，加上在空间中传送它们和在时间中保存它们的手段就是交流传播。"

本文所谓的"传入"并非单向的输入，而是包括上述传播概念的所有要素，即传播者（who）、传播内容（say what）、传播渠道（in which channel）以及传播影响（with what effect）等。具体来说，传播者是电化教育的主要传入主体，尽管在近代引介电化教育的社会主体在不同的历史时段有所变化，但他们都对电化教育的传入起着极为重要的作用。传播渠道是传播者用以传入或引介电化教育的媒介载体，如书刊等纸媒。传播效果则是传播受众对传播内容的接受、吸纳、本土化以及电化教育学科的创建等其他相关影响。

作为一种概念，"学科"最初与学习相关，该词源于英文的"discipline"，其含义的繁杂与"discipline"的多重含义有关。从其本源来说，学科"一方面指知识的分类和学习的科目，另一方面，又指对人进行的培育，尤其侧重于指带有强力性质的规范和塑造，即学科规训"[①]。总体来说，学科就是知识或学问体系中的一种划分或一个部门。学科的形成是知识的体系化以及科学研究领域制度化的结果。学科建构就是在学科知识形成中发生的以获得和确立价值为核心的某种行为规则、模式得以确立和维持的过程，这一过程体现为学科知识的生产与传播中的标准化、结构化和系统化的过程。从此意义上来说，学科的建立一般包括科学门类或某一研究领域的理论与实践体系的逐步形成、一定单位教学内容的确立、规范惩罚等制度的建立等。

美国社会学家伊曼纽·华勒斯坦（Immanuel Wallerstein）认为，知识或学问总体的学科化，主要指知识取得自我约束与自我规定的制度化形态，形成以创造新的知识体系、培养新知识接班人与创造者为宗旨的永久性制度结构。这一学科之间分门划界的过程首先肇始于19世纪的欧洲大陆，其基本演进路径是："首先在主要大学里设立一些首席讲座职位，然后再建立一些系来开设有关的课程，学生在完成课业后可以取得该学科的学位。训练的制度化伴随着研究的制度化——创办各学科的专业期刊，按学科建立各种学会（先是全国性的，然后是国际性的），建立按学科分类的图书收藏制度"[②]。20世纪30—40年代，与电化教育相关的技术应用知识与教育理论知识已初步形成，相关研究大量出现并集结了一支研究队伍，出现了专业的学术团体与学术刊物，相关人才培养活动开始开展，学科建制的规则与模式已经初步建立，以此为标志，电化教育学科的体制化已初步形成。这也是本研究言及的电化教育学科的建制化，亦即学科建构过程。

本书聚焦于电化教育在近代中国的传入与学科建构，这两者之间存在着紧密的因果递进关系，既属于中国电化教育史的研究范畴，也关涉着学科史的研究内容，同时还属于中外教育交流史的组成部分。在既往的学术研究中，虽然对电化教育传入的相关研究还没有取得系统的学术成果，但中国电化教育史的相关研究比较成熟，学科史的研究也有部分问世成果，

[①] 鲍嵘：《学科制度的缘起及走向初探》，《高等教育研究》2002年第7期。
[②] ［美］伊曼纽·华勒斯坦等：《开放社会科学：重建社会科学报告书》，刘锋译，生活·读书·新知三联书店，1997，第31—32页。

为本书的研究向纵深拓展提供了较好的研究基础和学术视野。同时学界对近代中国电化教育史的研究尤其是民国时期电化教育史的研究由于兴趣与关注点的不同，往往侧重于对电影教育与播音教育的分别研究，这些学术成果也为本书的研究提供了大量的前期研究资料。因此，为了清晰展现这些研究成果对本书研究的前期帮助，有必要对中国电化教育史、电化教育学科史以及电影教育和播音教育的相关成果与研究现状进行详细的梳理，分析其中的不足并确立本书写作的切入点。中国电化教育历史研究的既有成果主要包括中国电化教育史研究与电化教育学科史研究。对中国电化教育史的研究，近年来渐成为学者们研究的一个热点领域，关于这方面的研究成果较多。

在学术著作方面，最早系统介绍中国电化教育发生、发展情况的著述是由吴在扬主编的《中国电化教育简史》（高等教育出版社，1994）。该书内容较为丰富翔实，主要展现了20世纪20—90年代中国电化教育发展的总体面貌，重点描述了新中国成立后中国电化教育发展的实况。再是朱敬所著的《影音教育中国之路探源：关于中国早期电化教育史的理解与解释》（天津大学出版社，2010），该书从理解与解释的理论角度，重点探讨了民国时期的电化教育情况。近20年来，在电化教育史研究方面集大成者，当属《中国电化教育（教育技术）史》（人民教育出版社，2013）的主编南国农先生。为了系统总结我国百年电教史，南国农先生不避年迈，从2007年开始，带领电化教育史学术团队历经六年的探索，最终迎来了《中国电化教育（教育技术）史》的问世。该书在将中国电化教育史划分为三个历史阶段的基础上，从中国电化教育事业、学科建设与发展、电化教育产业及电化教育学人四个维度上，探讨了自1915年以来中国电化教育在社会、学校以及远程教育领域的具体应用，电教人才培养与管理以及科学研究与学术活动，全面总结了中国电化教育百年发展的历程，被学界誉为电化教育学科"第一本通史体例史书"[①]，也为本书研究的拓展深化提供了必要的研究基础。

在史料整理方面，孙健三的《中国电影，你不知道的那些事儿：中国早

[①] 刘军：《继往开来：读〈中国电化教育（教育技术）史〉之感与思》，《中国电化教育》2014年第4期。

期电影高等教育史料文献拾穗》一书，属于史料汇编性质的著作，被称为"一部记载电化教育在我国孕育和诞生历程的活教材"[①]。该书重点收录了20世纪30年代中国电影检查的组织、规定，中国教育电影协会的成立与会务开展情况以及中国教育电影的提倡者如蔡元培、郭有守等人的著述、言论等有关中国电影教育初期发展的文献资料，具有较大的史料价值，为本书研究提供了一定的史料资源。

在区域电化教育史研究方面的主要著作有河南大学出版社2005年出版的、由孙顺霖等人主编的《河南电化教育发展史》以及朱光岳编著的《江苏电化教育史》。前者详细地描述了河南电化教育发展的历史，探讨电化教育在河南地区形成、发展的历史过程，以及对河南教育、教学改革的推动和影响。后者则对20世纪30年代江苏省从小学到高校以及社会领域电化教育的早期运用与发展情况进行了历史性论述。

自20世纪80年代以来，有关中国电化教育史研究的学术论文日渐增多。这些论文主要从电影教育、播音教育及对电化教育史总体探讨的角度，论述中国电化教育的发生、发展情况。随着对中国电化教育史研究热潮的到来，近几年出现了几篇研究近代电化教育团体、区域电化教育史的文章及与此相关的硕士、博士学位论文，使电化教育史研究的关注点更加细化，研究范围进一步拓宽。截至目前，现有的学术论文成果主要集中于对电化教育总体史实的研究、对电化教育重要人物的研究以及对电影教育历史与播音教育历史的分别研究，兹分类介绍如次。

一是对电化教育总体史实的研究。对电化教育历史进行总体研究的时间较早，目前国内已知最早系统论及电化教育历史的论文，是1939年国立武汉大学哲学教育学系第九届毕业生陈斯正的毕业论文《现代电化教育》（指导教师王凤岗），该文除"绪论"外，正文共分四个部分：第一部分略述电化教育的理论，对电化教育的价值、目的和功用等加以概述；第二部分则对美、法、英、德、苏、意、日各国的电化教育予以介绍；第三部分叙述了我国从1932年到1939年间推行电化教育的基本情况；第四部分提出了中国电化教育

[①] 李龙：《一部记载电化教育在我国孕育和诞生历程的活教材——评〈中国电影，你不知道的那些事儿：中国早期电影高等教育史料文献拾穗〉》，《电化教育研究》2011年第1期。

的改进计划,并对各国电化教育发展的趋势予以展望。1947年,《中华教育界》复刊第1卷第1期上刊发了杜维涛的《抗战十年来中国的电化教育》,详细介绍了自1937年到1947年间我国电化教育政策的演变与国民政府教育部推行电化教育的具体举措等。此后,学术界对电化教育历史的研究长期处于停滞状态。

20世纪80年代电化教育重新起步后,中国早期电化教育的开拓者和奠基人孙明经、戴公亮等前辈,开始对电化教育进行历史性的回顾与总结。孙明经的《回顾我国早期电化教育(上、中、下)》(《电化教育研究》1983年第2、3、4期),介绍了金陵大学的电化教育活动,回顾了我国早期电化教育的大致发展情况,为后来者的研究提供了大量的史实和线索。戴公亮的《电化教育一词的由来》(《外语电教》1983年第2期),则探讨了1936年出现的"电化教育"一词的来源。之后他又发表了《江苏省立教育学院创办电化教育的史实》(《电化教育研究》1986年第2期)一文,对江苏省立教育学院的创建情况及其实施电化教育情形进行了梳理。1990年《电化教育研究》第1期发表了周平儒的《我国电化教育发展简况拾零》,该文以上海商务印书馆于1920年创办的国光影片公司作为电化教育的历史源头,叙述了1920—1989年电化教育发展的重要事件与历史场景。进入21世纪后,更多的学者加入到电化教育史的研究队伍,为该领域的研究注入了新鲜血液。其中杨登峰的《中国电化教育早期历史的研究》(华中师范大学2006年硕士论文),介绍了电化教育史上有影响的教育运动,重点探寻了南京金陵大学电化教育的历史足迹,分析了美国视听教育与中国电化教育之间的关系。梁娜的《民国时期电化教育研究(1920—1949年)》(西南大学2011年硕士论文),认为电化教育起源于20世纪20年代,主要探讨了电化教育兴起于民国时期的缘由、发展经过以及其时电化教育活动对当代教育的借鉴价值。白一森的《我国早期医学电化教育史研究》(河南大学2009年硕士论文),则从医学教育角度对早期医学电化教育史作时段性的纵向探讨。杜广胜的《民国时期江苏省电化教育发展研究》(内蒙古师范大学2013年博士论文),对民国时期江苏省电化教育的发展情况进行了梳理与论述。阿伦娜分别以《电化教育的孕育与诞生》(《电化教育研究》2010年第12期)与《电化教育事业的初创》(《电化教育研究》2011年第5期)为题,论述了电化教育在20世纪30年代之前的萌芽与孕育、20世纪30年代的诞生及抗战时期与抗战胜利后的发展,对近代电化教育活动进行了全景式的总体描述。万妮娜的《抗战前北平电化教育的初步发展》(《兰台世界》2012年第4期),研究了抗战前北京地区电化教育的实施情况。徐红彩的《中国近代社会教育视野中的早期电化教育发展历程解读》(《电化教育研究》2012年第11期),分析了近代社会教育运动对早期电化教育实践活动、人才培养、行政机构、著作刊物等方面产生的重要影响。孙健三的《中国早期电化教育探源》(《中国教育信息化》2013年第5、6期),梳理了19世纪30年代电化教育活动的关键事件与人物,探讨了中国电影高等教育诞生的根源及基础。黄斌、邹霞的《川渝电化教育史初探》(《电化教育研究》2013年第12期),整理并分析了20世纪30年代初到90年代初川渝电化教育的发展及特点。乔金霞、余子侠的《试析电化教育及其在我国近代兴起的外缘内因》(《教育研究与实验》2014年第3期),对电化教育在近代世界范围内的兴起及传入中国的内外原因作了剖析。

二是对电化教育重要人物的研究。李兴德与张所娟的《陶行知的电化教育思想解读》(《电化教育研究》2006年第12期)、刘保兄的《舒新城:早期电化教育研究的"业余爱好者"》(《现代教育技术》2011年第6期)、汪莹的《蔡元培:我国早期电化教育的推动者》(《现代教育技术》2011年第2期)、蔡建东的《陈友松电化教育学术思想研究》(《现代教育技术》2011年第3期)、郝兆杰的《郭有守:中国早期电化教育的行政推动者》(《现代教育技术》2011年第11期)、颜荆京的《唤醒民众、服务社会:赵光涛的电化教育思想与启示》(《现代教育技术》2011年第10期)、白欣与杜广胜的《中国电化教育先行者——吕锦瑗》(《电化教育研究》2014年第1期)等,分别对近代中国推动电化教育的一些先行人物进行了个案考察和研究,并对他们在中国电化教育史上的贡献或理论建树加以评说和肯定。余子侠、乔金霞、余文都合作的《传教士与近代电化教育的兴起》[《华中师范大学学报》(人文社会科学版)2015年第1期],则从群体研究的角度对近代来华的传教士引介电化媒介并导入中国教育的实况,进行了历史考实性的分析、梳理和评定。

三是对电影教育历史的研究。吴在扬、孙健三的《中国最早的电影教育百科——〈电影年鉴〉》(《外语电化教学》1993年第7期)一文,对《电影年鉴》的编纂与内容等进行了系统性介绍。彭骄雪的《民国时期教育电影发展史略》(西南师范大学2002年硕士论文),从电影学的角度阐述了教育电影及电影业在民国时期的发展过程。虞吉的《民国教育电影运动教育思想研究》(西南师范大学2008年博士论文),应属研究民国时期电影教育的优秀代表,该文在还原民国时期电影教育运动发生与发展的基本历史实况的基础上,梳理了其时电影教育运动发生的社会文化背景,着重阐释了该运动所涵括的基本教育思想。朱煜的《抗战前江苏民众教育馆的教育电影》(《电化教育研究》2012年第8期),主要介绍了全民族抗战前江苏民众教育馆推行的教育电影情况。宫浩宇的《20世纪30年代南京国民政府教育电影活动新探》(《电影艺术》2013年第7期),论述了南京国民政府在教育电影的制作与普及过程中的作用。朱敬的《中国第一个电化教育组织——中国教育电影协会》(《电化教育研究》2011年第2期),全面梳理了中国教育电影协会的成立与发展过程,并对其贡献与意义进行了剖析。张炳林、姬权利等人的《徐公美:民国时期电影教育的倡导者》(《现代教育技术》2011年第5期),对徐公美的电影教育思想与实践进行了总结。曹静的《中国教育电影协会对电化教育的作用及贡献研究》(内蒙古师范大学2013年博士论文),研究了中国教育电影协会开展的工作及对电化教育的作用及影响。马宗培的《民国时期中国教育电影协会之研究》(河南大学2012年硕士论文),对中国教育电影协会的历史进行梳理和总结。

四是对播音教育历史的研究。这方面成果较少,值得注意的有陈玳瑁的硕士论文《民国时期的教育播音研究(1928—1949)》(内蒙古师范大学,2012)及其学术论文《赵元任与民国时期的播音教育》(《天津师范大学学报》2012年第1期),分别对民国时期播音教育的全面实施及赵元任的国语播音教育进行了详细的论述。此外,黄小英的《民国时期播音教育的历史回顾》(《电化教育研究》2011年第6期),则描述了民国时期播音教育的实施状况。

近几年来学界对电化教育学科史的研究成果有小规模的呈现。其中主要的学研成果有：南国农于2005年发表于《电化教育研究》第9期上的《中国教育技术学专业建设的发展道路》一文，对1936年以来的电化教育专业发展史做了梳理。桑新民的《开创影音教育中国之路的先行者——纪念中国电化教育创始人孙明经先生诞辰100周年》（《电化教育研究》2011年第10期），论述了金陵大学电化教育专业及其创始人孙明经教授在探索和开创影音教育中国之路过程中的艰难历程和杰出贡献。肖朗、李斌的《近代中国大学与电化教育学的发展——以大夏大学、金陵大学和国立社会教育学院为考察中心》（《高等教育研究》2014年第5期），分别对三所大学之于电化教育学的贡献加以阐述。乔金霞的《归国留学生与近代电化教育体制化确立》（《现代教育技术》2014年第4期），探讨了留学生对电化教育学科体制化的贡献。黄小英的《中国早期电化教育专业课程创建的实践探索——以金陵大学电化教育专修科为例》（《电化教育研究》2012年第1期），对金陵大学电化教育专修科的课程目标、内容、实施、评价等课程实践问题，进行了较全面的梳理和分析。赵琴、刘晓静的《论〈电影与播音〉的编辑传播特征》（《西北大学学报》2011年第1期），从创刊背景、办刊宗旨、主创人员、编辑传播内容与特点等方面，对该刊加以详细介绍和论证。

近代电化教育是现代教育技术发展的历史源头，所以几乎所有的教育技术基础研究的书籍，诸如《电化教育概论》《电化教育学》《教育技术学》《教育技术概论》一类的著述，都或多或少地对近代电化教育史有过简介和概述。其中如李运林、李克东二人合编的《电化教育概论》，林克诚、章伟民的《电化教育概论》，以及其他有关电化教育的著作，均对近代电化教育发展有所提及。

"他山之石，可以攻玉。"前人的研究成果，可以给来者研究的深入与拓展以启发与借鉴，既有的学术文字，自然为后续学术探讨提供资料的基础和学理的引导。通过对上述电化教育总体史实的研究，电影教育、播音教育以及电化教育学科史研究状况的梳理，可以看出，近年来学者们关于我国电化教育史的研究成果日渐丰富，表明学术界对这一学研主题有了较大的关注，也有了比较深入的探讨。但是，综观既有学研成就，对于电化教育的渊源尤其是电化教育传入中国方面的探究文字仍属少见，尤其是对电化教育的传入及其传入后如何导引该学科的创建的研究更少。缘此，在上述研究成果的基础上，笔者特选取"电化教育在中国的传入及其学科建构"的主题，努力做出尝试，企求从教育交流的客观历史背景中抽绎出电化教育在中国发生和发展的历史演进规律，借以为今日教育技术的变革和技术的教育实施以及技术与教育的深度融合提供某些历史的借鉴。

本书在研究理论方面，主要借鉴了哈罗德·拉斯韦尔（Harold Lasswell）的5W传播理论及学科建构理论。

发源于20世纪30年代的传播学，是主要研究人类传播行为发生、发展规律以及传播与人及社会之间关系的科学，也是一门研究社会信息系统及其运行规律的学科。1948年，传播学奠基人之一的哈罗德·拉斯韦尔在其被誉为传播学发展史上纲领性力作的《社会传播的结构与功能》中，提出了传播过程的五个基本构成要素[①]：谁（who）即传播者，说什么（say what）即传播内容，通过什么渠道（in which channel）即传播载体，对谁说（to whom）即传播受众，取得什么效果（with what effect）即传播效果或影响。由这五种传播要素所构成的传播结构就成为传播学界广为流传的拉斯韦尔模式，简称5W模式。这一模式奠定了传播学研究的基本内容。基于上述构成要素，后继的传播学者将整个传播行为及其发生过程分别对应了五种传播研究：控制分析、内容分析、媒介分析、受众分析、效果分析。其研究路向表现为：

who → say what → in which channel → to whom → with what effect
（谁）（说什么）（通过什么渠道）（对谁说）（取得什么效果）
　↓　　　↓　　　　↓　　　　　↓　　　　　↓
控制分析 内容分析　媒介分析　　受众分析　　效果分析

19世纪末，随着新学科逐渐分化，对学科史的研究也开始起步。最初学科史研究者注重学科内的历史研究，主要解释一种具体的学问即知识如何在该学科内发展。随后这种回顾式的学科史研究受到质疑，被认为忽视了一

[①] ［美］哈罗德·拉斯韦尔：《社会传播的结构与功能》，何道宽译，中国传媒大学出版社，2017，第35页。

门新学科以及该学科建立者的"民族性"问题。对学科史传统研究模式提出挑战的是美国著名的科学史家托马斯·库恩（Thomas Samuel Kuhn），他于1962年在其《科学革命的结构》一书中，提出了科学与科学思想发展的动态结构理论。在此理论中，他不仅明确提出了著名的核心概念——范式（paradigm），指出科学的发展就是新范式突破旧范式制约所引起科学革命的交替过程，而且特别强调新范式的每一次建立都促成了范式转移（paradigm shift）。在学科形成的范式解释上，库恩认为，在前常规科学时期，一门学科还没有形成任何的范式来约束研究者们的科学行为，该学科还处于无序与混沌状态，研究者们关起门来独自研究，相互之间缺乏交流，在该学科领域既没有形成一致的研究目标，也没有明确的研究方向。当学科进入常规时期，研究者们的交流增多，开始就该学科领域的基本理论、研究观点与方法展开各种争论，形成百家争鸣的局面。经过较长时期的学术论争后，研究者们对于该学科逐渐达成某种共识，也逐渐形成一致的研究目标与稳定的研究领域，此时关于该学科的范式由此确立。在新范式的导向下，研究者们拥有共同的学科信念与一致的研究理论及研究模式，从而促进新学科的形成与创新。库恩的范式理论不仅关注学科内部历史的演进特征，也把与该学科有关的研究者们即科学共同体以及其他社会因素纳入学科研究的范围，开拓了学科发展的视野。早期的学科史研究主要在自然科学方面，20世纪70年代有学者开始认识到，研究自然科学学科所用的方法和理论框架也可用于研究人文社会科学的学科，从此，学科史研究的视野开始拓展至人文科学与社会科学。

关于学科的定义，德国有学者认为，学科就是具有特定研究对象以及与此相关的科学工作体系。它具有稳定的科学共同体，趋于建制化的条件以及实现学科知识再生产也即人才培养的特点。[①] 根据这个定义，可概括出一门学科的创建基本上应具备的三个条件：学科内的沟通（innerdisciplinary communication），即研究人员关于学科建立的讨论与争论；学科再生产（disciplinary reproduction），即专业的人才培养与学科知识的创新；学科建

---

① ［法］阿梅龙：《建构中国近代学科的分析框架——西方学科史理论的借鉴》，《史学月刊》2012年第9期。

制（institutionalization），即相应学科规范与体系的建立。

同时为了分析学科的建立过程，德国学者还构建了学科建立的分析模式。他们把学科的建立分为三个相互衔接的阶段：首先是学科史的史前史，其次是学科的起源，最后是学科的建立。在他们看来，学科的起源是一个中间过渡阶段，"但是很重要"，因为"它把有可能出现的一个新的学科具体化"[①]，从而为学科的建立做准备。当然这个分析模式过于简单，后来德国与美国的一些学者在此基础上，把学科的建立和发展进行了更为详细的划分。如德国学者将其扩展为十一阶段分析模式，即基础的建立和自治化、方法化、经验化、系统化、学科术语的建立、职业化、机构化、文献化、促使学科的合法性、移传到其他科学领域、在政治和文化领域内被接受。后来美国社会学家伊曼纽·华勒斯坦（Immanuel Wallerstein）又将其精简成更为经典的模式，如讲座与课程的开设、期刊与学会的建立、图书收藏制度的建立等。

另外，作为舶来品的近代科学，国人如何接受与吸纳关涉其能否植根与成长的问题，英国学者多尔比（Dolby）有关知识传播的理论可能会对其有所帮助。按照多尔比的看法，人们接受新科学知识的过程可分为觉察、兴趣和积极接受。如果把这个科学知识的传播模式与学科建立的过程模式联系在一起，那么学科建立的史前史阶段可看作是对科学知识的觉察与兴趣，学科的起源阶段则为对学科知识的积极接受，从而也为学科的建制创造了条件。

本书从中外教育交流的视角，研究电化教育在近代中国的传入及其学科建构问题。主要以电化教育在近代中国的引介为主线，着重探讨以幻灯、电影及后期出现的广播等近代科技成果如何传入中国，如何由大众娱乐与传播的媒介转为服务中国教育教学的利器，对中国教育产生了何种影响以及如何催生新的电化教育学科等一系列问题。在此基础上，进一步探寻我国近代电化教育发展的规律与实质，借以为今日利用最新科技成果来实现教育教学的内容更新和方式方法变革，提供有借鉴价值的历史依据。归根

---

① ［法］阿梅龙：《建构中国近代学科的分析框架——西方学科史理论的借鉴》，《史学月刊》2012年第9期。

结底，本书的主要着力点即在于电化教育如何"传入"并如何"催生"电化教育学科。

电化教育如何传入？这是本研究力图解决的一个基本问题。谁传入？怎样传入？如何为中国人所接受？效果怎样？诸多问题是构成这一研究的组成要素。电化教育不仅是辅助教育教学的手段，而且其自身还是传输知识、讯息的通道或载体。电化教育在中国近代的传播过程，也就是以不同时期不同传播主体，诸如晚清的传教士及其外围组织、早期出洋的国人、民国时期的留学生群体、来华考察访问的外国教育界人士以及出国考察人员等社会主体，以各种纸质媒介如报刊、书籍等作为传播的渠道或通道，以电化教育技术应用知识、各种电化教育实践经验与相关理论为传播内容，以中国各阶层人士为主要受众，对中国教育产生不同层面影响的过程。因此，拉斯韦尔的5W传播模式和本研究的主旨与思路相契合，尽管几种构成要素的具体内容与形式在电化教育传入的不同时期有所变化，但组构每一时期传播行为发生的要素大致相同。所以，本书研究以5W模式来规划整体的基本框架，分析近代电化教育传入的社会主体、传播渠道、受众状况以及所产生的教育影响。当然，这一传播与接受的过程，必定受到其时中国整个社会文化环境及教育运动与思潮等方面的影响，因此也必须在一个宏观的社会环境中去考量与探讨。

电化教育的传入如何催生了电化教育学科的创建是本书研究的一个重点。从库恩的科学范式转换理论来考量范式的转换实际上是一种全新的看待问题的视角与方法的改变，是因关乎科学发展的各种内外因素的重大变化所引起的一种量变乃至质变。时至近代，世界范围内科技、人文与思想等环境的重大变化，最有可能催生出一种全新的理解与解决现实问题的途径。当某一社会形态在某一发展阶段遭遇重大社会思想震荡、科技变革或者生产力革命时，人们就需要重新调整对社会现象与问题的认识，合理运用社会与心理等各种理性与非理性因素，突破旧范式的束缚，重新规划社会图景，这就是范式的转换。当这一变化发生在新旧科学体系转换之时，就会产生新的学科。从上述学科建立的分析模式出发，中国电化教育学科已经初步开始了系科创建和人才培养的学科再生产活动，也已成立学会并创办专业期刊，从而基本实现了学科内的学术交流与沟通，逐步形成了基本的研究理论，建立了一系列学科内的准则与规范等，这些特征的基本具备使其能够较为成功地成为一门学科，即20世纪40年代初步完成了电化教育学科的体制化。从电化教育的整个发展脉络上看，中国电化教育学科建立的过程也即建制化，是从电化教育的传入开始，直到电化教育体系的逐步建立乃至完善，具体时间范围是从清末各种技术应用理论与器材的输入开始，直至20世纪40年代电化教育学科的逐步建立。那么，根据学科建立的阶段划分理论，20世纪30—40年代中国电化教育学科建立之前的历史，即为中国电化教育学科的史前史。在这个阶段，对电化教育的研究是零散的、肤浅的、表象的，研究者（引介者）只注意到了中西之间的差异以及对西方器技的模仿，而缺乏理论上的自觉。电化教育学科建立后，研究者对上述的研究不再是盲目的、自发的、表层的，而是在一定理论指导下目的明确、系统而深邃的研究。另外，从电化教育学科的生发过程来看，很明显不是从传统母体学科中孕育而出的自然分化过程，而是一个被输入、被接受、被吸纳而逐渐内化生成的过程，虽非主动，但这一过程同时也是学科建立的准备过程。在这个过程中，不仅有中国人对电化教育的认识与心理上的转化，也有实践领域的不断尝试、探索与推广，更有一批权威人士或理论或实践式的倡导与验证，乃至得到社会化的认同与国家政府层面的接受，这个过程即电化教育学科成立前的准备，或者说是过渡，虽然不明显，但很重要，因为它提供了电化教育学科具体化的条件。

上述理论既为研究提供了基本的理论基础，也拓宽了研究的视野，本书尝试运用上述理论把电化教育在近代中国的传播及学科建构中的一系列分散的人、事、活动串联成一个整体，厘清它们之间的因果关系及其在其中的影响与作用。

本书在研究方法方面，注重搜求并整理第一手资料。在此基础上，采用的基本方法有文献资料法、内容分析法、案例分析法等。

文献资料法是以现存文献记载为资料来进行研究的一种科学研究方法，是历史研究中最为常用也是最为基本的研究方法。本书的首要功夫自然是从历史事实出发，尽可能充分地占有材料。同时，仅仅罗列事例远远不够，只有从客观存在的基本史实出发，在全面占有材料的情况下，加以考实、整理和选择，才能从中引出正确的结论。正如列宁所说，罗列大量的例子并不能为研究带来突破性的进展，只有把所有的材料放在特定的历史背景下，"从事实的全部总和、从事实的联系去掌握事实"[1]，那么，所列举的史实不仅胜于雄辩，而且还是有力的例证。基于此点认识，本书广泛地搜集了19世纪中期至1949年间有关电化教育传入的人物、事件以及活动的第一手史料，通过对这些史料进行分门别类的梳理与分析，力图做到史料的原始性和真实性，从而挖掘出电化教育传入中国的具体史实与电化教育学科建构的内在规律，以及内隐其中的观念转化与心理接受变化。

与上述文献资料法一样，内容分析法也是将搜集到的文献资料作为分析研究的对象。不同的是，内容分析法着重强调对搜集的文献采取统计描述与定量分析，以此来展现研究对象的基本史实及其内在关系。针对本研究来说，具体做法就是将收集到的有关电化教育传入与学科建构的相关资料分门别类，并用数据、表格的形式表现出来，借助图表的形式使问题研究更具说服力。

作为一种特殊的定性研究方法，案例分析法主要通过对典型性事件与代表性人物进行实地的追踪与深入的观察，探索内在隐含的信息并总结其内在规律。本书研究所涉及的与电化教育传入相关的人物与事件以及其中包含的实践活动非常多，陈述时不可能全面覆盖归纳，只能从中选取相对有代表性的典型人物与事件作为主要的陈述对象。同时，在史料搜集的过程中，笔者发现近代电化教育在传播渠道或者传播载体上几乎表现出一致不变的特点。基于这两方面的考虑，在立论和分析中以有代表性的人物、典型的事件以及相对较有影响的报刊媒介等，作为案例分析的呈现对象，尝试从这些较有代表性的电化教育人物与纸媒载体中寻求与电化教育传入及其学科创建相关的较有说服力的结论或依据，进而显示近代电化教育引介与传播的内在规律与一般特点。

电化教育在近代中国的传入，不仅包括相关理论的引入，还包括与电化

---

[1]《列宁全集》第23卷，人民出版社，1958，第279页。

教育实践紧密相关的技术知识以及器材物件的引入，其影响范围也是由社会慢慢延伸至教育领域。对于电化教育这一引入的新生事物，人们也经历了由排斥到接受的心理转化过程，所以本书在对电化教育的传入展开分析时，还较多地运用了传播学、心理学与科技史等学科的研究方法。

第一章

近代电化教育传入的时代背景

作为电化教育物质基础的各项器物如幻灯、电影、广播的问世以及相关技术的发展，是电化教育在近代西方各国诞生的基本前提。电化教育在近代由西方传入中国是各种内外因素共同作用的结果。其传入的起因，在于近代中西之间教育及科技的巨大落差、来华传教士早期宗教传播对科技手段的借用以及近代西学东渐的冲击，而中国教育自身发展的需求则是电化媒介得以引介并运用的关键。

第一节　近代西方国家电化教育的萌生发展

近代西方国家历经思想启蒙运动、资产阶级革命和工业革命的相继洗礼，科技与教育的发展都呈现出勃勃生机。科学技术飞速发展，科技发明层出不穷，由此带来的生产力的普遍提高，使西方各国国力普遍增强。在欧洲启蒙思想运动的影响下，教育界的思想空气也焕然一新，涌现出了一批卓有成就的教育家。同时，集体授课的班级制、注重普及与平等的义务教育等制度层面的改革也逐项推进，逐步建成了相对完善的资产阶级教育制度。近代西方在思想、科技及教育上的新变化，在一定程度上促进了电化教育的萌生。

一、近代西方电化媒介的问世

缘于西方近代科技的发展，作为电化教育物质基础的各种电化媒介，如幻灯、电影、无线电广播乃至后来出现的电视等，先后在西方国家被发明创造。它们的问世，为电化教育的诞生打下了物质基础。如电化教育中最常用的工具——幻灯，就诞生于17世纪中叶的欧洲。罗马大学的数学教授、德国的犹太学者与传教士亚大纳西·基歇尔（Athanasius Kircher）于1646年在《光影大艺》中，曾描述过他制作幻灯的过程及其构造。1654年，基歇尔对幻灯进行重新设计并获得成功。同年，来华耶稣会士卫匡国［原名马尔蒂诺·马尔蒂尼（Martino Martini）］由中国传教团派遣返回欧洲，在鲁汶的耶稣会学院作有关在中国传教的讲演时，就借助幻灯进行解说。到18世纪，幻灯机在欧洲已较为常见。随着西方近代科技的发展，幻灯技术于18世纪90年代日益得到完善，幻灯机的构造更加简单且易于操作。

电影的发明则是19世纪末期的事情。1895年12月28日，这是电影史学家一致认同的电影诞生日。这一天法国人路易斯·卢米埃尔（Louis Lumiere）和奥古斯塔·卢米埃尔（Auguste Lumiere）兄弟在巴黎的卡普辛路大咖啡馆里，用其研制的电影放映机放映了 12 部影片，标志着电影的正式诞生。他们兄弟二人将新发明的第一台电影摄影机命名为"cinematographer"，意为"动作记录器"，表明了二人最初发明电影的用意是为了记录人类动态的生活，随后其简称"cinema"便成为电影的通称。从此，人们的视听状况开始进入一个新的境界。尽管很多人将 1895 年 12 月 28 日卢米埃尔兄弟的放映活动看作是电影的正式诞生之日，但在此之前，崇尚科技与工业的美国人早已成为电影诞生的参与者与推动者。1891 年爱迪生（Thomas Alva Edison）发明了"电影视镜"，在当时引起了轰动。虽然这种电影视镜一次仅能供一人欣赏，但它为生动影像进入公共场合并走向银幕放映提供了思路，亦为电影教育在美国的诞生打下了基础。

广播的发明是在电子与通信技术的基础上发展而来，所以它的发明在时间上要晚一步。1897 年意大利人马可尼（Guglielmo Marconi）在总结无线电前辈赫兹（Heinrich Rudolf Hertz）和布朗伊经验的基础上，创造了用无线电波传送电报信号的先例。1906 年 12 月 25 日，美国人德·福雷斯特（Lee de Forest）在试验运用无线电传播音乐与语言时，获得了初步成功。由于此次广播时间较短，所以知道的人非常少。在此之后，无线电广播技术的发展极其缓慢。1912 年，高真空电子管以及奠定现代无线电基础的再生电路、超外差电路相继发明并获得专利权后，将无线电技术大大推进了一步，遗憾的是当时未被公开运用。因此，在第一次无线电广播试验成功以后的很长时间里，无线电广播技术发展非常缓慢。直到 1920 年 11 月 2 日，美国匹兹堡业余无线电专家康拉德（Frank Konrad）主持建立的 KDKA 电台进行定期广播，世界广播事业正式发端。在一次节目中，康拉德创造出英文单词"广播"，"广播"及相关技术开始在世界范围内得到运用。

回顾电化媒介的创造发明史，我们不难发现，客观而真实地表现与记录现实世界，不仅是人类一直孜孜不倦、梦寐以求的理想和努力，也是电化媒介这种以记录、表达人类思想的工具得以诞生的原动力。回溯人类文明的发展史，也同样如此：从苏美尔人的楔形文字到埃及人的象形文字，从古老东方的彩陶纹饰与壁画到印刷术的发明，无不镌刻着人们对事实、对经验记录与传达的历史追求，由此也推动了人类文化教育的发展进步。直至近代，借助科学技术的革新与发展所带来的新型记录与传播媒介如电影、无线电广播的出现，使人类记录、传达知识的方式再次发生伟大的变革，也为教育方式的再次变革带来了新的契机。

二、西方国家电化教育的初起

如上所述，近代科技发展所带来的物质文明成果如幻灯、电影、广播等电化媒介的诞生最初正是满足人们表达、记录与传播的需要，后来则被运用到更多的领域。由技术与教育合体而生的电化教育，也最先在近代教育与科学技术先行发展的国家出现。

（一）电化教育在美国的萌生与发展

电化教育起源于美国，这一观点在学术界已基本达成共识。美国教育技术学界大多数专家学者认为，20世纪初在美国教育领域内兴起的视觉教育运动为教育技术的发端。[①] 在笔者看来，正是兴起于19世纪中叶之后的第二次科技革命所产生的各种新兴视听媒体被大量引入教育、教学甚至培训领域，对整个教育界产生了巨大的冲击和影响，视听教学才能够发展成为一个专门的实践与研究领域，并发展成为今天的教育技术学。虽然美国的电化教育发展成为一门学科是在20世纪20年代，但美国应用媒体技术于教育的实践活动要早于第二次科技革命运动。

早在19世纪30年代，幻灯机与幻灯片就成为美国讲演厅中最受欢迎的教学媒体。19世纪70年代，野外文化讲习会成为美国生活中的一种主导潮流，幻灯再次被广泛用于教育。19世纪末，随着实用主义哲学思潮的兴起，美国教育领域内开始强调实用主义教育，重视学生直接经验的获取，反对传统教学中忽视以学生的感性认识作为学习基础的言语主义教学，提倡欧洲教育家夸美纽斯（Johann A. Comenius）、裴斯泰洛齐（Johan H. Pestalozzi）等人倡导的以图片、实物、模型等教具为辅助的直观教学，美国教育界称之为视觉教学。视觉教学在美国学校的发展经历了三个明显的阶段：首先是学校博物馆运动，

[①] 张祖忻编著：《美国教育技术的理论及其演变》，上海外语教育出版社，1994，第2页。

其次是幻灯片库，最后是教育电影库的建立。

早在1880年纽约大都会艺术博物馆的新建筑落成时，博物馆就被赋予了教育功能。1905年，圣路易斯教育博物馆正式成立，成为美国公立学校系统中第一个教学媒体管理单位。此后，宾夕法尼亚的雷丁和俄亥俄州的克利夫兰，则分别于1908年与1909年相继开办了教育博物馆。由此，美国学校博物馆运动开始兴起。这种教学理念主要基于直观教学的博物馆运动，给学校教育带来了新的教学方式：标本和实物成为教学过程中不可缺少的一部分。许多博物馆组织参观和讲座活动，与学校合作开展教学活动，还向外出借收藏品等，[1]使直观教学得到重视。幻灯因其小巧且容易携带的特点，在教育教学中更受青睐，20世纪初进入更多的美国学校中，并引起了商业领域的极大关注。1906年，美国宾夕法尼亚州的一家出版公司（Keystone View Company）看到了幻灯在学校教育中的商机，出版了《视觉教育》（*Visual Education*）一书，借以向教师介绍如何拍摄照片、如何制作与利用幻灯片，"视觉教育"的概念首次出现在公众视野。虽然博物馆也收藏和管理幻灯片，但为数不多的博物馆所能够提供的服务已不能满足各地学校对幻灯辅助教学日益增长的需要，于是各地纷纷建立视觉教学中心，专门管理与租借幻灯片。据麦克拉斯基（Howard Yale McClusky）为全美教育协会（NEA）所做的调查，1923年美国共有十四个城市的视觉教学部门建设了幻灯片库，收藏了二十三万六千多张幻灯片。[2]

在发源地之一的美国，电影最初是作为一种教育媒体而被发明的。发明家爱迪生在发明电影后，对电影教学异常热心，曾制作了一部涵盖美国历史发展中几个重要阶段的历史影片，专门用于教室放映。1913年，爱迪生还预言，电影在未来十年之内将取代教科书，并使整个学校教育系统发生大的改观。虽然他的说法有些言过其实，但正是他对电影教育功能的满腔热情激励了许许多多的人，一些商人与教育家开始涉足电影教学领域。源于对幻灯、电影、图片、模型等视觉媒介在教育教学功能上的看重，在1918—1928年间，美国

---

[1] Saettler Paul, *The Evolution of American Educational Technology*, Englewood, CO: Libraries Unlimited, 1990, pp. 124–132.

[2] Saettler Paul, *The Evolution of American Educational Technology*, Englewood, CO: Libraries Unlimited, 1990, pp. 136–137.

掀起了轰轰烈烈的视觉教学运动。在此期间，以明尼苏达大学为代表的全美20多所高校，在视觉教学课程建设与培训教师等方面做出了较大的贡献。与此同时，为配合学科建设，一批视觉教学教材也很快问世，如1924年出版的《视觉教育》（Visual Education）是介绍芝加哥大学将电影用于教育教学的实验报告；同年出版的格拉斯迪所著《满足社区需要的电影》（Motion Pictures for Community）是目前能查到的第一本完整的视觉教学专著；第一本关于视觉教育的教学用书是1928年出版的《学校中的视觉教育》（Visual Education in the School）。此外，全国性的视觉教学专业团体也相继成立，并创办了相关专业期刊，美国教育技术学在各学校及社会团体的支持下由此诞生。

进入20世纪20年代中后期，无线电广播开始在教育中得到运用，一些大学开始提供正式的无线电广播教学课程，还成立了无线电广播教学专业组织协会，并且制订了系统的研究计划。为满足不断增长的无线电广播教育需求，美国教育部还成立了无线电广播部。30年代中后期，有声电影、录音机等也先后在教育中得到运用。第二次世界大战中，美国利用电化手段培训士兵的实验，获得了极大的成功，以至于1945年德军投降后，其总参谋长凯特尔（William Kietel）供述："我们把一切事情都估计得非常周全，唯有一件事估计错误，那就是美国训练其民众的速度。我们最大的错误就是低估了他们对电影教育的迅速而完整的掌握。"[①]二战时期对电化技术的运用及其成功，为美国战后积累了丰富的视听教学经验，加上战时受聘到军队和工业界的视听教学专家们返回教育部门，以及视听设备的逐渐普及，美国学校领域的视听教学开始扩展，电视教学也开始在第二次世界大战后发展起来，同时，还出现了较多的电化教育研究成果，其中俄亥俄州立大学教授爱德加·戴尔（Edger Dale）在总结视觉教学实践的基础上，于1946年出版了《教学中的视听方法》（Audio-Visual Methods in Teaching）。他所提出的"经验之塔"（the Cone of Experience）理论，成为当时以及后来视听教学的重要理论根据，推动美国电化教育进入新的发展时期。

---

① 张祖忻编著：《美国教育技术的理论及其演变》，上海外语教育出版社，1994，第10页。

(二) 电化教育在欧洲国家的萌生与发展

前文已述，17世纪中叶，幻灯被欧洲人士发明之后即用于教育。对于电影教育来说，由于电影及电影技术首先在近代科技发展较快的欧洲各国普及，因此这些国家也最先把电影应用于教育教学过程，这在郭有守《我国之教育电影运动》一文中有过详细的描述。比如作为电影重镇的法国，很早就有教育者把电影当作教学的工具来使用：1895年杜央博士（Dr. Doyen）用电影拍摄外科手术进行教学；1901年拉格朗吉教授（Prof. Arrigon Lagrange）摄制有关物理、化学影片进行教学；1906年班乐列卫（E. Benoit Levy）与白郎（L. Bellan）两学者，均用电影辅助实验及讲演。1910年在比利时布鲁塞尔召开的第一次国际电影会议中，法国还曾提出运用电影教学及注重电影中的道德教化等提案。另外，巴黎、凡尔赛等地的学校教师均用电影教学。一些教学团体还于1912年向法国教育部部长建议采用电影来训练未来的教师，以期对学校教法有所帮助。虽然在第一次世界大战期间，法国的电影教学受到影响甚至停顿，但在战后迅速得到恢复。1921年巴黎成立了专门供应各校影片教学的"教育电影库"，作为国立教育博物院的一部分，免费向各校教学提供影片。此外还推行电影巡回乡村教学活动，用大汽车装载电影器材及放映设备在偏僻的乡村学校巡回放映。第一次世界大战后，比利时、瑞典、德国等国家都把电影列入正式的教学活动中，还组织各种电影教育组织团体，开展电影审查与推广电影教学活动。德国与意大利还成立了专门的管理机构，积极发展教育电影摄制与推行教育电影活动。在欧洲各国的推动下，1928年11月，隶属国际联合会行政院的国际教育电影协会于罗马成立，以主持世界各国之间有关教育影片的摄制、流通及交换等事宜。从此，欧洲各国的电影教育事业进入稳步发展时期。

英国是播音教育最为发达的国家。1920年英国的剑佛电台开始播送每日新闻与诗歌，标志着该国播音教育的开始。随后，英国其他地方也开始电台播音，并在节目中添加播音演讲。1922年英国广播公司（BBC）成立，并于1926年成为政府与私人合办的大型教育播音机构。为增进播音教育的效用，英国广播公司不仅播送教育节目，还创办播音教育刊物、开办播音讨论班等。德国的播音教育则由国家设置一个总的教育播音台，其下设9个分台，由中央教育馆拟定教育播音节目并转播各地。奥地利的中央播音机关则与维也纳平民教育会合作，在播音教育上独具特色。如在播放美术演讲节目后，观众可写信领到博物馆的参观券，可以听到一次更为详细的演讲；而听了关于健康的演讲后，观众还可以到医院去进行参观等。播音与参观相结合，给观众以切身的感受与体验。在教育播音的内容上，欧洲各国大体相同：最通行的是语言功课，其次为音乐（音乐的欣赏与解释），再次为各项演讲。[①]到20世纪20年代末，欧洲各国播音教育最为发达的是德、奥两国。如德国的教育播音分为职业教育与普通教育两类，前者占教育播音时间的66%以上，主要有语言课程与家政演讲，后者则有自然、语言、文学、音乐、历史等科，在时间分配上比较均衡。

综合观之，近代欧洲各国对电化教育都比较重视，尤其是法、德、英等国的电化教育，在行政管理、具体实施方面，均获得了政府的支持与制度的保障而得到较大的发展。作为教育现代化的一种推动力量，教育手段的现代化受到欧洲各国政府及教育界的广泛重视。

（三）近代日本的电化教育

近代日本电化教育的起步晚于欧美各国。1911年日本文部省实施幻灯与电影审查制度，开始着手加强对幻灯与电影的管理并将其用来推动教育。于是，幻灯与电影开始正式用于日本的学校教学。但迟至1920年，日本政府才开始积极地鼓励电影教育，开始系统地实施教育电影运动。为推动学校教育与社会教育的发展，文部省于1923年开始积极摄制教育影片。同时，为促进电影教育的发展，文部省设置"电影说明者讲习会"（即电影解说员培训班）。自此，日本的电影教育逐年进步。为有效推广电影教育活动，日本文部省还在1927年召集全国电影行政人员，开展了为期8天的教育电影培训活动。此外，为实施儿童电影教育，1929年文部省与东京29家电影公司合作，特定星期日为"儿童电影日"，专映教育影片。在政府的支持下，日本电影教育获得发展，如1931年在日本127家电影公司中，有61家专门摄制教育影片。这些措施进一步促进了日本电影教育的发展。

---

① 徐锡龄：《教育播音的现况与问题》，《教育杂志》第23卷（1931年）第7期。

除文部省外，日本的各道府县也大力推进电影教育，分别设置了电影管理课或管理股，使各道府县的电影事业"大部分用以教育、教化社会事业，产业方面之改良指导，或卫生、防火及其他宣传为目的"。其中又以"教育、教化者为最多"。[①] 即日本各道府县的教育电影多用于社会教育。为发挥电影在社会领域的功效，日本还开展电影教育巡回活动，所到之地多为乡村。日本播音教育开始虽不早，但进步很快，于20世纪20年代末到30年代初得到迅猛发展，成为日本电化教育的重要组成部分。

由上可知，电化教育在近代欧美国家的萌生与发展，时间较早且发展迅速，主要原因即在于这些国家有着雄厚的科技资源与发达的教育基础，在科技成果转化为教育工具上，人们的思想观念转变较快，加之相对丰厚的经济支持，使电化教育发展较为迅猛。近代日本在明治维新后经济迅速崛起，加之政府对教育的重视，故能在20世纪二三十年代跻身于电化教育发展较快的国家之列。

第二节　近代中西科技与教育发展的时代势差

在近代西方科学技术勃兴的时代，清政府仍闭关自守，使得教育和传统科学技术一直发展缓慢。电化教育在近代的萌生与发展有赖于科技与教育本身的需求，是科技与教育的耦合之物，缺少哪一因素，电化教育都将难以出现。近代西方国家科技的进步与教育的发达，为电化教育的萌生准备了基本的条件。同时，近代欧美国家教育与科技发展的势态较好，不仅是促成近代中西文化交流进程中西学东渐的主要原因之一，也为电化教育传入中国提供了可能。

---

① 崔叔青：《日本的电影教育》，《山东民众教育月刊》第5卷（1934年）第4期。

一、近代中西科技发展的差异

13世纪之前，中国的科学技术一直处于世界领先地位。尤其是到了宋代，中国的科学技术水平可以说达到了登峰造极的程度，远胜于欧洲。然而从元朝开始历经明、清后，此阶段中国的政治氛围与社会情形在很大程度上已不利于科技的成长，中国的科技之路由此陡然滑坡。

在此期间，西方科技发展取得了长足的进步。到了17世纪，西方科技发展的主要推力来自科学革命，尤其是文艺复兴所带来的思想启蒙运动，提倡人的个性与创造性，提倡科学，反对蒙昧，给学术界、思想界带来了理性的科学精神。其中形成的科学思维方法，成为了近代西方科学技术的一种重要的内部主导力量。在理性科学精神的导引下，以培根（Francis Bacon）与伽利略（Galileo Galilei）创立的归纳法与实验法为代表的西方近代科学方法论的诞生，成为西方科技发展中重要的助推力量。在近代西方科学方法论的指导下，西方自然科学开始走上更严谨的、更为科学的发展道路，促使西方的科学技术获得长足的进步。14—17世纪西方的文艺复兴运动、17世纪的科学革命及18世纪由英国发起的工业革命，给西方的科技发展以极大的刺激与推动，使欧洲的科技相继在意大利、法国、德国等国家发展起来。在英国相继发生的科学革命与工业革命，使英国科技在19世纪迅速达到与德国同等的世界领先水平。在欧洲科技发展的影响下，美国与日本的科技也迅速崛起。19世纪中后期，西方近代科学体系已经全面形成，科学技术迅速转化为发达的生产力。

中国古代在科学技术方面虽然拥有辉煌的成就，但大多属于技术科学，缺乏坚实的、系统的科学理论与原理。许多科学技术工作以经验为重，从直观感觉或者经验猜想出发，对科学的理性思维少有兴趣，一些观测成果往往也只能以逻辑推理或者经验规则的形式表达出来，闭关锁国的国策又加重了科学技术发展的封闭性与保守性。加之中国封建社会长期以来注重农业、轻视科技发明，甚至将科技发明视为"奇技淫巧"，所有这一切使中国近代的科技发展陷于困顿与几乎停滞的状况。19世纪中叶以后，中国不得已结束了闭关锁国的局面，西方近代先进科学技术及文明成果开始传入中国。

二、近代中西教育水平的差异

柳诒徵在《中国文化史》一书的绪论中指出，中国文化与他国特异之处之一为"年祀之久远，相承勿替也"[1]。文化因教育而得以传承，中国源远流长的教育与同样悠久、绵延不绝的中华文化相互依存，但在时代变迁过程中，中国教育在近代遭遇了一定程度的阻滞与困顿。

西方近代教育的起点一般以17世纪末期资产阶级革命在英国的完成为标志，随后，工业革命的洗礼与各种社会思潮的激荡，使西方近代教育逐渐脱离了中世纪的蒙昧、黑暗状态，逐渐由封建主义旧教育过渡为以养成健全人格、增进国民知识、促进社会发展为目的的资产阶级新教育。在这种教育目的的指导下，西方各主要国家的教育思想得到空前解放，教育论著层出不穷，涌现出大批的教育思想家及理论家，一时形成了教育领域百花齐放的局面；国家逐渐加大了对教育的干预力度，教育意识也不断增强；在国家普遍重视教育的基础上，公立学校逐渐普及，义务教育制度日渐建立，班级授课制进入校园，整个教育效率获得极大的提升；教育内容渐趋科学，自然科学与社会科学逐渐取代神学成为学校教育的主要内容，学校教育逐渐趋向于关注社会实际生活需要。总之，近代西方各国的教育经过各项改革，呈现出勃勃生机，各国在19世纪末基本完成了教育的近代化。

回望中国，近代教育仍以应试科举为内核，无数士人以埋头八股考取功名为己任。这种静止的、一成不变的以科举取士为目的的教育旨趣，正如近代教育家陈东原所说："清代教育目标，无非在豢养士子，不要犯上作乱，安分守己，谋所以辅佐治术，安定政治。所谓作育人才，尚其余事。"[2] 近代中国的教育在其旨趣与功能上已与西方形成巨大的反差。中国近代教育模式依旧沿袭传统模式，采取个别教学和集中灌输的方式，教学单调，缺少启发，孔子提倡的"因材施教"的教学方法与精神已经荡然无存。这种教育模式造成了教学效率的极端低下，在人才培养的数量与质量上根本无法与西方近代

---

[1] 柳诒徵编著：《中国文化史》，中国大百科全书出版社，1988，第4页。
[2] 陆鸿基编：《中国近世的教育发展》，华风书局，1983，第40页。

的普及教育和大规模的班级授课制同日而语。在教育内容上，中国近代教育仍以传统的儒家经典为主要内容，"四书""五经"是必读教材，教育内容的不变与僵滞，使传统士人的思想偏于儒学一隅，忽视了近代自然科学与社会科学的存在，对科学与民主的基本要义茫然无视。因此，当遭遇近代西方文明的挑战时，中国士人无力而茫然。然而，在历史的整个发展演进过程中，文明与文化总是在不停地流转迁徙，总是由较高位势流向较低位势。时至近代，中国教育文化再次在西学东渐的影响下，开始踏上艰难的近代化之旅。西方教育近代化的完成之日却是中国教育近代化的开始之时，尽管被动而艰难，但中国近代教育的转型之路由此开启。作为教育现代化的一部分，教育手段的改进与更新也逐步开始展开，电化教育由此传入。

第三节　电化教育在近代中国传播的历史基础

任何新生事物在某一时段、某一地域的萌生与发展，皆有其历史的根基所在与时代的催化条件。电化教育在近代中国的诞生也必然有其植基的历史渊源与时代要求。近代来华传教士作为电化教育传入的最初传播主体，之所以引介电化器材、技术于近代中国并用之于教育，在于明末清初来华耶稣会士们曾经把电化器材的运用当作传教工具的成功经验。同时，处于西学东渐浪潮之中的近代中国教育自身亟须变革的现实需要，以及开民智、增国力的教育救国思潮，也催发了电化教育在中国的萌生与传播。

一、早期基础：宗教传播借用的科技手段

近代欧洲由于科学的发展，产生了一批先进的技术成果，其中一些科技产物如光学器物因其能够产生神秘、神奇的视觉效果与奇妙幻境而在知识界广为流传，也引起了欧洲耶稣会士们的注意。他们还给光学器具赋予了特殊的宗教含义，认为教徒们可以借助这些光学器具与上帝沟通。近代幻灯的设

计发明者，德国耶稣会士、罗马大学的数学教授基歇尔，就是带着宗教情感，于1654年设计出可以用来放映透明画面的幻灯机的。是年，中国传教团派遣返回欧洲的卫匡国在鲁汶耶稣会学院借助幻灯宣讲中国传教情况的举动，亦被人们称为科学史上"特别值得一提的事情"①，卫匡国本人也因此成为将幻灯应用于宗教讲演的第一人。因此，传教士最初研究光学并利用光学器具如幻灯等进行传教即具有宗教认识论上的意义。

对于17世纪来华的欧洲耶稣会士来说，以光学器具为代表的一系列西方科技器物在中国另有不同凡响的意义。明末清初年间，以利玛窦（Matteo Ricci）为首的一批欧洲耶稣会士发现，在古老的中华大地上，那些在西方国家通行的直接布道传教方式，如公开演讲、游行布道、派发宗教刊物等，对于受到根深蒂固的文化和思想影响的人们，几乎没有什么效果。面对与西方社会迥然不同的人文环境和社会群体，他们在竭力与中国本土文化融合过程中，发现借助光学器具这类奇特而神秘的洋玩意儿既可以吸引中国人的注意，也可以展示西方先进的科学知识与精湛的制作技艺。更为重要的是，还可以加深中国人对西方宗教的认识。为此，他们带来了望远镜、自鸣钟、三棱镜等，以此吸引皇帝、后妃及上层官员的注意。然而，对于清朝的康熙皇帝来说，他关注的并不仅仅是这些器物的新奇性，他还对欧洲科学技术知识充满兴趣，并热切地加以学习。为满足康熙皇帝对海外新奇器物以及相关科技知识的兴趣，1658年7月，随同卫匡国一起来到中国的比利时耶稣会士南怀仁（Ferdinand Verbiest），为康熙皇帝制造了一系列既新奇有趣又充满西方智慧的器物，并借助这些器具系统地向康熙皇帝宣讲欧洲新的科技知识。据南怀仁介绍，在他为康熙皇帝制作的一系列奇器中，就有一架幻灯机：

> 最后，第三种是夜用筒（nocturnal tube），也许我们称之为"演奇筒"（wonder-performing tube）比较合适，而有人则称之为"魔筒"。因为，在晚上，或者在黑屋子里，它都能通过一盏灯的光把无论如何小的影像清晰地投射到墙上。灯被装在一个封闭的盒子里，投影

---

① 王冰：《中外物理交流史》，湖南教育出版社，2001，第209页。

的大小取决于盒子离墙的远近。①

这种魔筒就是欧洲17世纪中期前后发明的一种早期幻灯机。耶稣会士们还将这种幻灯与时钟结合起来，制成了一种可视的夜间报时钟表。②虽然没有相关资料可以知晓以南怀仁为代表的西方传教士为康熙皇帝放映幻灯的内容，但毫无疑问，作为西方自然科学发展的成果，幻灯已然被用作渗透基督教义的工具或诱饵来引起清廷皇族的关注。同时，这些光学器具也由耶稣会士带至教堂中，成为他们吸引普通公众进而宣教的工具。只不过来华耶稣会士借助科学技术的宣教活动，随着中国闭关锁国政策的颁布而没有延续下去。

时至近代，中国的大门被西方侵略者的军舰与炮火打开，传教士再度蜂拥而至。在殖民侵略者的炮火保护下，来华传教士本以为传播基督信仰与教义的活动能够被中国人接受，然而事实并非如此。美国基督教美部教士裨治文（Elijah Coleman Bridgeman）即是一个例子。他在初到中国之时，依靠西方直接传教的方式在中国开展宗教宣传，并没有取得丝毫进展。于是他开始尝试借鉴明末清初耶稣会士获得成功的经验，依然沿用学术传教的路线，把西方近代数百种新兴的科学应用技术及其成果带入中国，作为引起中国人好感的法宝。他们在传教的过程中逐渐发觉，利用视觉化的图像不仅招徕了更多中国人的围观，而且宣教效果也较好，图像因能跨越宗教与文化的藩篱而被众多传教士誉为"利器"。既然图像对一般民众传教有如此大的作用，那么，比一般图像更为逼真且可展示实物与实境的幻灯，自然就成为传教士传播教义的最佳工具。来华传教士在不断尝试的过程中，发现来自西方国家的幻灯机对中国人"最具吸引力"。同时，幻灯具有既可"寓教于乐"又能"无限复制"③的特点，成为来华传教士传播教义最为得力的辅助工具。由是，作为传教的有效辅助物件，幻灯在中国逐渐普及。19世纪末期电影问世后，动感逼真的画面与表情达意的效果比幻灯放映更

---

① Golvers, N., *The Astronomia Europaea of F. Verbiest, S. J.(Dillingen, 1687): Text,Translation, Notes and Commentaries.* Nettetal: Steyler Verlag, 1993, p. 116.
② 石云里：《从玩器到科学：欧洲光学玩具在清朝的流传与影响》，《科学文化评论》2013年第2期。
③ 高晞：《德贞传：一个英国传教士与晚清医学近代化》，复旦大学出版社，2009，第79页。

胜一筹，更能吸引观者的兴趣，在其发明后不久即被来华传教士当作传教工具携入中国。19世纪末20世纪初，传教士为了达到使整个中国基督教化的野心，开始采取中国人易于接受的方式借以提高传教的效果，传教策略开始由直接的传教方式转移至更为隐秘的渗透性方式，特别是基督新教的传教士将主要的精力和财力投向了教育、医疗和卫生事业[①]，意欲通过设学校办教育以及设医院行医等方式达到广泛渗透基督教义的目的。随着基督新教传教方式向借助教育传教转移，大量的教会学校开办起来，来华传教士的身份与角色也开始转至教会学校的教师，昔日用以吸引华人眼球的幻灯、电影等电化媒介亦被带至校园，成为教育教学的辅助工具而间接地服务于基督教义的传播。

二、西学东渐：电化教育传入的文化载体

被誉为人类教育领域第四次革命性变革的电化教育，之所以诞生于近代西方发达国家，主要的原因首先在于工业革命所引发的西方知识体系变化，即由农业社会静态化的、经验式的、思辨式的农耕知识体系转为工业社会动态化的、实用性的、实证式的工业知识体系，知识属性与类型的变化必然要求知识传播的方式与手段发生变化。其次，西方工业革命后，机械大生产的工业体系对知识总量的需求增加，加之知识传播中科技因子的渗入，知识传播的途径与方法也发生了较大的变化，开始朝着更加便利快捷的方向发展。另外，电化教育最初作为由西方移植而来的一种教育方式，之所以能在中国成长，根本原因即在于受到近代西学东渐潮流的冲击，中国教育自身的一种应激反应或者说是传统教育亟须更新与变革的必然要求。

鸦片战争后，中西文化交流史上的第三次西学东渐正式启动。作为近代西方文明与智慧结晶的自然科学知识与人文知识大量传入中国，尤其是与中国传统知识体系不同的声光化电之学的传入成为自洋务运动及之后新式学校的主要授课内容，西方近代知识体系开始逐渐渗入中国教育领域，中国教育

---

① 顾卫民：《基督教与近代中国社会》，上海人民出版社，1996，第352页。

结构与内容随之发生变化。回顾中国教育发展史，学校教育内容自汉以降，便以儒家经典为师生之间知识授受的基本内容。隋唐以来，一些专门学科知识如算学、医学等，虽说也跻身于学校教学内容之列，成为封建教育之外的独特风景，但是，在科举及第为士子学人主要进身之途的时代，以"四书""五经"为主要考核内容的科举考试，使其他学科知识尤其是自然科技知识，因不受重视发展非常缓慢而远远无法与之抗衡甚至于衰微而消失。因此，自汉至清，中国的知识体系呈现出单一且静态、凝滞且固化的状态。虽说中间也经历了几次短暂的西学东渐的冲击洗礼，但中华文化强大、包容，以信仰传播为主的外来宗教文化反而被同化，夹带而来的少量科技知识也被湮没而无法广泛流传。19世纪中期，伴随武力入侵而来的西学，让中国有识之士警醒，他们认识到西学的重要，于是随之开办的一些新式学堂开始引入以西方自然科学知识为代表的西学知识。从此，中国学校教育的教学内容逐渐从单一的东方古老经史典籍转向"中学为体、西学为用"，乃至多元的人文与自然科学知识并重。在此过程中，随着人们对西学认识的深化，西学在教育内容中所占的比例逐渐加大。有关资料表明，地处西学输入窗口的上海，一些学校开设的西学课程比例甚至远超中学课程。[1] 不仅如此，来华传教士创办的报刊，也往往成为西学尤其是自然科学知识引介的主要载体。据近代报业达人戈公振所述，西来传教士以近代西方学术为接近中国社会的便捷方法，故其所办报纸刊载"舍宗教外，即为声光化电之学"的内容。[2] 由是，近代西学东渐所带来的大量西学及其在新式学校的运用，在一定程度上弥补了中国学校教育中自然科学知识的缺失进而充实了学校教学内容。不同于中国传统以文史为主的教学内容，西方的自然科学知识大多为近代工业文明的结晶与反映，比较偏重于对自然现象与规律的把握，内容相对较为抽象。这些知识对于那些依靠传统的教师语言与肢体动作等教学方式与手段的中国学生来说，很难使他们形成清晰的知识图景。因此，近代西学尤其是自然科学知识进入中国学校课程的比重加大，使得传统教学手段日益无法应对教学内容的更新，

---

[1] 施扣柱：《清末上海教育改革之研究》，《上海研究论丛》第7辑，上海社会科学院出版社，1991，第199页。

[2] 戈公振：《中国报学史》，中国新闻出版社，1985，第91页。

为适应教育教学发展的新教学手段诞生提供了契机。

与此同时，在近代学校教学内容不断更新与充实的基础上，教授传统教育内容所常用的文字读写与词章记诵的教学方式方法越发显得不合时宜。如前所述，自汉以降，中国以经史典章、诗词时文为主的教学内容，强调学子对文本内容的诵读与记忆，教师所用的讲授法以解释文本为主，因此知识授受的方法与内容比较契合，成为我国传统教学体系中不可缺少的组成部分。近代，随着西学东渐，学校教学内容中自然科学知识的比重加大，这种注重读写以讲授为主的方法逐渐不能适应课堂知识更新所带来的种种变化，一直为知识界人士所诟病。20世纪初，随着清廷新政的实施，教育领域开始颁布新学制、创办新学堂等，一系列鼓舞人心的教育新举措逐步推进，新式教学法也在逐步探索之中。如在《奏定初等小学堂章程》中即明确规定，教育教学要依照学生身心发展特点施教。虽然强调"讲解为最要"[1]，但教学中要求尽量以"循循善诱之法"，注重启发式教学的精神开始有所显现。民国元年以后，随着人们教育思想的进一步解放，西方教法接续舶入中国，探索新式教法以改进教学的实验相继在各校兴起，中国教育界开始对西方舶入的时兴教法予以验证性的实验与推广。在对新式教法不断探索的过程中，一些教育者如陶行知、陈鹤琴、俞子夷等人倾注了极大的热情与心血，摸索出"整个教学法"等适合中国教育实情的教育方法。这些方法力图克服中国传统教育中注重灌输的单向式教学，开始强调师生双方互动的反馈式教学，开始注重教学方法的科学化、直观化，注重学生的心理特点及其变化，强调兴趣、爱好、认知结构等非智力因素在学生学习中的作用，提倡玩中学、寓教于乐的教学方法。从晚清到新文化运动时期对教学方法的一系列改革，要求改变传统的以教师讲授为主的教法以及以学生静思体悟为主的学法，提倡教师注重启发诱导式的教学，注重学生的切身体验与感悟，要求学生通过亲自动手操作与演示获取对知识的理解。由是，近代教学方法中萌生的革新思想以及一些教育家的力行倡导，使教师的教与学生的学均出现了一些新的气象，逐步开始要求更为新颖的、直观的、能引发学生兴趣的教学手段与之呼应。为提高教

---

[1] 舒新城编：《中国近代教育史资料》（中），人民教育出版社，1981，第421页。

育教学的效率，课堂教学中开始出现图表、模型、照片、实物等教学手段。将动态的画面与生动的图像集于一体的幻灯、电影，因其更能直观地展示实物实景，能够达到寓教于乐的效果，而成为近代教学方法革新运动中的一种应时之需。

三、时代转折：电化教育传入的内外动因

电化教育在近代中国的萌生与传播，除受西学东渐潮流的冲击和中国教育自身变革的需要外，处于时代变革之中的中国志士仁人所倡导的教育救国思潮的驱动，以及来华人员或以传教目的或以营利目的而对电化媒介的引介，对电化教育的传入均有较大的促进作用。

鸦片战争后的中国社会内忧外患频仍，内外交困的残酷现实迫使志士仁人不断思索挽救国家民族于水火的良方。一部分知识界人士在艰难的思索与艰苦的现实斗争中逐渐认识到：国民文化知识普遍不高的现实，是导致国穷民弱的重要原因。因此要挽救国家民族于危亡之中，就要从"教育"这个根本的问题入手，只有通过大力兴办学校，普及教育于一般民众，改革一切不适于教育发展的陈章旧规，才能从根源上提升中国民众的整体文化素质，才能拯救危难之中的国家民族。由是"教育救国"思潮开始酝酿进而迸发。其中，一批留学欧美的归国学生对西方发达国家先进的科技以及由此呈现出的蓬勃发展的西方物质文明有着一般人难以企及的切身感受。他们深切地觉察出发达国家之间的相互争斗以及对弱小国家或地区的武装殖民，其实质就是科技实力比拼的结果，也是"应用科学发明的结果"，反观我国民穷国弱的现实，归结其必然根由在于"以无科学为重要原因"[1]。在科学救国与教育救国思潮的激励下，以从欧美归国的留学生为代表的教育界人士开始倡导"教育科学化"和"科学教育化"运动，开始将统计实验与心理测量等科学方法引至教育教学领域，作为了解学生学习心理与提升教学效率的基本方法。因此，教育救

---

[1] 任鸿隽：《说中国无科学之原因》，载《科学救国之梦——任鸿隽文存》，上海科技教育出版社，2002，第19页。

国思潮的兴起，为以提高教育教学效率为目的的新型教学手段或方法的运用提供了思想上的支撑，也为教育领域广泛采用新科技成果作为改进教学的手段提供了坚实的理论基础。

与教育救国思潮兴起相呼应，一些知识界人士对西方教育中重视平民、注重普通民众教育的精神极为赞赏，认为首先向占国民人口80%以上的普通民众推广教育是实现普及教育的基础。基于上述思考，他们意欲通过平民教育来达成普及教育，进而实现社会民众整体素质水平提升的美好愿景，开始以此作为教育救国之路。面对国内民众大多为文盲的社会现实，以蔡元培、吴稚晖、晏阳初、陶行知等为代表的一些留学归国人士有感于西方电化媒介对教育普及的推动，结合幻灯、电影与无线电广播自身在教育上的规模优势以及直观生动等特质特性，相继在国内或著文呼吁或公开演示或身体力行，以各种方式倡导运用上述电化媒介于教育教学领域。如晏阳初和陶行知在新文化运动期间及之后的平民教育实践中身体力行，竭力提倡幻灯教学在平民教育中的推广。作为教育界与文化界领袖的蔡元培，针对当时中国弱、穷、愚、私的社会现实与国民特点，指出要谋求中国的进步与发展，首要的是要改变民众智识程度极为低下的现状，改变这一国情与民情的基本出路在于推行民众教育，而对中国占绝大部分比例的民众进行有效教育的最佳工具当为电影。在近代"科学救国"与"教育救国"思潮的鼓舞与激励下，国内先进人士急于通过教育民众来改造社会、挽救国家的心态也促使他们对西方近代科技成果表现出如饥似渴的采择以至于移植，其中就包括倡导新兴技术手段在教育领域的运用。正是他们的倡导，电化教育开始广泛运用于教育领域，催发了国人对电化教育本身为教育现代化组成部分的意识，开始了以电化教育推动教育变革进而实现其现代化转变的发展道路。

在电化教育传入中国的过程中，来华外国商人、传教士以及教会学校的引介作用不可忽视。两次鸦片战争之后，西方文化科技随着西方列强的武力入侵而乘机传入中国。其中曾广泛运用于中国社会与学校领域的幻灯与电影，分别于19世纪中期及末期传入。与西方国家一样，虽然发明家发明幻灯与电影的最初本意在于教育，却被企业家用于娱乐社会民众，并成为其赚取更大利润的工具，但由此也推动了社会经济的向前发展及社会成员生活观念的变化。电影等现代媒体在欧美国家的风行也主要在娱乐领域。幻灯和电影这些新科技成果初入中国时，由于特殊的社会人文环境，并未受到国人的礼遇与欢迎，而是被视为低俗之物混杂于马戏、杂耍等民间娱乐节目中上演。一些国人尤其是社会上层人士更是对其不屑一顾，认为它们是登不得大雅之堂的"奇技淫巧""雕虫小技"，只是散布于民间市井供人玩乐的洋玩意儿。还有一些国人认为幻灯与电影是西来传教士用以吸收人眼精华所施的妖法，常观必造成眼盲，竭力劝阻周围亲朋不可常看。因此，幻灯、电影初入中国开演时，也只有那些"好奇与胆壮之人略敢一观"[1]。因此，幻灯、电影在传入之初并未引起人们的重视。为了吸引更多的观众，一些来华人士在报刊登载广告时用极富表现力的字眼大肆宣传，如"新来电机影戏神乎其技，运以机力而能活动如生"[2]"其火用电气引来故格外明亮"[3]，极力突出幻灯、电影用电力发动、以机力运转的动力机械特征以及幻灯与电影新、奇、特的技术亮点，以此招徕关注并拉近与民众的距离。同时，为使国人从心理层面接受，来华人士常常迎合国人的观看习惯，将影片放映穿插于中国传统的游戏杂耍节目之中。从此，幻灯、电影以娱乐民众的方式在中国流传开来，并随着教会学校的开办，被传教士带至校园乃至运用于课堂教学。民国初年至新文化运动期间，随着以留学归国人员为代表的国人倡导以及中国教育领域掀起的教学改进运动与平民教育运动热潮的到来，幻灯、电影以及随后出现的无线电广播等电化媒介被广泛运用于教育教学领域。

至此可知，作为西学东渐一部分的电化教育传入中国是历史的必然。电化教育在西方国家的发展状况是其传入中国的基本条件，中西教育与科技发展上的势差则决定了传播的方向，而中国教育自身发展的内在需求是其传入的必要条件，传教士利用科技手段达成传教目的的早期经验也奠定了电化教育萌生的历史基础。

---

[1]《北京电影事业之发达》，《电影周刊》1921年第1期。
[2]《请看美国新到机器电光影戏》，《申报》1897年7月26日。
[3]《叠演影戏》，《申报》1875年3月23日。

第二章

近代电化教育传入的社会主体

第一章分析了电化教育在西方各国的初起状况、中西教育与科技发展的势差以及电化教育传入中国的宗教基础、时代基础与文化基础，这些背景性因素开启了电化教育传入中国的序曲。本章将对拉斯韦尔传播模式中的传播者的一系列传播行为进行分析也即控制分析，阐述电化教育在传入近代中国的过程中，各类相关社会主体如传教士及其外围组织、出洋考察的中国人、留学生以及西方各国来华的教育界人士的具体作为与历史贡献，梳理与分析上述社会主体在中国电化教育移植与生发过程中的引介作用。

第一节 "海外来客"——电化教育的传入

电化教育这种教育教学形式或方式诞生的基础在于近代电化媒介及其技术的发明与创造。以幻灯、电影等电化媒介为代表的西方近代科技成果，经由各种社会主体人士通过各种引介渠道传入中国后，在教育教学领域得以应用，中国的电化教育由此萌生。在晚清西学东渐的过程中，先进的媒体技术如幻灯、留声机、电影等与西方其他先进科技成果一道漂洋过海来到中国。其时，晚清的大门刚刚被迫打开，刚从天朝上国迷梦中惊醒的国人，面对这些奇巧精怪的西方器物，在感叹西方技艺高超的同时，内心深处道本艺末的思想仍占据上风。因此这些代表西方科技文明发展的成果，在晚清的很长一段时间内只是大多数国人眼中的洋玩意儿，只是作为他们眼中奇巧的景观而存在，除了满足少数国人追求新奇刺激的猎奇心理，在一般国人当中并未引发更具深意的想象与思考，更不用说当作开启民智、传播知识的工具。而来华传教士及其外围团体——基督教青年会却看到了这些电化媒介的传播功能，将电化媒介引入中国用以辅助宗教事工。在这一过程中，电化媒介逐渐由传教工具转变为辅助教育发展的工具，无心插柳的结果却使中国的电化教育得以萌生，从而掀开了电化媒介辅助中国教育事业发展的历史新页，使教育的呈现方式与传播方式发生了较大的变化，并逐渐使国人接纳与仿效，促进了电化教育在中国的发展并成长为一门新兴的教育学科。

一、电化教育传入的先行者——传教士

19世纪以来，随着西方基督教的逐步壮大，其海外宣教的意图与范围大为扩张，并逐渐扩展至东亚各国。鸦片战争后，被西方列强窥伺已久的中国成为殖民瓜分的对象，中国国门被迫打开，西方传教士也随之而来。近代西方各种器物文明随着宗教文化一起被带至中国，被传教士用作吸引中国人关

注的传教道具。其中，西方近世科技产物的代表幻灯、电影等，不仅其自身具备传播讯息的功能，而且在大部分中国人眼中还是极具吸引力与震撼力的新奇物件儿，进而成为基督教义传播的得力工具。19世纪末20世纪初，随着传教方针的转变，尤其是来华教会人士对兴学办教育的极力参与并将其作为拓展宗教事业的重要方式，幻灯、电影等现代电化媒介开始走进校园乃至走进课堂教学，成为辅助教育教学的工具。自此而后，电化教育这种独特的教学方式开始扎根于中国大地并逐渐萌生，破土成长。由此而论，来华传教士对电化教育在中国的发展具有开启性的历史贡献。

传教士引介电化教育于中国是出自传教的根本目的，但客观上促成了电化教育在中国的兴起。在此过程中，他们除直接从各所在国家带来幻灯、电影等设备器材外，还通过书刊介绍、集会演讲以及在学校的具体运用等途径，将电化教育有关的应用技术知识与使用技能技巧等介绍给国人，从而使电化教育被国人熟知与接受，并逐渐被引入教育领域。

其一，通过书籍报刊宣介电化技术及其应用知识。鸦片战争后，联翩东来的传教士为提高传教的效果，把翻译出版西学书籍以及创办报章杂志等作为主要手段。同时，鸦片战争带来的危机感，使一些知识界人士急于通过西学了解西方富强的原因借以挽救中国。为迎合国人学习西学的渴望，增广西书与西人报刊的受众，传教士借势介绍了大量的西学尤其是自然科学应用知识。就在这样的背景下，电化教育运用的技术性基础知识通过书籍与报刊被带至中国。现有资料显示，最早介绍幻灯机基本构造知识的是英国传教士合信（Benjamin Hobson）于1855年编译并由上海墨海书馆刊行的《博物新编》。1866年，曾担任京师同文馆教习的丁韪良（Willam Alexander Parsons Martin）在其编著的科学教材《格物入门》中，具体介绍了幻灯放映的步骤与方法，如首先在玻璃上彩绘花卉人物，接着将其插入镜架夹缝，然后借助灯光反射于幕壁上。在对幻灯片制作及放映方法介绍的基础上，丁韪良还介绍了幻灯放映的注意事项，"画片四围必须漆黑"，仅"令画处透光"，并提醒放映者，只有这样才能显示图像，且"画必倒置"[①]，图像才能正面呈现。

---

① ［美］丁韪良：《增订格物入门》卷四"火学"，同文馆集珍版，1889（光绪己丑），第23页。

为更鲜明地向读者介绍幻灯的外观构造，丁韪良还附图数幅以图文结合的方式加以介绍。另外，他还指出，幻灯不仅能展示图画而"令人悦目"，而且还能"射诸曜运行之影"来演示天体运行轨迹，借以介绍天文知识，并宣称西方天文学家就是这样"形容天象"的。丁韪良在《格物入门》中对幻灯应用知识的介绍，扩大了国人尤其是京师同文馆师生对幻灯技术及其演示深奥学理的认知。

传教士对电化应用技术知识的介绍，除通过翻译或编纂科技书籍加以介绍外，还通过主办的报章杂志等纸媒予以引介。1864年，由传教士自办的《上海新报》上刊载了一则广告，邀约观众晚上观看"绘在玻璃面上"的影戏[①]。毫无疑问，这种绘在玻璃上的影戏即为幻灯放映。这也是目前所及材料中，显示的传教士首次登载放映幻灯的广告。尤值一提的是，由丁韪良创办，以"格物致知"为主要内容与目标的《中西闻见录》，曾在1873年4—7月刊行的第9—12期中，以连载的方式将英籍传教士德贞（John Hepburn Dudgeon）所著的《镜影灯说》全文刊布。在这篇长6000余字、专论幻灯机的文章中，作者德贞还附图25幅，图文并茂地介绍了他称为"灯影镜"（幻灯机）的技术原理、使用及制作方法等。德贞首先说明了幻灯影片两种不同的制作方法：一为画者，即手绘于玻璃上；一为照者，即为照片。其中，画者用"明漆调色"后，可根据需要随便绘画天文、鸟兽等物于玻璃片上。相较而言，用照片制作的幻灯影片因其采自实物实景而尤为精妙。除此之外，德贞亦指出两种制作方法制作的幻灯影片皆可用于"宣传讲解"[②]，明确指出了幻灯放映可用于宣传及教育教化的特殊功效。对此，德贞早在北京行医期间就借机试验过。事实证明，幻灯放映的魔力让很多中国上层人士着迷，他们甚至主动要求再次观看。

在《中西闻见录》刊载德贞的幻灯机介绍专论后，1881年，傅兰雅（John Fryer）创办的《格致汇编》第10卷上刊布了《影戏灯说》。这是又一篇系统介绍幻灯构造及其技术的专论。从写作内容上看，这两篇文章几无二致：与

---

① 《观看洋画》，《教会新报》1864年11月5日。
② [英]德贞：《二气灯之光》，《中西闻见录》1873年6月第11期。

德贞的《镜影灯说》一样，傅兰雅在详细介绍幻灯技术的基础上，重申了幻灯放映可用于宣传与教育教化的特殊功效。《格致汇编》与《中西闻见录》注重介绍西方先进自然科学并对中国知识界产生较大影响，德贞和傅兰雅在这些刊物上宣传介绍幻灯技术及其教育功效，无疑对国人改变传统偏见，重视西方器物的态度与认识有一定的冲击力。更为重要的是，这样的介绍对国人运用幻灯以及之后出现的电影等电化媒介于教育教学，具有较大的启示意义。

其二，通过集会演讲展示电化器物及其操作技能。集会演讲是来华传教士宣扬基督教的一种最常用也是最基本的方法。传教士传扬的基督教与中国大众深受影响的儒家文化属于两种不同的文化，异质文化相遇时，必然会产生一定的文化冲击与震荡，任何文化传播者与受传者必然都会受到对方的影响。一定的文化融合效果的取得，不仅在于文化自身的优势以及传播者的主观努力，受传者的接受意愿也是一个不可忽视的重要因素。在初期传教过程中，来华传教士对于基督教宗教文化的自负以及背后西方帝国主义的武力保护，使其在宣传中采取强势的直接传教行为，这往往招致国人的反感与阻击。为了达到一定的传教效果，他们在借鉴明末清初耶稣会士成功传教的基础上，结合自身的传教经验，发现国人尤其是上层知识界人士在面对西来的以近代自然科技为代表的器物文化与以基督教为代表的精神文化时，表现出两种截然相反的态度和反应：对前者表现出喜爱与仰慕，对后者表现出厌恶与抗阻。基于以上经验，传教士自然迎合国人喜好，特意选取近代西方先进的自然科学技术作为打开国人心理防线的密钥。在传播西方自然科学与技术的过程中，作为西方近代科技发展成果的幻灯、电影本身即为传教士值得称耀于中国士人的物件，而且这些器物所具备的传播知识特性又成为传教士传播西学的重要媒介工具。由是，在他们奉办的各种集会与演讲场所中，幻灯、电影开始被用于传播西方的宗教文化以及科学技术。

已有资料表明，在近代有名姓可考的来华传教士中，最早传入幻灯设备及其技术的是来自英国的德贞。1863年，德贞受伦敦会派遣以行医名义来华传教，两年后在北京创办了中国近代第一所医院。在行医传教的过程中，德贞认识到清末的士人依然如明末清初的皇帝与贵族官员一样，对西方先进的器物文化表现出始终如一的赏玩心理。近代先进的科技发明成果如电的发明、照相技术以及其他先进应用技术，引起了中国士人极强的好奇心理，依然可以成为与晚清上层官员开展交往的重要入门工具。其中，德贞强调幻灯放映是最具吸引力的方法之一：这种展示法不仅"寓教于乐"，而且还可以无限制地使用。正是通过幻灯展演，德贞吸引了一大批观者甚至还有一些高官，如大学士贾桢等。1867年，德贞治愈贾桢多年的痼疾后，贾桢亲赴医院致谢，德贞专为其放映幻灯，并引领其参观制作幻灯片的暗室和照相房，贾桢表现出极大的兴趣。德贞由此看到了幻灯宣教的希望，并计划雇用专人专门为中国高官放映幻灯，"一边展示图片，一边讲解《圣经》"，他认为这样的做法比"单独宣教要好"。每有官员来访，德贞必派专人放映幻灯、演示照相术以及照片冲印等被当时的中国人啧啧称奇的西方"神技"。通过这些展示，德贞向中国士人以及高官证明，这些代表西方文明与智慧结晶的幻灯放映与照相技术并非国人眼中的"奇技淫巧"，亦非普通人不易学会与掌握的奇难绝技，而是一种能够传播文化知识且可无限复制与保存的教育教化工具。为了向中国人更为清晰地展现幻灯构造及其技术，借以向国人证明幻灯技术的易学易得，德贞还专门著文加以介绍。

将电化媒介较早运用于集会演讲且频次较高的西方传教士是李提摩太（Timothy Richard）。1880—1884年，李提摩太筹资千余英镑购置了地理、医药、天文、历史等反映西方科技与宗教文化的书籍，以及照相设备、显微镜、幻灯机等"教学和科研仪器"，还配备了各学科有关的幻灯片，如关于茶、可可、甘蔗等"植物学知识的片子"以及与演讲相关的其他"各门科学的片子"。在这些仪器和书籍的辅助下，李提摩太为山西的官员们开展了为期三年的诸如光、电的奇迹等科学演讲。通过幻灯以及其他仪器演示的方式边讲边演收到了较好的效果：除每月一次的定期幻灯演讲外，一些山西官员与士绅还不时地邀约李提摩太放映幻灯。显然，李提摩太传教士的身份与使命，决定了他在科学演讲之外，必然要用这种新奇的方式传播基督教，例如他在讲述《新约圣经》中的一则寓言《不结果子的树》时，曾用幻灯放映的方式辅助解释,只不过当即被中国官员拆穿。[①]中国士人乐于接受的是能够战胜夷狄的科学技术,而非基督教。正如李提摩太把自己的幻灯宣讲行为称为"教学和科研"活动一样,幻灯放映在山西官员与士绅中所起的作用也只是传播西方新知的媒介工具,李提摩太利用幻灯宣教的意图并未达到。从一定意义上说,李提摩太的幻灯宣讲活动,可谓是借助现代科学仪器辅助现代科学讲解的教学活动。李提摩太正是从多次幻灯演讲活动中看到了近代西方科技及其成果——幻灯对中国知识分子的吸引力,所以他格外重视幻灯及其在教化与教学中的运用。他离开山西之际,廉价卖了其他科学演讲仪器,却把幻灯放映机以及几百张珍贵的幻灯片作为礼物送给了同事们。他在数年后创办山西大学堂时,还专设幻灯放映室引介电化手段于教育教学。

19世纪末20世纪初,不少现代派传教士在宣教过程中都比较重视运用仪器设备辅助进行试验演示与科学演讲。面对中国知识界对西方科学知识的渴求,一些现代派传教士甚至表示中国除了需要更多的报纸与书籍,还需要更多的科学仪器与科学演讲,尤其是现代媒介技术辅助的科学演讲更能吸引中国人的注意。1866年来华的美籍传教士卜舫济(Francis Lister Hawks Pott)特别擅长演讲,他常借助幻灯开展演讲,尤其是在20世纪前后,幻灯放映成为他开展集会演讲中吸引关注和招徕听众的高潮部分。例如1895年4—6月以及1899—1905年间,卜舫济数次以"神奇的自然界""天文学"[②]等为主题进行幻灯演讲。清末时期,来华传教士在集会演讲等公开场合通过幻灯放映等活动,使清廷部分官员与少数知识界人士了解到幻灯及其技术,尽管受益的人数与影响均甚为有限,但毕竟使幻灯及其应用技能开始逐渐深入中国并被中国人熟知。

其三,通过课堂教学显示电化器材的特殊功用。19世纪中期以后,随着教会学校的开办,幻灯等现代教学手段开始走进校园融入课堂教学。已有材料显示,香港圣保罗书院是最早具备幻灯的学校。1861年,傅兰雅前去担任

---

① [英]李提摩太:《亲历晚清四十五年:李提摩太在华回忆录》,李宪堂、侯林莉译,人民出版社,2011,第141页。
② 石建国:《卜舫济传记》,社会科学文献出版社,2011,第68页。

院长职务，他发现该校图书馆里就有一套完整的幻灯与照相设备①。虽然傅兰雅没有提及幻灯的用途，但该教会学校置备幻灯是一件不争的事实。另据报载，后改称为上海广方言馆的上海同文馆于1866年的某一周日晚六点时，曾有传教士放映数十套幻灯片的活动。此次幻灯放映共分小套与大套两种类型。其中，小套包括名花异草、山水人物、城池屋宇等风景建筑类幻灯片，被誉为"新奇巧妙，出人意表"；大套则为日月等天体运行、大海行船类幻灯片，被赞为"洵足增人智慧"。观众对此次幻灯放映反应热烈，"无不击节称赏"②。由此可见，上海同文馆内的幻灯放映，不仅播放幻灯片的数量较多，而且内容也颇为丰富。从受众的反应即传播效果上讲，此次放映毫无疑问非常有成效，可谓是一场借助现代媒体技术而颇具教育效果的幻灯公开演示课。这也是现代教学媒介运用于国人自办学堂中的首次尝试。

19世纪末20世纪初，传教士的传教策略开始由纯粹的传播基督教教义转向依靠教育的渗透性传教，由于其开办的教会学校数量越来越多，幻灯等电化媒介手段也开始逐渐被更多的教会学校所采用，成为教育教学中的常态，从而开始真正以现代教学媒体的身份参与构筑现代教育的大厦。在这方面极具代表性的是传教士狄考文（C. W. Mateer）。与其他传教士一样，狄考文鉴于来华之初采取的单纯传教方式收效甚微，转而开始倾心于兴办教育借以达成渗透基督教教义的梦想。依据早期传教的经验，他发现中国人最为渴求而又最为缺乏的知识为自然科学技术内容，因此在执掌山东登州文会馆期间，狄考文兼重实学与国文，且尤为重视理化天算学科，并购置了大量相关书籍与仪器。③为进一步加强实学教育，除购置大量的仪器设备外，狄考文还花费相当多的时间与金钱亲手制作各种教学仪器。如在1874年，他就制作了电学、机械学等实验装置用于辅助化学与物理课程的讲授，而且还连续两个晚上亲自制作了用氢氧灯作为光源的早期幻灯放映机。在这些实验仪器的辅助下，文会馆的学生们不仅学习认真，而且"乐在其中"④。

---

① 王扬宗：《傅兰雅与近代中国的科学启蒙》，科学出版社，2000，第10页。
②《观西士灯下画景》，《上海新报》1866年10月31日。
③ 王元德等编：《文会馆志》，广文学校印刷所，1913，第41页。
④［美］丹尼尔·费舍（Daniel W. Fisher）：《狄考文传：一位在中国山东生活了四十五年的传教士》，关志远等译，广西师范大学出版社，2009，第136页。

虽然这些设备器材的制作耗费了狄考文大量的精力与物力，但他竭尽全力，不畏艰难。当他主编的普通话读本《官话类编》售出盈利后，他就为破土动工的博物馆设计了一个报告厅，专门用于"立体感幻灯机或电影放映机进行演示"。出于对实学教育的重视，狄考文比较重视现代教学方法与手段的运用。以他的理解，传授相对高深科学知识的高等学校，必须有相应的实验仪器等配套设施，如理化等自然科学，若无合适的实验仪器"随学随证"，那么教师难以"教得透彻"，学生也难以"学至底实"，因此他认为，凡高等学校"必先全备机器"。① 由是，文会馆大学部于1882年创办时，就常在地理、理化课程教学中辅以照片展示与幻灯片放映。正是由于狄考文重视现代教学媒体并将其运用于教学，因此电影在法、美等国问世不久就被搬上了文会馆的讲台。有学者指出，1898年登州文会馆里的洋教师就曾在课堂上指导中国弟子，按照说明书拍摄与放映电影。② 时至1917年，以登州文会馆为首的三所学校合并为山东齐鲁大学时，在承继文会馆幻灯教学的基础上，该校创办的社会教育科不仅将幻灯、电影用于日常课堂教学，还常将幻灯、电影用以课外的演讲会上。该校演讲会不仅于每周定期利用幻灯、电影为学生开展"灯影礼拜"，而且还扩展至社会，面向民众利用幻灯、电影等现代媒体开展平民教育，③ 扩大了电化媒介的应用范围及民众对其性能和功用的认知。

与上述传教士一样，傅兰雅在主持格致书院期间，也把现代教学媒体运用于学校教学。但与其他传教士不同的是，傅兰雅从1895年开始运用幻灯演讲就将其作为系统性的常规活动，即于每周六晚定期在格致书院内放映幻灯辅助自然科学知识的讲授。这种"随演随讲"的教学方式，收到了较好的效果，让听者"较之看书事半功倍"④。为了使幻灯演讲日常化与常态化，傅兰雅还于1895年将此项教学形式写入《格致书院会讲西学章程》中，以示对这种先进媒体教学手段的重视。在章程中他明确规定，授课课目中凡遇需要演示的

---

① ［美］狄考文：《振兴学校论》，载钱钟书主编《万国公报文选》，中西书局，2012，第216—217页。
② 孙健三编著：《中国电影，你不知道的那些事儿：中国早期电影高等教育史料文献拾穗》，世界图书出版公司，2010，第5页。
③ 李楚材：《帝国主义侵华教育史资料：教会教育》，教育科学出版社，1987，第115—117页。
④《格致书院会讲西学论》，《申报》1895年11月9日。

知识，均定期开展试验活动，为阐释复杂的格致学理，可用"影戏灯法，显明其理"①。为了区别于上海地区其他营利性的幻灯放映活动，傅兰雅明确指出这样的科学演示活动面向公众举行时一概分文不取。因此，格致书院的幻灯演讲从内容与目的上均是服务于教育教学、满足学子渴求学习科学知识愿望的一种教学活动。为了将幻灯演讲这一教学形式开展得更为丰富充实，傅兰雅遍寻各地搜集适用于教学演讲的幻灯片。通过幻灯演讲，他不仅向中国人阐释了艰深的自然学科知识，为中国引介了新型的教育教学方式，而且也为自己积累了深厚的幻灯教学经验。幻灯演讲的教学经历也为他随后去美国任职东方语言学教授提供了便利，他在申请信中就提到了此点，陈述自己有讲授中国问题的经验，特别提及拥有运用幻灯演讲中国主题的经验，而且表明"为此收集的幻灯片数量可观"②。由此不难看出傅兰雅对幻灯教学的重视。正是对幻灯这种教学媒介在沟通东西方文化交往以及保存历史文化知识上有独到的见解与认识，傅兰雅于1928年去世之前的遗嘱中，专门提及要把自己精心珍藏的近5000张关于东方的幻灯片捐赠给加州大学董事会，以用于该校相关教学研究上。

综上可知，在中国，尽管"电化教育"这一特有名词的出现是在20世纪30年代，但将电化教育手段运用于教育教学实践活动，实始于晚清时期。正如电化教育学者南国农所言，我国电化教育是"先有其事、后有其名"，其中主导这一事体的社会主体主要为其时来华的传教士，他们为电化教育萌生于中国做了大量的启导性工作。这些来华的传教士不仅引介了大量的电化教育器材及其应用技术知识，还将这种新型教学形式引至中国教育教学领域。国人由此加深了对电化媒介的认识与了解，在不断的认识深化与观念改变中，将电化教育运用于中国教育领域，使来自西方的媒介技术开始融汇于中国教育并成为推动中国教育改革与发展的重要力量，并由此将其发展为高等学府中一门新兴的学科。于此，近代来华传教士确实为中国电化教育的兴起做出了贡献。他们不仅引介电化教育于中国，还将电化媒介运用于学校教学，促

---

① ［美］傅兰雅：《格致书院会讲西学章程》，载《上海格致书院志略》，香港中文大学出版社，1980，第42页。
② ［美］戴吉礼主编：《傅兰雅档案》第3卷，广西师范大学出版社，2010，第38页。

进了电化教育在中国的萌蘖与生发，还在一定程度上对中国知识分子陈腐与固化的思想观念有所纠偏，使之逐渐改变了对电化媒介的"器""技"认识，电化教育这种现代教学媒体手段逐步被国人接受与吸纳并成长为辅助中国教育变革与发展的利器。

二、传入电化教育的群体组织——基督教青年会

基督教青年会（The Young Men's Christian Association）是专业的宗教外围组织。19世纪末伴随着西方各国海外传教热潮的推进，基督教青年会由美国传入中国，并设立机构称中华基督教青年会（以下简称"青年会"）。为使德、智、体、群四育活动的开展更为有效，青年会引介并运用幻灯、电影等电化手段推动其各项事业的发展。

青年会给予电化教育极大关注，不仅使幻灯、电影等电化媒介成为青年会四育事工开展的有力助手，而且也使电化媒介在我国初露头角便绽放异彩，引领与带动了我国近代电化教育事业的发展。那么，在我国近代工业不振，经济凋敝，缺乏实施电化教育所需的电力、技术及电化器材的情况下，青年会是如何运用电化手段服务各项事工的开展的呢？其中的原因可能在于青年会的美国背景，"不仅开创青年会的人才、资金、思想来自美国，甚至各地会所大楼的建筑材料都直接从美国运来"[①]。因此，青年会对电化手段的引介与运用也深受美国影响：除依靠美国资金支持，从美直接购得电化器材外，青年会电化教育活动的主要推动者们，或者为土生土长的美国人，或者为在美学习多年的留美归国人员。美国作为近代电化教育的重要发源地，电化媒介运用于教育的时间不仅较早而且较为广泛。因此，这些来自美国的青年会创建者与留美归国的骨干会员，如饶伯森、余日章、晏阳初、傅若愚等人，耳染目睹视听技术给美国教育发展所带来的巨大效益，都竭力把美国的视听教育引入中国，成为青年会运用幻灯、电影等电化手段服务四育事工的核心人物。

[①] 赵怀英：《基督教青年会的起源与北美协会的"世界服务"》，《美国研究》2010年第2期。

（一）利用电化手段，开展多种活动

鸦片战争后，西学东渐显露出汹涌之势。受西方国富民强的刺激与影响，一些有识之士意识到了我国积贫积弱的原因在于科技不振、教育落后，因此西方先进科技成果与教育制度及思想成为其时国人的主要学习内容，这些也成为青年会进驻中国后关注的重点。青年会在引介近代西方科技文化成果、宣传新知于国民的过程中，积极运用幻灯、电影及后来发明的无线电播音等电化手段，激发国民兴趣，借以传播西方近世科学文明。

以幻灯、电影辅助各项事工活动的开展，贯穿于青年会整个事业发展的始终。在开展德育活动时，为了使教徒易于理解基督教教义，也为了使教徒对这类活动不至于厌倦疲惫，青年会开展事工活动时常借助幻灯、电影等现代媒体。例如，1910年，上海青年会在举行的20次演讲集会中，6次借助电影，另有5次则用幻灯放映。[①]青年会还在一些宗教节日活动中利用电影、幻灯等手段进行宗教宣传活动。借助这些新奇的洋玩意儿，青年会吸引了颇多的观众。

到20世纪30年代，无线电广播开始应用以后，青年会遂利用其进行宗教宣传，如天津青年会于1934年11月设立广播电台开始播音。1935年1月6日至12月29日，该会举办英文德育演讲会40次，均由电台播出。[②]幻灯、电影及无线电广播等电化手段的新奇特点，招徕了更多的观众，扩大了影响的规模。

在开展智育活动中，青年会也注重电化教育手段的运用。青年会企望通过对青年进行科学知识的教育，来提高国民智识水平，因此宣介西方近代科技知识和倡办教育，成为青年会提高国民智识水平的重要措施。青年会提倡的教育事业，除了开展正规的学校教育，还把目光投向社会大众，注重社会教育事业。为有效推行智育，青年会不仅在各地的校会、市会中成立了智育部，专门进行教育事业的指导工作，还在各种智育活动中引介与运用幻灯、电影等最新的电化教育手段。

---

① 上海基督教青年会：《中国青年会报告》，商务印书馆，1910，第10页。
② 罗世龙：《天津中华基督教青年会与近代天津文明》，天津人民出版社，2010，第442页。

智育演讲是青年会开展最为普遍与经常的活动，演讲内容除了介绍中外历史、哲学、经济学、宗教学、伦理学等西方社会科学知识，还讲解声光化电、天文、地理、工业制造术等近代自然科学知识，以及防治疾病、公共卫生学等医学常识。对于饱濡传统儒学经典的国人来说，这些西方近代科学知识未免陌生且难以理解，为使演讲内容深入浅出而又生动有趣，青年会常用幻灯、电影等辅助推行。如在1900年，天津青年会为提高会员的智识水平，向其介绍各种科学新知以及各国历史时，就用电影作为辅助。1905年，青年会骨干人物饶伯森任职天津青年会时，在其举办有关西方近代自然科学知识的系列性科学演讲中，发现运用幻灯等现代先进手段加以现场示范的方式，更能让听众产生兴趣和易于理解。于是他多次运用幻灯等现代仪器辅助开展演讲。他的演讲取得了较好效果，给识字或不识字的听众都留下了新鲜而深刻的印象，有时听众达千余人，就连官立学校校长也带领学生们前来听讲[1]。1906年，饶伯森任职青年会总部后，开始运用幻灯、电影等各类演示仪器深入全国各地开展自然科学演讲，很多人通过他的这种演讲方式加深了对青年会的印象。1913年，余日章担任演讲部教育课主任后，携带图表、幻灯等仪器模型在全国14个省进行了《教育为立国之基础》《中国教育与各国教育状况的比较》的教育演讲。这些演讲"使有势力的领袖们感动得落泪，并采取坚决的行动"[2]。在智育演讲中利用幻灯、电影等演示工具的成效，使青年会认识到以幻灯、电影、图片为主的影图教育的重要性，于是在1920年还专门设置了影图部，为随后在平民教育中广泛使用幻灯、电影等现代教育手段提供了器材与人力上的保证。

　　除此之外，青年会在传播西方近代体育观念和卫生保健知识于国人时，也注重运用电化手段增强国人强健体魄、保健身体的意识。以天津青年会为例，1908年8月，已加入天津青年会的张伯苓赴美参加第四次世界渔业大会，会后顺道到欧洲考察教育，其时正值第四届奥运会在伦敦举行，他观看了比赛。是年的10月23日，在天津青年会与南开中学堂联合举行的运动会颁奖仪式上，

---

[1] 中华基督教青年会全国协会编：《中华基督教青年会五十周年纪念册（1885—1935）》，中华基督教青年会全国协会，1935，第197页。
[2] 赵晓阳：《余日章和中国青年会》，《国际人才交流》2002年第10期。

张伯苓用幻灯放映了第四届奥运会的盛况。这是青年会首次运用幻灯等电化手段宣传体育，也使奥运会初次以更为生动直观且跨越现场的形式出现在国人面前，加深了国人对国际体育赛事的了解及参与意识。此外，该会还用幻灯指导体育教学及传播中华武术精粹。1916年，张伯苓聘请天津青年会的隆满（Longman）指导学校足球一队和二队，就是用幻灯来演示足球规则。① 1934年10月，第18届华北全运会在天津举行，国民政府秘书长褚民谊前来担任总裁判，天津青年会邀请其演讲武术及表演太极球，并放映褚氏表演的太极操体育影片，该会会员有五百余人观看了这场影片表演。②

青年会除用幻灯灯片或教育影片宣传强身健体的体育运动外，还用电化手段传播各种卫生保健知识。清末民初我国卫生状况不佳，加之鸦片遍地、鼠疫盛行，严重影响人民身体健康。有鉴于此，青年会总会及各地分会均注意卫生教育宣传。1917年11月青年会总会邀请医生胡宣明以"个人卫生"为主题开展演讲，并放映由美国新购的"人与蚊虫战争"主题影片，"用活动影戏机演映，使观者咸知蚊虫之害及受病之原"。③ 1920年10月，天津青年会召开卫生演说会，邀请海军军医学校沈鸿翔以"家庭卫生 注重生活 身体健康"为主题开展演讲，并以电影辅助。翌年11月，该会又邀请青年会总会干事医学博士毕德辉（William Wesley Peter）组织卫生电影讲演会，阐述关于花柳病等疾病卫生问题。④ 根据《申报》《大公报》等报刊对青年会的报道来看，在整个民国时期，各地青年会用电化手段对民众进行卫生教育的活动一直在持续开展。如1946年天津青年会曾两次开展卫生电影会，面向市民宣传卫生防疫。从当年4月13日起，该会与联合国救济总署中国分署及市卫生局联合举办防疫卫生电影会，于13日至15日连续三日晚间在广西路、东马路及该会会所内面向市民映演卫生教育电影6场。7月12日开始，该会又举行夏令卫生会一周，除向市民分发暑药外，还放映卫生电影⑤。幻灯、电影以及广播都成为青年会开展卫生宣传的重要工具。

---

① 罗世龙：《天津中华基督教青年会与近代天津文明》，天津人民出版社，2010，第173页。
② 罗世龙：《天津中华基督教青年会与近代天津文明》，天津人民出版社，2010，第220页。
③ 《青年会之演讲与影戏》，《申报》1917年11月14日。
④ 罗世龙：《天津中华基督教青年会与近代天津文明》，天津人民出版社，2010，第427页。
⑤ 罗世龙：《天津中华基督教青年会与近代天津文明》，天津人民出版社，2010，第454页。

在历来强调以静坐体悟来修养身心的文化传统里，跑跳攀爬类的体育运动被国人视为武夫之举。因此时值近代，我国的体育事业不发达且不受重视。为使国人知晓体育的强身健体之道，青年会不仅引进了各种体育运动，还竭力引进先进的电化工具开展宣传教育，扩展了体育运动及卫生保健知识传播的广度与深度。

青年会提倡群育主要是为了培养国民的群体意识与国家观念，个人群体意识的培养主要通过组织各种小团体活动进行，而国家观念的塑造则意欲通过公民教育运动来实现。综观青年会开展的一系列群育活动，电化媒介作为得力工具均活跃其中。在各类小团体举行的同乐会、游艺会、交谊会等活动中，青年会均运用幻灯、电影等新兴的电化媒介，或用以娱乐助兴或进行寓教于乐。青年会利用幻灯、电影、留声机等媒介的大众娱乐功能，为各类活动增盛助兴，提升人气，也为青年人搭建了交友联谊、交流思想的平台，增进了青年会会员间的相互了解和团结。另外，青年会总会以及各地分会都非常注重寓教于乐。青年会为改良风化，灌输青年智识与道德，在每月举行的同乐会中，均选演优良教育影戏，"以启人智识于游戏之中"①。如1921年3月5日，天津青年会童子部召开童子交谊会，除演讲外，主要放映受灾民情影片及相关的活动电影。幻灯、电影等电化媒介娱乐性和教育性相融的特点，不仅使青年会纳聚了更多的人气，而且培育了青年群体的向心力和凝聚力。

推行公民教育运动是青年会培育青年国家意识的重要措施，公民教育演讲是此项运动的重要内容。为使演讲内容易于理解与接受，青年会普遍借助新颖的、能吸引观者兴趣的方式："用普通演讲方法以赴之，不足以唤起听众之注意"；为激发观众兴趣，"必须采用美术化之图表"，这样对于演讲人所讲述材料，观众自能"了然于心，兴味无穷"，且"虽经长久时间，亦不易遗忘"。②因此，自1925年起，青年会为推行公民教育运动，编制多种幻灯教育图表为各地民众放映。如人民不识字之苦痛情况表，外国公民爱国实事图表，国旗、国歌、地图等各种教育图表等。青年会通过幻灯展示各种

---

① 《青年会将演新影片》，《申报》1920年1月9日。
② 中华基督教青年会全国协会编：《中华基督教青年会五十周年纪念册（1885—1935）》，中华基督教青年会全国协会，1935，第41页。

教育图表，收到了良好的教育效果，凡提倡社会教育或公民教育之机关，均相率效法青年会，纷纷制作幻灯教育图表公映于民众。

由上述可知，青年会在开展四育事工的过程中，均广泛运用幻灯、电影、广播等电化教育手段。不仅使用的频次较高，而且随着青年会各地分会的运用，电化教育波及的地域范围和社会层面也很广，这在一定程度上促进了电化教育的传播与影响，加强了国人对电化教育的认知。

（二）举办影图教育培训，培养专门人才

为了使电化教育更好地服务于四育事工的推行，青年会不仅在1920年成立了影图部专门开展电化教育活动，而且为解决电化教育活动急需专业人才进行指导的事实，还分别为干事与演讲员举办了"干事适用仪器演讲图像教育短期训练班"和"专门讲员适用仪器演讲图像教育暑期讲习科"等，借以解决电化教育人才不足的问题。前者由青年协会智育部演讲科与青年协会干事养成专门学校举办，时间在1929年6月3日至24日。而后者举办较早且次数较多：第一次于1918年在上海举行；第二次为1923年在南京金陵大学举行；第三次、第四次分别于1925年及1929年在上海华东暑期大学举行。其中举办于1929年7月5日至8月6日的第四次暑期讲习科，乃由华东暑期大学、中华基督教卫生教育会、中华基督教青年会全国协会以及中华基督教女青年会联手合办。通过举办此类培训，青年会培养了一批能够从事电化教育的专业人才。拿前后两类同在1929年同期举办的培训简章来看，虽然培训对象不同，但从培训宗旨来看，二者均为使青年会干事或专门讲员"能明了仪器演讲及图像教育之原理及其使用方法"，并指导青年会干事或讲员"如何应用仪器演讲及图像教育之方法于青年会之事业"。[①] 从培训内容来看，两者也几乎一致，其中电化教育应用技术及原理占了较大的比例，培训的主要内容为无线电、摄影、有色电影、幻灯等仪器图像教育的原理、使用及保养方法，授课教师均为青年会资深专家如饶伯森和韩镜湖等人。在培训资格规定上，前者限于青年会中西干事，后者除青年会讲员与干事外，还扩展至大学毕业生、技术专家、教员等。上述的仪器演讲与图像教育专门人才的培训

[①] 南京基督教青年会编：《首都青年会务报告专号》，南京基督教青年会，1929，第32—35页。

工作，为青年会运用电化手段，有效推进科学演讲、卫生教育、平民教育、公民教育等各项社会服务事业，提供了必要的人才保障。

（三）青年会电化教育活动的影响及意义

综观青年会以四育事工启迪民众、教育民众、服务社会的整个过程，幻灯、电影及广播等电化媒介因其本身具有的传播性、娱乐性、教育性及规模性等优势，均相当活跃地服务于各地青年会整个事工当中。青年会利用电化教育手段，既促进了西方近代科学技术与知识在中国的传播，又推动了青年会自身整体事业的发展，也引导与推动了我国电化教育事业的进步。

其一，促进了西方科学技术与知识在中国的传播。青年会于19世纪80年代传入中国，来自北美国家的青年会骨干，面对其时我国轰轰烈烈的维新运动，感受到中国那些已经接受西学影响、具有维新意识的知识分子渴望学习西方资产阶级先进的科学知识和思想文化，用西学来改造中国。① 因此，青年会在进驻中国后，通过各种途径与方式，大力介绍近代西方科学文化知识。其时，作为西方近代工业革命产物的幻灯和电影等新技术产品，也于同期被来华商人与传教士引入中国，因其自身具备的传播特征被青年会先驱人物赋予了传播知识与文化交流的功能。最早用电影传播西方近代科技知识的是天津青年会。早在1900年，天津青年会就开始用电影向会员介绍各国历史和各种科学新知。1907年，扬州青年会为召开成立纪念会，创办人易文士（Phillip Saffery Evans）"演说各种实验学问，并演影戏佐证"。② 当时"电影"一词尚未普遍使用，人们用"活动影戏"或"电光影戏"来称呼电影，并与"影戏"（即幻灯）以示区别。青年会也入乡随俗，亦用此种称谓指代电影。各地青年会陆续建立后，也开始用电影和幻灯来传播近代西方科技知识。因电影放映不仅需要电影机及配套设施，还需要电力及放映场所等设施设备，因此用电影传播西方新知主要是在各地青年会会所内举行，而幻灯以其小巧、容易携带的特点，被当作智育演讲与科学演讲的主要辅助工具，成为传播科学新知的重要媒介。如饶伯森、余日章等青年会演讲达人，均把电影、幻灯当作

---

① 范丽诲：《青年会对于文字之贡献》，载中华基督教青年会全国协会编《中华基督教青年会五十周年纪念册（1885—1935）》，中华基督教青年会全国协会，1935，第39页。
②《扬州青年会开纪念会》，《申报》1907年6月1日。

深入中国各地宣传各种文化知识的利器。

青年会利用这些新兴媒介的直观性和传播性，不仅引介了西方近代各种声光化电、医学、植物学、生理学等自然科学知识，而且也传播了西方政治、法律、经济、教育等社会科学知识，为中西文化知识的交流开辟了新的路径。

其二，引领社会风尚，推动教育发展。从青年会在近代中国的发展来看，电化媒介贯穿于它的各项事业发展之始终。青年会成员所掌握的电化技术与知识不仅是其开展四育活动的有力助手，也是其服务社会的助推器，推动了青年会各项事业的发展。电化媒介服务青年会发展的初期，大多以娱乐助兴的方式呈现在青年人面前。如成立较早的天津、上海青年会，就是借助电影、幻灯时尚、新颖的娱乐方式，迎合了青年人对多姿多彩文艺生活的向往心理。同时，利用幻灯、电影等媒介的知识传播性，引介了大量的西方近代科学知识，在社会上产生了较大的反响，很多人就是通过这种以新兴科技手段传播现代科学知识的新颖方式，了解并加入了青年会。像张伯苓、张彭春、梅贻琦、陈裕光等先后入会，使青年会纳聚了更多有识有为的知识青年。津、沪等地的有名报刊，也对青年会的这种开风气之举大加宣扬，在报道青年会各类会议时，往往不厌其烦地加以"演映电光影戏以助余兴""验试奇妙影灯"等字眼[1]，而且在进行预告时还渲染预期效果以吸引读者注意，诸如"演特色新奇电光影戏，届时观者当络绎不绝也"[2]。由是可见这些从西方传来的新事物及物化其上的近代西方文明，在其时社会所引起的反响之一斑。青年会如此举措，不仅开风气之先，而且通过电影、幻灯等现代声光技术手段开展各项教育事业、从事各种社会服务，吸引了更多市民阶层的注意。

1922—1927年间的非宗教化运动使青年会工作受到阻滞，但此期开展的平民教育运动和公民教育运动中，使用幻灯演讲法依然是推动工作开展的特色和亮点，并推广至其他团体组织开展的社会教育事业中，使受教育的民众不计其数。如晏阳初、傅若愚在平民教育中开展的幻灯教学，吸引了陶行知等平民教育先驱的注意并加以推广；刘湛恩在公民教育运动中运用幻灯演讲，

---

[1]《法界盛开青年会》，《大公报》1906年2月10日。
[2]《青年会续演电光影戏》，《申报》1907年9月27日。

也引起了不小的社会反响。抗日战争期间，青年会依然利用电化教育手段开展各项工作。如重庆青年会自1922年成立电影部开始实施电化教育，其德育部每周三在该会民众影院，邀请各界名人及宗教领袖举行德育演讲，并放映"极有教育意义之电影助兴"，每次听讲民众，平均在六百人以上，年三万人左右。又每星期二晚间在南纪门外福音讲堂，向附近居民放映关于"卫生、新生活、救急、防空常识、德育格言等幻灯片"，[①]每次听讲人数百余人，全年四千余人。除了在固定地点利用幻灯、电影教育民众，每星期还分别到重庆市反省院、收容所、救济院、警察训练所、劳工戒烟所以及学校，讲映关于宗教、德育、卫生、常识、新闻等的幻灯片，每次受教人数均在四百人以上。该会智育部也在抗战期间从青年会总会及卫生署购得卫生常识及新生活图片四十余套，并自制抗战防空防毒之图片多套，在重庆城乡空旷地点，利用幻灯对民众进行宣讲。对此项宣讲，"普通民众最感兴趣"，前后共举行420余次，听讲人数达到95400余人。[②]因此，青年会利用幻灯、电影等电化教育手段的娱乐性、直观性及所产生的规模效应，在引领社会风尚、团聚社会人士以及实施民众教育等方面，发挥了很大的积极作用。

其三，引领与推动了中国近代电化教育事业的进步。中国近代电化教育是以电影（包括幻灯）教育和播音教育为主体构成的教育事业。其发源较早，起初由西方传教士把幻灯和电影引入中国，在传教的过程中又使之与教育联结在一起，我国近代电化教育由此萌芽。青年会也同期进驻中国，来自北美的创建者们从科学演讲开始，把近代西方科技成果的幻灯和电影当作传输现代科学知识的有效工具，在传输大量科学新知的同时，引介与推广了新兴技术手段辅助教育发展的理念与实践，成为中国电化教育初期发展的引领者与推动者。随着科学演讲的影响不断扩大，科学演讲者们被邀请至新式学堂成为传授西学的教师，电化手段随之进入课堂教学，打破了我国既往以枯坐记诵为主的传统教学方式，开启了电化手段辅助我国学校教育发展的历程。随着科学演讲的受众群体从上层知识分子、青年学生扩展至普通社会民众，电

[①]《德育部二十年来工作概述》，载重庆市中华基督教青年会编《重庆市中华基督教青年会二十周年纪念册》，重庆市中华基督教青年会，1942，第9—10页。
[②]《德育部二十年来工作概述》，载重庆市中华基督教青年会编《重庆市中华基督教青年会二十周年纪念册》，重庆市中华基督教青年会，1942，第17页。

化手段也逐渐深入到社会教育的实践当中。科学演讲也因其辅以立体的幻灯和图像,当场演示试验,生动形象,明白易懂而极受欢迎[①]。在饶伯森、余日章等人的带领下,青年会于1911年专门成立演讲部,努力介绍新知识,因此更得社会好评。电化教育方式被推广至全国各地,影响愈加广泛。1920年,青年会在演讲部之下专设图影教育组,用图画、幻灯、电影等工具专门开展影图教育。其后,随着幻灯教授法和幻灯演讲分别在平民教育运动与公民教育运动中大放光彩,幻灯、电影被时人誉为教育的利器,成为推动社会教育的个人或团体追捧的宠儿。为了更有效地开展这种直观教育方法,青年会还专门举办了仪器演讲图像教育短期训练班和暑期讲习科,培养专门的技术理论人才。20世纪20年代末,当有声电影问世后,饶伯森即从美国购来全套有声电影设备,与韩镜湖等人一起深入各地青年会开展有声电影演讲会。如1929年2月22日至28日,在南京青年会为该会董事、蒋介石等国民政府要人、军政界、妇女界等5800余人,进行了为期一周的电影演讲。其主要内容为有声电影的历史、有声电影发声与发音的原理等,收到了较好效果,引起社会广泛关注,要求赴各机关演讲者颇不乏人。[②]1930年,饶伯森又到重庆青年会演讲有声电影原理,每日三讲,共举行一星期,听讲人数达二万余人。[③]青年会推动了我国各地对电影教育的了解与认识,尤其是邀请各地军政界要人莅会听讲,对国民政府在20世纪30年代关注并实施电影教育、全面推行电化教育产生了相当大的积极影响。

除了在实践方面引领我国电化教育发展,青年会在电化教育的理论研究方面也开始较早。20世纪20年代,随着幻灯、电影及图画在青年会四育事工中的广泛运用,青年会主办的报刊开始登载一些会员研究图像教育或电影教育的文章,如署名G.H.的作者撰写的《中国现时图像教育的需要》一文,以地理知识的传播为例,阐述了幻灯的具体操作程序,认为图像教育在地理、历史、算学等学科教学方面效果显著,同时还记述了图像教育

---

① 赵怀英:《基督教青年会的起源与北美协会的世界服务》,《美国研究》2010年第2期。
② 《有声电影演讲会志盛》,载南京基督教青年会编《首都青年会务报告专号》,南京基督教青年会,1929,第21~22页。
③ 重庆市中华基督教青年会编:《重庆市中华基督教青年会二十周年纪念册》,重庆市中华基督教青年会,1942,第1页。

被用于汉字教学试验这一事实。① 此后关于此类的专论，在各地青年会的报刊上也时有刊发。有声电影问世后，各地青年会开始将其用于民众教育，邀请专家演讲电影教育的原理，并将演讲词登载于所办的杂志上，借以扩大电影教育的影响。如1934年北京青年会邀请李颖柔演讲《电影与民众教育》，阐释了电影与民众及电影与教育的关系，李颖柔演讲后其演讲词即刊发于《北平青年》。② 这些文章或演讲词，从幻灯、电影在教育上的效力出发，谈论了图像教育、电影教育对学校及社会教育的重要意义，推动了我国电化教育的理论研究。

青年会从进驻中国初期的幻灯、电影科学演讲开始，到1920年图像教育组设立后全面展开电化教育，从个人的单打独斗到有组织地展开活动，融电化手段于传播现代科学知识、开展民众教育、服务社会的具体实践之中，成为我国电化教育领域的领跑者和推动者。

第二节　引介电化教育的出国考察者

19世纪中期，西方列强用鸦片和坚船利炮打开了中国的大门，西方的科技文化也伴随着血雨腥风传入中国。在不断的割地、赔款中，"天朝上国"的国威丧失殆尽。在"严夷夏之大防"社会里度过了上千年的中国人被迫睁开双眼，正视那些已经比"天朝上国"强大的"夷狄"。面对西方帝国的强势入侵，一些有识之士开始尝试通过学习西方的先进科技以挽救濒临危亡的民族国家。在以西方为师的探索中，其中重要的一条途径即是"走出去"。通过出国考察、派遣留学生等途径，全面了解西方国家的社会文化与政治经济。这些走出国门的中国人，通过到欧美、日本各国去学习、访问与驻使，在了解西方社会义化的同时，也见识了西方先进的工业文明，其中包括关于西方

---

① G.H.：《中国现时图像教育的需要》，《进步青年》1923年第63期。
② 李颖柔：《电影与民众教育》，《北平青年》1934年第17期。

先进媒介及其技术的记载，为今天研究国人最初认识与引介西方先进媒介技术的经过提供了重要的原始资料。

近代以来直到民初，对于因各种原因而出洋的行为一般以游历指称，加以这些人把漫游世界、游历各地的见闻，大都著成文字以"游记"的形式加以记叙并留存，故清末民初早期出洋的国人按其时的习惯也可称为"游历者"。出国考察一词，是后来才有的称谓。在鸦片战争后走出国门、走向世界的国人当中，主要有两种：一是因各种原因自行出洋的游历者，二是官方派遣的出国考察者。近代早期出洋的游历者与民国后期的考察者在电化教育的引入实践上，均做出了不可磨灭的贡献。

一、早期出洋游历者的记叙

在近代早期走出国门的人员当中，作为使臣出访的官员或者游历人员，他们的足迹遍布欧美各国，在领略近代各国新科技成就的应用为人类生产生活所带来的种种便利之时，各种珍奇异闻与各地风土民情成为他们主要的关注对象。如19世纪40年代福建厦门人林鍼作为商人的陪同翻译而赴美一年，留下了笔记《西海纪游草》，被称为国人撰写美国游记的第一人。在该游记中，林鍼不厌其烦地描述了在美国所见的各类新奇之物，尤其是对费城博览会上的各种展品描述得甚为详细，如打字机、照相机等。因洋务运动的推行与中外交涉的需要，1866年斌椿等人受清政府派遣赴欧洲十余国进行考察，他对此行见闻有所记载并著成《乘槎笔记》与《天外归帆草》，其中记述较详的是火车、自行车、玻璃巨屋等。随同斌椿出访的张德彝也是首次出行国外，由于年纪小，他对国外所见的新奇之物更为激动与欣喜，在其日记《航海述奇》中记述了大量的新奇物件，如自行车、缝纫机、橡皮、咖啡、巧克力等。在这些新奇物件中，能够带来穿越时空之感的幻灯自然也引起了考察游历者的关注。1866年4月张德彝在跟随斌椿考察英国时，就对正在街市上进行的幻灯放映做了细致入微的描述，"高悬布帐，对面距四五步置一灯匣，架高五尺，有小玻璃画长四五寸者置于匣内。灯光射帐，照出画影，大于原质，且能动转。

戏时须在暗屋，不见天光。戏毕将灯移远，卷起布帐"①。从其放映地点被称作"百里的呢客"杂物馆的记载中，可知英国此时放映的"灯戏"也纯属娱乐。这是目前笔者见到的近代出洋的国人对西方幻灯放映活动的最早描述。

在此时期，近代著名的思想家王韬，应英华书院院长理雅各之邀漫游法、英等国。他以知识分子的视角与敏感，对西方文明有较为深入的体会与认识。法国马赛是王韬此行的第一站。初到马赛，看到林立的高楼、繁华的街市，他大为感慨："至此始知海外阛阓之盛，屋宇之华。"抵达巴黎后，他参观了法国博物馆，随后即观看了巴黎的"影戏"（幻灯放映）：

>一夕，导者偕余观影戏。时不期而集者千数百人，余座颇近，观最明晰。所有山水人物、楼台屋宇，弹指即现，生新灵动，不可思议。其中有各国京城，园亭绮丽，花木娟妍，以及沿海景象，苍茫毕肖。更有各国衙署，峥嵘耸峙，恍若身临。法京水晶宫殿，尤为闳敞巨丽，光怪陆离，几于不可逼视。他若巍峨之楼观，华焕之亭台，明窗绮牖，纤毫透彻，咫尺如在目前。尤奇者，为罗马国亚喇伯之古高山，层峦叠嶂，居天下之至峻，尚属大观。此外所影飞禽走兽，奇形诡状者，或生自上古，或产于异地，均莫能名。见之者，真不啻环行欧洲一周矣。②

这里，王韬以精妙的文笔对巴黎的幻灯放映进行了详细的描述，并盛赞此次观看幻灯放映犹如亲身环游欧洲一般，曼妙的文字对幻灯放映的刻画，让百余年后的我们也仿佛置身其中，感受到了其时幻灯放映的绝佳景观。

时隔数日，王韬再次记述了他在巴黎大剧院看到的幻灯放映：

>专用玻璃画片，取光于巨镜。人物生动，意态毕肖。园林水石，屋宇河山，皆系实有其地，并非虚构。兼以日月星文，光华掩映，恍疑置身在霄汉中，其巧幻如此。③

和前次的描述相比，虽然此处仅寥寥数语，但在赞叹放映内容的生动巧幻之余，还简短描述了幻灯放映的方法。随后他在游览英国伦敦时也记下了

---

① 张德彝著，钟叔河点校：《航海述奇》（卷二），湖南人民出版社，1981，第66页。
② 王韬：《漫游随录》，岳麓书社，1985，第85页。
③ 王韬：《漫游随录》，岳麓书社，1985，第88—89页。

所观看的幻灯放映："影戏五花八门，光怪陆离，楼台殿阁，鸟兽虫鱼，无不逼真。"[1] 在感叹观看幻灯放映所带来的视觉冲击外，王韬还敏锐地指出幻灯创制的学科基础，乃在于光学知识的掌握："由光学知日月五星本有光耀，及他杂光之力，因而创灯戏，变光彩，辨何物之光最明。"[2] 同理，英国诸多器技之艺如此发达，皆是重视"天文、地理、声光化电诸类实学而弗赏诗赋词章"的结果。通过短暂的幻灯观影，不曾到过之处，未尝见过之景，弹指间均毕现眼前。对于王韬这样的饱学之士来说，观看幻灯放映不啻为获取知识、了解世界的另种绝妙途径。正如他在观览英国的博物馆后对其功用的评价中所言："英之为此，非徒令人炫奇好异、悦目怡情也。盖人限于方域，阻于时代，足迹不能遍历五洲，见闻不能追及千古；虽读书知有是物，究未得一睹形象，故有遇之于目而仍不知为何名者。今博采旁搜，综括万汇，悉备一庐，纵令士庶往观，所以佐读书之不逮而广其识也，用意不亦深哉！"王韬对英国人设置博物馆功用的解析一语中的，此番感慨可谓肺腑之言，而放映天文、地理、风景的幻灯的功用亦在于突破方域与时代之限，弥补读书之不足而广人之学识。

1868年，清政府向西方国家派遣第一个外交使团出使欧美等国。在此行中，外交使团成员志刚著成《初使泰西记》一书，记述了使团在1868—1870年间历访美、英、法、普、俄及其他欧洲国家的经过。志刚初次见到西方的幻灯放映是1868年12月25日在法国巴黎。面对变幻无穷的幻灯片放映，他感到相当新奇："灯下观玩戏法者，奇巧至不可思议。其虚实影射变幻，术亦犹人。"同时点明幻灯放映"至用电气、动物、光学取影"，指出了幻灯放映背后的知识技术原理，但令志刚感到"匪夷所思者"，幻灯"以仅供耳目之娱"，透露出对建基于实学基础之上的幻灯放映仅供娱乐之用的遗憾之情。幻灯放映也因此被志刚认为无补于国计民生而对其极为蔑视："与夫奇技淫巧而无裨于国计民生者，概不赘述。"短短数语，即透露出志刚对近世"器""技"的不屑一顾及急功近利的救国经世思想，反映了鸦片战争后的国人急于寻求

---

[1] 王韬：《漫游随录》，岳麓书社，1985，第150—151页。
[2] 王韬：《漫游随录》，岳麓书社，1985，第116页。

救国良方但又认识不到自身不足之处的社会现实。

从这些早期出国考察或游历者对幻灯及其技术的记述中，可知他们对其关注主要出于猎奇心理而对西方近代科学技术表现出的一种艳羡，并未将其与知识传播直接联系在一起。究其原因，在于他们考察游历的目的及其对近代西方科技的认识有限。对于清政府派遣官员游历西方的目的，1866年2月恭亲王奕䜣在其奏折中指出："查自各国换约以来，洋人往来中国，于各省一切情形日臻熟悉；而外国情形，中国未能周知，于办理交涉事件，终虞隔膜。"因此，奕䜣奏请派员前往各国以"探其利弊，借资筹计"，并令考察者"沿途留心，将该国一切山川形势、风土人情随时记载，带回中国，以资印证"。[1]可见，早期出外考察的中国官员，一般都担负着清政府赋予的了解西方社会"山川形势、风土人情"，以"探其利弊，借资筹计"的目的与任务，故而对近世西方的新奇事物与异域风情表现出极大的兴趣。加之当时的欧洲各国已历经工业革命与科技革命的洗礼，工业文明的盎然生机已然显露，新技术成果层出不穷，各种机器被广泛采用。对于早期初出国门的考察者来说，眼前富庶、繁华的异域风情及闻所未闻的物件无疑令其颇感惊异和新奇。幻灯及其技术作为近世西方文明的成果，虽然也引起了早期考察与游历者的关注，但也只是作为西方物质世界中的一种新奇玩物而已，对其文化教育功用的深层理解还很欠缺。王韬虽然看出了幻灯及其技术可以增广见识及弥补读书之不足，但也只是他所处时代的一个特例而已。

相对于较早的考察与游历者来说，19世纪70年代之后走出国门的中国人开始更多地从制度与文化层面思考西方国家强盛的原因，开始注意西方经济发展与教育以及科技与教育之间的相互促进关系，也逐渐意识到西方的电化媒介对知识的传播作用并开始关注其在学校教育中的应用。

郭嵩焘，字伯琛，湖南湘阴人，洋务运动的积极倡导者，近代最早主张向西方学习的人物之一。自1876年起，他先后担任清政府驻英、驻法公使，是中国第一位驻外外交官。在英两年期间，他写就的《伦敦与巴黎日记》，对西方的近世文明成果颇有介绍，其中对英人放映幻灯多有记载。郭嵩焘初

---

[1] 钟叔河编：《西方升起的第一面龙旗》，"走向世界丛书"（第一册），岳麓书社，1985，第233页。

到英国，就有英人阿什百里"携带所游历照图约数十副（幅）来见"，"用灯照之，可展至二丈"。对此，他大加赞叹："西洋人一出游历，而能自出新奇如此。"①相隔10天之后，即1月26日，他再次观赏了阿什百里游历各国的幻灯展示：

> 至一公所观阿什百里游历各国图，皆小镜，长方不逾三寸。张布幔其前，用灯光射之，展至二丈许，人身皆视常人为长大矣。阿什百里立布幔旁指示一切。此邦好奇与众同之，不惮烦劳如此。凡得五百余图，夜已逾半。②

1月后，伦敦某一机器店店主携带自制的幻灯机到郭嵩焘住处展示，郭氏赞其"变化动移，出奇无穷"，并表示还可演示"日月五星之行度，及日月薄蚀、彗星隐见"。③在数次观看幻灯演示之后，他认识到幻灯不仅是游戏玩具的一种，还可以用于传播知识："照人物山水，亦戏具也，而其中皆具有学问，可以报知其由。"同年6月，郭嵩焘应英国物理学家斯波蒂斯伍德（Spottiswoode）邀请赴古摩班克一所小学观看光电实验。其间，斯波蒂斯伍德用幻灯演示光学，"用玻璃小片及灯一座，置镜于其前，照之皆成五色，变化离奇"，"画光六片及花朵及山石者，照之皆五色，斑斓错杂；稍一推移，各色皆变"。④

郭嵩焘是近代中国走向世界的代表性人物之一，他从欧洲不仅看到了西洋各实学对社会生产的推动，能够比较客观地考察与发现"这个陌生的'地上的世界'里的新事物和新道理"，也看到了教育及其方式手段在建设现代文明中的关键作用。如在苏格兰一女子学校见到教室内满悬地理、植物、数学等各科教学挂图时，郭嵩焘在赞赏之余不免喟叹，"皆中国士大夫所未闻见者也"！同时，他对英人出国游历中能够拍摄照片并借助幻灯展示的行为表示赞赏，对其满怀"好奇"且"不惮烦劳"的精神深表赞佩。于是，他在与麦华佗、威妥玛一起为上海格致书院选购仪器时，肯定了幻灯在传播知识

---

① ［清］郭嵩焘：《伦敦与巴黎日记》，岳麓书社，1984，第122页。
② ［清］郭嵩焘：《伦敦与巴黎日记》，岳麓书社，1984，第128页。
③ ［清］郭嵩焘：《伦敦与巴黎日记》，岳麓书社，1984，第156页。
④ ［清］郭嵩焘：《伦敦与巴黎日记》，岳麓书社，1984，第260页。

方面的作用，在所选购的三种仪器中就有一架幻灯。后来的事实也表明，格致书院在幻灯教学方面也确实收效显著。

刘锡鸿，字云生，广东番禺人，1876年12月2日出任清政府驻英副使，与正使郭嵩焘一起远赴英国上任。郭嵩焘思想开明，善于接纳先进的西方文明。与之相反，刘锡鸿极为保守，对西方先进科学与技术持坚决抵制态度。两人之间政见及性格上的差异，使两人关系势如冰炭，相互指摘与参奏。由是，1877年4月30日，刘被改派出使德国。一年后郭、刘二人因互相攻讦而同时被召回国。在刘锡鸿所著的《英轺私记》中，他对观看幻灯放映也有所记录：

既宴，复游览画影于戏园（阿施伯利游历所至，各以药镜摹以山川、人物、宫室为图画。是夜，帷台，集众数千来观。燃火镜匣中，照画影于其帷。画纸小不盈掌，而影乃高阔数尺，亦一技也）。①

刘锡鸿此次观看的幻灯放映，与郭嵩焘一样，同为阿施伯利（郭嵩焘记为"阿什百里"）游历幻灯。刘氏对此次观看幻灯的记录，印证了郭嵩焘的观看记录。相较之下，比郭嵩焘的记录更为详细、具体，他记录了幻灯放映的流程、内容及观看的人数等。对西学、西技一向嗤之以鼻，因而多受时人诟病的刘锡鸿，在看到西方先进技术的代表——幻灯时，并未表现出一如既往的鄙视之感，而是较为客观地对其进行了描述，称其"亦一技也"。

随着西方幻灯技术的进步及电影的发明，这些媒介及其技术也很快进入教育领域。此际出国考察人员在考察的过程中，也关注到了幻灯、电影等在传播知识、辅助教育方面的作用。1905年，戴鸿慈、端方等五大臣出访美、英、俄等国考察政治。在他们的记述中就有关于观看幻灯演说及观看电影的描述。戴、端一行在抵达各考察地点后，充分利用时间详细考察欧美情形，勤加访谈咨询。到达美国纽约后，他们就邀请美国人演讲"资本家优待工人之法，并以电灯映出图画解说之"②。在德国柏林参观医院与医学校时，德国人不仅让他们参观了各种医疗器械，还用"电光写真法"③为他们"演示各种病体脏

---

① ［清］刘锡鸿：《英轺私记》，岳麓书社，1986，第104页。
② ［清］戴鸿慈：《出使九国日记》，岳麓书社，1986，第359—360页。
③ "电光写真法"：用电来照亮幻灯的方法。

腑图"①。由是戴、端二人在考察过程中不仅见识了幻灯,了解了幻灯传播各种知识的功能,而且还观看了电影。在德国杜塞尔多夫市考察时,该市市长就曾邀请他们观看电影。返回柏林后,德华银行主席缪拉(M. Muller)饭后又邀请他们观看了电影:"演男女歌唱状,以留声机器按拍合之,有声有色,妙造自然,此又影戏之特色者也。"②德国人用留声机配合其时的无声电影,实乃无声电影的新创造,故而被戴鸿慈称为影戏的又一特色。在游历挪威、瑞典重回柏林后,戴、端一行再次观看了电影:

> 晚八时,瑞记洋行主人邀饮,并听戏。是晚,戏场中有电光一颗,忽而云树苍茫,忽而海波荡漾,间作海底景物,鳞宫、贝阙、蛇女、鲛仙,五色纷披,十光灿烂。前见电光诸戏,以谓奇诡,今又过之。
>
> 电学之发明日益增进,剧场其一端也。③

在戴鸿慈、端方一行赴德的考察中,德国人不时以电影招待他们,颇有电影外交的意味。这些不仅让戴氏他们觉察到了西方科学发展对新技术的推动,也让他们深切感受到了幻灯、电影在传播知识方面的功用。正是看到了幻灯、电影的教育功用,端方在返国时就曾购有"电影放映机一具及有关教育、工业影片多部",意欲呈献给慈禧,"俾资启发",以期补助教育之用。④但是,其时的电影对于国人来说还属新奇之物,遑论有精通电影放映原理及其技术的放映员。数日找寻后,由唐绍仪所推荐的放映员何某到京,然而何某的技术也不甚精湛,导致放映中瓦斯钢管爆炸。除机片同毁外,何某与在旁助理之武员姚广顺亦同时毙命。就这样,意欲推广电影教育的首次官方尝试,还没有开始便以失败而告终。

由上述可知,这些早期走出国门的中国人,从早期赴欧美游历考察的林鍼、斌椿、志刚、张德彝等,到随后的王韬、郭嵩焘、刘锡鸿等,及至20世纪初的戴鸿慈、端方等人氏,形成将幻灯与电影作为传播知识与辅助教育的手段的认识,经历了一个长期的过程。

---

① [清]戴鸿慈:《出使九国日记》,岳麓书社,1986,第393页。
② [清]戴鸿慈:《出使九国日记》,岳麓书社,1986,第430页。
③ [清]戴鸿慈:《出使九国日记》,岳麓书社,1986,第463页。
④ 陈尧甫:《随戴鸿慈、端方出国考察政治纪略》,载《辛亥革命亲历记》,中西书局,2011,第373页。

这一过程也代表了19世纪后半叶到20世纪初的先进中国人接受西学、接受西方近代科技的一种渐进的、微妙的心理变化过程。在这些走出国门的中国人眼中,既透露出对西方先进技术的羡慕,也有对此类"奇技淫巧"的不屑与蔑视,在西方的新知面前不敢诚实地承认自身的不足,不愿放低姿态,虚心求教。这种狭隘的认识必将会被淹没于时代变幻与发展的潮流中,一些先觉醒的人士也必定会克服这种偏狭的认识观,以求知者的身姿客观地评价各种新兴的科学技术,以探寻者的眼光追踪先进技术背后的科学知识基础,并赋予其新的含义与功能。像王韬、郭嵩焘、戴鸿慈及端方在对待幻灯与电影的认识上,就做到了这一点。他们认识到了幻灯、电影是西方先进科学技术发展的成果,这些科技成果不仅可以作游戏之用,还可以用作传播知识与辅助教育的手段。当然,这些认识的获得也与幻灯与电影在西方教育教学中的运用有关,少数出国考察者目睹了这些教学场景,并敏感地捕捉到了这种教育信息。

从目前所能看到的资料得知,在近代早期走出国门的中国人当中,对幻灯、电影等电化媒介在认识水平和层次上大致可以分为三种类型:其一是欣赏型。比如王韬、张德彝等。他们的思想比较开明,善于接受新事物,对于西方近代出现的各种科技文明表现出新奇、欣赏的态度。因此,在他们的笔下,对幻灯放映进行了很多的描写和记述。像王韬,他不仅用精妙绝伦的文笔描述了幻灯放映的内容,而且还揭示出幻灯放映在传播知识方面有着较大的功效,充分显示了具有远见卓识的知识分子对西方器物之学的容纳心态及对其深层内涵的挖掘。其二是接纳型。比如郭嵩焘、戴鸿慈、端方等。他们属于思想比较进步的开明人士,对东西方国家在近代发展的情形以及世界大势具有比较客观的认识,能够正确对待中西近代科技发展中的差异,对西方近代科技成就采取比较包容的态度,甚至能够做到洋为中用。其如郭嵩焘、端方,在见识西方的幻灯与电影放映后,并没有简单地将其归为新科技游戏与玩具,而是看到了它们辅助教育的功用,并尝试把它们引进国内的学校及社会中。其三是武断排斥型。以志刚为典型代表。志刚作为晚清政府向西方国家派出的第一个外交使团的代表,他亲眼看到了西方近代科技的迅猛发展,对西方近代文明的了解远远超出了同时代的中国人。虽然他也对西方科技发展成就表示认同，但他所理解的科学技术仍然是儒家经典中的"格致"，属于形而下的"器""艺"之学，远远无法与中国古典文化中的形上之"道"学相提并论。对于西方国家用幻灯放映地理风景这样的活动，他武断地斥之为奇技淫巧，表现出极度厌恶之情。

这些走出国门、走向世界的先行人士，通过亲历西方世界，有的在西方国家驻使或私人居住好几年，他们将自己的见闻或通过言传或通过文字在国内流传，对于国人认识西方的媒介技术起到了中介或桥梁的作用。尤其是他们对西方近代电化媒介及对其认识的记述，从不同角度为清末民初的国人展示了新的媒介教育功用观，对中国近代电化媒介引入教育产生了较为深远的影响，为中国近代电化教育的孕育提供了一定的思想土壤。

二、清末民初游历者的介绍

清末民初是中外教育交流比较活跃的时期，这一时段国人出国的教育考察活动所派遣的主体不同，时间亦长短不一，考察的内容与侧重点也有所差异，对当时教育的影响自然也不尽相同。但是，就其时的教育现实来说，出国考察教育仍然是国人学习西方教育的一条重要渠道。这些出国进行教育考察的人士，一般都担负着寻求西方教育良方借以改造中国教育弊端的任务，考察教育目的明确，在不同程度上体现着世界教育改革的新趋势和新潮流，在引介近代西方教育制度、教育思潮和教学内容与方法的同时，对西方先进教育方式及手段也予以介绍，成为推动中国 20 世纪初期教育手段变革与现代化的重要力量。

甲午中日战争失败，中国朝野上下在震惊中把目光转向昔日弱小的邻国日本，发现日本强盛的原因之一在于重视教育。于是，清末政府生与民间开始了以日为师的学习热潮，赴日考察教育、派遣留学以及聘请日籍教师的热情高涨。在赴日进行教育考察的人员中，有的着力关注日本学制，如罗振玉、吴汝纶等人；有的用心考察实业教育，如张謇等人，有的兴趣重点在于学校办学，如张绥等人；有的目光聚焦于教育行政，如严修、张伯苓等人。这些教育考察人员虽然考察的目的与意图不一，教育考察的效果也千差万别，但对中国传统教育向近代转型都产生了积极的影响。作为新型的教育教学辅助手段，电化教育自然也引起了这些考察人士的注意。在清末赴日考察教育的人物中，对电化教育记载较为明晰者主要有严修等人。严修，字范孙，天津人。为了借鉴日本教育经验，严修于1902年自费游日两月余，写就《壬寅东游日记》。他在1902年10月12日于该游记中有过这样的记述："至浅草幻灯会社观画片许久"，同日晚间在东京教育博物馆"观试幻灯"。[①] 寥寥数言，勾勒出日本已有专门经营幻灯的组织以及在教育博物馆中亦设置幻灯放映的事实。1904年，严修与张伯苓一起再赴日本，在其《第二次东游日记》中记述了幻灯运用于教育的实况。是年6月15日，他与张伯苓一起赴东京高等工业学校参加每月一次的讲话会（即在职教师培训会），日本文部大臣夫妇亦参加了此次会议。在此次讲话会中，来自东京大学的理科教授神保小虎在讲解日本之有用矿物时，就以"幻灯揭示之"，并将"蜗牛、金鱼等生物影壁上"，收到了良好的听讲效果，"观者皆鼓掌"。[②] 严修、张伯苓此行，于电化媒介及其在教育上运用的关注，对他们在以后的办学实践中引介幻灯、电影等新式教学手段，有着直接或间接的影响。

民国前期，国人为寻求教育改革良方，出国考察教育的频率较高。其时于教育界影响较大者，主要有1915—1917年间黄炎培、余日章等人赴美国、菲律宾等国进行考察；1918年5月，范源濂、严修赴美考察；1919年3月，郭秉文、陶履恭、李石岑赴英、美、法、意、瑞士等国考察；1919年11月，陈宝泉、袁希涛等人赴欧美等国考察；1920—1921年间，袁希洛、贾丰臻等人赴欧美考察；是年，汤尔和赴欧洲考察；等等。教育界人士如此频繁地出国考察教育，显然希冀通过借鉴先进国家教育经验以改革中国教育积弊。虽然考察目的与侧重点各有不同，但他们对国外教育发展中的新趋势及新方法的关注颇为一致。其时，作为西方改进教育教学的一种方法，电化教育手段已在很多国家推行，尤其是在欧美各国，大都已在全国范围内推广运用。这些出国考察教育的人士很多都耳闻目睹或亲自体验了西方各国运用电化教育

[①] 严修：《严修东游日记》，天津人民出版社，1995，第114页。
[②] 严修：《严修东游日记》，天津人民出版社，1995，第169—170页。

手段的真实场景。他们归国后，即把此类教育见闻或是通过演讲、报告的方式直接介绍给中国教育界人士，或是诉诸于文字写就考察日记或调查报告等出版或发表于报刊，在一定程度上促进了电化教育的引介与传播。其中，黄炎培、范源濂、陶履恭、贾丰臻等人即是较为典型的代表。

黄炎培，字任之，早年曾经流亡日本，并没有长期留学的教育经历，但是他数次赴美国、日本、菲律宾、南洋、英国等地考察教育，每到一处都详尽观察，于西方文化教育颇有研究，也堪称留学生式的集中西教育于一身的高手。他认为中外教育考察至为重要："外国考察，读方书也；国内考察，寻病源也。"所以，他每次赴国外考察都是基于中国教育实际需要出发。在他多次的海外考察中，他关注到了电化教育手段在西方教育中的普遍运用。1915年，黄炎培跟随北洋政府农商部参加在美国举办的巴拿马太平洋万国博览会。他利用这次机会，考察了美国25座城市的52所学校，包括19所中学、12所小学、6所师范学校、6所实业学校、4所大学、2所幼儿园、3所其他学校，[1] 此外还有图书馆、博物馆、美术馆、教育品陈列所等。在考察美国中小学校时，黄炎培对比了中美教育的诸多不同之处，如学制、教法等，在对比中美教学设备时专门提及幻灯，并指出："幻灯一物，我国尚未应用之于学校教科，彼则中小学校罔不有之，直观教授时，亦可以代标本实物之用。"[2]

经过对美国社会教育的考察，黄炎培认为美国因为学校教育比较发达，社会上未受教育之人甚少，因而社会教育的目的并非为灌输知识，而在于"欲使国民受同一之教育"及"欲使学校与社会有联合之功用"。为达到此种目的，美国最普遍采用的社会教育方法为"电影"。因此，电影在美国社会教育中颇受重视。在对中美电影进行比较时，黄炎培敏锐地发现，中美电影在内容上几乎相似，然而不同的是，美国的电影观众多为工人，电影院比较注重引导工人优良习惯与品性的养成。如由于美国工人待遇优厚，难免流于奢靡之途，"电影馆常编出许多影片以规劝之，且引起其储蓄之观念"，故每

---

[1] 黄炎培：《游美随笔》，载《黄炎培教育文集》，中国文史出版社，1994，第165页。
[2] 黄炎培：《美国教育状况》，载《黄炎培教育文集》，中国文史出版社，1994，第174页。

年必有电影馆若干处，专为工人而设。电影院在放映中间，还常常演奏国歌，"观者亦全体唱国歌以和之，或于电影内现出国旗"，观众须脱帽致敬，"凡此特异之点，皆教育上之作用"。①黄炎培直指中美电影放映的实质差异在于是否具有教育性，美国电影一方面可以教育工人，另一方面可以加强爱国教育，使国民时刻胸怀祖国。在考察美国社会教育的其他机构如博物馆等，黄炎培也关注到了电化教育手段在其中的运用。如费城商务博物馆设置学校教育部，为费城及附近中小学校开展演讲时，常常"佐以彩色影片及活动写真，补言语之所不及"，参观与演讲有关之物品，使"所闻与所见得互相发明"，而且该博物馆为距离较远之学校，"特备影片及讲义借给之，使该校教师自行宣讲"。如果"无影灯与承影幕者，亦可向院索借"，"皆不取租费"，"有时因谋节运费由互相接近之诸学校，合借轮用之"。②黄炎培在详细介绍费城博物馆开展学校电化教育的方法之后，还介绍了该馆亦利用电化手段开展普通社会教育的情况，即每逢周六，用幻灯等电化手段面向一般民众演讲各国物产及地方风俗等。1917年黄炎培又受教育部派遣前往日本、菲律宾考察，在参观菲律宾一些学校及教育局等行政机关时，他发现各处皆设置有幻灯、电影等电化教学设施，对其进行了详细记载。如在参观菲律宾师范学校时，黄炎培不仅关注到该校的物理学教室专设"黑幕以可演影片"，且"房置发电机，凡课地理、历史均用影片，日日行之"，而且还注意到该校礼堂内"坛及窗皆有黑幕，备演幻灯，每月曜之晨，请名人讲演，并兼设活动电影"③。翌日在参观吕宋农业学校时，他也关注到该校设置有幻灯，以备教学，菲律宾教育局内亦"备有各学校活动影片全套，轮流借给试演"。其时，国内教育界尚未普遍关注电化教学手段，黄炎培于所到各国各教育机关考察均能对之投以深切的关注，并详细记述，其意欲引介电化教学手段的愿望可见一斑。

范源濂，字静生，清末留日生。1918年春，与严修等人率团赴美考察教

---

① 黄炎培：《调查美国教育报告》，载《黄炎培教育文集》，中国文史出版社，1994，第282页。
② 黄炎培：《调查美国社会教育报告书》，载《黄炎培教育文集》，中国文史出版社，1994，第286页。
③ 黄炎培：《东南洋之新教育》，商务印书馆，1918，第78—79页。

育。在长达半年的时间内，范源濂考察了美国的小学、中学、大学、图书馆、博物馆等。在考察美国哥伦比亚大学图书馆时，范源濂关注到该馆收藏有许多的教育影片，"阅者有不能明了之时，兼可参看照片及活动电影以为映证"，而且"所言之影片专指有关系于教育者而言"[1]，即专门针对学校教育教学而言的教育教材影片，而非娱乐影片。另外，为工人休息时娱性陶情而开设的电影院，亦"所在皆是"，可知在美国"活动电影亦属社会教育之一"。然而根据范源濂的实地调查，美国供工人观览之影片并非尽为教育影片。针对这一现象，范源濂指出"其所用影片实不必尽有裨于教育"。为此，他进一步解释道："多数劳动者工作毕后，苟无电影场为其娱乐之所，彼等将另求消遣之法，或至有不良之行为，故虽于教育上少积极之作用，尚有抵消不良行为之消极作用在，亦未可厚非也。"[2] 即是说，从电影为普通劳动者提供正当娱乐休闲以维持社会安定的另种意义上，他还是肯定了电影对普通劳动者间接而有效的"规范教化"的作用。

陶履恭，字孟和，1919年与郭秉文、李石岑一起赴欧美考察教育，回国后写就《社会与教育》一书。在该书中，陶履恭从社会与教育相互关系的视角，阐明了电化媒介作为社会发展的产物，对人类思想上的相互接触及教育具有较大的影响。首先，陶履恭认为电影、留声机作为西方社会与技术进步的产物，与绘画、雕刻等美术品一样，"皆是心灵交通的利器"。留声机在传递音调与电影在传递形象、活动方面，"皆可复制无数份，演奏无数次"，指明了现代电化媒介技术的可复制性。同时，他进一步强调"特以活动电影的势力为更大"，接着从文字出现尤其是印刷术发明对人类视觉的锻炼多于听力的角度，他论证了电影比留声机更为世人所广泛青睐的原因。目睹西方各国遍设电影院，男女老幼晚间安坐安乐椅即可遍观天下事的真实情景，陶履恭看出了电影所蕴藏的巨大效能：

> 现今世界各处，殆无不有演活动电影之场。无论男女老幼，晚间坐安乐椅上，可遍观世界最著名事件经过之实迹。各大活动电影

---

[1] 范源濂：《赴美调查教育之情形》，载《范源濂集》，湖南教育出版社，2010，第175页。
[2] 范源濂：《调查美国教育报告》，《中华教育界》第8卷（1919年）第1期。

公司所摄之时事新闻影片，如某地之选举，某国之观兵式，某市之赛球，皆历历活现于目前。今人足不出户，不特知天下事，且能看天下事。不特此也，古代之历史，名人之小说著述，自然界生长变化之程序，多已摄入电影中，分配于各国演奏。其传递思想，灌输知识，发展心灵，必有绝大的影响。从此看来，活动电影于心理上、社会上、教育上将是极大的功效。

在看到电影对人心理、对社会及教育能够产生积极影响的同时，陶履恭也对中国电影中出现的"离奇的强盗、鄙俗的恋爱及其他无益的使心理兴奋"的情节等内容，进行了客观的、中肯的批评，他认为此类电影片容易使人受其暗示，易导致人"或流为盗，或变为狂，或堕落为'恶少年'"。因此，对西方国家一些人士以历史科学或名人小说为素材拍摄的电影，陶履恭极为赞赏，他认为此类影片，"能将往古的事实，自然的状况，或长篇著作所描写的故事，于数小时间活现于观者之前"，并指出电影的特长，不仅在于"节省时间"，还能"将各种知识，各种文艺，化为通俗，使不识字的或识字不多的人都能享受高尚的文化"。在此基础上，陶履恭强调："活动电影实可谓空前的发明，因为它的功效比印刷术还广远。"[1]他还进一步指出，其时电影的制作无论是剧本、布景，还是扮演、制造的人士"皆为专门家"，因而电影对社会、对教育的影响，无论善恶，都是非常之大。针对这种情况，他告诫从事电影事业的人士"要知道他们的责任"，不仅要将电影中已经发现的缺点改除，还应该恰当运用，使电影"成为辅助教育，改革社会最有效的工具"。在参观美国葛雷市的葛雷学校时，他关注到该校经常运用电影、幻灯等电化教学形式与课室教授诵习轮流进行，对此种教学方法，他颇为赞赏，认为不仅科学而且经济。[2]

1919年11月，陈宝泉、袁观澜等人赴欧美等国考察第一次世界大战后各国教育发展趋势。考察团在美国考察各级教育时，就关注了电化教育手段在美国的普遍运用。如在波士顿市立工业学校参观时，他们注意到该校"常

---

[1] 陶孟和：《社会与教育》，福建教育出版社，2008，第70页。
[2] 陶孟和：《孟和文存》，亚东图书馆，1925，第100页。

备各大工场活动影片,不时演示于生徒,俾未至该处者亦得知其内容之如何";在克利夫兰师范学校参观时,他们发现该校置备了很多关于缝纫、烹饪、工艺等的幻灯片,而且该校还设有专门的幻灯影片储藏室。考察团一行进行了参观,并对其管理方法予以详细记录:"(1)本处不重陈列乃汇集材料运送各处者。(2)每校皆有幻灯约值三四十元以备演时之用。(3)幻灯在注意教育价值,不专注意科学价值。(4)本处现有影片三百套,有自做者,有购自他处者。"[①]在参观之余,考察团成员还体验了康奈尔大学农业科的电影教学。另外,纽约州还用幻灯为他们演示了该州的教育状况。考察团考察的目的在于关注教育发展的动向与趋势,故成员们对教育新动向与新设施颇为注意。他们了解到在美国教育系统内,学校为社会文化的中心,教育设施不仅在学校内运用,而且还推广于学校之外,"学校的责任不仅在教授,凡增高普通人民之知能、道德及思想之事业均设法推广"。为此,考察团介绍了威斯康辛大学的推广部,并对其设置"幻灯影片及活动写真股"开展推广事业的方法予以肯定。他们考察的本意虽非电化教育,但在考察过程中对电化教育手段在美国教育中的运用加以关注并详加记述,客观上起到了引介与传播电化教育于中国的桥梁作用,促进了电化教育手段在国内的认知。

再如庄启,曾在1919—1921年间游历德国、瑞士、法国等国。由于早年毕业于比利时列日大学电科,故在教育考察中他尤为注意电化手段在教育中的运用,归国后他在写就的《德国一周》与《战后欧游见闻录》中多有记录。他在考察完法国之后考察德国,发现两国在基本教育制度上无甚差异,不过德国"最可注意的,便是物质上的设备,其中如实物教授和电影教授"。庄启对电影教授[②]进行这样的解释:"就是利用电影照在玻璃上,或用film 蜡条(即胶片),或用 diascope(投影仪),都可以立刻把影子照出来。"同时他还指出,在德国,幻灯及电影运用于教学的现象非常普遍,"不但大学如此,

---

① 陈宝泉等编:《八年欧美考察教育团报告 美洲之部》,商务印书馆,1920,第33页。
② 清末与民国前期,国人对于幻灯与电影的称谓常常混淆不清,有时一律称之为"影戏"或"电影"。根据"照在玻璃上"的说法,应判断为幻灯;根据英文单词film则判断为电影。因此,此处的电影教授既有幻灯教学又有电影教学。

中学和小学也是一样的"①。在参观德国哈诺威工业专门学校时，他对该校放映幻灯与电影的设施赞叹异常："课堂半取光屋顶，顶盖毛面玻璃，其下为塘板，此板依轴旋转，俾得启闭。设如堂内过亮，教员得按一电捺，而各塘板遂为一电机所驭，作半转，再按之则作全转，而堂乃黑暗，可演放影片。各科演放影片甚多，故此种布置，亦几乎每堂皆有。"②庄启指出该校此种设置的好处，"不徒易其功课，且激发其爱慕工业之心"，认为其"获效必矣"。

还有贾丰臻，他曾于1920—1921年间与袁希洛等人赴欧美考察教育。在德国柏林国立第21小学校参观时，他发现该校"尤为重视直观教育"，该校小学生曾亲自放映幻灯给考察团成员看。③早在1913年，贾丰臻就开始关注用幻灯辅助儿童教育。他认为应为儿童普遍设立教育辅助物，而在教育辅助物里面，"影戏、幻术等，儿童最喜览之"，如果"选择得当"，将"大有益于身心"。我国当时所映的电影与幻灯，"大都诲淫诲盗诲滑稽，间有改良者，然利人之念不足胜其利己之心"。外国却不同："其演影戏也，幻灯专灌输新知识，活动写真亦专从道德教育上试演，使儿童视之，浸润渐渍，而不自知也。"④他在谴责当时中国影片内容的低劣之时，揭明了电影与幻灯对儿童的教育意义。

清末民初的教育考察者对电化教育的引介，虽非专意于考察电化教育而引介，但他们对西方各国运用电化教育手段的密切关注及详细记述，实为电化教育引入中国做出了较大的贡献。从考察者的整体来看，他们大都身居教育界要职或为教育界名流，出外考察的目的或为高等教育的改革，或为职业教育的振兴，既有对中国教育制度、思想的改造，也有对西方教育新趋势与新潮流的追求。电化教育作为西方国家兴起的一种教育方式，自然也成为考察人员关注的对象。从此期考察者对电化教育手段的体认方面看，他们超越了晚清时期考察人员初遇电化技术手段时既新奇兴奋又欲迎还拒的矛盾心理，而是把电化器材及其技术作为教育的一种辅助、改良的手段，欣赏着、拥抱着、

---

① 庄启：《战后欧洲教育之实况》，《教育杂志》第13卷（1921年）第11期。
② 庄启：《德国一周》，商务印书馆，1925，第47—48页。
③ 贾丰臻：《考察欧美教育的心得》，《教育杂志》第13卷（1921年）第11期。
④ 贾丰臻：《论儿童社会之教育》，《教育杂志》第4卷（1913年）第12期。

引介着，在认识层面上突破了晚清考察者们把电化媒介作为罕见器物的局限，而是把它们看作改良社会、教化人民及直接辅助教育、融进教育教学的一种方式或手段。

三、民国后期教育考察者的宣传

教育考察作为近代以来才有所开辟的一种教育交流渠道，在近代中外教育交往领域不断拓展与深化，"随着中国新式教育的不断变革和发展，尤其在教育走向国际化和全球化过程中，日益得到人们的重视而得以不断拓展"[①]。20世纪30年代后，随着中国电化教育的初步兴起，对欧美的电化教育的考察与学习，成为引介国外电化教育理论与实践于中国，推动中国电化教育学科创建的重要途径。民国后期，留意西方各国电化教育的考察者主要分为两类，一类是赴国外考察教育者，一类是专意于考察电化教育的人士。

（一）教育考察者对电化教育的引介

20世纪30年代初直至1949年中华人民共和国成立期间，由于全民族抗战爆发，出国考察教育活动呈现间歇性特点。综合看来，这一时期的教育考察活动多以参与国际教育会议的人士在会议期间顺道对沿途国家的教育进行考察为主。从20世纪30年代开始，一些发达国家如美、法、德等国把教育手段的现代化作为教育现代化的一个指标，都在竭力引进电影、无线电广播等电化设备于教育领域。在这些国家的带动下，其他一些国家也开始加大对电化教育的投入，如瑞典政府曾拟在1937—1939连续三年的时间内，每年均投入二万五千克朗用于学校无线电教育补助经费，专用以购置无线电器材及供给经费困难学校发展播音教育。[②] 这些国家不仅在教育领域加大电化器材及资金的投入，而且在军队中也广泛利用电化手段，如捷克斯洛伐克政府针对军队中文盲较多的问题，利用电影、无线电等电化手段辅助开展文化教育活动，仅1936年就开展播音教育3000次、放映教育电影8200余次。[③] 世界性教育

---

① 余子侠：《综论教育交流与中华文化》，《河北师范大学学报》2011年第7期。
②《瑞典政府补助无线电》，《教育杂志》第27卷（1937年）第6期。
③《捷克斯拉夫的军队教育》，《教育杂志》第27卷（1937年）第4期。

会议是世界教育发展趋势的播报器，与各国政府重视并大力开展电化教育的潮流一致，20世纪30年代后的很多世界性教育会议也把电影、无线电等新教育技术手段列为大会讨论的议题之一。当然，参会的中国代表们也感受到了这股扑面而来的教育风潮，并在归国后加以描述、介绍和推广，成为引介电化教育于中国的另一种方式。

1932年世界新教育联谊会第六届会议在法国尼斯召开，此次会议主要讨论教育民族主义的重要性，连带记者共有七位中国代表出席此次会议。[①] 其中，庄泽宣不仅代表中国发言，引起与会成员的很大反响，还对此次会议情况加以文字记述。据其介绍，此次大会对电化教育颇为重视，大会在常规的演讲、讨论、研究、交谊等会序安排中，都设置了放映教育电影环节，会议期间的每天下午则专用以放映表现各国学校生活的教育电影。电影成为展现各国教育发展的传播媒介，对与会代表的影响可想而知。庄泽宣还借参会之机，考察了欧洲数个国家。在考察捷克斯洛伐克民众教育时，他注意到该国民众教育设施"对于幻灯放影及活动电影特加提倡"。由国家设立的幻灯片收集中心，收藏有"幻灯片两万余张，活动影片数百卷"，且"凡演讲及其他民众教育机关均可借用"。并明确指出，"捷克斯洛伐克国父现总统马赛立克对于民众教育系极注意"[②]。在考察柏林乡村小学时，他注意到学校设备虽极简单，然而"教室里都有新式幻灯机及图片放映机"[③]，让庄氏顿感耳目一新。

1935年，世界教育会联合会第六届大会在英国牛津召开。其中，研究凭借教育电影和无线电播音促进各国教育发展与增进国际了解是本次大会的重要议题之一。中国有五位代表出席了本次会议，其中代表中国社会教育社与中国教育学会出席的罗廷光，以及适逢在英国的程国扬，均对会议情形进行了介绍。在本次会议的16组分组会议中，专门设置了两组用以讨论电化教育问题：一为无线电广播教育，一为视觉教育。无线电广播组又分为学校广播及成人广播两组，英国、丹麦、瑞士等国代表分别报告了各所在国家推行无线电广播教育的程序。英国代表于会议期间，每日还就学校及成人教育实施

---

① 庄泽宣：《尼斯风物与新教育会议》，《生活周刊》第7卷（1933年）第44期。
② 庄泽宣：《欧游教育印象》，《中华教育界》第21卷（1934年）第10期。
③ 庄泽宣：《汉堡与柏林》，《生活周刊》第7卷（1933年）第49期。

广播教育的方法加以示范。在视觉教育组中，参与讨论的专家各抒己见，有的演讲"电影教育的重要及电影与国际了解的关系"，有的主张"教师应与制片者共同合作"，还有人讨论了"电影教育的范围及教师对其的认识"等。[①] 如拉伯朗（Le Brun）讲述了视觉教育的范围。他认为"凡采用图书、表式、参观博物馆及公共建筑等相类似活动，均可包括于视觉教育范围之内"，其中"尤以电影的效力为最巨"，同时指出电影在具体操作层面亦有限度，教师应该将之"当做教育的工具，而不可反为影片所奴"。随后德国教育部全国教育电影指导者齐洛特（Dr. Zierold）与美国克赛克（R. A. Kissack）等相继发言，讨论有关教育电影的实际问题以及随后的进展。齐洛特发言称电影在德国学校已占据一个确定的地位，德国正在为年幼儿童编制以神话故事为素材的电影。同时他还宣称，德国于1935年7月已向全国各校分发四千余种教育影片。另外，视觉教育组在每日会议完毕，均放映英、美、德、法四国通行的各学科教学电影，如物质分子说、音波及其渊源、表面张力、新欧洲、太平洋问题、花与蝴蝶及机械工具等影片。[②] 本次大会设置无线电广播组与视觉教育组专门分组讨论电化教育问题，可见电化教育已成为推动各国教育发展的一支新生力量，已引起了世界范围内教育界人士的关注。中国参会人员的详细介绍，使国人得以了解世界电化教育发展的状况。

1936年，世界新教育联谊会第七届会议在英国举行。其间用电影放映各国新教育进展情况仍是大会中的固定环节，大会依然利用电影来展示各国在新教育上的成绩及各国的新学校面貌。如美国的福斯脱夫人（Mrs. Frances C. Foster）用电影向与会代表展示了美国的乡村学校及开展的教育实验情况。另外，法、德等国的一些新学校也利用电影展示了学校状况。除此之外，英国还在闭幕式上放映了许多新近的教育影片。参加本次会议的王承绪在观览"英国自古以来的生活演进与工业生活对于英国的影响"等主题教育电影后，认为英国学校与影片公司相互合作，制作适合于儿童教育影片的做法很有价值，使儿童得以享受电影的各种利益。而且各国利用电影展示新教育进展情况的

---

① 罗廷光：《参加本届世界教育会议的经过及其感想》，《教育杂志》第25卷（1935年）第10期。
② 程国扬：《世界教育会议纪事·英国通讯》，《中华教育界》第23卷（1935年）第5期。

方式，使得"平时只能得之于文字的记载"，"可以活跃地、生动地展现于目前"。① 可见，世界新教育联谊会利用电影，不仅宣传了欧美新教育运动所取得的实效，也加深了与会者对电影在传递知识与辅助教育上的认识。

除去教育界人士在参与国际教育会议时对电化教育的介绍，在此期间出国考察教育的各种团体与个人也介绍了国外运用电化教育的情形。如山东省教育厅1934年派遣一批办理教育卓有成就的人士到欧洲考察教育。作为考察团成员之一的山东省立第一实验小学校长陈剑恒，在考察意大利农村教育时发现，意大利乡村学校虽然远离城市，但"电灯、无线电等设备都有"，学生每星期一、三、六上午，均有半小时至一小时的广播教育，"音乐、故事、新闻、演讲及科学卫生等节目皆应有尽有"。由是，他称赞意大利"科学之福利已普及一般之乡村"。② 这些教育考察者对世界教育会议中电化教育议题的详细介绍，以及对沿途国家电化教育手段运用情况的关注，对国内教育界人士了解世界电化教育发展概况及具体实施情形有相当的帮助，对推动国内电化教育的发展有一定的指导意义。

（二）考察电化教育者的专意引介

如果说上述教育考察者对电化教育的引介属于顺路捎回的话，那么20世纪30年代后则出现了专门针对电化教育的考察活动。从派遣主体来看，30年代后赴国外进行电化教育考察的人员主要分为三类，即中国教育电影协会派遣、国民政府教育部派遣与个别高校派遣。

1. 中国教育电影协会派遣

随着电影、广播等现代电化媒体在民众教育与学校教学中的影响逐渐扩大，国人对于这种新型的教育方式日益重视，尤其认为电影在启发民智、塑造国民良好道德上有着特别重要的作用。为推动电影教育事业的进一步开展，在蔡元培等人的支持下，中国教育电影协会于1932年7月在南京成立。该协会成立后，积极践行沟通中西教育电影交流的使者之命，不仅在日常事务上保持与国联教育电影协会的沟通与联络，及时把会务开展情况加以

---

① 王承绪：《第七届世界新教育会议纪要》，《中华教育界》第24卷（1936年）第6期。
② 陈剑恒：《意大利乡农学校之精神与实际》，《中华教育界》第22卷（1934年）第2期。

报告，还派员出国考察各国电影教育发展情形，以此为中国教育电影与电影教育提供借鉴。

首先，徐公美赴日考察。徐公美，中国教育电影协会上海分会会员，曾担任该协会电影剧本研究会委员等职。早期徐公美主要致力于演剧编写与演剧术研究，20世纪30年代后，他的研究兴趣转移到电影教育上。因有感于未来的世界会成为"电影的世界"，徐公美萌生了"出国专攻研究，以为他山之助"的想法。1934年冬，中国教育电影协会上海分会以"电影教育虽导源于欧美，而邻邦日本，办理亦著成效"为由，派监事徐公美东渡考察，以资借镜。于是，徐公美赴日考察电影教育的夙愿得以实现。

1935年10月7日，徐公美随同经济考察团一起赴日本考察。在日本，徐公美参观了东京、大阪、神户、横滨、长崎等各城市，考察了日本电影行政组织、社会教育与电影的运用、中小学电影教学法及其设备、儿童电影设施法以及电影学术研究团体诸项。从繁多的考察内容中，可看出徐公美此次东渡日本，确实不虚此行。在20天的时间内，足迹所到之处众多，考察的内容与对象几乎涵盖了日本教育电影发展的全部。10月25日，徐公美还应邀参加了日本东京电影教育研究会特为其考察活动而临时发起的"日华电影教育座谈会"。参加座谈会的人士有东京市教育局教化股长关野嘉雄、文部省顾问水谷德男、日本大学电影学系主任仲木贞一、日日新闻社电影课课员神原直裕、东京市赤羽小学校长西川幸次郎、日本电影教育研究会常任理事稻田辻雄等人。在座谈会中，徐公美介绍了中国电影教育发展的现状以及考察日本电影教育后的感想，双方还就电影教育设施展开相互答问的讨论。

不到一个月的考察，日本电影教育的实施情形给徐公美留下了深刻的印象。归国后，他写就了《日本电影教育考察记》一书，于1936年由商务印书馆出版。另外，他还将从日本电影教育研究会带回的资料，进行编译后，以《日本电影教育概述》为名予以发表。在《日本电影教育考察记》中，徐公美并非按行程安排把自己的考察所得简单记录，而是按照真正著述的方式以严谨的章节目次对日本的电影行政、电影立法、电影检查、电影事业、电影教育、电影文献等一一详细介绍，并对中国发展电影教育提出了32条建议。同时，书中还罗列了大量的表格、数据等统计资料，使日本电影教育情形得以直观、翔实地展示。正如他在"自序"中所说，此次考察"不敢走马观花"，却是"以平日研究的工夫"，切实"攒到他们实际里面去体验一个究竟"，所以"与其说是考察的，毋宁说是研究的"。带着研究者的心态和眼睛去体悟、去探究，自然有较多较真的收获，此次考察对其引进日本电影教育先进经验，提出中国电影教育发展的32条合理化建议，进而构建中国电影教育理论体系不无裨益。

徐公美赴日考察的主要任务是考察日本的电影教育，因而在对各地各部门的参观中，亦极为重视与电影教育相关的内容。如电影行政、电影立法、电影检查、电影事业等。在电影行政方面，徐公美主要考察了日本电影的行政组织与政策管理。日本的电影行政组织与中国"单一机关主持的不同"，而是由内务省与文部省分别管理消极影片的取缔与积极影片的推广及制作，而且内务、文部两省均有优良的电影设备；在日本电影政策管理方面，徐公美介绍了日本电影统制委员会官制与电影统制委员会审议事项；在电影立法方面，徐公美分别介绍了内务省电影片检阅规则、内务省检阅愿书式及检阅手续、内务省输出电影片取缔规则及文部省制作影片颁布规程等。通过考察，徐公美发现日本的电影立法不同于欧美各国，"欧美是得采民意的，日本则完全由着国家订定"。因而日本对于不良影片的取缔，至为严厉，故日本的电影观众"还能保持着传统的道德"。在电影检查方面，徐公美介绍了1934年日本对电影检查的处分情况、中央与地方的联络及电影检查的各项统计等，认为日本电影事业之所以年年有发展，在于日本当局对于电影检查"审慎周详，不露丝毫敷衍苟且"的工作态度。在电影事业方面，徐公美对日本电影的投资、电影制作、电影配给与电影发行方面也多有介绍。

电影教育是徐公美日本考察的重点内容，他共考察了日本电影教育的八大方面。

（1）日本电影教育的发展演变。根据日本电影教育的演变与实施过程，徐公美把日本的电影教育发展历史分为四个时期：第一时期（大正十二年至十五年），为日本电影教育的黎明时期。虽然认为电影有益于教育，但只是盲目地信仰，还不知如何合理利用。第二时期（昭和二年至五年），为展开时代前期。全日本电影教育研究会成立，组织了学校巡回电影联盟，同时刊行《活映》与《电影教育》月刊。但在学校方面还比较机械被动，电影教育的重大意义并未被学校注意。第三时期（昭和六年至七年），为展开时代后期。学校对于课堂电影教学有了相当的认识，全日本电影教育研究会对电影教学进行大力倡导，一些学校也宣布将电影作为教学工具。但这时的电影教学，"也不过是教学＋电影罢了"。第四时期［昭和八年至十年（推算为昭和十年）］，为转向时代。开始注意教材静片的摄制，加之小型影片的普及，课堂电影教学成为趋势，此时的电影教学已由"教学＋电影"转为"教学×电影"。换句话说，电影与教学的关系已不是简单机械相加，而是有机融合。面对日本教育界对电影教学的推动以及由此产生的巨大影响，徐公美用质朴的电影与教学关系图式，阐释了电影与教学之间的相互影响。

（2）日本电影教育师资的培养。为培养电影教学人才，全日本电影教育研究会会同东京日日新闻社与大阪每日新闻社，从昭和四年开始，于每年夏季举行电影教育讲座。该讲座除由全日本电影教育研究会承担部分经费外，文部省及当地政府亦常年补助，因而得以逐年进行。每年均聘请对电影教育及电影技术有研究造诣的人士担任讲师，演讲电影教学中的理论与技术问题。如1935年的演讲主题为电影教育最近的动向、映演概论、青少年电影观览的调查、发声电影概论及电影艺术概论等，演讲之余对各科教材影片进行鉴赏与批评，并对各种映演机的管理及留声机唱片伴奏进行实习与研究等。

（3）影片的配给与价格。日本各校的电影教育虽有较快的发展，但自行摄制或自行购置教育影片的学校尚属少见，学校运用的教育影片除部分由全日本电影教育研究会摄制外，大部分均租借于教育映画普及会、英洋行教育映画部等，各处的租金亦极为低廉且大致相同。

（4）巡回电影联盟。日本各小学因经费限制与影片缺乏等情况，使电影教学的开展非常困难。鉴于这种情况，参考欧美成例，全日本电影教育研究会成立了一个教育影片图书馆，专门提供教育影片的租借服务，并成立了学校巡回电影联盟、学校巡回小型影片联盟、工厂电影联盟、社会教育电影联盟四个电影教育联盟。于是，各学校的巡回电影教育制度得以建立。徐公美以学校巡回电影联盟办法为例，介绍了该联盟实施巡回电影教育的具体办法，如映演次数，影片的尺寸，教育影片的编制、选定、试映及损坏赔偿办法等。

（5）日本全国教育电影的利用状况。日本道、府、县及城市中将近半数者拥有电影设施，放映内容以社会教育教化为主。

（6）电影学术研究团体及电影学校。日本研究电影教育的团体较多，其中独立设置的研究会有全日本映画教育研究会等10个，附设于各大学的有24个。在电影学校方面，徐公美详细介绍了日本大学电影科开设的课程及实习内容，以供中国"大学之设立电影科者参考"。

（7）东京市小学校电影教育情况。东京市小学校的电影教育由东京市教育局社会教育科负责进行，除了开展儿童电影日与学校电影会，东京市还专门设立电影教育研究会，系统地研究各科教材采用影片的方法及教材电影化问题。徐公美还以数据表格的形式介绍了东京市小学电影教育概况、小学校里的电影设备及经费等。

（8）日本电影教学的实施方法。徐公美以所参观的东京市赤羽小学用电影讲授"从鸡卵到鸡雏"的教学过程为例，介绍了日本小学实施电影教学的具体方案，并指出该校其他科目如国语、地理、历史、修身以至于算术，亦"多利用影片，以为教学之助"。

结合个人切身的实地考察，徐公美对中国电影教育提出了自己的建议。他怀揣"使中国的电影教育纳入正规"的梦想，踏上赴日考察电影教育的旅程，希望自己的所见所闻能起到"他山之石，可以攻玉"的作用，并希望自己的考察所得能引起国内同仁相关研究的兴趣，共同完成"电影为复兴民族推进教育之工具"的任务。在考察日本电影教育的基础上，徐公美提出了推动中国电影教育发展的32条建议。其要者诸如：教育部增聘主持电影教育专员，确立系统的电影教育制度，师范学校设立电影教育学科，各大学增设电影教育学系，各中小学增加电影教学设备，儿童电影日的规定与扩大，电影教学实施法的研究，强迫电影院上映教育影片，以及编印电影教育研究刊物等。①

徐公美对中国电影教育所提的32条建议，几乎涵盖了中国电影教育发展

---

① 徐公美：《日本电影教育考察记》，商务印书馆，1936，第250—253页。

的方方面面，可以说，他构建了中国电影教育发展的宏伟蓝图。这些建议有诸多日本电影教育的影子，如建议实施对电影教育由上到下的中央管理制度、设立电影教育联盟、电影教育师资的培养及创办电影教育研究刊物等，从中可见日本之行对徐公美的影响。尤为值得一提的是，在对日本电影教育发展演变的梳理中，徐公美提出了新颖的电影与教学关系理论，也由此启发了他日后对电影教学法的研究。另外，日本对儿童电影教育的重视，也让他归国后大力宣扬电影对儿童的影响。1935 年，在杭州举办的中国教育电影协会第四届年会上，他提出应实施儿童电影教育案，被年会采纳。在之后的年会中他又陆续提出了"儿童电影院""儿童电影日""纪念片儿童教育电影摄制办法"等关于儿童电影教育的提案，发表了诸多研究儿童教育电影的文章。[①]总之，徐公美在赴日之行的所闻所感中，总结出了一套独到的电影教育体系，实现了"以为他山之助"出国考察的初衷。

其次，陈鹤琴赴欧考察。1934 年 7 月陈鹤琴赴欧洲考察教育。临行前，中国教育电影协会上海分会经第二届第三次理监事会议决议，请作为中国教育电影协会上海分会会员的陈鹤琴作为分会代表考察欧洲电影教育事业。陈鹤琴不负所望，考察了欧洲各国儿童电影教育情况。在上海分会召开的第三届年会上，陈鹤琴介绍了欧洲各国实施电影教育的情况，他认为不仅民众教育需要电影，学校教育也需要电影，并号召人们团结起来从事电影教育事业。

2. 国民政府教育部派遣

国民政府一直比较重视电化媒介在政治宣传、教育教化以及国际交往中的重要作用。进入 20 世纪 30 年代，电化教育在世界各国教育改革中发挥着越来越重要的作用，国民政府教育部也开始关注电化教育。为了推动中国电化教育的发展，国民政府教育部在派遣人员考察教育时，世界各国电化教育发展的现状与经验亦列为重要考察内容。除此之外，国民政府教育部还派遣专业人员专门考察国外电化教育。在教育部派遣的电化教育考察活动中，比较突出的有两次：一是 20 世纪 30 年代初赴欧教育考察团团员程其保、郭有

[①] 中国教育电影协会总务组编：《中国教育电影协会会务报告》，中国教育电影协会，1936，第 24 页。

守对欧洲电化教育的考察，二是抗日战争胜利后派遣杜维涛赴欧美等国对电化教育的考察。

先看程其保、郭有守赴欧考察教育。谈及程其保与郭有守赴欧考察电化教育的缘起，当首推国民政府国联外交的推动。成立于 1920 年的国联（The League of Nations），是人类历史上第一个具有普遍性和一般性的国际组织，其附属的文化机构着重于各国之间的文化合作，在国际教育交流中发挥着重要的作用。1931 年 3 月，时任教育部次长的陈布雷，希望借助与国联所属文化机构合作的机会，加强中国与其他国联会员国之间在教育上的合作关系，为此他致函国联秘书长，提出了三个方面的合作意向[①]，其中之一即是中国教育部亟盼能与国联所属文化机构直接联系，获取世文委（世界文化合作组织，国联附属文化机构之一）与教育电影国际协会的组织和如何与其进行合作的资讯。随后，应中国政府的邀请，国联于是年 9 月派遣考察团赴中国考察教育及改革情况，其成员之一即为教育电影专员萨尔迪。同年，国联教育考察团就考察所得写就考察报告《中国教育之改进》，对中国教育提出了多项改革建议，建议中国速派富有经验的教育界人士前往欧洲，"研究欧洲各国学校行政之组织"，寄望于"彼等为改造之领袖"。[②] 由是，1932 年中国组建了赴欧教育考察团，团长由时任教育部官员兼中央政治学校教授的程其保担任，成员有李熙谋、杨廉、郭有守、厉家祥。作为对国联访华的回应，教育部派出了赴欧教育考察团，对欧洲各国电影教育的考察也是考察团的任务之一。在此次教育部派遣的赴欧教育考察团成员中，程其保与郭有守对各国的电化教育关注颇多。

程其保，江西南昌人，著名教育家。此次赴欧考察，担任团长的程其保对各国教育发展非常关注，并将考察期间的所闻所见随时写就文字，寄回国内发表于《时代公论》上，其中对电化教育颇为留意。考察团于 1932 年 8 月

[①] 陈布雷提出的三个合作意向是：第一，交换教授，尤其是医学、自然科学、法学、政治学等方面的专家，发展中国与其他会员国之间的学术关系；第二，希望国联协助聘请英国文学、地理学、地质学教授各一位，前来中国南京到中央大学任教，地理学和地质学的教授最好选自奥地利、德国、北欧国家或瑞士，但需能以英语授课；第三，中国教育部亟盼能与国联所属文化机构直接联系，获取世文委与教育电影国际协会的组织和如何与其进行合作的资讯。
[②] 国联教育考察团：《中国教育之改进》，国立编译馆，1932，第 222 页。

18日抵达印度孟买，程其保等考察团成员即"闻悉英政府正计划利用播音方法为传播民众知识之工具"，其时"均觉有所感"。正是对英属殖民地印度将无线电广播、电影等传播媒介用于民众教育的做法有所感触，考察团成员在考察期间对电影教育与播音教育颇为注意。在英国考察时，他们一行特地前往英国广播公司（British Broadcasting Corporation）考察了无线电播音用于学校及成人教育的状况。在意大利，他们颇为关注教育电影国际学院的教育电影对民众教育的益处。由此，程其保亦想到地域广大的中国，十之八九的人民居住在乡村，学校教育固属正途，但所费颇大且不易见效。因此，"深觉辅助之法，应极力应用无线电播音方法及电影方法"。换言之，"'电音教育'与'电影教育'实为今日民众教育最切要之工具"，[①]基于此等认识，程其保从中国国情与民情出发，肯定了电影教育与播音教育对中国民众教育的重要性。接着，程其保分别对播音教育与电影教育如何实施问题进行了探讨。在播音教育上，程其保认为，应在国内设置大的播音电台，然后以人口比例为分配依据，在每一城镇乡村均设备若干收音机。播音台在播放之时发送选定的教材，如关于农事、卫生、娱乐等方面的资料，他还特别强调此点应"尤为注意"。他认为中国民众所需要者，"不仅仅为识字，尤须关注确切之知识，有知识方可以言生活之增进"。因此，播音教育内容要尤为注重与民众生活贴近。在电影教育上，程其保认为，由于电影设备技术的进步，小型的手提电影机已畅销于市场，然而"所虑者"乃为"价格仍嫌过高"。同时，程其保指出此种电影教育，"闻在意大利正积极推行，将来到彼时，当加以考察"。由此可见程其保对电化教育的重视与留意。不仅如此，他还对国内电影教育与播音教育的实施提出了三条建议：其一，培养专门人才。"此种教育实施以后，必须需要多数之电机师"，因此发展电化教育的"先决问题"，是"必须设置训练班"培养专门人才。其二，自制电化器材及设备。针对中国所用器械设备皆进口国外的情况，他建议"设立大规模之工厂，自动制造"。其三，开展电化教育学术研究。他认为，电影教育与播音教育的成效，"全赖教材及设备"，如优良的音谱、教育图表、各种问题资料之编辑等，对于这些"均

[①] 程其保：《"电音教育"与"电影教育"的急需》，《时代公论》第1卷（1932年）第31期。

须有长久深切之研究"，建议我国设立专门的电化教育研究机构，否则，"电气教育，徒有其形而乏实质"。程其保强调，中国其时的电化教育虽已开始了实践层面的推行，但还缺乏理论研究的事实，针对这种情况，他提出中国应开展电化教育学术研究。在中国电化教育理论建设尚未展开之时，程其保能够结合中国实际，提出富有建设性的发展电化教育建议，并对电化教育只有实践应用而无理论研究的现状提出批评，指出"徒有其形而乏实质"，给中国电化教育研究与发展以启示和警醒。

郭有守，四川资中人，1923年北京大学毕业后赴法国巴黎大学留学，1928年博士毕业回国，1929年被任命为国民政府教育部高等教育司第二科科长兼电影检查委员会委员，负责电影影片的审查工作，并参与筹备了中国教育电影协会。该协会成立后，成员们认识到"教育电影事业，发源于欧美，亟应从事考察，俾得截长补短，以谋推进"，意欲派遣郭有守出国考察教育电影事业。恰逢中国政府应国联教育考察团的建议，派员赴欧洲考察教育。于是，作为国联教育考察团对中国教育电影关注的一种回应，时任教育部高等教育司司长、中国教育电影协会执监委员的郭有守被派赴欧洲考察教育事业。因而，郭有守的欧洲之行，不仅是国民政府教育部出于考察欧洲电影教育事业的需要，也担负着中国教育电影协会的殷切期望。

历时半年之久的欧洲考察，给郭有守以深刻影响。他在考察途中即起草《中国电影年鉴》编纂大纲，专辟史论部分，用以介绍西方各国教育电影的发展状况，在各国电影检查部分专门刊载译文介绍苏联、意大利、澳大利亚、荷兰、日本、新西兰、瑞典、挪威等国电影检查状况。因此《中国电影年鉴》有关教育电影的研究，大部分集中于介绍国外教育电影的情状。郭有守作为《中国电影年鉴》的大纲起草人，他此次赴欧考察经历，对起草的内容有莫大影响，且这种影响还渗透于他在中国教育电影协会的工作中。如他在欧洲考察时，曾注意到欧洲各国政府对电影事业的重视，"欧美各国，帮助电影事业的发达不少"，苏联的电影事业由国家统一经营，莫斯科的制片厂与国营影戏院，均"规模宏大、令人赞赏"，意大利国立教育电影馆，"举凡一切教育、文化、宣传及新闻片均进行摄制"；英国以政府力量补助电影，数年来便"成绩大著"；

其他如意、法、德等国对电影之重视,也"自不必说"。[①]目睹欧洲各国政府对教育电影的发展给予的大力支持,郭有守的敬佩与羡慕之情油然而生。在主持中国教育电影协会时,他竭力寻求政府和社会的帮助与支持,力倡国产教育影片。1935年起,他支持协会与金陵大学理学院合作,推动制作教育影片,开展巡回放映教育电影活动。在四川教育厅厅长任内,他努力开展当地的电化教育事业。可见,欧洲之行的所见所闻,给郭有守主持中国教育电影协会工作及随后一系列电化教育事业开展以极深的影响。

国民政府教育部除于20世纪30年代派赴欧洲教育考察团留意电化教育外,还于20世纪40年代"选派部内外电化教育工作人员赴英美选购电教器材,考察研究实习电教技术"[②]。20世纪40年代国民政府教育部派遣的电化教育考察人员,均为专业的电化教育工作者,同时肩负着购置器材与考察研究实习的双重任务。

再看杜维涛赴欧美专意考察电化教育。抗日战争结束后,鉴于电教器材短缺、国内无法购置的情况,国民政府教育部特派时任教育部社会教育司第三科科长杜维涛,于1947年3月赴美购置电化教育器材,并考察欧美电化教育。至1948年5月返国,在一年两个月的考察时间内,杜维涛主要考察了美、英、加三国的电化教育。在美期间,杜维涛不仅参加了全美影片馆协会第四届年会与播音教育协会举行的第七届年会,还参观了柯达公司、哈佛大学和一些中小学开展的电影与播音教学等。[③]尤为值得一提的是,杜维涛在美国考察期间,曾跟随美国著名视听教育专家埃德加·戴尔先生学习,其间,在戴尔的指导下,翻译了戴氏名著《视听教学法之理论》。这是中国学者翻译的第一本视听教育专著。总体看来,杜维涛此次考察的内容与范围较广,主要关注了各国电教器材及教育影片供应情况、电化教育机构与团体、大学电教推广工作以及中小学电教设施等。[④]回国后,杜维涛写就《考察欧美电化教育的印象与感想》等文章,较为详细地介绍了他考察中的所见所想。

---

① 孙健三编著:《中国电影,你不知道的那些事儿:中国早期电影高等教育史料文献拾穗》,世界图书出版公司,2010,第432页。
② 杜维涛:《抗战十年来中国的电化教育》,《中华教育界》(复刊)第1卷(1947年)第1期。
③ 杜维涛:《杜维涛致影音月刊》,《影音》第6卷(1947年)第5、6期。
④《杜维涛考察电化教育归国》,《教育通讯》第5卷(1948年)第12期。

对电教器材供应状况的考察。由于肩负着购买器材的使命，杜维涛考察中对电教器材的关注较多。他详细考察了美、英、加三国关于教育影片（包括动片与静片）的供应、放映器材及摄影机、制片机、录音机等各种电教器材的类型与性能等。如在美国，他参观了纽约举办的摄影嘉年华会，并考察了位于芝加哥的电教器材供应协会。在对英国教育电影的考察中，发现教育影片制作的重要环节如制片、洗印及录音等，均非一个机构单独完成，而是由不同的单位合作完成，杜维涛认为"这样比较经济"，提醒中国"应当效法"。

对电教机构及团体的考察。在考察中，杜维涛对美、英等国的电化教育行政管理情况加以考察。如美国的电化教育主要由州政府及各大学、市政府教育局等负责办理，并没有设置一个独立的最高行政机构来规划与管理全国的电化教育。美国很多州政府教育局内均设有电教部门与教育影片馆，供应全州各级学校影片器材。尤其是俄亥俄州政府的动片及静片交换所（Ohio Slide and Film Exchange），为当时全美乃至全世界最大的教育影片馆。各州公私立大学亦设有推广部兼做电影推广工作。杜维涛在考察中得知，"这是美国推行电教的主要机构"。美国各市教育局均备有完善的影片馆，"甚至综合各项图表、图画、照片、标本、模型等，按日轮流免费车送本市各级学校"。在赞叹美国教育部门服务学校电化教学如此细微的同时，杜维涛也叹息如此有效的基层电教机构"尚未普遍"。另外，杜维涛还考察了美国规模最大的播音教育协会（Institute for Education by Radio）与教育影片馆协会（Educational Film Library Association）。在对英国的考察中，杜维涛发现，英国与美国一样，全国没有设置统一的电教机关，负责推行电影教育的机构主要是英国电影协会、苏格兰电影委员会及皇家协会中央影片馆，而播音教育则由英国广播公司包办。加拿大的电化教育事业则由国立电影局实施统一管理，把全国划分为九区，每区均有影片馆、放映员及各类电化教育器材，负责制作并向各级学校巡回放映教育影片。

对教育影片馆的考察。杜维涛考察了美、英、加各国著名的教育影片馆，介绍了各国电影馆影片分类办法及租借制度。另外杜维涛还考察了美、英两国的教育广播电台，他指出英、美两国的教育广播电台大都配合各级学校课程，在教学时间内播放。在考察了英、美、加三国学校电化教育后,杜维涛详细介绍了这些学校先进的电化教育设备、有序的管理应用方法,以及各类电化手段与图表、标本、照片等其他教学工具综合运用的教学方法。

通过这次考察,杜维涛收获颇丰。首先,他厘清了中国的"电化教育"与西方国家的"视听教育"及"视觉教育"的范围与区别,"欧美并没有所谓的电化教育,和这名词意义相当的就是'视觉教育'(Visual Education)与'视听教育'(Audio-visual Education)"。虽然意义相当,但涵括的范围存在很大的差异。视听教育意指凡经由视与听的感官来传播知识、发布思想、联络情感、表达意思的工具,包括语言、文字、图画、标本、模型、电影及播音等。[①] 所以,视听教育涵括的内容比电化教育更为广泛。在上述认识的基础上,杜维涛认为电化教育不应局限于电影与播音,在适当目的与教学情况下,应做到对各类教育工具的配合运用。

其次,通过赴欧美考察,杜维涛对中国电化教育的发展提出了中肯的建议:第一,电化教育应兼重社会教育与学校教育。在社会教育方面,要以巡回流动的方式把教育送到民众的家里,送到民众的眼睛前耳朵边。同时,教育当局及学校教师要努力把电化教育发展起来,电化教育工作只有"以学校为根据地,方能普遍到一般民众"。第二,坚定推行电化教育的信念。在考察中,杜维涛发现欧美国家的一些教育影片制作者,仅凭借简单的器材便能制作优良的教育影片,因此鼓励电化教育工作者应坚定信念,从大学与设备好的中学做起,慢慢扩展。第三,建议中国电化教育行政应采择英国的例子,"半官半商的机构去推动,政府与人民合力"。只有这样,电化教育发展才能"持久而不费力"。杜维涛认为虽然欧美国家在推行电化教育方面,中国可以"效法的地方很多",但由于中外文盲人口基数及电化教育设备的差异,中国的电化教育发展并不能完全仿效追随,必须要努力创造才行。

3.个别高校派遣

在高校选派本校教师出国考察与学习电化教育方面,当属南京金陵大学起步最早。金陵大学作为电化教育事业开展最早的学校,早在1930年就

[①] 杜维涛:《电化教育的理论》,《教育通讯》第6卷(1948年)第3期。

创建了电影教育委员会（后改组为科学教育委员会），从事科学教育影片的拍摄与译制工作。随着电影教育事业的发展，1936年，金陵大学理学院在科学教育电影委员会的基础上成立了教育电影部，同年，该部与教育部合作开展全国电化教育人员培训班。在此基础上，金陵大学于1938年创建了国内最有影响的电化教育专修科。该科开办后，金陵大学充分利用本校雄厚的教师资源，发挥不同专业教师的优点长处，采用优势互补的方式，缓解了电化教育专修科师资不足的问题，但一直缺乏专门修习过电化教育的专业教师。同时，电化教育作为其时新型的教育事业，"此项专门人材，国内殊感缺乏"。为解决这一问题，金陵大学开始选派教师赴国外进行电化教育考察与学习。据该校校刊1941年有关期目记载，"除刘井西先生业经返国外，去秋赴美者有该科摄影学教员孙明经先生，刻在美明尼苏达大学研究，并拨款万元，由孙君购买电化教育图书及器材"。①即在1940年孙明经赴美之前，金陵大学已经选派教师专门学习电化教育，是时复派孙明经赴美考察与学习。

孙明经，祖籍山东，生于江苏南京，1934年从金陵大学物理系毕业后，进入金陵大学附中任教，并兼任理学院教育电影部摄影师。1938年夏，金陵大学理学院与教育部在重庆合办电化教育专修科后，担任该科教师。1940年8月，在美国洛克菲勒基金会资助下赴美考察电化教育，翌年9月末回国。

在美国一年多的时间内，孙明经主要以纽约的美国影片中心社和中西部的明尼苏达大学视觉教育服务处为基地，进行学习与交流。其间，在明尼苏达大学视觉教育服务处工作了3个月，完成考察报告《大学推行电影教育举例——美国明尼苏达大学视觉教育服务处概况》。②据称该报告是目前能看到的中国学者对美国电影高等教育最早的考察成果。③在明尼苏达大学的工作完毕后，孙明经开始了他的考察活动。1940年11月，他在驻华大使馆的帮助下，参观了位于华盛顿的美国军部通讯大队电影部。1941年7月他到洛杉矶考察

---

① 《两年来本校电化教育之近况》，《金陵大学校刊》1941年第288—289期。
② 孙明经：《大学推行电影教育举例：美国明理速达大学视觉教育服务处概况》，《电影与播音》第5卷（1946年）第1期。
③ 桑新民：《开创影音教育中国之路的先行者：纪念中国电化教育创始人孙明经先生诞辰100周年》，《电化教育研究》2011年第10期。

了当时世界动画电影行业的中心——狄斯尼公司新建立的摄影场,参观了该场的设备与狄斯尼动画电影的制作过程,并与狄斯尼本人进行了一个小时的谈话。①由于孙明经出国前主要侧重于摄像工作,故其考察特别注重电化媒介新技术的发展及其运用。尤其在纽约世博会期间,各展馆对电影与播音等现代媒介手段的运用,给孙明经极强烈的震撼,美国电影与播音技术的先进及美国人对电影、播音等电化工具的娴熟运用亦给孙明经留下了深刻的印象。正是出于对美国先进的电影与播音技术及器材的重视,孙明经不仅将学校拨付的款项及在美募捐得来的5000美元全用于购买摄影器材及录音、放映、扩音设备等适用于高等电化教育使用的器材,还自己倾囊购置了大量贵重的影像器材和大批学术资料。②

正是这次出国考察,孙明经由一个专注于摄影学的技术专家转身为致力于影音教育的电化教育学家。回国后,孙明经正式担任金陵大学教育电影部主任及电化教育专修科主任,将在美国考察与学习而来的电化教育先进经验运用于中国教育实践中,提倡将电化教育改称为影音教育,创设系统的影音课程,建设影音教育实验室,培养影音专业人才,努力开拓电化教育的中国化道路,为中国培养了一大批理论与实践兼具的电化教育人才。另外,孙明经回国后创办并担任主编的《电影与播音》,在很大程度上也缘于他的美国考察。诚如他本人在"创刊缘由"中所言:"赴美考察教育电影事业期间,采集资料甚丰,因限于文字及份数,大都未能及时广为利用";"国外电教同志亦急需适当媒介,以便向国人介绍其所见所闻"。《电影与播音》创刊后,孙明经在美国所收集的电化教育资料都经过他的同事或者学生翻译后刊登出来,如考察美国军部通讯大队电影部与狄斯尼动画电影公司后收集的材料《有声电影训练的几个原则》《军事训练影片之辑片政策》《凡谛声Fantasound:活动画大师斯尼的新声效制度》《美国丹佛中学学生自制电影》等,至1943年仍在陆续登载,足证他带回的资料何等丰富厚重。

胡玉章是金陵大学派赴国外学习电化教育的另一位教师。1936年,胡玉

---

① 孙明经:《活动画大师狄斯尼会见记》,《电影与播音》第2卷(1943年)第1期。
② 桑新民:《开创影音教育中国之路的先行者:纪念中国电化教育创始人孙明经先生诞辰100周年》,《电化教育研究》2011年第10期。

章从金陵大学物理系毕业后,在金大附中讲授物理学。金陵大学西迁到四川后,他就在该校本部物理系讲授物理学,并兼任理学院电化教育专修科教师。1946年应英国文化委员会邀请去伦敦考察英国教育电影,后又去美国、南美洲等国家,学习这些国家在物理学教学上应用电化教育的理论实践经验以及管理方法。直到1956年回到祖国大陆,任教于南京大学物理系。①

燕京大学是另一所派遣教师考察与学习电化教育的高等学校。1947年,该校遣派教育系主任廖泰初赴美国哥伦比亚大学教育学院学习视听教育。次年廖泰初回国后,即在燕京大学教育系开设视听教育课。

综上可知,20世纪30—40年代出国考察者对电化教育的引介出现了专业化的倾向。从考察者国内任职来看,均为电化教育方面的专业人才,大都具备了电化教育的专业素养,深知中国电化教育发展及任职岗位所急需与缺乏的理论与实践内容,因此考察目的甚为明确。从考察内容上看,学校与社会领域有关电化教育的内容均有涉足,电化教育自身的理论体系建设也有所涉及。因考察目的明确,这一时期的考察活动真正做到了有的放矢。因此归国后,这些出国考察者均为中国电化教育的初步专业化与体制化建设做出了伟大的贡献。从电化教育被考察者关注的整体演进历程来看,20世纪30—40年代的考察者已经突破了20年代初期的教育考察者对电化教育手段的顺便、捎带式引介,开始有目的、有意识地把国外电化教育的发展作为考察的重点,表明了中国电化教育即将开始步入一个新的时代,电化教育已经成为具有普遍共识的教育改革方式。

第三节 宣导电化教育的留学群体

近代中国的留学教育开始于鸦片战争之后,容闳就是早期为数不多的留学生之一。在他的建议下,洋务派出于师夷长技与御侮强国的需要,开始派

---

① 胡玉章:《我的教学生涯》,《现代物理学知识》1992年第3期。

遣留学。于是中国第一批赴美幼童于1872年8月踏上留学之旅，被视为中国近代官费留学之始。1876年，福建船政学堂等新式学堂选派学生赴欧美等国留学，标志着中国近代第一次留学高潮的到来。甲午中日战争使国人看到昔日学生的强大，朝野上下讨论寻求救国之路，最后的结果就是直接"以日为师"，由此造成了留日大潮，迎来了中国留学史上的兴盛期，随后还产生了庚款留学与赴法勤工俭学等留学形式。从根本上讲，近代大批国人远赴西方国家留学，实属于近代中国科技不昌、文化不振的无奈之举，但教育与科技都是不分国界的，负笈他乡的留学生直接在国外学到了先进的科技文化，并在归国后成长为各个领域的专业领军人才，为近代中国的社会发展与国家进步发挥了极为重要的作用。前文已揭，在中国电化教育引介的早期，传教士为学术传教的需要，把西方工业革命的产物——幻灯和电影传至中国，向中国上层知识分子与青年学生传播了一些相关的知识，并把幻灯与电影引至教育领域，对电化教育的发展做出了开创性的贡献。但传教士电化教育活动的开展相对零散，其目的主要是宗教教育。电化教育的大规模引介是在中华民国成立后，大批留学生在各种救国思潮的感召下纷纷归国，投身于民主与共和国家的建设中，在耳闻目睹了西方电化技术在教育中所发挥的功效后，他们或者呼吁倡导，或者身体力行，使电化手段的教育功能迅速被大众认知，电化手段的价值日益得到社会重视，为20世纪30—40年代电化教育广泛运用及电化教育学科的创立奠定了理论与实践基础。

一、晚清少数留学生的电化教育活动

近代以来，中国派遣的留学生早期主要分布在欧美及日本。欧美国家是近代电化教育的发源地，身处这些国家各类高等教育场所的中国留学生，是较早接触到电化教育并感受其影响的国人群体。在异域求学期间，留学生亲眼看到了幻灯、电影等电化手段内在的传播知识、交流情感的重要功能，并亲身体验到它们的新、奇、特的物理属性所带来的震撼。由是，他们中的有关分子，努力探索这种新奇教育手段的操作技能，并搜集相关演示素材，成为较早利用电化教育手段沟通中西文化、促进中外交流的知识群体。

根据既有资料可知，留英学生最早参与了电化教育活动。1909年，上海留英学生卢君，针对英国人对中国风土人情多有误会的问题，专门搜集了中国风景人物图画多件，在阿尔森小学借助幻灯的放映和讲解，向受众介绍中国，意欲通过此举，"将中国内容及其进步，宣告外国，以免外人对于中国近状，仍有误会"[①]。卢氏的行为，反映了留学生借助幻灯这一新奇的传播手段，宣传中国真实面貌以加强英人对中国现状正常了解的愿望。随后，这一幻灯放映活动演变为定期演说，遇到"口舌所不能及者，则明之以影灯"。在英国伯明翰及其附近地区，产生了较大的影响，"英人闻之，纷来延请"，[②] 前来邀约幻灯演讲的学校络绎不绝，此举被称为沟通中英感情之良法。作为走出国门的代表，由于切身感受到电化手段新奇的技术带给观者的心理冲击以及跨越时空限制传递文化知识的独特魅力，留学生不仅成为电化教育手段的较早运用者，还在异国他乡的教育领域利用此等电教工具，于中西间架起沟通文化和交流情感的桥梁。但总体看来，幻灯、电影在19世纪末20世纪初尚属新生事物，即使在其欧美发源地也远未发展成一种专门艺术，将其运用于教育领域的实践活动更是处于初萌阶段，其时中国的留学生只是接受幻灯、电影熏染的机会较多，在一次次观影的新奇体验中，领略到此等电化手段带来的神奇魅力而学习其操作方法。他们对电化教育这种新生事物的认知，主要出于新鲜好奇，对西方电化教育的感知更多地体现在因感官冲击所带来的猎奇、艳羡，对其简单的操作技能的学习和掌握还处在初步体验阶段。

二、民国前期留学生的电化教育宣传

归国留学生尤其是由欧美各国留学归来的留学生群体，在引介西方近代新兴科技与学术成果并构建中国学科体系上发挥着重要作用。电影及其技术作为近代西方科技文明的成果，我国知识界人士因其所具备的传递新知、表

---

① 《外国之部》，《教育杂志》第1卷（1909年）第10期。
② 《外国之部》，《教育杂志》第2卷（1910年）第11期。

情达意功能，而将其广泛用于普及教化提高人民知识水平上。在中国电化教育发展进程中，教育电影因具有扩大教育规模且提高教育效益的优势而成为国人推广各种教育运动的重要辅助利器。在电影介入教育的最初时期，即有归国留学生涉足其中。1917年商务印书馆自筹资金拍摄教育电影的活动中，留美归国学生叶向荣就担任其中的摄影师一职。1918年，商务印书馆成立影戏部，主营教育电影事业，曾主持该部工作的职员即有在美国专门学习电影专业的沈诰。其间，商务印书馆影戏部拍摄了一系列教育类短片，在我国自主摄制教育影片的初次尝试活动中，即有归国留学生参与其中。据1927年出版的《中华影业年鉴》表明，其时致力于电影事业的归国留学生人数就有34人[1]，其数目与整个留学归国群体相比，并不在少数，实际上还有很多人未被统计在内。这些奔赴异国他乡专门学习电影及其相关专业的留学生，多分布于英、法、德、日等国，而尤以美国居多。如洪深、程树仁、孙瑜等均为专习电影及相关专业的清华留美学生。他们归国后，一般担任技术性较强的如导演、美工、摄影、字幕翻译等电化工作，不仅引介电影技术于中国，而且在发展中国电影事业的过程中又逐渐将之引至教育领域。如洪深即认为，电影"为传播文明之利器"，对于普及教育提高国民道德水平有较大的帮助，因此呼吁国人在创作电影剧本时，要以"普及教育表示国风为主旨"[2]。可见，这些深受西方科技文化熏染的归国留学生，已经认识到电影的教育功能，深知电影对于教化国民形塑国家的重要性，并将发挥电影的教育功能作为发展中国电影事业的主旨。

除上述这些专门研习或旁涉电影及其相关专业的归国留学生，致力于将西方的电影技术引介到中国并注重电影的教育性主旨外，还有一些归国后在教育界任职的留学生，如蔡元培、吴稚晖、范源濂、晏阳初、傅若愚、陶行知等人，亲身感受世界各国运用电化手段于教育的实效，回国后均提倡以幻灯、电影为主的现代教学媒体在学校教育及社会教育领域中的应用。

蔡元培是较早倡导运用电化手段的留学生。他于1912年就任南京临时政

---

[1] 张伟：《民国影坛的第一代"专业海归"——程树仁其人其事》，《电影艺术》2009年第3期。
[2] 程季华：《中国电影发展史》第1卷，中国电影出版社，1981，第42页。

府教育部总长时,在社会教育中就提倡运用幻灯、电影等电化手段。辛亥革命的胜利果实被袁世凯窃取后,蔡元培再次旅法。数次留学、游历于法国与德国的经历,让蔡元培对各国运用电化技术及成果于教育中的成效深有感触,他开始在通俗教育中力倡运用电化教育。他认为要取得通俗教育的效果,必得借助电影与幻灯,认为电影为实施通俗教育"轻而易举之法",而运用幻灯实施教育不仅成本低廉,而且"收效至易"[①]。为此,他不仅介绍了英国当时最新流行的一种幻灯放映机的放映方法,还对德国学生观看电影的年龄限制及实施的学生电影日加以介绍,主张适于学生观看的电影内容应以纯正的科学片为主,并将有益身心作为观览标准。

留学生除以发表言论的方式引介与倡导电化教育外,还躬行电化教育实践活动,以身体力行的方式倡导电化教育。其中,晏阳初是最为突出的一位。晏阳初是中国近代较早运用电化手段于教育的留美生。早在1919年,晏阳初与同为留美生的同学傅若愚一起赴法国对华工进行教育时,他们就尝试使用幻灯教学,收到良好效果。回国后,为解决学生多而教师少且经费不足的难题,晏阳初借鉴了在法国用幻灯教授华工的经验,并将之用于中国的平民教育中[②]。晏阳初、傅若愚二人推行的幻灯教学,不仅解决了平民教育中的师资难题,而且收到了良好效果。例如,他们把在法国教授华工所用的幻灯教学方式用于浙江嘉兴开办的两所平民学校中,"把《平民千字课》中的图画、课文、单字,一一制成影片,教授的时候,用幻灯将影片映于白壁上,使人一目了然"[③]。1923年3月15日至7月20日四个月的时间,能够读完《平民千字课》四册,达到毕业条件的学生共计140余人。紧接着,秋季招收学生300余人,分为四班,尽用幻灯教授,也收到了较好的效果。晏阳初与傅若愚在总结幻灯教学的特色时指出,幻灯教学于学生方面,一方面可引起"学生读书的兴趣","使学生的注意力更为集中",另一方面还可使"学生的心思、耳目、口舌,一并有接触并运动"。在教学效率方面,"一个教员可以教一百以上的学生",与平常相较,实属"事半功倍",节省了师资力量,扩大了教学规模。另外,

---

① 高平叔:《蔡元培教育论著选》,人民教育出版社,2011,第73页。
② 晏阳初:《平民教育》,《新教育》第6卷(1923年)第2期。
③ 傅若愚:《提倡平民教育之由来》,《申报》1924年4月20日。

还可养成学生团体运动和合作的精神。归国留学生晏阳初与傅若愚等人运用国外电化教学经验于平民教育的实验活动收到了较大的成效，吸引了意欲推广平民教育的主将朱其慧、陶行知等人的关注。陶行知在参观幻灯教学后，认为此种方式与单纯用教科书相比，"已快得多"①。在与晏阳初一起倡导的平民教育运动中，陶行知多次躬行于平民学校中运用电化媒介。不仅如此，在随后的多种教育运动，如普及教育、民众教育、国难教育中，陶行知均提倡运用幻灯、电影等电化手段，而且还在多篇文章中呼吁运用电化教育。晏阳初、陶行知、傅若愚等归国留学生在其倡导的平民教育运动中，大力提倡幻灯、电影、无线电广播等电化手段辅助平民教育事业的开展，使电化教育这一手段迅速在全国范围内得到应用，在20世纪20年代出现了电化教育运用的小高潮。

  近代留学生负笈海外，就是要在时代变革之时"奋扶扬袂，急起直追，求同进化，以竞生存"，求索"其哲理新思，实业技艺"，达到"补吾所不及"②之目的。正如1926年舒新城在阐述留学生贡献时所说，留学生对近代中国文化贡献大者依次为科学、文学、哲学，指出其时学校科学教师以及所用的科学仪器乃至科学教育教材，"莫不由留学生间接直接传衍而来"③。留学生归国后，为了中国教育的振兴，在传播国外先进教育制度与理念之外，还竭力把国外先进的教育技术带至国内宣传与运用。电化教育发展的实体为电化教育器材及其操纵使用技术，而这些都为其时国内所极度欠缺，留学生借助其自身拥有的海外资源优势，寻访购回，并宣传试用以求广泛推广，为电化教育真正扎根于中国付出了努力。吴稚晖与蔡元培即是其中的突出代表。1917年，吴稚晖特地从英国购回一架新式幻灯机，多次在公开场合介绍其原理与用法。如在环球中国学生会的演讲中，吴稚晖亲自操作"映演各种图画，随讲随演"。在演示操作技术的同时，他向听众详细地解析了新旧幻灯机的构造区别：旧式幻灯机，"必先将各种图制成玻片，而后插入影镜之中间，方

---

① 华中师范学院教育科学研究所主编：《陶行知全集》（第1卷），湖南教育出版社，1984，第432页。
② 《留美中国学生会小史》，《东方杂志》第14卷（1917年）第12期。
③ 舒新城：《近代中国留学史》，上海文化出版社，1989，第212—213页。

能映射于布"；新式幻灯机则不然，"妙在不用玻璃影片"，随便取一图画倒置于匣内两电灯之后，"即可映射于幕"。在对幻灯机的构造、原理、用法等进行讲述后，他还用幻灯机放映了伦敦的皇宫、公园、博物馆、植物园、火车站等风景名胜与古迹建筑，让听讲者大饱眼福，"观者不啻亲临其境，咸称道不置"。在此基础上，吴氏进而指出幻灯机"用途极广"，尤可用于"学校中发布讲义"，为学生讲解"各地之形势险要"，且"无不动人心目，收效极速"。①

吴稚晖宣传新式幻灯的做法引起了广泛关注，蔡元培从报纸上得知此事并听闻吴稚晖将要仿制此种新式幻灯机时，便立即写信与吴稚晖，询问是否进行了仿制，并请求吴稚晖"如上海有售者，务请代购一具；否则先生进京时，务请将所有一具携来，当在此间设法仿制也"②。从中可以看出，蔡元培对幻灯演示的认可与急切用于教育的愿望。其实，就在蔡元培离别法国回国就任北京大学校长之时，就听闻此款新式幻灯机有售，当即欲购置一具，"将试用之于学校"，但是"遍觅于巴黎，无之"。于是托人从英国伦敦函购一具，并嘱托仍在法国的李石曾带回。然而"试之，所映殊近而不明显，稍远则恍惚"。四处询问无果，正在无可奈何之际，"见上海各报，记先生（吴稚晖）在环球中国学生会演说，用新式灯映照画片"，遂写信询问。随后吴稚晖寄去了不同的幻灯图示，并表示将亲自赴京装置。蔡元培在接到幻灯图示进行对照后，表示"详尽无比"，并连声感谢。另外，在给吴稚晖的复信中详细描述了自己购置的幻灯机构造，表明"如装置得宜，将试用之于学校"。③从中不难明了归国留学生在将电化器材运用于教育的初始时期所付出的努力与不畏艰难的精神，同时折射出教育界人士看到了幻灯等电化技术所蕴藏的实际功效，欲以借重幻灯等新型教育技术改进其时的教育、提高教育教学效率的良苦用心。

留学生经过数年的海外学习生活，视野开阔，易于接受新事物，回国后往往能够把耳闻目睹等亲身体验或诉诸文字，发表于报刊，或躬行实践，运

---

① 《吴稚晖君影灯演说》，《环球》第2卷（1917年）第4期。
② 高平叔：《蔡元培书信集》，浙江教育出版社，2000，第297页。
③ 高平叔：《蔡元培书信集》，浙江教育出版社，2000，第300页。

用于教育领域，加之他们很多身居教育界要职或为教育界名人，往往能产生较大的社会效应。事实的确如此，归国留学生或著文高声呼吁，或身体力行于教育实践中倡导，引起了人们对电化教育的关注。民国前期，留学生群体逐渐取代晚清传教士在电化教育引介中的主体地位，而成为电化教育引介与传播的中坚力量。总体来看，民国前期致力于开拓电化教育事业的留学生，或者出于对电影艺术的喜爱而孜孜不倦地专门研习或旁涉相关专业，并在不断的接触中意识到电影、幻灯等电化媒介的教育功能，或者出于寻求教育普及与提升教育教学效率的良方，而寻购电化器材、探取电化知识与操作技能等，开始有意识地主动学习电化知识与技能，并将其引介于中国教育领域。但由于20世纪初期欧美各国的电化教育事业刚刚起步，而电化教育作为一门学科的诞生也是20世纪20年代末期的事情，受人追捧的电影专科学校实不多见，加之中国政府出于振兴实业的考虑，选派研习电影及其相关专业的留学生为数甚少，因此，民国前期留学生致力于电化知识技能学习与引介的活动，在很大程度上属于一种自发的个人行为。

三、民国后期电化教育留学生的派遣

20世纪30年代是中国电化教育发展的高潮时期。其时不论是在电化教育实践方面抑或是理论研究层面，留学生均堪称主将。在教育实践领域，他们努力宣介各种电化媒介在教育领域的广泛运用。为推动电化教育的学科化发展，他们开设课程与创办系科，培育电化教育专业人才；创建学会与期刊，为专业人士搭建交往与互动的平台。同时，在理论研究方面，他们勤勉译介与著述，在引介国外电化教育实践经验与理论于中国的过程中，探索电化教育发展的中国化道路，不仅开辟了电化教育学术研究新领域，也促进了电化教育学科的创建与发展。随着电化教育运动的蓬勃开展，对电化教育专业人才的需求日益增多，尤其是1935年教育部推行电化教育以降，专业人才匮乏的问题日益突出。对于新生的源自欧美的电化教育，教育界人士感到有必要进行实地学习。在1933年中国教育电影协会召开的第一届年会上，就有人提出议案，建议教育部"转令各省市教育厅局于派遣留学生时酌定名额研究电影事业"。如前所述，民国初期出国留学生中已有转习电影专业的学生，而此案意在派出专门学习电化教育的留学生。鉴于电化教育手段在普及教育、生产教育及抗战教育方面的突出表现，教育部即有意派遣专门人员远赴电化教育较为发达的欧美国家深造，只是由于种种原因及抗日战争爆发后留学教育处于停滞状态，此种愿望一直未能付诸行动。抗日战争结束后，教育部即在1947年3月选送萧树滋、白芷洁赴美攻读视听教育硕士学位，1948年南国农被派赴美国哥伦比亚大学教育研究院学习比较教育与视听教育专业。如此等等，这些留学生都进入了美国一流大学进行专门研习且获得了较高的学位，为后来新中国发展电化教育做出了重大贡献。

总体而论，近代留学生的电化教育活动开始于晚清时期，但其时的电化教育活动仅处于对电化操作技能与方法的观察与体验阶段。民国前期，一些出国留学者开始有意识地主动探取电化知识与操作技能，他们归国后也对电化媒介作过较大规模的宣传和介绍，但受其时政府选派留学的专业限制及国外电化教育还处于初发阶段，所以那些出于对电化媒介教育功能的深切认识由旁涉电影及相关专业而逐步转向学习电化知识技能的留学人物，他们的学习行为仍属一种自发的个人活动。民国后期，在留学生的大力推动下，中国电化教育事业逐步开展且朝着学科化方向发展，由是留学生不仅成为电化教育理论宣介与实践推广的中坚力量和事业主体，而且专门研习电化教育专业的留学生派遣工作也正式启动。因此，就电化教育在中国的出现到学科的形成来看，留学生于其历史过程始终与焉，电化教育在中国的生成、发展与他们的直接推动密不可分。

第四节　助推电化教育发展的外国来华教育人士

在中国教育现代化的道路上，除采取派遣留学、出国考察等派出去的途径外，还采取延聘西籍教师、邀请国外声名卓著的教育家来华讲学等请进来的办法来加速教育制度、教育理论与方法的更新与替换。近代受邀来华的教育界人士，在宣传自己的教育理念与方法外，还一道带来了西方新的教育方式方法——电化教育。他们以不同的推介方式宣传电化教育，不仅为电化教育在中国的植根营造了理论与舆论氛围，也为电化教育的发展出谋划策，推动了电化教育在中国的顺畅发展。

一、民国前期欧美来华教育界人物的推进

新文化运动期间，中国教育开始受到美国实用主义教育思潮的影响。1919年5月，杜威受邀来华，深入全国各地宣传实用主义教育学说，引起中国教育界的广泛共鸣。杜威力倡的以儿童为中心，强调儿童的直观体验，提倡教育的民主化与平民化等主张，迅速引起中国教育界的重视。从客观上讲，电化教育虽然当时已在中国学校及社会领域运用，但只是作为教育的辅助手段而在一些教会学校里零星使用，并未得到应有的重视与普遍发展，从一定意义上说，电化教育的发展没有有力的教育理论加以支撑与推动。杜威的实用主义教育思潮迅速使中国的平民教育与民主教育得以发酵，提倡教育的民主化与平民化的平民主义教育运动迅速而热烈地开展起来，但当时中国民众80%以上为文盲的现实是横亘于平民教育推动者面前难以逾越的大山。电化教育手段的直观性及其能为教育带来的规模化效应，给推行平民教育的人士带来了希望，为当时中国教育的平民化与普及化找到了得力的助手。可以说，杜威的实用主义教育思想为电化教育在教育领域的广泛运用提供了教育理论上的动力。继杜威之后，孟禄、麦柯尔、推士等人也相继来华。其中，民国前期对电化教育在中国的引介影响最大者是孟禄和推士。

（一）孟禄来华对电化教育的倡导

孟禄（Paul Monroe），美国著名教育家。应实际教育调查社之聘，他于1921年9月来到中国，其工作安排之一即为考察中国的科学教育，帮助中国达到"科学的普及"[①]。科学的普及在于科学教育的开展。孟禄在深入中国各地走访调查后发现，中国科学教育发展不畅的主要原因，在于教师教授方法

[①] 《再志孟禄博士来华后之行踪与言论》，《教育杂志》第14卷（1922年）第2号。

的不当，过多地采用注入式教授法，而"无用直接教授法者，所以不能引起学生自动"。在此，孟禄指出了直观教授对科学教育的重要性。

在考察中国乡村教育时，孟禄建议运用电影等电教手段来缓解师资短缺的问题。如在孟禄与山西教育界人士谈话时，山西教育界人士提出如何有效解决偏远地区师资短缺等乡村教育中的头等问题时，孟禄在肯定山西乡村教育取得成绩的基础上指出，对于乡村中年龄较大的儿童可开展补习教育，可借鉴美国开展补习教育的方法："（一）游行演讲，（二）开演关于教育的活动电影，（三）分团演讲，（四）个人传布，所讲演的都不外公德、公共卫生及人民须知的常识。"[①] 在此，孟禄指出电影不仅为学校教育中直观教具的一种，而且还可充当教师教学的代用品，用于补助师资及教育方法的不足。

出于对科学及科学教育的重视，孟禄明确地向中华教育改进社建议，一个从事科学教育的专家应关注科学在国家进步中的重要性和科学教育的现代化手段。"科学教育的现代化手段"，不仅指科学教育内容与思想的现代化，也包括科学教育手段的现代化。孟禄有关电化教育的言论，为外国来华教育界人士引介电化教育于中国拉开了帷幕。

（二）推士访华对电化教育的倡导

推士（George Ransom Twiss），美国科学教学法的重要奠基人。1922年，在孟禄的推荐下，推士接受中华教育改进社的邀请，于是年6月来华担任该社的科学教育督导。在约定的两年在华工作时间内，他不停地穿梭于中国不同省份不同类型的学校，通过讲演、研讨会等不同形式宣传科学教育。推士在华的活动经历，当时中国科学教育的状况、存在的问题及他的改进建议等，都记录在他本人的英文著作 Science and Education in China（《中国之科学与教育》）一书中，该书于1925年由商务印书馆出版。其时，推士对电化教育的引介与倡导，就贯穿于他在中国开展科学教育的一系列实践活动中。

作为美国科学教授法的重要奠基人，推士尤为重视教师教学方法与科学实验仪器设备在科学教育中的作用。幻灯及幻灯片作为科学教育教师课堂展

[①] 汤茂如：《孟禄博士与山西教育界谈话》，《新教育》第4卷（1922年）第4期。

示的辅助工具，推士认为，它们应成为科学教学过程中重要的辅助仪器。通过旁听多个城市的多堂科学课并进行相应的记录，推士诊断出中国科学教师在教学过程中出现的种种错误倾向，其中着重指出了科学教育中存在着"教师大量地讲、学生消极地听"，"完全忽略使用充分的实验、图表、图片、标本、幻灯片等这些对学生而言真实而又具体的事物"①的错误做法。如他在奉天考察一些学校的科学教学后指出，"单纯的课堂讲演是最无效率，而空耗精力的教学方法"，对于少年学生来说，这种教学方法"虚费特甚"，最好的教学方法应为讲授与演示相结合，在于应用"惊奇之实验科学演证图表、模型、图画、幻灯或标本等，明了讲述"。推士认为，只有这样才能"引起学生之兴趣与惊奇，而振发其研究及调查之心"。②他还进一步强调，中国绝大多数教师随意地在黑板上画的图画并不能代替幻灯展示、标本、模型等，而只能作为它们的补充。教师在授课过程中，如果不借助图片、幻灯片、标本等直接或间接的实物展示，使科学内容完全抽象化的呈现，那么"这种教学就是不科学的"。同时，推士在对中国各学校的调查中发现，即使学校设备中可以找到图片、幻灯片、图表、地图、模型、显微镜等科学教学的辅助物，很多中国教师也没有在教学中采用，即幻灯及其他教学仪器仅仅充当了实验室的摆设，他认为这对学生学科学非常不利。为提高中国科学教师的教学效果，推士曾两次为中国科学教师开办暑期培训班：一次是1923年在南京东南大学，一次是1924年在北京清华大学。这两次暑期培训班都获得了极大的成功。在为培训班学员制定的培训课程体系中，就有教授摄影术与幻灯片制作的课程。③可见，推士对借助幻灯、图片等教具进行直观教学甚为重视。

推士离华后，商务印书馆于1926年出版了他的另一本著作《科学教授法原理》。在该书中，推士把幻灯列为科学教学的必备设施之一而专门加以介绍。他认为，如果"学校不能有电光影灯及一日光影灯，则其设备不得谓之完全"，"依理想而言，每一科系应有一种影灯"，④指出了幻灯在学校教学中的基础

---

① George Ransom Twiss：*Science and Education in China*，Shanghai：The Commercial Press Limited，1925，pp. 238–239.
② ［美］推士：《奉天科学教学调查报告》，汤茂如译，《新教育》第6卷（1923年）第3期。
③ George Ransom Twiss：*Science and Education in China*，Shanghai：The Commercial Press Limited，1925，p. 357.
④ ［美］推士：《科学教授法原理》，王玼译，商务印书馆，1926，第189页。

性与必要性。

在强调幻灯设备在学校教学中重要地位的基础上,推士明确了购置幻灯时的选择标准,即应"依用途而定":如果学校经济不甚宽裕,"所购之影灯,当求其适于多数之应用",且要灵便轻巧,易于由一室迁往他室。对于一些于机械及电学未必甚为熟悉的教师,在幻灯的选择上,"用复杂之自动燃灯者,不如用手进法之燃灯",此种幻灯不仅操作简单而且价格低廉。

推士对教室中幻灯放映的光源问题也极为关注。他认为"影灯极要紧之事,即为光源"。为了在教室中有效进行幻灯演示,他指出在布置物理或其他运用幻灯的教室时,窗户上"须有双层黑暗之遮帘,或珐琅布之帘":"此种遮帘悬于窗顶之弹簧卷轴,惟其边与窗架相接触之处,其所掩盖之地,至少必三寸余。且帘须在刻沟之内推移。此沟之深,又须一寸之四分之一。如是则当空气流动时,不至使帘有缝以漏日光。故演用影灯之室,其窗架当于新建筑计划时,即加以特别预备。"① 在具体购置幻灯时,应选择"光源有力,且自一点发出",凝光器"必大而有效率",接物镜"当为消色而优美,能生平正而无色之光场"。对于演示物理或化学实验使用的幻灯,其"凝光镜当较大,镜台当较长"等,推士对不同学科用途的幻灯及其构造进行了一一说明,还对如何安全使用幻灯、如何选择灯泡及代用光源酒精灯、如何放置幻灯设备等都仔细描述,其详尽程度足堪一份幻灯构造与使用说明书。

在对幻灯构造及使用进行直观的介绍后,推士对如何在生物学、物理学、地理学等学科教学中合理运用幻灯等也进行了详尽的介绍。对于幻灯在地理教学中的运用,推士认为:"用影灯片以教授全班,胜于用图画。"② 推士指出幻灯与图画相比,不费眼力且全班可看。在幻灯使用的效果上,推士亦指出根据教学内容随时少量、多次演示幻灯的效果要优于一次多量演示的效果。针对平时研究与总结复习等不同的授课课型,幻灯演示的内容亦有所不同。同时,推士还介绍了制作幻灯片的仪器制造公司,并指出如果校园附近有"饶于兴趣之地理",则该校"当为摄影制片,以便与他处交换也"。

---

① [美] 推士:《科学教授法原理》,王琎译,商务印书馆,1926,第180—181页。
② [美] 推士:《科学教授法原理》,王琎译,商务印书馆,1926,第303页。

对于生物学幻灯教学，推士指出生物幻灯影片不仅可用于学校教学，还可适用于社会演讲，"使社会对于学校表示兴趣，且认学校为社会之中心"。[①]

对于物理学教学所用幻灯，推士指出教师可借助其自身具备的物理学知识进行自制。在自有光学仪器的基础上，购买不易制作的器件，制作方便使用的幻灯。

在《科学教授法原理》中，推士不仅专列"射光影灯"一节，介绍幻灯的详细构造与使用方法，而且在介绍生物学、地理学、物理学等学科教学法时，又分别介绍了幻灯教学在其中的作用，从中可看出推士在科学教育中对幻灯教学的推崇。1926年，《科学教授法原理》一书经中国科学社成员王琎翻译成中文后，由商务印书馆出版，并于1933年再度出版，成为当时国内教育界理科教学的指导用书，并一直沿用到中华人民共和国成立之前[②]，推士所提倡的幻灯教学也由此广为科学教育界人士所知。

二、国联教育考察团成员萨尔迪

前文已揭，1931年9月国联应中国政府的邀请，派遣考察团赴中国考察教育情况。先行来到中国的考察团成员为前普鲁士教育部部长、柏林大学教授柏克（Carl H. Becker）、法兰西大学教授郎之万（P. Langevin）、伦敦经济学院教授汤尼（R. H. Tawney）、波兰初等教育司司长法尔斯基（M. Falski）。作为教育电影国际协会专员、意大利国立教育电影馆馆长的萨尔迪被国联指派为电影教育的代表，也被派赴中国。由于萨尔迪被告知时时间紧促，且需要准备大量的电影教育素材与器材，故其未能与考察团其他代表同行赴华。经过准备后，萨尔迪携带20千米的教育影片及资料来到中国，一边展开对中国电影教育的考察，一边宣介电影教育。萨尔迪是首位专门宣介电化教育于中国的来华教育界人士。

萨尔迪1931年12月到达中国，次年2月离开。在中国的数月，萨尔

---

① [美]推士：《科学教授法原理》，王琎译，商务印书馆，1926，第251—252页。
② 杜成宪、丁钢：《20世纪中国教育的现代化研究》，上海教育出版社，2004，第231页。

迪先后到达上海、南京、北京、天津等城市，他积极与中国政府官员沟通，倡议中国发展教育电影事宜。另外，他还携带教育影片前往清华大学、北京大学、南开大学等校放映演讲等。

萨尔迪抵达南京后向电影检查委员会调查中国教育电影发展情形时，赠予了自著的《意大利国立教育电影馆》一册。该书由中国教育电影协会成员彭百川、张培溁翻译为中文，首先发表于1932年《民众教育季刊》第一卷第二号上。随后，该书于1933年由中国教育电影协会印行出版，这是中国第一本专门介绍国外电影教育实施情况的译著。在书中，萨尔迪详细介绍了意大利国立教育电影馆设立的经过、实施电影教育的具体措施、制备的教育影片种类及数目、该馆办事章程等。其中，意大利教育电影馆在电影教育实施过程中除摄制影片供应学校、机关等文化团体外，还派遣电影巡回团深入偏远地区开展电影教育的做法，对中国政府颇有启迪。20世纪30—40年代民政府教育部即把全国划分为八个电影施教区，派遣电影教育巡回施教队深入各区开展电影教育，推动了其时电化教育运动的纵深发展。

萨尔迪离华后，撰写并递交与国联的考察报告书《电影与中国》，亦由中国教育电影协会成员彭百川、张培溁翻译为中文，于1933年4月由中国教育电影协会出版发行。在该考察报告中，萨尔迪全面记录了他本人在华期间的活动经历、中国电影教育的现状、存在的问题，以及他对中国教育电影的发展前途预测、改进建议等。追溯其在华期间紧密的行程安排、频繁的电影教育宣介活动以及留下的详尽历史记录，可以使我们了解作为电化教育重要组成部分的电影教育在20世纪30年代初被推介的历程。由于萨尔迪本人具有的电影教育专家与国联教育考察专员的双重身份，他的观察记录、改进建议及关于自身所属国家——意大利电影教育发展状况的介绍，为中国电影教育的发展指明了方向，给中国电化教育以相当深远的影响。

（一）萨尔迪来华行程活动

1931年10月30日，萨尔迪接到国际联合会委任其为教育考察团成员的任命书。萨尔迪认为，教育电影对于中国来说，尚系"世外桃源"，欲使考察工作取得实效，必须"多多演讲，同时映演教育影片"。基于上述思考，时任罗马国立教育电影馆馆长的萨尔迪当即提议该馆理事会,请求予以协助。另外,该馆还派遣一名专业摄影师随同萨尔迪前往中国。经过充分的准备后,萨尔迪于1931年11月12日启程赴华。

1931年12月1日,萨尔迪到达中国上海。在莅华的最初时间内,萨尔迪与国联教育考察团其他成员一起工作。12月7—12日,在上海参观了齐亚涅脱公学、中国科学社、中法工学院及中法大学药科。在苏州参观了农业学校、王氏学校及东吴大学等。12月12日,国民政府特派教育部王德溥抵沪与萨尔迪会晤交流。12月14日与17日,萨尔迪两次谒见国民政府财政部部长宋子文,就电影作为教育民众与发扬民族文化之基点问题进行讨论,对于萨尔迪的建议,宋氏"甚为注意"。第二次会晤之后,萨尔迪还为宋子文及其他中国政府人员放映意大利国立教育电影馆所摄制的教育影片。在上海之时,应上海市市长之请,萨尔迪将该市卫生、学校、公务等发展情况以及上海难民收容所等,均一一摄成影片。在参观考察各种教育机关时,对于教育界人士询问的各种有关教育电影问题,萨尔迪均与各学校中的教授、学生共同讨论。

在考察参观之余,萨尔迪还在设有电影机等放映设备的教育机关中举行放映演讲。1931年12月23日,萨尔迪在上海市政府大会堂进行了第一次演讲,同时放映教育影片数套。此次演讲,听众有500余人。12月27日,萨尔迪在市政府大会堂进行了第二次演讲,由环球中国学生会秘书长朱少屏主持,听众人数超过了400人。第三次在中国科学社演讲,由王承绪翻译,听众人数超过了500人。在上海演讲期间,萨尔迪广泛接触各界人士,引起了极大的社会关注。当地的中外报刊如《字林西报》《大陆报》等,对于萨尔迪此行也表现出极大的兴趣,关于他的演讲皆有刊载,并"广加批评,无微不至"。萨尔迪认为,教育电影无疑是一项有关中国"政治及智慧之新兴的重要问题",然而中国人士对于教育电影这一问题"似未前闻",是故当他演讲后中国人对于教育电影"咸感兴趣"。对中国人士在时局扰攘之际,仍能明了教育电影之重要性,在政治与教育等各种文化机关中,均能经常放映教育电影,他表示赞扬和欣慰。

1931年12月底,萨尔迪在上海度过了一段短暂的休息期。1932年1月

3日，萨尔迪离沪赶赴南京，会晤了教育部李蒸、王德溥、彭百川及部分外交部人员，并与他们就教育电影的各种问题进行了讨论。6日晚，萨尔迪又赶往北平。7日在清华大学演讲，由梅贻琦翻译，听讲的学生与教师计有1000余人，演讲后放映教育影片数套。9日在国立北平大学演讲，并演映教育影片数套。11日，在燕京大学演讲，听讲的教授及学生约千人，并放演意大利国立教育电影馆摄制的教育影片。13日在协和医学校演讲，听讲者有该校校长、教授及学生等，并放映教育影片。在北平多次演讲后，北平各界人士对于教育电影"大感兴趣"，各报纸"皆发表长篇文字，详加评论，并郑重重申教育电影之重要"。萨尔迪认为，教育电影在欧洲已成绩昭著，"如在中国推行，可收同样之效"，强调中国人士应注重教育电影的推行。在北平演讲期间，萨尔迪得到了张学良将军、北平市市长、北平大学校长等北平政界、学界及宗教界人士的殷勤招待。宗教界牧师卡斯汤铁尼表示，教育电影"尤属重要"，应在全体牧师的帮助下设立一个宗教教育电影机关。

1932年1月17日萨尔迪奔赴天津。18日下午在南开大学演讲，该校校长张伯苓率领师生1000余人聆听演讲。20日在天津某中学演讲，听讲者有该校校长、教职员及学生1300余人。萨尔迪在天津的演讲，亦得天津人士的广泛好评，引起了天津商界的注意。据他本人所言："数家营业公司，因目击报端批评，甚为兴奋，咸来向余建议摄制及推销教育影片之计划，率皆从大处着想。"①他原定于天津演讲后即取道西伯利亚返回意大利，但接到国民政府财政部部长宋子文的电报，称就教育电影事宜，有"要事相商"。于是，萨尔迪在宋子文秘书张氏夫妇的陪同下返沪，等待与之相商关于在中国推行教育电影的计划。然而，1932年1月28日淞沪抗战爆发，萨尔迪意欲协助中国推行教育电影的计划亦被迫搁置。萨尔迪遂于1932年2月8日带着遗憾离沪返归意大利。

（二）对中国电影教育的考察

萨尔迪来华的主要任务是宣传与推介教育电影对国家政治与文化教育的影响，并协助中国发展教育电影事业，所以他在短暂的两个月时间内，在深

---

① ［意］萨尔迪：《电影与中国》，彭百川、张培燊译，中国教育电影协会，1933，第8页。

入各地各校各机关团体演讲与播放教育影片的同时，也对中国电影教育的情况进行了考察。

正如萨尔迪在教育电影考察报告书的开篇所指出，教育电影对于其时的中国来说，尚属一片未开垦的"世外桃源"："余所视察之中国各市镇，公立或私人创设之教育电影团体，均付阙如。"电影传至中国30余年，主要作为娱乐事业而深受人们的追捧。人们开始关注电影教育功能的发挥而开始推介与运用，并认为其为教育事业之一种，也只不过是之后新文化运动期间的事情，加之电影器材与电影教育人才的缺乏，因此中国的电影教育延至此际，才刚刚进入起步阶段。因此，20世纪30年代初的中国电影教育给萨尔迪的总体印象，即为未曾涉足的领地。大学往往对新生事物有着较高的灵敏性，然而就电影教育的引介而言，当时在中国这样的学校不仅为数较少，而且购置电影机的目的几乎都在娱乐："余所考察之大学，有者虽建有可映电影之大礼堂，并置有放演无声片之放演机，惟推其目的，纯为娱乐耳。"[①]由于电影机与电影胶片等电教器材多从外国购得，故有电影装置的学校以有西方背景的教会学校为主。在这些学校中，"尤以英、美、法三国在华设立之大学为最"，一星期往往放演数次，但其放映目的"以作学生之娱乐"。大学虽作为中国最高的教育机构，然而其"关于教育电影之学识，亦较欧美为落后"，对教育电影的认识及相关知识的不足是中国电影教育落后于欧美诸国的主要原因。在看到中国电影教育落后的深层原因之后，令萨尔迪颇感欣慰的是，"有数校校长及教授，争相承认电影之重要及其被利用为教育工具之可能性"[②]。在放映教育影片的过程中，萨尔迪也发现，"智识程度不高之民众"对教育电影表现得"尤为兴奋"。因此，为使中国知识分子及下层民众实地明了教育电影"效力之大及其用途之广"起见，萨尔迪每到一处演讲时，常常开映随身携带的教育影片，以求获取"百闻不如一见"的效果。

在对中国电影教育的考察中，萨尔迪发现中国的电影教育虽然尚属一块未被开垦的荒地，然而却是一块欲待开垦的、极有培植潜力的丰饶沃土。其

---

① ［意］萨尔迪：《电影与中国》，彭百川、张培深译，中国教育电影协会，1933，第9页。
② ［意］萨尔迪：《电影与中国》，彭百川、张培深译，中国教育电影协会，1933，第9页。

原因在于：一是中国"将来有组织电影教育机关之可能"；二是中国有大量"对于电影教育具有极大兴趣的在华人士"。

在萨尔迪访华期间，为谋彼此间的沟通与合作，不断地有个人或者营业公司向其建议"设一机关"，"为摄制及推广教育影片之用"。如萨尔迪在上海演讲期间，柯达公司的代表卜尔裘先生对于在华发展教育电影，"甚为注意"。国民政府教育部专就此事派赴代表王德溥、李蒸等，与萨尔迪专门讨论中国教育电影的实施问题，并向萨尔迪表示欲计划成立一个专门的教育电影组织以推广之。通过与南京国民政府教育部特派代表的此番谈话，萨尔迪认为在中国设立电影教育的专门组织作为研究中心完全可行。另外，萨尔迪在考察中还专门提及了上海市政府设置的电影办事处，该处虽无全部技术及机器之装置，然而亦时常领导私人公司摄制时事及放映公共建设之影片，且上海市政府还意欲推广并改良教育电影事业。对此，萨尔迪甚为欣赏。

在访华考察中，萨尔迪不仅发现中国有设置专门推行电影教育组织的可能，而且还发现中国存在着大批对电影教育颇感兴趣的中外人士。在萨尔迪所列的对电影教育颇感兴趣的人物名单中，既有中国政界、学界、电影界颇为著名的人物，如时任国民政府财政部部长的宋子文、北京清华大学校长梅贻琦、天津南开大学校长张伯苓、国民政府教育部的彭百川、上海明星影片公司的郑正秋等，也有教会学校中众多的外籍教师，如上海医科大学校长博脱、上海震旦大学校长楼弗勃尔牧师、东吴大学的挪祺，以及各国驻华代表，如奥地利领事赖斯、上海意大利领事荟腾等。这些人士对教育电影表现出的热情，使萨尔迪对中国电影教育的未来充满了希望。

（三）对中国发展电影教育的建议

前文已述，萨尔迪来华的主要任务是推介电影教育并指导中国发展电影教育。通过两个月的考察，他深知电影教育对于中国教育及社会发展的重要意义，"一国如中国之大，其目今情况，亟须促进社会及智识之进化，乃适用教育电影之良好园地也"①。同时，萨尔迪也得知中国人在电影教育方面的知识还十分匮乏。基于对中国急需电影教育及中国人掌握电影教育的学识不

---

① ［意］萨尔迪：《电影与中国》，彭百川、张培溁译，中国教育电影协会，1933，第10页。

够的深度分析，萨尔迪关于中国发展电影教育的建议主要侧重于两个方面：一是介绍有关电影教育的基本常识及发达国家电影教育的发展情况，以利中国人了解电影教育的基本概念、囊括的范围及他国的发展经验；二是给出具体实施电影教育的方法，如推广电影教育的三种方法、设置专门推行电影教育的行政机关等。

第一，对教育电影囊括的范围与他国电影教育机关的介绍。

萨尔迪在考察中发现，中国人对于电影教育的概念及其所包括的范围不甚明晰，因此他指出了电影教育的概念："凡电影片之能增加人民之政治、社会、艺术及技术等智识者，皆得称谓教育电影片。"同时，他对教育电影的类别及所包含的范围也一一加以详细说明。例如表演各国大事者，均属于教育电影，包括表演地方事件之足可借镜者；风俗片及风景片，表演各国天然风景及该国民间风俗者；职业训练片，表演工艺学校之各科教科书者，表演各国国内及国外实业者，如修筑铁路公路、造船、造汽车及架桥梁等；卫生及疾病预防影片，表演如何预防并诊治传染病，如肺痨、天花、疟疾及梅毒等；科学片，表演之范围最广，自昆虫生活以至于结晶矿物，自植物胚芽以至于镭之应用法等。在对教育电影的定义界定与范围分类进行介绍的基础上，萨尔迪还着重强调了这些教育影片对各类事业发展的重要意义。对于各项科学中各种细微活动的介绍，可以借助电影的图片放大效应，使人们经由银幕去研究自然之奇迹，并能将各种奇迹均"考察深微"。如果不借助电影，那么对于自然界中的种种奇迹，如血液之循环、鸡雏之孵化以及各种胚芽之生长等，只能限于少数研究者知晓，而普通民众则无从了解。萨尔迪进一步强调，就拿农学影片来说，对于普通民众则"尤为重要"，借助电影可宣传最优良的耕种方法，并表演耕种机器的不断更新进步情况，农民通过观看此类影片，皆能"收获丰饶"。至于军事影片，因其能表演军令及军事行动的绝对一致性，而对训练新兵有"极大之助力"。对于学校教育来说，借助教育影片，可"以银幕代替书本，一改从前学校之呆板制度"。他对教育电影概念的界定及分类，使国人对于教育电影的含义及囊括的范围有所了解。

在萨尔迪考察与演讲的过程中，中国媒介及民众对电影教育表现出极大的兴奋与热情，并表示"甚愿得知外国进步之情形，欲依照内地情势，尽量吸收新智识，以谋近代工具之迅速进步"[①]。这让萨尔迪感受到了中国人渴求了解国外电影教育的进展，意欲借助电影来充当新型教育工具进而补益教育的愿望。于是，他详尽地介绍了欧美各国电影教育的进展及其组织机构。首先，萨尔迪介绍了他本人任职的意大利国立教育电影馆，指出该馆是一个半公半私的官方教育电影机关，统辖其他教育电影团体，以振兴全国的文化电影。其次，他依次介绍了匈牙利的电影改进社、保加利亚教育部的国家电影办事处、法国的巴黎学校教育电影办事处，以及英国、德国对于教育电影的法规保障，波兰、美国运用电影训练新兵的成效，苏联实施电影教育的情况等。萨尔迪认为美国各大学及教育团体以电影辅助普通教学法的措施对教育甚有裨益，且"成绩斐然"。

萨尔迪对欧美各国教育电影机关及其发展概况的介绍，使国人对世界电影教育的发展有一全景式的印象，他这样做并不意味着要中国人简单地模仿与照搬西方模式，而是让中国人知道各国利用教育电影的目的在于适应各自国家发展的需求。中国意欲发展电影教育，"仅得依照中国民众之社会及文化程度，按级逐渐推行"[②]。中国地广人多，当时身处大都市的人士和乡村的居民，两者所处的社会环境及文化程度，均不可同日而语。因此，萨尔迪建议，中国欲创设教育电影机关发展电影教育，"切不可一味剽袭他国之体制"，以至于造成削足适履的严重后果。

第二，对中国实施电影教育的具体建议。

首先，萨尔迪指出在中国实施电影教育，必须"按照本国国情"。在着手实施之前，应特别注意中国的交通状况。因为交通是否通畅与发达，关系着电力输送及电影器材的运输问题。另外，从中国民众的智识程度来看，教育电影对中国将大有助益。但中国学校寥若晨星，民众能够读书识字者，仅占国人的极小部分。在对中国教育及文字分析的基础上，萨尔迪指出，中国"尤宜利用电影以教授象形文字，以电影表演象形文字所指之事物的真实图画"[③]。利用电影来教授中国文字，"自可使人更易明了"，而有声电影"更可以教

---

① [意]萨尔迪：《电影与中国》，彭百川、张培燊译，中国教育电影协会，1933，第10—11页。
② [意]萨尔迪：《电影与中国》，彭百川、张培燊译，中国教育电影协会，1933，第15页。
③ [意]萨尔迪：《电影与中国》，彭百川、张培燊译，中国教育电影协会，1933，第16页。

导人民发音读书"，将更有助于对中国人民进行识字教育。

其次，在对中国国情分析的基础上，萨尔迪指出了中国推广电影教育可用三种主要方法：在学校放映；由电影巡回车放映；在普通电影院放映。其一，在学校放映。通过对中国整体经济及地理环境的分析，萨尔迪认为中国欲有效发挥电影的教育功能，必须首先选择在人烟稠密地区，设立数个教育电影片分发机关，且限于中国其时财政困难，萨尔迪建议是项计划宜逐渐推行。同时为节约起见，应选用小号放映机放映小号影片。针对中国教育界人士缺乏对电影机的了解的现状，萨尔迪专门介绍了适用于中国学校教学的慢映机，并指出慢映机的优点在于：一者慢映机较平常放映机价格低廉，且所用影片亦较低廉。二者慢映机无须特殊之配置，且易于使用；对于长度较短的影片，慢映机可使开映的时间延长。三者慢映机可在任何时间停顿，各种图景得以停留于银幕上，教师可有充分时间详加解释。他建议国人采用最新式的慢映机，此慢映机"能将影片倒开，使教师随意地向学生反复解释"，且这种新式的慢映机不易损坏，使用寿命较长，不易燃烧，既小且轻，便于携带而运费亦廉。其二，由电影巡回车放映。此种办法主要是指派遣电影巡回团，运用电影巡回车，装备放演机、银幕及发电机、发音机等，巡回放映于市镇及乡村之间。萨尔迪认为该项办法"收效迅速，而费用亦廉"。是故，他建议中国"亟应采取此项办法"。因为中国路政不良，且巡回电影车本身亦得依赖火车及轮船运输，建议中国应先在大城市中实行，然后再沿公路及铁路线推行于乡村。对于派遣电影巡回团巡回放映教育电影的办法，意大利国立教育电影馆早已实行，取得了显著的成效。因此，萨尔迪建议中国借鉴意大利的经验，并断言，如果"中国仿行，结果必佳"。其三，在普通电影院放映。萨尔迪认为，根据意大利经验，由普通电影院开映教育影片，对于教育之传扬大有助力。为避免单调，此类教育影片可为教育片，也可为宣传片或时事新闻片。接着，他介绍了意大利、德国在电影院放映教育影片的办法。同时，他指出若要在电影院中取得电影教育的实效，就必须设置相当数量的电影院，电影教育的影响才能波及全国。而中国除各国租界内的电影院，其他电影院为数太少，故建议中国暂时不能以此法作为推广电影教育的主要办法。

再次，萨尔迪建议中国应创设推广电影教育的专门机构。萨尔迪指出，如欲实施上述电影教育的办法，必须创设一"特殊之机关"，该机关可隶属政府某一部门，或以普通营业的方式设置。对于这两种设置方式，萨尔迪认为各有优劣：以政府主办，"顾虑繁多，过嫌拘束"；而由私人公司经营，则"行政颇为自由"。对于教育电影事业来说，因其"有关国情"，所以"甚为重要"，如果纯由私人办理，"亦非良策"。因此，他建议中国应仿行意大利，采取折中的办法，即设一个"半官式公司"。一方面接受政府的补助与监督，实际上亦有较大的权利；一方面如私人公司一样保持行政自由。萨尔迪认为此种"半官式公司"最适宜于中国，认为此种设置原则一经决定，其他细节则"迎刃而解"。为此，他进一步建议中国政府"务须协助私人创设之"。具体的协助办法是，规定每年酌予补助津贴，并给予特殊便利，如直接购用教育影片，补助电影巡回团，或间接规定教育影片开映时，可酌收入场费等。萨尔迪还提到，如欲使该机关卓有成效地开展工作，必须聘请"优良人士管理之"。此种人才，"非但须特别干练，还须能以整个心灵，专门从事于此种工作"。[1] 尤为重要的是，中国政府"须极力津贴此种新机关"，在精神方面亦须"处处予以协助"。只有这样，该机关的工作方可顺利开展，才能与各省市政府机关进行有效的沟通与合作。

对于这种半官方的电影教育机关，萨尔迪建议还需附设一制片机关。在制片初期，针对中国无力制备相当数量教育影片的情况，建议可酌购外国影片。如关于卫生影片及疾病预防影片，因为此类影片全世界皆适用，可以从他国购买。待积累一定的制片经验后，卫生类影片包括学校卫生、家庭卫生、看护、工业卫生等，预防类影片如疟疾、肺痨及其他疾病之扑灭运动等，皆可由中国自己摄制。但对于本国制片，"亦颇需要"。因为诸多事件，非由本国摄制不可，如中国国家大事宣传、地理及风俗，中国特点及自然风景，中国历史、社会发展及各种近代活动之影片，皆须自行摄制影片方可传扬于中外。随着制片经验的逐步丰富，可摄制纯粹的教育影片，起始以增进一般人民之普通智识为限，嗣后可摄制分类专题性的教育影片，以为教师教学之辅助。

---

[1] ［意］萨尔迪：《电影与中国》，彭百川、张培深译，中国教育电影协会，1933，第22页。

对于制片机关所摄制教育影片的分发问题，萨尔迪建议，"中国宜迅即派遣电影巡回车"，分发映演，认为这种方法最为适当而简便。作为"教育电影运动之先锋"，在此基础上，萨尔迪进一步提出了中国设置电影巡回车的具体实施方法以及相关法规政策的制定等。

萨尔迪认为有必要在学校系统地开展电影教育课程，但根据中国其时教育的整体情况，由于中国学校过少，且学校本身皆无放映机，此种办法在中国"殊难推行"。针对这种情况，他建议可以采取循序渐进的办法，先利行将创设的教育电影机关的器材设备，暂为放映。同时，在放映时，必须依照各个年级课程及程度分别放映，或由学校排定电影课程，由数个班级合并放映。

总之，萨尔迪详尽剖析了中国发展电影教育所面临的实际问题，建议中国电影教育的推行必须依照中国国情出发，对在中国推行电影教育的具体办法及创设电影教育专门机关提出了具体的建议。这些详尽、具体而又易于操作的建议给当时中国电影教育的发展指明了方向，从随后成立的中国教育电影协会及20世纪30—40年代中国开展的教育电影运动可以看到萨尔迪建议的深刻影响，而且他在提出建议的字里行间所透露出的认真、负责的态度，也让人肃然起敬。

从清末到整个民国时期，传教士及其外围组织、出洋考察人士、众多留学生以及来华教育界人士共同构成了引介与传播电化教育手段于中国社会教育与学校教育教学的一个较有规模的群体。他们对电化教育手段或直接或间接的引介与推广，使电化教育在20世纪30年代开始惠及更多的学校及社会教育，推动了电化教育运动的开展，促进了电化教育理论体系的初步形成，同时也为20世纪30—40年代电化教育课程的开设与系科的创建及近代中国电化教育的专业化、体制化发展，提供了思想上的准备与实践上的依据。

第三章

近代电化教育传入的纸媒载体及内容

清末以来，作为开民智、新民德的一种教育教化人民的途径，报纸、杂志等纸质媒体迅速获得极大的发展，国人以极大的热情投入到创办报刊与阅读时文上。作为传播知识与交流文化的工具，近代报刊等大众媒体在传递最新资讯、引导社会风尚以及更新国人观念上，不仅给国人带来前所未有的思想体验，也潜在地影响着受众的文化观念。同时，近代报刊作为西学东渐的重要载体，也引介了较多的西方器物文化与思想文化。在中国近代电化教育的引介与传播中，一些纸质媒体如报纸、杂志等起到了重要的作用。从对西方电化媒介技术知识的引介及其与教育的联结过程来看，与其他纸媒等文字载体相比，《申报》是最早开始引介电化教育的；一些教育类期刊如《教育杂志》《中华教育界》《新教育》等，播介电化教育的力度较大，促进了电化教育的引入与传播；综合性刊物如《东方杂志》等，作为创刊较早且知名度较高的期刊，也陆续刊登过不少有关电化教育的文章；其他诸如《进步》等杂志也刊载了一些相关文章。要而言之，作为重要的大众纸质传媒，报刊对新生的电化教育在中国的植根与播衍发挥了重要作用，在很大程度上推进了中国近代电化教育引介的力度与传播的广度。

第一节　百科全书式纸媒的引介

早在晚清时期，传教士利用《格致汇编》和《上海新报》等纸质媒体，对电化媒介及其应用技术知识做了相当详尽的介绍，但囿于西人报刊身份，两者的受众群体主要是中国上层知识分子，与普通中国人之间的距离毕竟还很遥远，加之办刊时间短暂，幻灯对中国广大民众并未产生实际的影响，遑论其教育功能的传播。延及19世纪末20世纪初，在西方来华人士的影响下，中国近代首批中文报刊出现。其中，创办于1872年的《申报》，因其历时最长、影响最大且见证、记录了近代中国社会变革发展的历程，被称为研究近代中国的"百科全书"。在其创刊后，为吸引读者和扩大读者群，《申报》比较重视刊发猎奇性、趣味性强的社会新闻。诸如幻灯、电影（其时被称为影戏）作为国人眼中新奇的来自西洋的玩意儿，有关其开映的各种消息常常被《申报》捕捉报道。此外，该报还刊登了不少放映广告及一些读者的观感文章。在其初期对新兴电化媒介的报道中，为满足阅报者的猎奇心理，所刊载的文字重点突出了这些洋玩意儿的新奇、形象、逼真的娱乐特性。随后，《申报》通过报道幻灯、电影等所传播的西方近代地理风情、时局政事等内容，引导人们对幻灯、电影价值功用重新审视，使幻灯、电影的教育功能初步显现。民国时期，随着电化媒介的教育功能为更多的国人所认知，《申报》也增大了报道的力度，从更为开阔的视野和广泛的范围传播电化教育。

一、晚清时期《申报》对电化教育的宣介

在办刊初期，为吸引更多的读者群体，《申报》采取娱乐化与通俗化的办刊方式，多以异见奇闻来吸引读者注意。作为引自近代西方的娱乐新宠，幻灯、电影自然得到《申报》较多的关注。随着相关报道的日渐增多，幻灯、电影具有传布新知的媒介特性逐渐被《申报》发掘，其教育功能日益明显且

被《申报》看重，由娱乐洋玩意儿到传播新知的媒介再到教育的利器，《申报》对电化媒介的认识逐层深化与拓展。

（一）娱乐新宠：电化媒介初现《申报》

《申报》创刊后，很快就将目光投向幻灯。其时，幻灯传入上海不久，其罕见、逼真的事物呈现特点，很快吸引了上海人的眼球。《申报》敏锐地观察到了这种新兴的娱乐洋玩意儿给国人带来的震撼与吸引，于是在其创刊后的几年内，"影戏奇观""新到西洋影戏""开演影戏""影戏述略"等标题频频出现。即便在1875年同治皇帝国丧期间，《申报》也如常刊登了丹桂园等传统戏园开演英、法、美影戏的广告，并对英国影戏班即将在丹桂园开演影戏的情况进行了预报，称赞其"奇巧万状，莫可名言"，不仅中国人"未经见及"，就是在欧洲等处之人"亦难得见之"。①通过渲染幻灯放映新奇、特异的娱乐方式与内容，吸引国人的关注，可见《申报》对这一新兴娱乐方式的注重与厚爱。正像该报在言及办报宗旨时所述，"本馆新闻纸之设，欲以辟新奇、广闻睹"，"传其新异"，对于"一切可惊可愕可喜之事，足以新人听闻者，靡不毕载"。②其时，幻灯初传上海，开演时借助光束照射，幻化出不同的景观事物，被观者形容为有如身临其境。与传统娱乐方式相比，映演幻灯片也足以达到令人"可惊"与"可愕"的地步，在猎奇心理的驱动下，幻灯这一稀奇异见的娱乐方式自然对观众有一种不可抗拒的魔力与吸引力。报道这样的消息，当然足以"新人听闻"，自然让《申报》受到读者社会的青睐。

与幻灯片放映一样，1896年电影一经传入中国，《申报》就及时地给予了关注。是年6月30日，该报副刊就刊发了题为《徐园告白》的电影放映广告。随后，《申报》一直热切关注电影开演及相关情况。为突出电影新奇、变幻逼真的娱乐效果，《申报》在宣传报道中极力突出电影的技术特点：新来的电影机"神乎其技"；"其火用电气引来故格外明亮"，"运以机力而能活动如生"；其放映的内容亦"种种新奇"，堪称"迥非昔比"。③

---

①《开演影戏》，《申报》1875年3月18日。
②《申江新报缘起》，《申报》1872年5月6日。
③《请看美国新到机器电光影戏》，《申报》1897年7月26日。

该报将凸显电影新、奇、特的技术亮点作为吸引民众眼球的关键。通过《申报》的大力宣传，电影很快成为繁华的上海新兴起的一种备受追捧的娱乐洋玩意儿，观众对电影"数万里在咫尺，不求缩地之方，千百状而纷呈"的呈现事物与景观的能力赞叹有加，称其为"开古今未有之奇，泄造物无穷之秘"。[①]每每开演，"观者如云"；观赏完毕，"鼓掌称快，音喧若雷"。[②]

幻灯、电影初至中国，其开映的场所多在茶园、戏院等普通民众涉足的娱乐场所，由于多为短片，一般夹在文虎（又称灯虎，灯谜的别称，形容猜谜如射虎难中，故称）等传统节目之中开演，在民间市井中间确实引起了不小的轰动。因此，电化媒介首现中国民间社会，是以民众眼中新奇的"洋玩意儿"而登场，民间市井对其异乎寻常的关注，自然成为媒体追踪报道的素材。《申报》作为其时以营利为目的的大众纸质媒体，有求新标异的办报特点，也自然借力于幻灯、电影这样吸引众人眼球的新生事物来让人分外关注。正是《申报》的连续报道，使幻灯、电影等很快成为上海及周边地区普通民众喜闻乐见的娱乐方式。同时，在《申报》的相关消息报道或广告中，"泰西""西洋""东洋"及"美国""法国"与"奇巧玲珑""新来""新到头等"之类的字眼频繁出现，幻灯与电影作为西来奇观的娱乐洋玩意儿的价值被迅速定位。

（二）传递新知：《申报》对电化媒介的又一认识

《申报》是近代化的产物，既背负着时代赋予的传播新思想、新事物的任务，又担当着为之植根中国社会而奔走呼号的历史责任。在对幻灯、电影的娱乐功能进行宣传报道之时，《申报》逐渐发现它们具备传播知识、扩充见闻的教化功能。在报道幻灯、电影娱乐消息之初时，《申报》即敏锐地发现在幻灯、电影这种洋玩意儿背后，凝结着西方精湛的技艺，是西方近代科学进步的结果，"泰西声光之学巧夺，化工制造器物，咸基于此"，西洋技师试演之"留声机器及电光影戏皆出其绪"，足以"娱耳目、悦心神"，[③]即指出了留声机、电影能够如此愉悦人们的耳目心神，根本原因就在于西

---

① 《观美国影戏记》，《游戏报》1897年9月5日。
② 《绘声绘影》，《申报》1898年2月20日。
③ 《绘声绘影》，《申报》1898年2月20日。

方近代声光化电的进步及西人注重科技创造。在人们争相观看"景象逼视皆真"的东、西洋幻灯放映,并赞其为"影里乾坤,幻中之幻"之时,《申报》及时介绍了幻灯的操作技术,用射影灯一盏,对准其光,使平射粉壁上,将有戏法玻璃片正对灯前,逼光得影于壁上,[①]以此为国人揭明幻灯、电影的具体操作方法与技术原理。不仅如此,作为西方近代科技文明的成果,幻灯、电影所拥有的展示与传播西方新知的潜能,也被《申报》所觉察并报道。

在对幻灯、电影新奇、独特的娱乐性及观者的猎奇性进行报道之余,《申报》还着力对幻灯、电影放映的具体内容进行介绍。在有关幻灯放映的内容中,大多为西方地理景观及历史民俗等,而少有荒诞怪异的内容出现。其时清廷对于影戏放映内容并未加以管理,一些来华商人为谋取利益,竭力以怪异之影片为招徕观众的噱头,在其他报纸上刊登了诸多此类广告。与此相反,《申报》确实具有特异之处,对于利用幻灯宣传西方新知的消息,《申报》努力搜求并报道。1877年,《申报》报道了一个名叫"复仙园"的影戏馆,用幻灯放映1876年美国费城世博会上的展品,"所演之戏即为上年美国人用照相法于赛珍会内照得之机器、珍玩、花木、楼台等物",并称看客皆"诩为奇观也"。[②]随着对放映幻灯报道的不断深入,人们对幻灯的了解日益增多,认识也在逐步地深化,在娱耳目、悦心神的娱乐功能之外,其扩充见识与教化社会的潜能逐步被发掘。电影也同样如此。人们在逐渐丰富的观影体验中,感叹电影"可以激发人尚武精神,殆不仅作游戏观也"[③],在对各类影片的观看中,开始认识电影娱乐之外的功能。这种转变是其时整个国家及世界形势变化的反映,而《申报》能及时捕捉到并报道了人们对电影功能认识的转变情状。

(三)教育利器:《申报》对电化媒介认识的深化

幻灯与电影初传中国时以"奇技淫巧"的娱乐洋玩意儿的面目呈现于国人面前,后"成长"为"传播文明"之教化利器,凸显其辅助教育之功能,

---

① 《西洋影戏》,《申报》1875年1月3日。
② 《影戏开演》,《申报》1877年3月8日。
③ 《纪颐园电光影戏》,《申报》1906年7月23日。

并开始逐渐被引至教学领域。在此，《申报》发挥了舆论引领的作用。其主要表现就在于报道电化手段于教育的诸种事件与活动。

《申报》对教育领域运用电化媒介情况的报道，既涉及社会教育领域的运用亦涉及学校教学的运用。

首先，对社会教育领域运用情况的报道。1885年，颜永京用幻灯播放自身环游欧洲的经历并将其所得用来赈灾。虽然此次幻灯放映的目的是谋利赈灾，但借助放映幻灯用以赈灾这一事件本身对观者来说即具有重要的教育意义，观者称赞其"于赏玩之中寓赈恤之意"，是一济世善举。而且放映的内容均为颜永京本人游历英、法、德、美、日等处沿途名胜，对其时的国人来说足以增广见识与扩大视野。为使观者明白易懂，颜永京及吴虹玉将幻灯片按照自西向东的环游地球顺序编排起来，使放映内容显得更为完整，二人还多次配以"口讲指画"，对放映图片逐一解说，并增加一些过渡性的话语，俨然一位称职的讲解员。由于放映活动大受欢迎，颜永京又多次到他处放映，且每次都增添新的内容，如有关于非洲的内容，还有"新绘中华诸胜景、诸奇闻画片"等。因此，颜永京的幻灯放映非同一般，不仅引起了社会人士的广泛关注，而且使人们对幻灯功能的认识逐步提升，时人在观看此次幻灯放映活动后，认识到"影戏之设"，"可以资涉历，可以广见闻，更可以资劝诫，一举而数善备焉"。[1] 基于上述数点，颜氏放映幻灯的活动，在某种程度上讲，又不啻为一种教育活动。

此次放映活动从1885年11月中旬开始到12月结束，《申报》均进行了详尽的跟踪报道，介绍颜永京环游地球"历十数寒暑始返中华，返则行囊中贮图片百余幅，皆图绘各国之风俗人情、礼乐刑政，以及舟车屋宇、城郭冠裳、山川花鸟，绝妙写生，罔不曲肖"[2]。这也是《申报》首次连续登载电化媒介用于感化、教化及教育的活动。其时，幻灯放映作为一种娱乐活动已在上海普遍流行，《申报》独对此次活动进行具体而详尽的报道，可以看出该报对幻灯放映活动所蕴含的教育意义与社会意义的重视。

---

[1]《观影戏续记》，《申报》1885年12月7日。
[2]《观影戏记》，《申报》1885年11月23日。

表 3-1　1885 年《申报》对颜永京幻灯放映的报道*

时间	版次	标题	时间	版次	标题
11月19日	第4版	影戏移赈	12月9日	第2版	影戏记余
11月23日	第3版	影戏助赈	12月11日	第3版	影戏记略
11月23日	第3版	观影戏记	12月19日	第3版	观影戏续记
11月25日	第3版	观影戏后记	12月21日	第3版	重观影戏记
11月28日	第3版	重演影戏	12月25日	第3版	影戏记略
12月3日	第2版	影戏翻新	12月28日	第3版	影资助赈
12月7日	第2版	观影戏续记			

* 资料来源：均出自《申报》影印本。需要说明的是，本表由作者纯手动翻阅记录并整理，难免会有疏漏，有待日后补正。

从报道次数来看，《申报》对颜永京幻灯放映的报道相当密集，一月有余，连续报道了13次；从刊载的类型看，既有消息报道，也有放映预告，还有一些观感文字；从其报道的次数与内容看，《申报》对颜永京幻灯放映已不仅仅只是当作娱乐小道消息进行报道，而是当作一则要闻进行了全面全程的深入报道，确实把此次幻灯放映看作可以广见闻、增涉历、资劝诫的一种教化活动。

晚清时期，通俗教育的热潮在中国大地兴起，许多有识之士看到了电化媒介所蕴藏的教育潜能，便竭力用之于社会教育领域。1906年，《申报》登载了《论中国当注重实业教育》一文，该文指出，为推动实业教育的普及化，各地应广设陈列所，"用影灯"以示"动植物之长成，人民之生活"。1907年，《申报》报道了袁希涛为推动通俗教育，集资购备一架"电光活动写真"（即电影）开展社会教育的活动："延请讲解员"，随演随讲"关于军事、卫生、教育及日俄战争之影片"。[①]1909年，美国森林专家罗纯伯用幻灯演讲森林学，并对"关于种植森木的影片当场指点"，《申报》对其进行了详细报道并赞其于研究森林学实大有关系。[②]

---

① 《提倡通俗教育》，《申报》1907年4月27日。
② 《演讲森林学》，《申报》1909年11月23日。

其次，对学校教育领域运用电化手段的情况也及时地加以报道。如上文所述，颜永京利用放映幻灯赈灾济民及教化启迪普通民众之时，也把幻灯放映带至校园。1885年，颜氏携带幻灯机及影片先在格致书院连映两晚，由于观者众多，能容纳百人左右的格致书院大堂内"观者云集"，以至后来者"不得容足"①，而不得不"皆坐中庭芦棚下"②。随后，颜永京多次走进格致书院放映，以供该院师生观看。为此，《点石斋画报》也刊登了题为《影戏同观》的新闻画，描绘了格致书院放映影戏时观者摩肩接踵的热闹情景。③《申报》对颜氏此次幻灯放映的报道，是媒体技术进入校园的最早记载。延至十年后，即1895年电化媒介开始真正应用于学校教育，《申报》再次对其进行详细报道。是年，《申报》对格致书院用幻灯演讲方式开展教学活动进行报道，赞扬用幻灯教学可以收到事半功倍之效。在《申报》的相关报道中，这是电化媒介首次纯粹以教学目的登上讲坛。1902年，《申报》对中西书院用幻灯"阐明格致之理"，放映"泰西名胜"，并伴以"口讲指画"的教学活动进行了报道，赞其"于游戏之中寓攻错之意"④，指出了用幻灯教学可以弥补传统教学方式之不足的道理。在相关的报道文字中，《申报》对幻灯教学做出最中肯、最贴切的评价，对幻灯教学的解读俨然一位教学行家。同时也可看出，《申报》对这种教学方式的赞赏及对教学活动的深刻理解。

随着对教育领域运用电化教育活动的报道增多，《申报》对电化媒介的教育功能日益"看重"。另外，《申报》对电化媒介在教育领域运用的报道，是建立在电化媒介走进课堂的事实之上，《申报》发现并予以报道，也说明其对电化媒介的认识及对此类活动的关注。

二、民国时期《申报》对电化教育的导引

民国以后，社会各界人士大力提倡社会教育，幻灯、电影因其直观、生动，

---

① 《重演影戏》，《申报》1885年11月28日。
② 《观影戏后记》，《申报》1885年11月25日。
③ ［清］尊闻阁编：《点石斋画报》（初集·己）之四十八《影戏同观》，广东人民出版社，1983，第96页。
④ 《影戏大观》，《申报》1902年1月19日。

且易于普及常识新知等特点，被社会教育人士所提倡并运用。江苏常州人士伍达就认为，与图书馆、报刊馆一样，电影院属于"社会之普通学"。在呈送教育部部长蔡元培与各省都督学务的建议书中，他即强调在社会教育宣讲中配合"活动写真、幻灯以为辅佐品者尤善"①，并向南京临时政府教育部与各省提议"制作并选定幻灯、影画、活动写真画，编纂影画、活动画之说明书，置备影画、活动画，应各地演讲会之租借"②。在社会各界的倡导下，南京临时政府教育部也开始关注幻灯、电影的教育功效。在通电全国倡办社会教育的电文中，要求各地应以具有教育意义的"活动画影画辅佐"，以期收到良好的教育效果。随着南京临时政府教育部对电化教育的提倡，社会教育领域开始推行运用幻灯、电影等电化教育手段。面对这种变化，在登载的相关文章中，《申报》明示电影为得力的社会教育工具，并首次将影戏与戏剧小说并称为"社会教育之方法"③，并扩大了相关报道的力度。

在对社会教育领域运用幻灯等电化媒介进行报道的同时，《申报》对上海及附近地区的学校运用电化媒介的情况也加以报道。如1915年报道了爱国女校为庆祝该校成立十四周年，特于纪念会上租借商务印书馆制作的幻灯片，由专人讲解说明，受到学生及来宾的欢迎。④1916年上海闸北广智学校开办恳亲会，演映幻灯，并"逐片解释"，《申报》赞其"裨益儿童，良非浅鲜"。⑤1917年9月27日，上海培德学校为举办孔子诞辰纪念活动，在校内"开演百代公司影戏"，并由商务印书馆"助以自制幻灯，影出孔林风景及国外名胜"，《申报》赞其"极一时之盛"。此外，《申报》对国外学校运用电化媒介的情况也予以报道。1915年，《申报》登载《参观巴拿马万国博览会记》，就报道了美国威斯康辛州立传习所教授土木工程皆用"活动影戏"，感叹其为"别开生面"⑥的教学活动。

除广泛报道电化媒介在教育领域的具体应用情况外，《申报》还在广告

---

① 《常州伍达呈教育部总长各省都督学务议二》，《申报》1912年1月17日。
② 《常州伍达呈教育部总长各省都督学务议二（续）》，《申报》1912年1月18日。
③ 《改良戏剧之演说》，《申报》1913年5月24日。
④ 《爱国女校之纪念会》，《申报》1915年12月6日。
⑤ 《广智学校开恳亲会》，《申报》1916年7月19日。
⑥ 《巴拿马万国博览会记》，《申报》1915年9月8日。

宣介中开始把电化媒介导向教育。与清末广告中以"西来、新到、法国、美国"等字眼突出电化媒介的新奇罕见不同，民国元年以后，《申报》在广告宣介中开始凸显电化媒介的教育功能，并以此作为招徕观者注意的亮点。如1913年的《申报》，在刊载法国百代公司出售电影机的广告时，突出了电影可用于"研究学问、增进见识"的教育功能，并说明了此机"不论何人不管何处"均可操作的便捷用法。

民国前期，《申报》在报道幻灯、电影在教育领域内的运用情况上，可谓不遗余力。不管是在社会教育领域，还是在学校教育领域，均有大量相关消息载诸报端，为人们提供了电化教育手段在教育领域运用的多彩图景。对学校领域运用电化媒介情况的报道虽多为庆祝纪念活动，并非教学过程中的具体运用，但《申报》在文字表述中极力突出电化媒介的教育功能及各界人士对它的欢迎与好评。民国后期，随着电化教育逐渐被国人接受，《申报》除继续报道教育界运用电化教育的情况外，还刊载电化教育发展动态、课程开设、学科建设以及电化教育学术研究方面的进展，全面关注与展示了电化教育学科创建的整体历程。

由上述可见，幻灯、电影作为中国近代首先出现的教育媒介工具，被《申报》关注并引介经过了一个不断认识深化的过程：从作为奇观的娱乐小道到传布新知与劝诫教化功能的模糊认识，再到担负教育功能的"传播文明之利器"，直至电化教育学科的创建。在认识的不断深化中，《申报》实现了一种媒介对另一种媒介的有效引介与传播。

第二节　教育专业类刊物的宣导

作为民国时期创刊时间较长、在教育界影响最大的两种教育类期刊，《教育杂志》与《中华教育界》在引进西方教育成就、营造教育改革声势及推动中国教育发展方面，均做出了较大的贡献。创刊并存在于新文化运动时期的《新教育》，在介绍西方教育制度、思想与方法上出力甚多。《教育杂志》《中华教育界》与《新教育》这三家教育类杂志的佼佼者，均受到教育界人士的广泛赞誉，成为中国教育界人士表达教育愿望、针砭教育时弊、为教育变革发展献言献策并交流互动的最好平台。电化教育作为其时教育领域的新生事物，自然成为这三种教育期刊共同关注的对象。

一、《教育杂志》对电化教育的积极引介

创刊于1909年的《教育杂志》，是近代中国历时最长、影响最大的教育类期刊。其间，曾于1932年及1941年两度停刊，又于1947年复刊。《教育杂志》创刊之时以"研究教育、改良学务"为办刊宗旨，记录了近代中国教育改革与发展的历程，传播了西方教育制度、思想与方法等，对中国教育现代化发挥了特有的功能与影响。其中，《教育杂志》为改革中国陈旧的教育制度与思想观念，倡导新式教育，积极引进西方的教育成就，相继开设了众多的专栏来译介外国教育的新进展，如分别开设了《记事》之《外国之部》《欧美教育新潮》《欧美教育杂讯》《世界教育新潮》《世界教育杂讯》等。这些栏目在办刊期间几乎每期必出，蕴含着大量的有关欧美教育新进展与新成就的信息，对电化教育的介绍就分布在这些栏目中。

（一）民国前期《教育杂志》对电化教育的介绍

民国前期，《教育杂志》对电化教育的关注以1919年为界，其侧重点有所不同。自其创刊到1919年的十年间，它对电化教育的引介主要集中于对国外学校及社会领域中运用电化教育情况的介绍；1919年后，除继续在介绍国外各种教育制度与思潮中连带式介绍各国对电化教育的运用情况外，还出现了不少专门介绍国外电化教育发展情况的文章。

1909年创刊后，《教育杂志》即对欧洲国家运用电化手段于学校教育的情况予以全景式的描绘："欧洲教育之士，以影戏一项，最能开通智识，设于校中，别辟一室，专演历史、地理、科学、冒险、种种有益之影戏，并由教员详细讲解，足以辅教育之不逮。"[①] 接着，又指明了比利时各小学已在运

[①]《记事·外国之部·影戏教育》，《教育杂志》第1卷（1909年）第7期。

用电影教育的事实："目下比利时国各小学校，已有实行此法者。"同时，还介绍了比利时教育当局与各电影公司商酌开演教育电影的情况，"特备有益之影片，另日开演，专令学生观看"，而于学生身心发展无益之影片，"一概屏而不演，以免有防学问"。可见创刊伊始，《教育杂志》就积极践行对国外电化教育的引介工作。

1910年6月，在比利时首都布鲁塞尔举行的万国博览会上，展出了很多的教育用品。据《教育杂志》的调查可知，在为数众多的教育展品中，除用于教授数学的几何学模型与生物学仪器、图画及各学科挂图外，最为引人注目的是用于外语教学的留声机的展出。该调查指出，留声机用于外语教学的方法，"近来各国均在采用"，对于开设外语课程而缺乏外语师资的学校来说，"用此最为有效"。为此，接着介绍了留声机教学的原理，"以外国人之发音，收以留声器中，以示学生发音之模范，惟为器械"。因此用留声机教授英语，可以"反复若干次"而"不爽铢黍"，称赞用留声机"独习外国语最为便利"[1]。在对各种教育展品尤其是对用于外语教学的留声机介绍的基础上，文章还指出"近世教育纯尚记忆力及悟解力，而忽诸感官"，提出应重视感官教育。在诸感官之中，尤以"耳目为最要"，总结出西方各国教育"重实物教授"的道理。

单从教育角度考究近代西方各国运用电化手段于教育实践的教育理论基础，很大程度上是基于西方教育中对直观教育重视的传统。在西方教育史上，像夸美纽斯、福禄贝尔、蒙台梭利等人皆是直观教育的倡导者，特别重视在教学过程中运用图片、标本及实物等教学工具，此种方法又被称为实物教授。幻灯、电影乃至后来出现的无线电广播，同样被作为直观教育或者实物教授的一种延伸而应用于教育领域。因此，欧洲各国较早地将电化手段运用于教育活动中。《教育杂志》在创刊后，比较敏感地捕捉并多次报道了此类信息。如1912年，在关注法国教育进展时，介绍了法国鲁伊罗可伦中学在学科授课时，常用幻灯辅助教学，且于"地理、历史、理科等，用之尤多"。同年，对美国纽约教育行政制度进行介绍时，关注到美国教育部制备教育影片，分发于

---

[1] 蔡文森译：《比京布（伯）鲁塞尔万国博览会教育出品概观》，《教育杂志》第3卷（1911年）第4期。

各学校运用的情况。

另外,《教育杂志》还对西方学校理科教室中设置幻灯机与电影的情况进行了介绍。1912年,《教育杂志》的《杂纂》栏目上刊载一篇名为《小学理科教室之设备》的文章,详细介绍了在理科教室中设置幻灯及电影的重要性及方法。该文指出,与挂图需要学校专门整理而费时费力相比,幻灯因其"安顿至便",而有取代挂图之发展趋势。虽然挂图在授课之后,还能长久悬挂于教室墙壁任由学生观览,但是从引起学生兴趣方面,幻灯则优于挂图中的图画。对于电影来说,因其能够显示"动物之习性、渔猎之状况",以及"制造物品之次第"等,使"生徒见之与实际观察无别",故而"其为益更不待言"。由是,指出了幻灯与电影在引起学生兴趣与再现教学实物及场景方面的优越性。文章以一种十分负责的态度,对于电影影片鱼龙混杂的事实,指出只要做到"择而用之",有原则地选用对学生身心有益的影片便可。对于欲以幻灯或电影作为教学辅助工具的学校来说,因其使用方法的特殊性,需架设电线与电灯,以使教室成为明灭可控的暗室等,"自非普通教室所能为用",所以设置专门的理科教室为切要之事。

在介绍西方各国在学校领域运用电化教育手段的同时,《教育杂志》亦对西方各国社会教育中运用电化手段的事实予以详细的译介。如上所述,蔡元培执掌南京临时政府教育部后,开始推重社会教育,并将通俗教育与宗教礼俗、科学美术并称为社会教育。同年7月,在第一次召开的中央教育会议开幕式上,蔡元培发表了题为《全国临时教育会议开会词》的讲话,将社会教育作为民初教育改革的主要任务,重申了对社会教育的重视。《教育杂志》从民国初年开始,刊发了很多介绍西方各国开展社会教育的文章。在这些文章中,就有各国运用电化手段开展社会教育的介绍。其实,在1910年8月底9月初于比利时布鲁塞尔召开的第三次万国通俗教育会议上,幻灯与电影作为通俗教育的方法,由各国代表列为重要提案,被大会确定为研究与推介的重点。对于此事,《教育杂志》曾于1910年第2卷第10、12期上分别加以介绍。以世界通俗教育会议为瞭望窗口,《教育杂志》开始关注世界各国社会教育中对电化教育手段的运用。

《教育杂志》最先关注的是德国的社会教育,称"通俗教育设备,德国为最",并以普鲁士民育协会为例,介绍了德国在开展社会教育时运用电化教育的情况,欲以此表明"德国通俗教育之发达,可藉见一斑"的事实。如普鲁士民育协会在利用电化教育手段办理社会教育时,一方面"经售影灯、影片、活动影灯及影灯所需一切器具",并可酌量出借,仅1910年就"借出2120次,又备有影片解说书及目录";另一方面又养成技师,"于影片之选择材料力为研究,各地如欲延聘技师,开演影灯,即可商诸本会"。[①]另外,该协会为配合社会教育的推进,还发行民育杂志,专门刊载"关于少年读本及演讲影灯等之广告"。普鲁士民育协会通过出售或租借幻灯、电影及教育影片等电化教育器材,培养专门的电化教育技师、发行电化教育杂志等方式,为德国"通俗教育之助"。除介绍德国普鲁士民育协会运用电化教育开展社会教育外,《教育杂志》还介绍了德国另一个民育协会——柏林民育普及会开展电化教育的情况。该会"于演讲说明映画之事业颇为注意,同一题材的若干张幻灯片归为一组,应各地需要而租借"。1902年,该会将幻灯器械的使用方法编为讲义,先于全国铁路交通最为便利的33个城市反复演讲,随后又扩展至内地,每地演讲均在两百次以上,专门传授幻灯的使用技术。1911年,雇用专业人士选择通俗教育及学术演讲所必需的幻灯影片,编造"菲尔姆"(幻灯影片)目录,以公诸于世。[②]另外,该会为了推广成人社会教育,还于每年冬季的午后及晚上面向成人演映幻灯或电影,午后则专门为儿童而设,并且常与柏林市各小学校长沟通,就电影对儿童的利弊及如何用电影推进儿童的教育互相交换意见。从中可以看出,作为一个社会教育机关,该会所开展的电化教育活动,不仅面向社会领域的普通民众,还推广至学校领域的莘莘学子。

此外,德国在开展平民娱乐事业时,亦使用电化媒体作为辅助。在开展朗诵或唱歌等活动时,常选择与之有关的幻灯影片来演映。如朗诵关于莱茵河的诗歌时,就用幻灯影片"表示其地风景"[③],而影片的选择注意到材料的感染性。

---

① 时成:《德国通俗教育之近况》,《教育杂志》第4卷(1912年)第6期。
② 无我:《德国最著名之民育机关》,《教育杂志》第6卷(1914年)第10期。
③ 无我:《德国通俗教育:平民娱乐事业之设施》,《教育杂志》第6卷(1914年)第2期。

在关注德国运用电化教育手段的同时,《教育杂志》还留意到美国的相关情况。在介绍德国普鲁士民育协会实施电化教育的同一期,即1912年第4卷第6期,《教育杂志》以《美国通俗教育之近况》为题介绍了美国社会领域对电化教育的运用。从通篇内容来看,该文堪称介绍美国电化教育运用于社会领域的专文。

首先,该文介绍了美国社会演讲中对电化教育手段的运用。在美国,演讲为通俗教育最为重要的一种,通常的形式有四种:一是由大学或学会演讲;二是以营业性质由个人演讲;三是俱乐部演讲;四是临时演讲。美国民众对于演讲也常常"趋之若鹜,诚有非他国人所能比者"。究其原因,除美国"民性甚好"外,还在于演讲时常辅以"影灯或活动影灯"。如以个人演讲著称于其时美国的霍穆士,他的演讲以自身游历为主。每年霍穆士必外出游历,每次均携摄影技师戴保一起出行,每到一地均由摄影技师选取适当材料进行拍摄。回去后,则以所游历之地的历史、地理、风俗人情及游历方法作为演讲题材,并"遍登广告,轮赴各地,定期开讲"。演讲时"辅以影灯",亦有"活动影灯"。每演讲一次,用"影灯片百数十张或活动影片五套至十套",播放活动均由其摄影技师戴保担任。对于台下的观众而言,"听者目观耳闻,恰相一致",故有"身临其境之感"。加之演讲者霍穆士对演讲材料选择得当,演讲"明白浅显、老妪都解",同时演讲者霍穆士本人又"长于辞令、条理秩然、解说透彻、间作谐语",因而使观众"举坐解颐、久而忘疲"。因此,每当演讲之日,"座客常满",每次听众人数"多达二三千人"。个人演讲比较出色的,除霍穆士外,还有爱尔门德甫,他也在巡回演讲中辅以幻灯或者电影。除个人演讲外,在其他三种演讲方式中,电化教育手段也常被用来辅助演讲。

《教育杂志》在介绍美国社会演讲对电化教育的运用方面所费笔墨颇多,对其具体的实施过程、演讲方法、演讲者应具备的素质等都进行了详细的介绍,足以说明此种通俗教育方式对《教育杂志》的吸引力,也昭示着其引介之于国人以资借镜的良苦用心,对国内社会教育界以深切提示:"此等事例,足予吾曹明训者曰:耳闻不如目见,必有足动人目之材料,而后言语感化力始能有效，深望研究通俗教育者于此三致意焉。"①

其次，该文还介绍了美国电影教育的推行情况。该文认为除演讲之外，电影教育是最有通俗教育价值的教育方式。例如纽约教育界开始把电影作为教学用具而试演于纽约小学中。结果表明，电影在教授地理、历史学科方面效果明显。纽约小学将电影用于教学工具的实验获得成功，使电影获得"活用校舍"之说，在美国曾"风靡一时"。自此而后，纽约市教育会选定中学十六所及全市各小学，在其教室、体操室或运动场以课外时间放映电影，不收取任何费用，任由儿童及市民观览。接着，该文对纽约市电影审查委员会制定的约束电影营业办法进行了介绍。民初的中国，电影作为一种新型的娱乐方式，大受人们的追捧，而所放映的影片多属外来影片，由于未加审查与限制，大都诲淫诲盗，易给观者尤其是儿童心理造成不良影响。对美国电影审查及电影教育推行情况的介绍，无疑给中国教育界开展自主制作教育影片、有效利用电影开展电影教育指明了方向。

《教育杂志》也介绍了日本社会教育运用电化教育的情况。如东京通俗教育馆就经常利用历史、地理、道德类的幻灯片进行演说，还用留声机向民众播放道德、历史类的戏曲。②1915年日本举办大正博物会，在展馆中就曾用电影演出风雨现象，"忽阴忽晴之状态"形象逼真，"足可破人民迷信风雨有神之谬误"，还可表示出"物质之力可以造成天然现象"，并提出中国尤宜仿效此法，"以改良吾国古昔陋风"。③

通过对《教育杂志》引介电化教育内容的梳理，我们发现该刊在引介电化教育方面与其他报刊有较大的不同。从引介电化教育的角度看，与其他报刊注重从技术的角度介绍幻灯、电影独特的特质特性不同，《教育杂志》着重从教育的角度介绍电化教育在国外的运用情况，既体现了教育类杂志看待问题的基本视角，又表明了《教育杂志》对教育中新近出现的教育手段或方法特有的敏感性。如该刊在1909年创刊时，就宣布其图画专栏"采教育界人物、

---

① 天民：《美国通俗教育之近况》，《教育杂志》第4卷（1912年）第6期。
② 侯鸿鉴：《述棚桥源太郎之谈话及参观东京通俗教育馆记》，《教育杂志》第6卷（1914年）第9期。
③ 侯鸿鉴：《天津教育演讲录》，《教育杂志》第8卷（1916年）第4期。

男女学校之照片及关于教育之种种图画,用铜板精印,每期插入二张以上"[1],对新事物尤其是新兴教育媒介的关注是《教育杂志》持续热心电化教育引介的动力。从引介电化教育的规模或者数量上看,《教育杂志》对电化教育的引介虽然大多都掺杂在国外教育思潮及方法中,属于非主流的、间接的引介,但在创刊后直至1919年,引介的次数较为密集,这既是世界各国对电化教育逐步重视的表现,也反映了《教育杂志》对电化教育手段的密切关注。在创办的早期,《教育杂志》吸纳了大批的归国留学生从事译介工作,这些留学生对国外新兴教育手段与教育方法的敏感与关注,使《教育杂志》对西方国家电化教育运用情况有较多的介绍。

如前所述,《教育杂志》从创刊之初就注重对西方各国教育制度、教育思想及方法的引介。不仅如此,该刊还一直开设《欧美教育新潮》《欧美教育杂讯》《世界教育新潮》等专门介绍国外教育新进展、新成果的译介栏目。1919年五四运动之后,更是加大了对外国教育情况介绍的力度,尤其是主编更换为曾留学日本、喜欢传播教育新潮的李石岑后,《教育杂志》在传播西方教育方面呈现出全面开花之势,对电化教育的介绍也逐渐增多。与前期《教育杂志》引介电化教育的情况相比,1919年后《教育杂志》对电化教育的引介,除继续在介绍国外各种教育制度与教育思潮中连带式介绍各国对电化手段的运用情况外,还出现了不少专门介绍国外电化教育发展情况的文章。

1919年之后,《教育杂志》对欧美各国教育中运用电化教育手段的介绍,除数量增多且呈现密集之势外,在介绍的国别上也逐渐增多,除美、英、德等电化教育起步较早的国家外,还有西班牙、保加利亚等国家,但仍以美、英、德三国居多。

美国作为资本主义国家的后起之秀,虽不是工业革命的策源地,但在工业产品的制造与新科技成果的发明上远走在世界的前列。在电化媒介器材生产及其先进技术的更新上,美国也发展较快。20世纪初,受实用主义教育思潮的影响,新兴的媒介技术开始更多地走进教育领域,与传统教育手段一起成为教育教学的有益补充。1919年杜威来华,中国教育开始模仿美国。20世

---

[1]《教育杂志简章》,《教育杂志》第1卷(1909年)第1期。

纪20年代后，继杜威之后，孟禄、推士、克伯屈等人的相继来华，由此中国掀起了一波又一波学习美国教育的潮流，各类报刊大肆渲染与引介美国的教育制度与思想。电化教育作为美国此时新近兴起的一种教育教学运动，在全国各地得到应用与推广，《教育杂志》对此有较多的关注，阐明"幻灯与活动电影，盛用于美国教育中"，指出美国教育当局为了推行电化手段在教育中的运用，"各都市教育厅皆备有数十百千组的幻灯映画及活动影片"，以供给各学校之需。供给办法采用轮流制，即将教育影片按照学科类别加以分类，同一类别的划为一组，每所学校一周一组，轮流进行，以实行这种"依视觉之教育"。[1] 比如在美国曾风靡一时的实验学校——普拉屯学校，就经常利用幻灯与电影开展教学活动，经常放映"与文学、历史、地理、旅行记、科学、艺术等有关系的幻灯及活动电影"[2]，且每周一的全天，均用于开映教育电影。这些幻灯片与电影片则由学校所在的德特路特市教育科供给。另外，在美国的音乐教育中"盛行使用留声机"，所用的音乐留声机片，也均由教育当局"借给各学校"。

《教育杂志》指出，在美国其他实验性质的学校或者公立学校里，也在运用幻灯、电影推动教育。如哥伦比亚大学附属的霍兰斯门学校为便利放映幻灯、电影，还专门在教室内装置黑幕、黑帘等。另外，该校通过实验证明，幻灯因其"能使儿童所见闻的环境扩大，不致为学校的围墙所限"[3]，所以对儿童有较大的教育价值。芝加哥公立学校自1921年起，开始使用影片在课堂中教授历史、心理、地理等科。美国一些大学因"影片易于小孩掌握"，且能够"处之以实际表示"[4]，与课本相比更能吸引小孩的注意，故亦在提倡电影教育。美国的一些团体组织也利用幻灯、电影等开展教育活动。如加利福尼亚州奥克兰商会，不仅制备有关于"奥克兰工业发达情形的活动影片"，以供各学校"用来演奥克兰的历史及事业"，还在举办的"你所知道的奥克兰"活动中，要求附近工业学校开展演讲活动均用幻灯进行解说，而幻灯放映、

---

[1] 任白涛：《欧美都市教育之一斑》，《教育杂志》第17卷（1925年）第2期。
[2] 任白涛：《美国的新学校——普拉屯学校》，《教育杂志》第17卷（1925年）第12期。
[3] 赵廷为：《霍兰斯门小学教育研究的介绍》，《教育杂志》第16卷（1924年）第10期。
[4]《欧美教育杂讯之美国》，《教育杂志》第14卷（1922年）第2期。

幻灯片的说明与管理则"指令各个学生来管"①。

除在交通便利、经济发达的城市学校中运用幻灯、电影等电化手段外,美国的乡村学校也常常利用,新泽西州汉特顿县的乡村学校即是一例。该校每天下午两点钟,教师令全体学生起立,由一学生负责开留声机,全体学生随机中发出的指令而动作,声音"颇清晰,足代体操教员","不可谓非经济办法"。另外在该校下午两点五十分开设的音乐课上,亦用留声机"演奏各家歌曲",此留声机"又兼代音乐教师及风琴之用"。②

由上述可知,20世纪20年代,美国将电化教育广泛运用于教育教学领域,《教育杂志》对相关情况进行了既详尽又细微的介绍。与之同时,也介绍了英国、德国、西班牙等欧洲各国电化教育的运用情况。

《教育杂志》对英国电化教育发展情况的介绍,主要集中于对相关会议的报道。1923年英国政府教育部组织召开的第二次全国教育会议在伦敦举行,在该会议的众多讨论议题中,"电影是教育之一原子问题"成为大会讨论的重要内容。该议题最初由凯特先生(Mr. Kate)提出,他认为电影对于英国人的普通生活非常重要,有关英国人民生活习惯的影片,不应该完全取用美国出品,原因在于美国影片中所表现出的"举止的浮躁、感情的过剩","未免有失英人持重沉毅的真性"。③进口而来的美国影片不仅仅是"用语鄙俗而已",而且存在着诸多不适合英国人特性的内容,提出了电影的本土化问题。另外,他还认为课堂上所放映的教育影片,应当在教育专家的指导下进行摄制,从影片应符合教育教学的特点、应由教育专家协助办理方面加以建议。该议题得到大会的一致通过,并议决设置一个专门的电影委员会,会同电影界领袖人士,共同探究公立教育事业中利用电影的可能性。

该次会议中,电影教育虽仅是其中的一个议题,反映的问题却深刻而普遍。美国作为电影制造的最大出口国,其所出影片在世界范围内几近泛滥。

---

①《欧美教育新潮之美国公民教授现状》,《教育杂志》第13卷(1921年)第8期。
② 常道直:《美国纽甲色(新泽西)省汉特顿县之乡村学校及乡村生活》,《教育杂志》第18卷(1926年)第3期。
③ 常导之:《大英帝国教育会议纪要(续)》,《教育杂志》第15卷(1923年)第12期。

不只在英国，中国亦然，当时的电影业界 90% 的片源来自美国，粗制滥造的影片充斥中国电影市场。面对不良影片对中国的影响，一些文化机构如商务印书馆于 1918 年开始拍摄中国自己的教育影片，然而因教育影片的非营利性以及缺乏官方机构的有力支持而遭到了市场的严重冲击，最终于 1923 年草草收场。因此，《教育杂志》对英国这次教育会议的介绍，不仅指明了国产电影的重要性，也为国人指出了发展电影教育的正确道路，即教育电影因其教育性与非营利性，必由国家设置一官方机构专门办理、制作符合自己国家国情的电影影片才是正道。

自 1923 年后的数年间，英国电影教育处于沉寂状态，设置专门教育电影机构的议题一直被搁置，最终得到落实是在 1929 年[①]。是年春季，英国召开了专门的电影教育会议。《教育杂志》对该次会议进行了全面介绍：会议的主要内容即指定代表组成了一个专门的电影教育委员会。会后，该委员会会同英国成人教育院协商拟订了该委员会工作计划，指出其工作范围应该包括"（1）讨论关于改进并推广电影（包括活动影片与性质类似之视觉及听觉的教育工具）之应用于教育上及文化上的种种意见。（2）讨论民众欣赏电影的公共标准之方法。（3）讨论设立一研究教育电影之永久的中心机关……（4）讨论从事任何影片之实验的创制与营业的分配，均须不失以上推广并改进电影在教育及文化上应用之目的，并对于影片之一切有价值的活动如文字说明，亦须加以考虑，使含有文学之意味"[②]。英国第一次全国教育电影会议所制订的上述工作计划，既有电影教育领域的具体实践要求，也有学术实验研究上的规定。所有这些都以推广并改进"电影在教育及文化上的应用"为旨归，具体而微地规定了英国电影教育发展的各个细节，俨然英国电影教育的行动纲领。是故，是项计划于 1929 年 11 月召开的英国第二次全国电影教育会议上，获得了一致赞同。随后决定由大会推选 25 人组成委员会，规定该委员会与各机关代表互相联络推行电影教育，并调查关于教育电影的其他特殊事项。

[①] 虽然该事件发生于 1929 年，即属"民国后期"，但为了事件进展及文字叙述的连贯，特归于"民国前期"。
[②] 《世界教育杂讯之伦敦电影教育会议之举行》，《教育杂志》第 22 卷（1930 年）第 1 期。

除对英国电影教育的情况加以介绍外,《教育杂志》还对英国播音教育的发展加以密切关注。据其介绍,英国的播音教育起步较早,1920年英国的玛干尼公司开始播音,内容有新闻消息与诗歌等,每日两次,每次半小时,标志着英国播音教育的起步。①1922年英国广播公司成立,起初是一家私人性质的商业组织。1926年改组后,开始实施专门的播音教育,成为英国实施播音教育的主要机构。后来,英国成人教育播音委员会(The Adult Education Broadcasting Committee)成立后,英国的播音教育便由中央播音董事局与英国广播公司合作进行。中央播音董事局的任务主要是负责播音预算、审定播音时间、介绍播音教育的演讲主题与演讲人、编辑播音教育刊物及试验设计等。在该局之下,各地还设有董事局,以与中央董事局合作。为增进播音的效用,一方面中央播音局将播音的讲稿刊印,并附以各种插图、图表等;另一方面英国广播公司又与成人教育机关合作,在播音演讲后开设讨论班,由听讲者自由讨论。

《教育杂志》对德国运用电化教育手段的情况也有介绍。在德国,幻灯"很早就为学校教育所利用",在历史、地理、博物等学科"皆备有完全之幻灯",可以随时开演关于各科的幻灯片。如位于柏林的一所新式中学里专设有幻灯室,将各种"虫鱼鸟兽、草木金石、山川风景、种族习惯"等图形,"皆用电光放大",使学生"亲见其物,亲接其人",就连中国的地理风俗也被囊括其中,"即如吾国地理上之长城风景,与夫人物之中长辫小足",该校学生亦早已"寓之于目,志之于心"。②可见,德国电化教育内容取材之广泛,充分发挥了电化手段的教育功能。在柏林博物馆中,也备有几百组的幻灯片,应各学校之要求,"以坚固小盒邮寄借用"③,通过这一方式,德国推动了幻灯教学的广泛开展。

另外,位于南欧的国家如保加利亚,在20世纪20年代末也开始推行电化教育。1927年该国政府颁布的政策之一,就是实施巡回电影教育,以使学校儿童及村庄农民享受娱乐并获得新知为目的。进入20世纪30年代后,

---

① 徐锡龄:《播音教育的现况与问题》,《教育杂志》第23卷(1931年)第7期。
② 王光祈:《德意志之中等教育》,《教育杂志》第14卷(1922年)第9期。
③ 任白涛:《欧美都市教育之一斑》,《教育杂志》第17卷(1925年)第2期。

西班牙政府也开始推行电化教育。1931年西班牙共和国成立后，政府教育部认为西班牙有着浓重的地方主义思想传统，革命后的新教育，应利用电影显示西班牙各地方的生活情形，使小学儿童无形间能了解其他地方状况，而泯除畛域之观念。于是，教育当局特指定某小学实验这种新教育法，即令各生于作文课上先描写其本省之大概情形，然后放映关于该省社会实况的电影，由教师加以简单的说明。儿童看完电影后，各就电影中直观所得的印象与知识，执笔迅速将其描述。经过实验后，儿童"对于各省之观念遂立即发生变动矣"。而后，西班牙各小学皆采用此种"最新式之教学法"，实行电影直观教学。

1917年俄国十月革命后，苏俄教育委员会面对国内大部分人民文化教育水平极端低下的现实，制定了一系列新的教育政策，并设置了许多新的教育设施开展普及教育。为了将知识的种子撒播到较为偏远的地区，苏俄政府采取了"世界无二、苏俄独有的'宣传火车'与'宣传轮船'"。这些火车沿着交通线一路行进，每到一地，除向当地民众散发书籍与印刷品外，一个重要的任务就是集会演讲兼演电影。电影就在特别的车辆中映演，"坐席有设于车内的，也有在车辆外边张天幕的"。还置备有留声机，在车辆里演奏被称作"苏维埃列利德"的节目。另外，车内还装设有"小型无线电信机，可以提供新奇的材料"[①]。在宣传轮船的甲板上，架设两根长柱"悬着无线电信的长铜线"。在通常情况下，轮船的楼下为能容纳七八百人的观客室，"白天常用于映演活动电影"，而至夜间则搬至岸上映演。《教育杂志》对苏俄教育的关注开始持续增多，也开始陆续地介绍苏俄电化教育的发展情形。

苏俄教育委员会比较重视运用电化手段推动教育事业的发展。1918年，苏俄的影片出品共有8800余种，但其中只有1800种为营业影片，其余皆用于俱乐部与巡回放映的教育影片。1922年12月30日苏联成立。1928年苏联制定了第一个五年计划（1928—1932），在该计划中，准备建造2000所新的电影院，电影影片的数量并增至5万种，其中1.4万种为学校影片。依照五年

---

① 任白涛：《苏俄的教育政策及其设施》，《教育杂志》第16卷（1924年）第4期。

计划之规定，苏联至少有80%的俱乐部"须装置活动影片，在每区至少设立三处影戏馆"。在播音教育方面，虽然苏联与其他欧洲国家相比起步较迟，但是发展非常迅速。为了引起民众对播音教育的重视，苏联教育委员会曾组织了许多无线电机关，如无线电传递镭友社及莫斯科工会会议镭部等。莫斯科工会会议镭部的工作，在于介绍无线电于各劳工俱乐部中，并发行月刊，专门讨论无线电教育。苏联政府广设无线电的目的，"大半为施教的工具"，在于提高民众文化水平，尤其注意居住地区远离铁路、车站地带的居民。截至1928年10月，苏联共设有58个广播电台，其中28个为科学研究之用。

总括前述，民国前期，《教育杂志》对电化教育的引介主要集中于对各国电化教育实施情况的介绍，注重对各国实践经验的引介与摄取，这与世界范围内各国电化教育的发展事实有关。对于电化教育起步最早、发展最好的美国来说，20世纪20年代末期电化教育的理论研究才开始起步，相关学科创建的工作也才刚刚开始，所以世界范围内电化教育的发展大多以实践应用为主。但整个民国前期以1919年为界限，《教育杂志》对电化教育的引介，前后有所不同。1919年后，在前期引介的基础上，明显加大了引介的力度，在介绍的国别上扩展至更多的国家。在内容上，不仅有社会教育领域，还有学校教育领域，并突破了以关注美、英、德发达国家为主的引介模式，开始关注西班牙、保加利亚以及新兴的苏联对电化教育的运用。

（二）民国后期《教育杂志》对电化教育的大量宣介

民国后期，《教育杂志》虽然经历两次停刊与复刊，但总体看来对电化教育宣介的力度仍然比较大。几乎在办刊的每一年，在不同栏目里都登载有介绍电化教育理论与实践的文章，对电化教育的宣介呈现出较为密集之势。将1935年至1948年《教育杂志》宣介国外电化教育的栏目与文章汇聚起来，即可清晰地看出对电化教育引介的规模与力度（见表3-2）。

表 3-2 1935—1948 年间《教育杂志》宣介国外电化教育的栏目与文章*

标题	作者	所在栏目	年卷期
电影与儿童	吴俊升	世界著名教育杂志摘要	1935 年第 25 卷第 3 期
关于苏联儿童电影院的任务问题	沈志远	世界著名教育杂志摘要	1935 年第 25 卷第 4 期
芝加哥国际公寓教育电影的实验	陈友松	世界著名教育杂志摘要	1936 年第 26 卷第 1 期
视觉教育的系统化	陈友松	世界著名教育杂志摘要	1936 年第 26 卷第 2 期
电影教育问题之检讨	曾绳点	世界著名教育杂志摘要	1936 年第 26 卷第 2 期
科学戏院	徐仁铣	世界著名教育杂志摘要	1936 年第 26 卷第 3 期
美国教育电影馆刍议	陈友松	世界著名教育杂志摘要	1936 年第 26 卷第 3 期
教育电影在小学校	曾绳点	世界著名教育杂志摘要	1936 年第 26 卷第 6 期
1935 年美国教育名著六十种	刘大佐	名著介绍	1936 年第 26 卷第 6 期
摄制教育影片的几个要点	陈友松	外国著名教育杂志摘要	1936 年第 26 卷第 8 期
照相敏化剂	徐仁铣	外国著名教育杂志摘要	1936 年第 26 卷第 9 期
二十五年之美国教育电影	陈友松	世界著名教育杂志摘要	1936 年第 26 卷第 10 期
六十三个教育电影实验研究的结论	陈友松	世界著名教育杂志摘要	1937 年第 27 卷第 4 期
毕宁著中学社会学科教学法	刘大佐	新著介绍	1937 年第 27 卷第 4 期
法国的教育播音制度	编辑部	教育文化史的新页 外国之部	1937 年第 27 卷第 4 期
德国的教育电影	刘大佐	教育文化史的新页 外国之部	1937 年第 27 卷第 5 期
瑞典政府补助无线电	刘大佐	教育文化史的新页 外国之部	1937 年第 27 卷第 6 期
美国教育电影的展望	陈友松	世界著名教育杂志摘要	1937 年第 27 卷第 7 期
中小学电影教学实验的几种结论	陈友松	世界著名教育杂志摘要	1937 年第 27 卷第 9—10 期
美国教育议会对教育电影的工作	陈友松	世界著名教育杂志摘要	1938 年第 28 卷第 1 期
美国教育电影的新近发展	李纯青	教育文化史的新页 外国之部	1939 年第 29 卷第 2 期
英人对于教育电影价值之新认识	雷通群	世界著名教育杂志摘要	1939 年第 29 卷第 3 期

续表

标题	作者	所在栏目	年卷期
科学观览教育指导者的任务	雷通群	世界著名教育杂志摘要	1939年第29卷第7期
介绍麦克劳赫尔出版教育近著	陈剑、陈克英	新著介绍	1947年第32卷第6期
英国的电影教育	贝尔著，张禹勤译	新著介绍	1948年第33卷第5期

* 资料来源：《教育杂志》第25、26、27、28、29、32、33卷。

从宣介方式看，民国后期《教育杂志》宣介电化教育的方式表现出多样性，主要有：

其一，摘译世界著名教育杂志中有关电化教育的文章。世界著名教育杂志是反映各国教育最新进展与发展趋势的风向标，《教育杂志》1934年复刊后，即把介绍国外教育文化理论与实际以贡献国内读者作为其使命之一[①]。从1935年第25卷第1期开始，特开辟《世界著名教育杂志摘要》栏目，选购英、美、德、法等六国教育及科学杂志100余种，聘请马宗荣、吴俊升、张耀翔、廖世承、邰爽秋等近20位学者，专门介绍世界各国教育理论与方法。《教育杂志》通过这一方式宣介电化教育的内容较多，从1935年至1939年就有17篇，聘请的编译作者主要为陈友松、雷通群等曾在国外学习多年的留学生。这些文章主要译自美国的 The Educational Screen（《教育银幕》）、The Journal of National Educational Association（《全国教育协会杂志》）等，英国的 The Journal of Educational Sociology（《教育社会学杂志》）、Nature（《自然》）、Education（《教育》），苏联的 Narodni Uchite（《民众教育》）、Natschaljnaja Schkola（《小学月刊》）等著名杂志。如《教育银幕》杂志是美国创刊较早的、专门的电化教育期刊，《教育杂志》从中译介的电化教育文章就有9篇，占一半之多。《自然》杂志则是世界上颇有影响力的科技期刊。《教育杂志》订购并选译世界著名杂志中有关电化教育的文章，意欲借世界著名教育与科技杂志的影响力介绍各国的电化教育发展情况，使国内电化教育工作者能够及时了解各国电化教育发展的动态，指导其时中国电化教育发

---

① 何炳松：《本杂志的使命》，《教育杂志》第24卷（1934年）第1期。

展的愿望可见一斑。

其二，以消息报道的方式介绍国外电化教育发展。《教育杂志》对国内外当下教育发展动态的报道主要集中于"教育文化史的新页"栏目，该栏目分为"国内之部"与"外国之部"两部分，分别报道国内与世界各国教育发展的动态及现状。《教育杂志》通过这一方式分别对法国的教育播音制度、瑞典政府对播音教育的补助以及德国与美国教育电影的新进展情况予以介绍。

其三，介绍国外有关电化教育的著作。《教育杂志》在开设的《名著介绍》或《新著介绍》栏目中，介绍了国外新近出版的一些电化教育相关著作。如在介绍1935年由美国出版的60种教育名著时，泰森（Tyson）编著的 Radio and Education（《无线电播音与教育》）一书位居其中。该书是美国无线电教育顾问会议第四次年会"播音在变化的社会制度中之地位"的讨论记录，对播音教育管理以及政府对教育播音的资助计划等，"均有高卓之言论"[1]。1947年在介绍麦克劳赫尔出版社出版的教育近著中，有电化教育著作 Audio-Visual Aids to Instruction（《视听教学》）。该书介绍了从幼稚园到十二年级（即高中阶段）的教师如何选择与组织利用视听教具来增进学生学习效率的方法，具体内容包括视听教学的目的、视听教具的功用、使用视听教具的原则、实物标本与模型、图表材料、平面的图画、凸出的图画、电影、学校旅行、听觉的辅助、低年级视听教具的使用，以及高年级视听教具的使用、中学视听教具的使用、视听教具使用计划的拟定、执行与监督及材料与设备的来源等。透过该书的目录，我们可以看到美国视听教学包括的范围比较广泛，如标本、模型、参观旅行、电影、幻灯、广播等，几乎所有视觉的、听觉的辅助材料都涵括在内，与中国其时教育界所指称的"电化教育"主要包括电影教育与播音教育，在内涵与范围上有着较大的差别。另外《教育杂志》的《新著介绍》栏目还详细介绍了宾夕法尼亚大学教授毕宁（A. C. Bining）所著的《中学社会学科教学法》，该书主要供师范院校作为教材及在职教师参考之用。在其中一章讲述了辅助教学的手段之一——电影教学，该书著者认为盛行于教育界的电影在任何形式的教学方法中，不过

---

[1] 刘大佐：《1935年美国教育名著六十种》，《教育杂志》第26卷（1936年）第6期。

是一种视觉辅助物（visual aids）。虽然在一些学校中电影已经成为常用的辅助教学手段，但囿于经费所限，各校未能普遍使用。总之，《教育杂志》对国外电化教育相关著作及其内容的介绍，不仅为国人提供了可靠的书籍来源，而且开拓了国内人士对电化教育的认知视野，充实了国内的电化教育理论。

另外，《教育杂志》刊发译文专论国外电化教育理论与实践。如在1948年登载了《英国的电影教育》一文，主要介绍了英国电影教育发展的历史与现状。

从宣介的内容看，民国后期《教育杂志》宣介电化教育的内容比较丰富，几乎覆盖了20世纪前期世界电化教育发展的总体情况。总体看来，《教育杂志》对世界各国电化教育的宣介主要包括介绍各国电化教育的历史与现状、国外电化教育基本问题、电影教学的有关实验及其结论、各国电化教育管理制度与具体措施以及世界教育会议中有关电化教育的事项等。

第一，介绍各国电化教育的历史与现状。

综观20世纪三四十年代《教育杂志》对世界各国电化教育的宣介，其内容主要集中于对各国电化教育发展历史与现状的介绍。

首先，对美国电化教育发展历史的介绍。美国作为电化教育发展较快的国家，其电化教育发展一直受到国人的瞩目。《教育杂志》对美国电化教育发展历史的介绍文章为《二十五年来之美国教育电影》。该文认为，美国虽在1890年就有电影性质的放映活动，一些人士也在各地巡回映演一些教育性影片来辅助演讲，但其时只能作为电影教育的滥觞时代，而真正的电影教育即"学校与电影'结婚'"是在1910年2月。因为此时纽约市教育局汇集了1000部地理、物理、文学与自然科学的影片，在学校中轮流使用。自此以后，美国人开始关注电影这种教育工具。对于美国电影教育自1910年至1935年间的演进历程，该文作者分为七个发展时期：第一时期为美国参与第一次世界大战的前六年，"教育电影和戏院电影开始分家"，即教育电影开始脱离于营业性质的娱乐电影而走进教室成为辅助教学的教育用具。第二时期为第一次世界大战时期，运用于军队的影片被汇聚起来，成为教育影片的主要来源。第三时期为专门摄制教育电影时期，从事摄制教育电影的个人与机构开始出现。第四时期为视觉教育运动时期，即1918—1928年，给学校电影教学以极大的推动。第五时期为教育界自制教育影片时期，教育界自行摄制自己所用的影片。第六时期为全国教育影片行销制度时期，教育影片的特殊性，满足的只是小众的需要，缺乏娱乐属性使其不能达到普遍应用的目标，如果没有一个有组织的行销配给制度，电影教育终会失败，故此，美国开始实施全国教育影片行销配给制度。第七时期为有声教育电影时期。《美国教育电影的新近发展》，介绍了20世纪30年代末洛克菲勒教育处、美国教育电影设计会及进步教育会对教育影片的设计、生产及分配情况。《美国教育议会对教育电影的工作》，则介绍了美国教育议会于1936年至1937年间实施电影教育师资训练、出版视觉教育书籍及对教育电影的研究工作等。

其次，对英国电化教育发展历史与现状的介绍。1948年，《教育杂志》刊发了《英国的电影教育》一文，介绍了英国电影教育的发展历史。据其介绍，20世纪初，一些英国教师就认识到电影教育的重要性，开始实施电影教学。1913年伦敦州议会敦促所属学校的领导及教师对学生实施电影教学。1920年英国一些地理教师开始正式把电影当作主要的教学工具，并公开发表他们试行电影教学的实验结果，以至于自1920年起，电影教学"在英国的每一个角落里发展着"。1924年英国教育部公布了一篇电影教育委员会的报告，打断了英国电影教育的发展。该报告认为电影教育的实际价值只是教育方法的一种辅助。加之当时英国学校电影设备的限制、使用方法困难及缺乏指导等，以致"除极有勇气的少数人之外，大部分人的热诚已因困难而消失了"[1]。因此，20年代中后期英国的电影教育处于停滞不前的状态。1930年后，英国的电影教育又重新起步，尤其是英国电影学社的努力。另外，英国教育部为推行电影教育，发行《教师指导手册》以指导电影教学。[2] 到1939年，无论在学校影片设备上，还是在教育影片的生产上，"都已发展到了最高限度"。第二次世界大战爆发后，虽然教学影片的制造陷于停顿，但战时的电影教育经验给战后英国的学校电影教学提供了新的教学方法。英国教育部于1944年拟定了

---

[1]［英］贝尔：《英国的电影教育》，张禹勤译，《教育杂志》第33卷（1948年）第5期。
[2] 雷通群：《英人对于电影教育价值之新认识》，《教育杂志》第29卷（1939年）第3期。

战后视觉教育发展计划，着力推进以电影教学为主的视觉教育的发展。

最后，对苏联小学电影教学的介绍。苏联一直把电影、无线电作为政治宣传的一部分，主要用于对民众的思想政治教育。自1935年开始，苏联学校开始正式实施电影授课，特别是在一些大城市的电影教学取得了较好效果。同时，为解决教育影片不足的问题，苏联教育委员会委托苏联电影管理局于1936年摄制了106部教育影片，其中28部专为初级小学摄制，莫斯科各初级小学已开映了几部自然科学影片。另外，《教育杂志》还对法国、意大利、匈牙利等国电化教育发展情况予以介绍，对各国电化教育发展历史与现状的介绍，给中国的电化教育发展以实际的指导及经验上的借鉴。

第二，对国外电化教育基本问题的介绍。

民国后期，《教育杂志》对国外电化教育基本问题的介绍主要包括国外人士对电化媒介教育功能的认识，以及国外电影教育师资的培养等。

1. 国外人士对电化媒介教育功能认识的介绍

《教育杂志》在介绍世界各国对电化教育运用的同时，也介绍了国外人士对电化教育的认识与看法。随着电化媒介在教育领域内的广泛运用，各国人士对其看法也逐渐增多。对于这些褒贬不一的评论，《教育杂志》也都一一引介。在对电化手段的教育功用上，国外多数人士持肯定的看法。美国教育家裴葛兰（Bagley William）认为，传播方法的改良与人类进步的转机之间常有密切的联系，传播方法上的新进展对于人类进步的重要性，将不啻于文字与印刷术的发明。此处的传播新进展所指者即为无声电影、有声电影及无线电。在裴葛兰看来，虽然电影对人类的影响善恶俱有，但是将电影用于教育大有益处：（1）可以为地理、天文等学科提供具体的实例。"凡殊方异俗，佳卉奇葩，天空之星云，海底之动物，森林中之长蛇猛兽，显微镜下之微生物以及人身及动物体内各部之运动"等[1]，皆可在教室内放映于布幕上，由学生亲自观察。（2）可以分析复杂的动作。如打字、排球及游泳等，选择动作规范者或教师，将他们的动作摄入镜头，在放映时可慢放，使"看者得以分析其中动作，而资效法"。在对无声电影给教育以积极影响的分析

---

[1] 郑宗海：《教育之利器》，《教育杂志》第23卷（1931年）第1期。

上，裴葛兰预测了有声电影对教育的作用，"几年以后，或者在更短的时间内，我们将看见很多种类的有声教育影片在供学校使用"，对于学校教育中教学内容"重在说明与示范者"，有声电影将更加适用。由此，裴葛兰预测："极优秀之教师，其门弟子或将以数百万计矣。"那么，一部分教师岂不因此而失业吗？裴葛兰认为不会出现电影与教师争抢学生的现象，因为教育的根本过程在于师生经常的交流与沟通以及教育者对于学习者深切的关怀与了解，而这些需要师生在直接的、面对面的、相互接触的环境下才有可能。对于这一问题的看法，美国另一位教育学者恩格尔哈特也持相同的意见，他认为电影或者无线电技术不管怎么发展，只能作为教育的辅助而不能代替教师。

《教育杂志》不仅介绍了外国人士对电化教育的肯定认识，对持相反意见的观点也加以介绍。1935年《教育杂志》登载了由吴俊升编译的《电影与儿童》一文的摘要。在该摘要中，著者认为电影对儿童有较大的危害，最大的危害即在于电影易于暗示儿童犯罪。尤其是一些侦探影片，危害最大，一些犯罪青年已经供认是直接受了某些影片的暗示。著者认为该种影片最大的缺点是犯罪的实际结果，如执行死刑等。电影对儿童的第二种危害，是使儿童习于懒惰。著者解释，因为儿童观看电影时，心智完全是在被动的吸收状态，而且电影内容的直白呈现，自然吸引儿童的注意而无须其本身的努力。这种情形，易于养成儿童心智懒惰的习惯。但是针对这些危害，著者认为并不是不可避免的，关键在于教育者如何利用电影。著者进一步强调，电影教育是一种诉诸感官的教育，对于幼儿特别相宜，而且与其时教育界流行的蒙台梭利教法恰好相符。一些科目教学，如果能得电影的辅助则会更有效果。如地理教学便可使用电影作为辅助，如果选择影片得当，也可用于艺术教学。另外在社会教育、道德教育方面，电影也有较大的贡献，尤为值得注意的是工艺教育，可以借助电影显示工艺的流程。对于有声电影来说，在语言教学方面也颇有帮助。总之，电影对于教育，"可有大害，可有大利"，一切全在于"教育者如何应用电影而定"，[①]指出了教师在电影教育中的重要作用。

---

① ［美］罗伯特：《电影与儿童》，吴俊升译，《教育杂志》第25卷（1935年）第3期。

《教育杂志》对欧美国家，尤其是电化教育最为发达的美国教育界人士对电化手段看法与认识的介绍，对于国人树立正确的电影教育观念有较大的帮助。它教导国人面对国外倾泻而来的影片，不能一味地采取拿来主义，应剔除糟粕影片，选用对儿童身心发展有益的影片。在利用电影等电化手段进行教育的过程中，应选择适宜电影教学的科目，而且要端正对电化教育的认识，电影、广播等电化媒介只能用作教育教学的辅助工具，而不能取代教师在教学过程中的作用与地位等。这些认识与看法，对于20世纪三四十年代的电化教育工作具有重要的指导意义，就是对今天新媒体语境下的网络教育仍具有重要的借鉴意义。

2. 对国外电影教育师资培养的介绍

进入20世纪30年代后，中国电化教育发展的重点为电影教育。对电影教育的实施来说，其人员构成虽然在一般规定上应由教师、相关专家以及从事电影事业的人才所共同构成，然而从基本责任上来说，专业的教师所担负的责任较他人更大。1935年《教育杂志》摘译德国教育杂志 *Die Deutsche Schule* 第38卷第10号的部分内容，以《教育电影中的师资问题》为题，介绍了德国电影教育师资培养的过程与方法，可谓是对中国教育电影运动中师资匮乏问题的适时回应。

作为电影教育先行国家，德国在推行电影教育的过程中也遇到了人才匮乏的问题，德国教育界认为从事电影教育的教师，最好由电影教育师范学校来培养。于是，1919年德国在柏林设立了电影教育师范学校，1920年又设立了电影教育委员会，1928年柏林还成立了公立的电影教育师范学校。德国设立电影教育师范学校的意义有两层：一是"像大学的研究性质"，一是"纯粹造就师资"。前者旨在研究电影教育的科学方法，后者则为电影教育培养师资。

对于从事电影教育的教师来说，不属于一校专有，其主要任务在于进行分区指导。所以，要培养一个从事电影教育的理想人才，至少要接受三方面训练："第一是技术方面的训练，第二是教授方面的训练，第三是言辞方面的训练。"在受此训练之前，还必须"接受基本教育，以为准备"。基本教育最好是电学、光学方面的训练。电学方面包括电池、电铃、电话、电气量表、交流电、直流电等的简单用法，以及电气弧光灯、变压器、发电机等装置；光学方面包括反光原则、散光原则、配光等知识以及照相器具的应用，而照相器具的应用则包括照相机的应用、感光、显影以及印影等知识。

德国电影教育学校课程开设课时一般为18周或20周，其课程与学时分配如表3-3。

表3-3　德国电影教育师范学校课程开设与学时分配表*

必修课		选修课	
课程名称	学时	课程名称	学时
电影演放与幻灯演放之理论基础	60	照相与拍摄电影	30
电影演放与幻灯演放之技术	140	幻灯装置	24
光学	12	与其他有关之课程，如工艺教育、教具使用等	24
电学复习	12		
电影学	48		
幻灯学	24		
文艺与言辞	54		
电影教学与幻灯教学	36		
组织问题、学校电影法、企业问题与经济问题等	30		
心理学与电影教育运动之历史	12		
参观	18		

* 资料来源：该表根据《教育杂志》1935年第25卷第1期许恪士翻译文章《教育电影中之师资问题》的内容而制。

德国电影教育师范学校制定的共计524学时的整个培养计划中，既有必修课也有选修课，既有理论课又有具体操作课，还有实践活动课（18学时的参观活动）。除上述开设课程外，文章还指出，一个理想的电影教育教师，还必须在幻灯片与电影影片的采集上做足功课。在教育影片方面，要牢记各个电影制片厂与影片的种类；在影片收藏方面，要掌握幻灯与电影片的选择与分类；在应用方面，要谨记各种影片的特殊应用，如应用于小学、乡村学校、补习学校等，最好能于各种学校的每种学科都要有专门的分类。

德国电影教育师范学校所开设的课程，保证了电影教育师资培养的质量。20世纪30年代初，以教育电影协会的成立为标志，中国开展了教育电影运动，但推行电影教育的阻力之一即为电影教育人才的缺乏，而其时中国并没有开设这样的专业，相关专业人才的培养活动更无从谈起。《教育杂志》对德国电影教育师资培养的介绍，无疑给中国开设电化教育专业、培养专门的电化教育人才提供了借鉴。

第三，介绍电影教学的有关实验及其结论。

自从电影运用于教育以来，对其有效性及其使用范围的质疑声，一直与倡导电影教学的呼声相伴而行。为此，作为电影教育先行国家的美国做了不少相关实验，《教育杂志》对其进行的部分实验及其结论均进行了及时的介绍。其一是对中小学电影教学实验及结论的介绍。为确定电影对普通教师在向普通学生传授普通课程上究竟有何用途，美国学者哈罗德·莱文（Harold Levine）就中小学电影教学做了许多实验，结果表明：（1）教育电影在对各科的贡献上差别较大。在科学教学上有特殊的价值，尤其是对教师不能重述的科学内容上，有重要的作用；对地理、历史、卫生三科教学"有确定而广大的助益"；对手工或劳作科目，如烹饪、书法、手工来说，与教师的示范相比，电影不是很好的方法；对文学、阅读及音乐艺术科目也有肯定的价值，但实验还不尽充分。（2）在电影教学方法上，电影应与其他视觉工具并用；要提高影片的效果，必须给予学生充足的讨论时间；放映时教师加以简单的评价，效果将更佳；有声电影比无声电影更受学生欢迎。（3）在教育电影的教育效果上，电影可使教师有更多的时间准备教材及教法；电影有助于记忆与回忆；可增进学生的学习兴趣；在解决有认知障碍儿童学习问题上有较大的效力，可减少低智商儿童与正常儿童的学习差异。（4）电影对各年级学生的影响存有较大差异。对小学阶段10岁至11岁的儿童较有价值，而对年幼儿童效果不明显；初中与高中阶段均可充分利用电影教学。（5）在教育电影的内容上，凡没有活动的教材尽量不要采用电影教学；教育影片应大部分采用"特写",也尽量包括说话。[①]在得出上述电影教学结论的基础上,原著作者还提出对电影教育的研究应从特殊的、细微的、具体的教材要素着手,要关注教材、教法、学生程度、影片特质、影片内容与学生的关系等具体要素。其二是介绍了美国学者多恩(Doane)所做的教育电影实验研究结论。该研究结论与上述的研究并无二致,肯定了教育电影对教师教学与增加学生学习兴趣有莫大的帮助,划定了适用电影教学的学科范围及电影教学的注意事项等。这些实验结论,明晰了电影教学的功效、所适用的学科范围与学生的年龄及程度等,给正在实施中的中国电影教育以具体的指导。另外,《教育杂志》还介绍了芝加哥大学在其国际公寓运用教育电影,增进各国留学生之间的文化联络与情感交流所进行试验的情况。

第四,介绍各国电化教育管理。

《教育杂志》对各国电化教育管理制度与具体措施的介绍文章,主要有《德国的教育电影》《美国的教育电影馆刍议》《法国的教育播音制度》等。《德国的教育电影》一文介绍了德国自上而下的电化教育管理体制。德国政府为推动文化电影与教育电影的发展,不仅提供大量的资金支持,还于1934年颁布法令成立了全国教育电影管理处,专门管理全国的教育电影、分配放映机及影片于各学校,以及开展教育影片的推广工作等。该处在省、县均设有办事处,工作已由中小学扩展至大学,并专设管理大学教育影片的部门。《美国的教育电影馆刍议》则是一篇倡议美国设置单独的教育电影管理机构的文章。美国对电化教育的管理比较松散,主要由各教育机构如全国教育协会及一些高校如芝加哥大学、俄亥俄大学等自行摄制与分配教育影片等。由于影片的制作机构与学校之间缺乏沟通,出现了供应方与需求方之间的隔膜,很多学校并不知道何处可以得到合适的教育影片,使教育影片的应用得不到充分的推广。有鉴于此,1934年美国教育协会在前任联邦教育署长梭克的领导下,倡议创立教育电影馆,专门负责美国教育电影的"统合与总汇"。《法国的教育播音制度》一文主要介绍了法国教育部制定了以埃菲尔铁塔电台为主要的教育播音台、各省电台为辅的教育播音管理制度。

[①] 陈友松:《中小学电影教学实验的几种结论》,《教育杂志》第27卷(1937年)第9—10期。

第五，介绍世界教育会议中有关电化教育的事项。

1931年7月27日至8月1日，第四届世界教育联合会在美国举行，播音教育与电影教育作为本次会议的一项议题，引起了与会代表的广泛关注，经过大会讨论，被作为重要议题决议通过。据《教育杂志》介绍，该次大会对于播音教育与电影教育的有关决议内容为：（1）对于利用无线电播音实行公民教育的国家表示赞同，并希望各国政府推选其教育行政代表出席1932年将在马德里举行的国际无线电广播会议（The International Radio Convention），使各国教育行政代表共同参与拟定种种关于管理全世界无线电广播分配及使用的方法。（2）无线电播音及电影被认为能增进国际的了解与善意，诸理事国应指派委员会研究利用无线电播音与电影用以达成此目的的最善方法，企图能适合此效果，并依此目的，在有组织的努力中互相合作。（3）因鉴于利用播音与电影能启发各国间之更大的相互了解与友好，故各国教育当局应有研究为其他各国学校儿童实行国际无线电广播教育计划之机会，并创造达此目的之合作计划。（4）一切合法的教育当局及团体应有研究利用有声活动电影，介绍国外社会人民之真实社会状况，以谋各该国学校儿童的福利之机会。①

进入20世纪，各国政府几乎都意识到了教育的重要性，教育改革运动的开展此起彼伏，改革落后陈腐的传统教育，追求教育制度与教育思想的现代性转变，成为各国教育改革的重点，各国力求以教育的现代化来带动整个国家的现代化发展。在追求教育制度、思想、方法现代化的同时，各国也注意到了教育手段的现代化，适逢工业革命带来的各种新型媒体为教育改革添加了新的元素和活力，助推了各国教育的发展。发达国家运用电化教育的先导性实践，给中国电化教育发展以有益的借鉴。世界教育会议以全世界教育共同发展与人类共同幸福为认识高度，把教育播音与教育电影作为促进全世界人类之间相互交流与沟通以达成相互谅解的传播媒介，也开始要求全世界的教育界联合起来，为人类的和谐幸福而努力，《教育杂志》关注并报道了世界教育发展的这种新趋向。

---

① 《世界教育杂讯·世界教育联合会第四届大会决议案》，《教育杂志》第23卷（1931年）第12期。

另外，民国后期的《教育杂志》还对实施电影教学的具体原则及摄制影片的技术事项加以介绍。《教育杂志》在不同的栏目以不同的方式，对各国电化教育的历史进展、各国电化教育呈现的基本问题、教育电影制度、教育电影实验及电影教育的技术问题等相关方面，进行了全面而详细的介绍，为丰富中国电化教育理论、推动中国电化教育实践活动，以各种实际意义的指导。

民国后期《教育杂志》对国外电化教育的引介大多来自美国、英国、德国、法国及苏联，尤其是美国。原因即在于此期是欧美国家电化教育迅猛发展的时期，英国的电化教育虽在20世纪20年代曾出现短暂的停滞，但在30—40年代获得了突飞猛进的发展。美国的电影教育虽然在30年代受到了教育界对其实施效果的质疑，但由此带动了美国人对电影教育的研究及视觉教育理论的发展。加之其时《教育杂志》所聘请的《世界著名教育杂志摘要》的专栏作者主要为曾留学欧美的归国留学生，对欧美各国语言上的优势及对这些国家教育的认同，使《教育杂志》对世界范围电化教育的介绍主要集中于这几个国家。如《世界著名教育杂志摘要》专栏作者之一的陈友松，1935年由美国学成归国后即被聘请为该栏目的特约作者，缘于他本人对盛行于美国的视听教育感兴趣，在美留学时曾旁听该课程，对电化教育颇有研究。这即是《教育杂志》介绍美国电化教育情况较多的原因之所在。

从《教育杂志》引介化教育的方式上看，其呈现出丰富多样的传引方式。既有小篇幅的消息报道，也有宏篇大论的专门译介文章；既有电化教育的书籍介绍，也有译介国外电化教育文章的专门栏目。《教育杂志》以不同的方式呈现了世界各国电化教育的大发展，为中国教育界提供了瞭望与透视世界电化教育发展的窗口。

从《教育杂志》引介内容上看，该刊物注重对各国电化教育历史演进、各国电化教育的基本问题及具体实施活动的介绍。以史为鉴，介绍各国电化教育发展演进历史为初兴时期的中国电化教育提供各种经验借鉴，不失为一种明智之举；介绍世界范围内电化教育的基本问题，关注西方电化教育理论的发展，展现了各国对电化教育的基本认识及关注的焦点，强化了国人对电化教育的接受、吸纳及改进；注重对当时各国电化教育具体实施活动的介绍，也有助于给其时的中国电化教育发展以各种实践上的参照与指导。

二、《中华教育界》对电化教育的密集介绍

由上海中华书局编辑发行的《中华教育界》创刊于1912年3月,1950年12月终刊。其间,由于日本悍然发动全面侵华战争曾经停刊,后于1947年1月复刊。《中华教育界》创刊后,关注中国教育实际问题,引介国外教育制度与学说,汇聚了一批教育界人士,在引领近代中国教育变革与发展方面发挥着重要作用,成为近代中国教育期刊中影响较大的刊物之一。在将电化教育引入中国、推动中国电化教育发展方面,《中华教育界》同样功不可没。该刊对电化教育的引介主要集中在两个时期:一是创刊后到新文化运动前夕;二是20世纪三四十年代尤其是全民族抗战爆发停刊前的30年代。

(一)民国初期《中华教育界》对电化教育的引介

《中华教育界》创刊后到新文化运动前夕,对电化教育的引介主要通过翻译有关电化教育的文章或著作进行直接介绍,另外在介绍国外教育发展情况时予以间接介绍。

其一,翻译专论。《中华教育界》翻译国外电化教育文章较多而且较为集中,仅1914年第13期至16期上就曾连续登载了5篇有关电化教育的译文(如表3-4)。

表3-4 1914年《中华教育界》刊发的电化教育译文*

标题	主题	年期	原出处
理科教授用活动幻影之效力	电影教学	1914年第13期	译自英国《教育世界》
语言科教授利用留声机略说	留声机教学	1914年第15期	节译英国潘脱逊原著
枪弹之活动幻影对于物理研究之功用	电影教学	1914年第15期	节译英国潘脱逊原著
学校适用无线电具	无线电教学	1914年第15期	译自英国《教育世界》马秋氏原著
地理教授用活动幻影之效力	电影教学	1914年第16期	译自英国《教育世界》番亚格利扶原著

*资料来源:《中华教育界》1914年第13、15、16期。

从文章的原出处看，主要译自英国教育期刊《教育世界》，说明英国对电化教育的重视及其电化教育发源较早的事实。从文章主题来看，主要为各种电化媒介如教育影片、留声机、无线电对学科教学的影响及其作用的介绍，从中可窥见《中华教育界》对利用电化手段促进中国教学方法改革的热心。从译文内容看，介绍电影用于学科教学的有《理科教授用活动幻影之效力》《地理教授用活动幻影之效力》《枪弹之活动幻影对于物理研究之功用》。其中，《理科教授用活动幻影之效力》一文，首先指明电影为"今日教育中的特异应用品"，对于各科教学影响殊巨，而"以格物为尤甚"。该文在详细描述法国百代公司出品的化学、物理学、植物学、医学等各类教育影片内容的基础上，说明了借用影片辅助理科教学的功效，"诸影片虽无关于艰深之理论，无需乎曲折之教授"，然而"亦饶有兴趣"，足以"尽教授之妙用"。既然电影对于科学教学有如此之功效，那么是否可以用电影代替教育上其他"良法精意"呢？作者对此看法予以批评："贸贸然，仅恃影片之作用为指导生徒唯一之利器，则谬矣。"他认为电影对于教育，就如"射远多一强弩，伐柯之增一利斧"，不可以废弃旧时教育工具而代之，也不能用作好奇尚诡以眩人耳目的工具。用影片演示万物，因其能够对实物、真相加以验证，故可以"宏思想之力，廓观念之界"，因此可称为"教育上之切要之物"，同时对于教学中需要教师反复讲解的教学内容，影片足以"代反复详道之劳"，对于电影所演示的内容有不适于教育者，则可以废弃，可以改良，可以矫正。如此这般，各科科学教学"必获非常之益"，而教育界可以"蒙其利于无穷"。《地理教授用活动幻影之效力》一文，首先从地理学科不同于其他学科的性质及讲授法的缺点，论证了电影对于地理教学的重要。其次讲述了用电影进行地理教学的具体方法："（1）授课时当先之以影片。（2）教材当从简单。（3）演示时不能过繁过久。"最后，对社会上一些认识如电影妨碍儿童想象力、电影伤害眼睛进行了批驳，对电影的价值、地理课放映电影的时间及应用何种影片进行了解释。《枪弹之活动幻影对于物理研究之功用》一文，从电影能拍摄各种快速活动的物体方面，论证了电影为研究物理学的一大利器。《语言科教授利用留声机略说》是一篇介绍留声机用于语言教学的译文，该文首先点明留声机教授语言是一件"意至新而法至良"的发明，其次指明了留声机用于教授语言的好处及注意事项。《学校适用无线电具》则是一篇讲述播音教学的文章，介绍了学校中无线电播音的意义与简易无线电的装设方法。在世界范围内播音技术尚未普遍发展，播音教育尚未实施的情况下，该文就提倡运用无线电教学，实属有远见的创举。

上述文章皆是中国自办期刊中译介国外电化教育理论的早期文章。在同时代的期刊中，《中华教育界》对国外电化教育的译介文字居于榜首。

其二，在介绍国外教育发展情况时予以引介。《中华教育界》在创刊后对国外教育发展比较关注，介绍了很多国家尤其是欧美国家教育的新动态与新进展，其中就有很多关于电化教育的相关介绍。1913年在介绍欧美国家通俗教育发展时，就介绍了电化教育手段在这些国家的运用。文章指出，这些国家在对待电影与幻灯放映的问题上，常常利弊兼顾：对适于学校运用的影片，大力运用于学校教育中，而对有害的影片则予以禁止；对于夜间放映的电影，儿童绝对不能进入观看；若在公布的禁止时间内观看，警察可径行进入将其拉出。反观中国，电影传入的时间虽然较短，但"流弊所在，不可不防"，具体指出，应该"参酌欧美现行之法，预设禁例"。文章提醒国内讲求通俗教育者，"必当注意"，对于国内所有"恶劣画片及镜戏等，皆当在严禁之列"。[①]另外，《中华教育界》在介绍欧美国家学校教育时，也介绍了其运用电化教育手段的情况。进入20世纪后欧美各国为提高教学效果，在理科教学中提倡以直观、实物主义为教学原则，运用幻灯、电影等现代教学手段风行一时。对于经费充裕的学校，"其设备无有不是物"，"凡地理、历史、理科等特别教室必备有电影与幻灯"。当讲解理科时，对于较小的实物且难于见到者，即用幻灯扩大，映于黑板前的幕布上，使学生详细观察；对于历史、地理教学，也利用幻灯与图画等，"可省口讲指画多多"。在各科教学上，"清谈空语至为稀少，所讲多实际之见闻"，因此"有资于电影灯、图画、标本者，为数颇繁"。这种直观的教学方法，不致使学生产生理解上的偏差，因而与想象、讲演相比，其成效"有霄壤之判"。[②] 比如德国为推动中等教育发展，对中学

---

① 秦文焕：《欧美之通俗教育》，《中华教育界》1913年第4期。
② 静庵：《欧美小学理科教授之概况》，《中华教育界》第5卷（1916年）第12期。

内部设施进行了改良与更新，"中学校之讲堂及教室不备精细绝伦之模型或绘画者甚希"。在理科教学中运用电影、幻灯的现象极为常见，目的在于"以助儿童之想象力，并以增加教授中之趣味"。在外语教学上，则"盛用蓄音器"，"与直接外国教师之教授者无异"。① 中学如此，小学也一样。德国小学也广泛使用电影、幻灯等电化教学手段，并于地处偏远地区没有配备电教器材的乡村小学，通常由附近的教育博物馆负责实施。这些博物馆通常内设电影与幻灯放映室，"将其地之乡土历史故事制为影戏"，附近小学可"就而观之"。当地小学教师在讲授完乡土地理与历史课后，便"率同学生至此参观该事之影戏"，并且附近学校可"更互迭用"。对于德国这样"费省而事易，集便利殊不少"的教育方式，作者倡议国人大可仿行。

与同时期的报刊相比，《中华教育界》对电化教育的引介不仅集中，而且数量较多；不仅较为详细地介绍了国外电化教育的具体实践活动，而且也有较多篇幅介绍电化教育的理论。这在同时期其他报刊中是比较特殊而少见的。《中华教育界》对电化教育的关注不仅是其办刊主旨精神的体现，也表明了办刊者对新兴教育方法与手段引介的兴趣与热情。该刊的这份兴趣与热情，也促进了之后电化教育专号的诞生与电化教育实践活动的开展，成为引介并推动电化教育在中国发展的重要力量。

（二）民国后期《中华教育界》对电化教育的密集介绍

进入 20 世纪 30 年代后，《中华教育界》对各国电化教育的介绍呈现密集之势，既有对各国电化教育发展情况的消息报道，也有介绍各国电化教育发展的译文或文章，同时还有不少掺杂于各国教育发展情况中的部分文字介绍。据掌握的资料来看，在本时期同类的教育期刊中，《中华教育界》属于介绍世界各国电化教育发展情况最多的期刊。

首先，对西方国家电化教育发展情况的动态报道。20 世纪 30 年代是世界范围内电化教育快速发展时期，尤其在欧美各国已开始大规模地运用于教育领域，《中华教育界》在其专设的用以介绍国外教育发展动态的《世界教育界》栏目内，对这一情况进行了密集介绍。通过对《中华教育界》暂时停刊前五

---

① 摩斯：《最近十年间德国学校制度之进步及改良》，《中华教育界》1913 年第 12 期。

年——1933年至1937年间《世界教育界》栏目的统计，发现该栏目对世界各国电化教育发展情况的专门报道共有11条（见表3-5），作为介绍各国教育发展中的部分内容而加以报道的消息则有8条。

表3-5　1933年至1937年间《世界教育界》栏目刊载各国电化教育情况的文章*

标题	主题	年卷期
美国的教育声片消息	电影教育	1933年第20卷第7期
德国学校中之无线电应用	播音教育	1933年第20卷第8期
英国国家影片学院	电影教育	1933年第20卷第9期
国际无线电协会定期举行四届年会	播音教育会议	1933年第20卷第10期
英国教育影片编目	电影教育	1933年第21卷第3期
墨西哥实行统制电影	电影教育政策	1934年第22卷第3期
美国之无线电教育政策	播音教育政策	1934年第22卷第3期
法国教育博物馆之活动一斑	博物馆电化教育	1934年第22卷第4期
美国之空中大学	播音教育	1935年第22卷第9期
各国儿童对于电影之兴趣	电影教育	1935年第23卷第4期
德国学校之教育影片	电影教育	1937年第24卷第9期

*资料来源：《中华教育界》1933年第20、21卷，1934年第22卷，1935年第22、23卷，1937年第24卷。

上表中，《中华教育界》对各国电化教育专门报道的内容，主要表现出以下几个特点：

一是以介绍欧美国家为主。《中华教育界》对世界各国电化教育的专门报道主要集中在美国、英国、法国、德国等国，另外，对位于南美洲的墨西哥也予以关注。进入20世纪30年代后，世界各国对电化教育辅助教育发展的功能认识，已经得到了实验及实践的验证。一些国家如美、英、法、德等国已经意识到了教育手段的现代化不仅是整个教育现代化的一部分，而且是推动教育现代化的重要力量，都在大力推动电影、无线电广播在教育领域中的应用。欧美国家作为电影、无线电等电化技术行业的领军者，先进的电教器材装备、雄厚的经济基础及人才保证，使其在电化教育领域走在了世界的前列，成为各国发展电化教育仿效的对象，自然而然也成为《中华教育界》集中关注的国家。

二是以推行电化教育活动为主，兼有电化教育政策。分析《世界教育界》栏目对各国电化教育报道的内容，可发现各国在运用电化手段推动教育发展方面不遗余力。1933年美国芝加哥大学与美国电话电报公司合作，摄制了物理科学、生物科学、社会科学及人文科学四大类有声教学影片，每一类又包含24部教学影片，每部教学影片都能对各科教学进行详尽的展示。例如物理科学影片包括对各种自然过程的说明，如三角洲的形成、新河床的形成、风沙对于岩石形成的关系等，每部影片均能运用"所谓慢的技术来表示"，10分钟的影片，"即可表示几日几月甚至几年的自然过程"。有了这些教学影片，则"大科学家，身虽不能到各学校的课堂中，但他可以通过他的实验与精密的仪器，将科学现象一一展示在学生面前"，学生对于各种不能从他处获得的种种试验及知识，皆可通过影片获知。同时，美国芝加哥大学还为各科教学配备了相应的教师手册及学生用的印刷品，此类有声教学影片，可供中学、大学及成人教育团体使用。以芝加哥大学为代表的美国电影教育走在了世界的前列。与电影教育相比，其时美国的播音教育同样毫不逊色。1932年美国纽约无线广播电台创设了"空中大学"（University of the Air），1934年12月8日举行了第三届开学典礼，收听人数超过1600人，纽约教育界许多要人前往参加，著名教育家杜威亦曾出席，并发表了主题为"无线电对于心灵的影响"的长篇演讲。杜威在演讲中说，"无线电是社会教育的利器"。在关于物质的及技术的事件上，"'眼'实较'耳'为优"，但在一切社会事件上，民众教育"由于'听'而不由'视'"，所以，无线电播音对民众教育大有裨益。他指出，在现代社会，用于物质交换的工具远较用于交换知识及观念的工具进步，因此民主政治之进步乃大受阻碍，而"无线电发明以后，可以救济这种不平衡的状态"。杜威亦认为这只是提供了一种可能，"尚非已成之事实"。因为无线电广播既可供特殊利益之宣传，亦可以被人用以淆乱事实及引导民众走入歧途。无线电究竟能达到何种目的？这才是最关紧要的问题，造就光明公正的舆论与情操为民主政治成功的要素。因是之故，如果无线电可以"每天用以教育无数民众者，实为最良之教育工具"。杜威从民主政治角度，论证了无线电广播对民众教育的作用。第三届空中大学的课程自1935年1月开始，请杜威、克伯屈等著名教授，分别演讲关于教育、经济、心理、社会、文学等方面的内容。

德国的学校播音教育在20世纪30年代表现出长足的进步。仅在1930年，就有13000所学校配备了无线电收音机，1931年增至20000所，而德国共有学校55000所，即三分之一的学校已能用无线电教学。德国学校的播音教育多由学校与播音机关合作推行。1930年用于学校播音教育的次数为1500次，1931年达到了2000次。德国对于学校电影教育亦大力提倡，德国学校比较系统地利用教育影片始于1934年。德国教育部认为，在某种情形之下，"活动影片比较其他教学工具较能感动儿童，则影片为一种正规的教育工具，可以代替教科书"，于是在是年6月26日命令各学校开展电影教育。自此之后，教育影片便成为德国"学校课程中的必要部分"。其实，从命令的内容上看，德国教育部并非拿教育影片来代替教师，而只是作为教师教学工作的补充或者是扩展。1934年德国教育部设立了一个专门管理全国教育影片的中央行政机关——全国教育影片管理局。该局成立后的首要工作，便是给全国6万所普通学校配备相当的电影机设备，制作适合于各学校各年级课程使用的教育教学影片，并培养精通电影技术与设备管理的教师。德国的电影教育逐渐从普通学校推广至高等教育机关、工业学校、职业学校及高级乡村学校中。因为德国全部学校都可利用此种教育影片，故其经费由全国人民均摊。每个学生每个学期（三个月为一学期）缴纳20芬尼[①]，收取的经费用于学校购置电影机件及影片。截至1936年4月，德国中央管理局免费分配于各学校的电影机共计7733套，影片32617部，随后又增加了75部影片及说明书。对于这些器材的分配与使用，则由全国24个省级影片管理局与350个县市影片管理局分别加以管理。德国教育影片分为"技术"和"经验"两大类，前者多用于自然科学（生物学、地质学等）方面，主要为平常照片不能表现的技能操作过程或学生想象力所不能及的现象（如冰河时期的演变历程）；后者主要用一种系统的方法去描写一个

[①] 芬尼是德国在使用欧元之前的一种货币单位，1马克等于100芬尼。

整体的各方面或各元素，使学生"对于一种经验、行为或事象可以得到一种同意、调和而合于理论程序之整个的概念"。除这两类影片外，德国还制作了适应于各种特殊教材、学校类别及学生年龄的教育影片。总之，从《中华教育界》刊载的文章中，可以了解到德国的电化教育尤其是电影教育建立了从中央到地方的三级管理模式，由国家统一分配电影器材与制作教育影片等，保证了电化教育在学校内的顺利推行。

1933年，《中华教育界》报道了英国设立电影学院的消息，介绍了英国设立电影学院的目的、性质及功用。同年，英国教育影片中央管理局，完成了2000余种教育影片的编目工作。此项工作将搜集而来的教育影片依照农、工、商、地理、旅行、历史、文学艺术、科学、游戏等进行分类，旨在为教育与社会机关进行相关的指导，便利他们在教育教学中运用一般教育影片。

西方国家的电化教育最初起源于图书馆或者博物馆运动，因此西方国家的博物馆或者图书馆是推行电化教育的一大实施机构。1934年，《中华教育界》介绍了法国博物馆开展电化教育的情况。该报道称，自1934年以来，法国教育博物馆为协助学校音乐教学与语言教学中的朗读、复习环节，培养学生对于音乐的趣味及增进娱乐，对于留声机在学校教学上的应用"提倡甚力"。为求得此种教育方法的充分应用，该馆特意与法兰西留声机教育委员会合作组织了一个服务部，专门为各校传递消息及购置设备用具。他们还商请留声机制造厂制造一种专为学校教学应用的留声机，命名为"模范学校留声机"。该博物馆还编订了一套"特别合于教学之用"的唱片，并在法国外语教师联合会的帮助下，编订了一套用英、德、意三国语言发音的唱片，如其中的英文唱片，包括了英国著名作家莎士比亚、雪莱、勃朗宁、狄更斯等人的诗文片段。上述所有模范学校留声机及唱片皆经法国国民教育部批准备案，凡学校及其他教育机关购买此种唱片，皆以最低廉的价格出售，而这些唱片还可作为无声影片的音乐伴奏。法兰西教育博物馆还与其他的教育团体如法国教育学会、全国露天学校委员会、法国新教育社等开展电化教育方面的合作。为了便利地讨论与放映影片，该博物馆还专门建造了一个"设备甚为精美"的电影讲演院。时至20世纪30年代，各国推行电化教育的机构已经多由学校来运行，法国电化教育的推行除学校为主体外，一些博物馆依然是推行电化教育的强劲力量。

《世界教育界》栏目还介绍了一些国家的电化教育政策,如对墨西哥的电影管理体制与美国播音教育政策的介绍。1934 年,为防止"一切对于墨西哥人民及其风俗之伤害","以免对于本国之伦理、尊严及历史上的一切真理发生任何不良的影响",墨西哥内政部拟定法令,开始以政府的力量加强对电影影片的管理。对此,墨西哥联邦长官桑慈阐明:"世界各大都市无不设法保障其本国人民之艺术的及精神的存在,以发扬其国家及民族的精神。"针对墨西哥国内电影、无线电及其他各种娱乐方式的严重外国化倾向,墨西哥政府适时颁布的政策措施,"既非势利主义,亦非极端的爱国主义",而只是设法"在自己的文化范围内及地理的景物范围内,保障其有一般的进步"。回望中国,20 世纪 30 年代的电影市场充斥着各种神力怪异之外国影片,面对这种境况,国内有识之士曾发动了国产影片运动,以抵制外来不良影片对中国道德及风俗的影响。《中华教育界》及时地介绍墨西哥政府的这一做法,对中国其时的国产影片运动及相应的电化教育政策制定具有一定的启示意义。

同一期的《世界教育界》栏目,还对美国的播音教育政策予以介绍。1933 年美国政府召集教育界人士在华盛顿集会,讨论无线电政策的基本要点。在会议中,有人以英国用于教育的播音时间占到了 23% 而美国仅及其半作对比,提到美国无线电管理程序中用于教育的时间实在太少的问题;也有人认为美国大学无线电播音之所以失败,原因就在于缺少展示精神、太学术化、劣等的讲者太多、经费不充足等。因此,会议一致认为美国政府对于全国无线电广播,应采取更有效力的监督与指导。于是,大会最终制定出美国无线电教育政策的五项要点,并在此基础上提交了一份公共报告,呈给总统罗斯福。五项要点的内容包括"(1)播音的内容、范围应十分宽广。(2)少数负责的有关重要的人,不应因其所讲之范围较小,听众较少,而剥夺其播音的权利。(3)儿童之易感动的思想必须妥为保护,以免受危险的毒害及颓落的影响。(4)最易获得之文化、娱乐、常识及国家政策等,应予以在空中传播之机会。(5)凡关于一般公共福利之现实的争论事体,应予以鼓励"。从该篇报道的内容上看,实属美国播音教育政策制定的基本原则,并非国家颁布的政策规定，但也可窥见美国播音教育政策制定的基本指导思想，其关注受众、关注儿童、讲求播音内容的教育性等指导思想，值得其时中国电化教育政策制定者的注意。

　　三是以电影教育与播音教育并重，并介绍世界性电化教育会议。在《中华教育界》对世界各国电化教育的报道中，既有关于电影教育的，也有关于播音教育的，在对博物馆电化教育的介绍中，二者均有涉及。报道内容的比重分配与中国其时电化教育兼重播音教育与电影教育的发展趋势基本吻合。另外，《中华教育界》的《外国教育界》栏目还对其时举行的世界性电化教育会议进行了报道。1933年5月国际无线电教育协会在美国俄亥俄大学举行第四届年会，会议讨论了一系列利用无线电教育的问题，诸如利用无线电教育儿童的方法，显示教育材料的方法，引导听众研究无线电教育的方法，研究听众对于播音材料的反应与测验其反应的方法等。儿童作为年龄较小的特殊受众群体，电影在娱乐方面究竟能否真正适应儿童的需要？假如不能的话，有什么切实的建议提供给电影界以作进一步的改良？这一问题成为各国教育者们热切探讨的问题，"世界教育界"栏目对其进行了报道。英国代表哈里斯在将近一年的时间内，在国联秘书处及11个国家内务部的帮助下，搜集了充分的材料，证明各国电影界都没有特别注意专为儿童及青年而拍摄的娱乐影片。那么，电影对儿童心理及行为的影响究竟怎样？对此曾经加以认真探究的哈里斯认为，"电影为儿童罪恶之源"的看法是错误的。从现实情况看来，世界上几乎每周都有几百万的儿童到电影院去，都没有发生什么大的祸害。即使不适宜儿童观看的影片很多，对儿童不免存在流弊，但利弊相较，还是利多而弊少。另据对伦敦学校儿童的调查可知，一般人所谓影片中不道德的部分倒不为儿童所注意，而对于儿童发生极为不良影响的，却是影片中的恐怖镜头。就一般而论，对于现实影片不能适应儿童需要的问题，最好的解决办法就是创制专为儿童需要的娱乐影片。最后该报道提醒读者，"儿童的需要与成人的绝不相同"，提醒读者注意幼小儿童不能单独观看电影，必须有父母陪伴，并提倡放映家庭影片。

　　除在《世界教育界》栏目中对世界各国电化教育发展情况作专门介绍外，

《中华教育界》在对各国教育发展的动态描述中，对其电化教育运用情况也多有涉及。1931年在介绍奥地利初等教育的发展情况时，就介绍了该国初等教育教学法改革中幻灯教学的开展。20世纪30年代初，奥地利小学中幻灯片的使用已经非常普遍，共计拥有18000多种幻灯片，而且多由教师自己制作。这些幻灯片并不仅仅为教师讲授之助，也并非学生娱乐之用，而是使学生"得到实在的教育"。运用幻灯教学时，学生到达幻灯教室，边放映边做笔记，"每种片子都提供各人观察、讨论、发问及实际研究"，幻灯放映时，"不是连续的播映，而是每种都可以供给获得新知识的机会"。[①] 奥地利的电影教学则由当地的私人机关提供。除此之外，《中华教育界》在介绍墨西哥乡村教育运动时，也介绍了该国对电化教育手段的使用。

其次，刊发译文或专门性文章介绍国外电化教育情况。20世纪30年代后《中华教育界》刊发了较多的电化教育译文及介绍国外电化教育发展情况的专论。其中在译文类中比较重要的文章是《电影在教育上之地位》与《电影教育设备使用法》。《电影在教育上之地位》是译者杨同芬译自美国教育杂志 The Education Record 1934年第7期中的一篇文章。该文是美国著名的课程论专家威瑞特·查特斯（Werrett Wallace Charters）在1934年美国教育会议第18次年会上的演讲。该文从知识传递与转移态度两方面论证了电影的地位与影响。文章开篇即从电影与印刷品的对比中，强调了电影在知识获取上的优越性。著者认为，印刷的历史虽然远远长于电影诞生的历史，但电影的受众反较印刷品普及，书本上的学习是一种人为的成绩，而"影片上的学习，乃是天然的赋予"。同时，影片由于不受时空的限制，在时间上"可由儿童时代直至垂暮之年"，在空间上则可以"遍及五大洲"，称赞电影确实是一种优越的教学工具，并认为一次观影，就可以供给儿童全部课程中"一个非常紧张和有力的部分"。因此，查特斯要求主管教育行政的人们及教师在考察影响儿童发展的环境时，"切不可漠视了电影"，电影与儿童的家庭及所处的社会一样重要。作为传播知识和教学过程的媒介，电影对教育的影响是巨大的。查特斯也强调电影对学校教育的功效也是有限的，"要

---

① 《奥国革命后的初等教育》，《中华教育界》第19卷（1931年）第6期。

使电影立刻或永久代替书籍的功能，也是不可能的"，因为书籍自有它的伸缩性和范围，将课本所包含的一切知识都摄制成影片，在事实上也不易办到。在对知识的复习及参考上，书本确有优势。因此，在作为知识传递的工具上，查特斯强调电影不能垄断学校里全部的课程，但电影作为学校设备里新列入的"一种负有极大期望的工具"，在各种教学工具中应占有相当的位置——"超乎现代典型教师想象以外的一个重要位置"。接着，查特斯从电影影响的累积性与长期性方面，论证了电影对转移人们态度的影响。在维护社会者的手中，电影能发挥莫大的利益；在反抗社会者的手里，电影就变成可怖的危害。因此，电影在改变社会的态度上，是一种特别有力量的工具。同时，查特斯认为电影作为日常的教育工具，也有其自身的局限。其一，影片隶属教科书和讲义。即使电影所展示的是一本优秀的教科书，但它的性质并不能超越教科书的范围；即使它是一次优秀的演讲，它的性质也出乎演讲之外。所以，电影不能拿来代替课堂里的讨论以及儿童的各种活动。其二，要将电影完全植入课程，也有很多的困难。其三，与个性化教育的趋势不相容。强调儿童需要、重视儿童个性的个性化教育已逐渐被教育界重视，而强调集体效益的电影就不大适合了。就教学而言，电影最经济的用法，适宜于班级而不适宜于各个儿童，要使每个儿童都看到适于个人的电影也是不可能的。其四，电影不适宜儿童的复习。其五，电影以戏剧化的情节与浓厚的兴趣以维持观众的注意，如果剥离了电影中的情节，那么影片在学习上的力量也就微乎其微。

针对商业性质的制片者制作教育影片时，过于注重影片的戏剧化而失去教育性，而学校教师在制作时考虑教育的影响而忽略戏剧化的两极倾向，查特斯认为，教育影片不能仅以戏剧化为能事。为了做到教育影片既能维持观众的兴趣又发挥解决教育问题的能力，查特斯建议必须加强对教育电影的研究，教育电影的制作要由学校教师与电影编剧者合作，也只有这样，才能培养出教学经验与电影技术兼具的人才。

查特斯还论述了适应电影教学的学科范围，如美术、历史、电机工程、体育指导、生物学、物理科学、医学等。针对电影教育功效的巨大与适用范围的广泛，查特斯认为，美国在教育电影方面应关注生产与分配两个方面。

在生产方面，美国可供教师利用的影片已经很多，但比较分散。因此，教育界的责任就是调查教育影片的供给与需要，设立专门机关鼓励生产教育影片以适应教育界需要。在分配方面，美国亟须设立一种分配的机关，其任务不在于制造影片，而在于调查市场上已有的可供教育用的影片，然后将所调查的一切影片按照各种应用目的分门别类。在对上述各点论证的基础上，查特斯最后倡议美国设立教育电影研究所，以激励兴趣、提倡生产、协助分配、测定效率，只有这样，才能解决电影教育的种种问题。

查特斯从正反两方面论证了电影对教育的影响，既指出了电影作为教育工具的地位不可撼动，又指出了电影在教育上的局限性，点明了电影不能代替书本的原因，对电影教育中的制片、分类、分发及管理机构与研究所的建立等问题都予以论述，正如译者杨同芬在其译文注释中所说，该文对美国电影教育问题的论述及对其发展趋势的展望，"阐发甚详"，且"示以切实具体之办法"，对处于萌芽时期的中国电影教育来说，"足资借鉴"，查特斯对电影教育的客观评价必将给中国其时的电影教育以理性的指导。

与查特斯的演讲文章侧重于从教育角度解读电影的影响不同，另篇译文《电影教育设备使用法》侧重于从技术的角度说明电影在教育上的具体使用。该篇文章译自 *Teaching with Films*（《电影教学》）的一章。该文首先说明了电影或幻灯与教科书、黑板一样都是教育的工具，"在学习的方程式中，是附属于人的因子"，它们教育效果的发挥主要依赖使用者的技巧。虽然美国的许多教师培训机关在教师训练的科目中加进了一些有关视听辅助教具应用的课程，许多学校也引进了有关教学影片使用方法，以作为在职教师培训的一部分，但是对于大部分教师而言，他们对于这种现代教育工具的应用并不十分了解和熟练，主要原因在于他们缺乏学习运用这些机械的机会。为此，著者介绍了教育影片的类型与使用方法、有声电影放映机的具体使用条件与方法、教育影片的保护、幻灯影片放映机的使用方法及与留声机结合而发出声音的方法等。

此外，《中华教育界》还刊发了专门介绍国外电化教育发展的文章，主要有《播音教育的理论与实际》《战后电播教育之概况与新形势》《美国通信兵大队摄影场参观记》等。前两篇文章主要讲述了欧美各国如美国、英国的播音教育，各国儿童、成人的播音教育，以及欧美国家电化教育发展的趋势。后一篇系时任教育部社会教育司专司电化教育的第三科科长杜维涛所写。1947年杜氏受教育部委派赴美考察电化教育并采购电教器材，该篇文字是他参观美国通信兵大队摄影场后，对该场工作的具体描述。从这些文章的内容中，可看出各国对电化教育手段的重视及世界电化教育发展的概貌。《中华教育界》对国外电化教育理论与实践活动的介绍，给中国的电化教育运动以理论的指导与实践的范型。

20世纪30年代，以电影教育与播音教育为主体的中国电化教育事业开始正式启动，不仅在中小学及社会教育领域开展了全国性的电化教育运动，而且国家还颁布了一系列相关法规政策以推动电化教育事业的开展。但是，在其时的中国，虽然国人对电化手段推动教育发展的重要性认识已了然于心，但新技术辅助教育的开展毕竟还是一项新兴的事业，无论是国家层面的政策制定，还是教育界人士的具体操作实践活动，都急需来自他国的借鉴，《中华教育界》对国外电化教育发展动态、发展趋势及电化教育理论的介绍，无疑将给中国电化教育发展以有益的启示与借鉴。

三、《新教育》对电化教育的深度介绍

1918年12月，中华新教育社宣告成立。1919年1月更名为中华新教育共进社，《新教育》杂志作为中华新教育共进社的机关报亦于1919年2月创刊。作为20世纪20年代中国影响最大的教育杂志之一，《新教育》从1919年创刊到1925年骤然停办，在短暂的6年办刊时间内，在传播西方近代教育方面获得了巨大的成功。综览《新教育》传播西方教育的内容，除坚持不懈地介绍西方各国教育制度与教育思想，传播欧美各种教育新理论与新学说之外，同时对西方各国新近兴起的电化教育发展情况予以介绍，还占用大量的篇幅连续登载电化教育器材的售卖广告，扩大了教育界对电化教育的认知。

（一）介绍欧美各国电化教育新进展

第一次世界大战期间，欧洲一些国家利用电化手段培养士兵及运用于战

争的做法，使电化教育在一战后得到重视，开始广泛运用于学校教学中，英国在战后即着手推进电化教育手段在教学中的运用。《新教育》于1920年译介了《伦敦时报》教育增刊上登载的《教育影片》一文，详细介绍了英国电影教育的发展情况。该文首先介绍了英国伦敦市正在进行的一项"是否应该把影片作为一种教育课程"的研究进展情况。该研究首次试验，已经"颇有成绩"。为慎重起见，特组织专家再次进行试验。在试验影片的选择上，以"教育的或启迪智慧的，如关于游历、科学、博物之类，以及其他一切有益于少年人的影片"为依据。试验表明，教育影片可以"当作满意的学校用品"，但需要满足的基本条件是儿童的目力问题，即儿童眼睛保护问题。接着，该译文介绍了用教育影片讲授历史和地理课的方法与功效。在运用方法上，应该首先"编纂一篇有系统的讲义"，把影片内容"对儿童们详细解释，而后才叫他们去看影片"。这样一来，"不但口头的讲解和实物的显示，可成一个理想的联合"，而且影片与讲义的内容，也能够在儿童的头脑中留有"深刻而悠久的印象"。正因为"电影的功用，实在不可埋没"，该译文倡议设置专门收藏教育影片的图书馆，"以供做教员的人随便取用"。[①]

该译文对英国电影教育的研究情况及电影教育方法、功效等进行了详细介绍，这无疑会对还未普遍开展的中国电影教育以推动与指示，也是《新教育》对中国电化教育发展的一项贡献。杂志刊载的内容在很大程度上代表该杂志的心声或者期望，《新教育》在创刊之时，即表明了其创刊宗旨为传播"健全进化之言论"与"正当确凿之学说"，"使国民知世界之大势"，"俾平民主义在亚东放奇光异彩"。电影与电影教育作为西方文明进步及世界教育发展新趋势之一种，自然会受到欲以"教育为方法"，促进民众觉醒与社会进步的《新教育》的关注。在支持《新教育》杂志的五大机构中，北京大学、江苏省教育会、中华职业教育社等，都已经开始将幻灯、留声机、电影等电化媒介运用于平民教育或者通俗教育等各种形式的教育活动中。如江苏省教育会为推进通俗教育的开展，1913年就开始主张"改制幻灯，广列影戏"，

---

① 英士译：《教育影片》，《新教育》第3卷（1920年）第5期。

以使观者"善者兴感，恶者足戒"。[1]其会员黄炎培、陆规亮等还建议："应以活动幻灯、手提风琴、留声机器、五色画片为辅佐演讲通俗教育之工具。"[2]所以，《新教育》对电化教育的关注，有着一定的组织基础。

20世纪20年代，西方影片尤其是美国影片大量输入中国，其中不乏诲淫诲盗之作。面对国外大量糟粕影片进入中国，在1922年第八届全国教育会联合会上，中华教育改进社提议对于有害"风俗人心"之电影要"严加取缔"，随后又建议江苏省教育会筹组电影审查委员会。成立于1923年6月的电影检查委员会在人员组成上皆为教育界人士，如沈恩孚、郭秉文、蒋梅笙、黄伯樵等人，几乎没有电影界专业人士。该委员会成立后，鉴于"影片一项，关系社会教育甚巨"，"倘取材不慎，弊害殊多"，遂制定了电影审查的标准，即以能否"确合教育原理"以及能否对"社会发生良好之影响"[3]为电影审查的主要原则，即其评价标准在于是否蕴含社会教化与裨益教育的内容，更多地强调了电影辅助社会教育的功能及发展方向。正如沈恩孚所说："吾人应当辨别影片的内容，是否可以引起国民的良善性，是否可以矫正一般的坏风俗，我们便当借影戏来为教育的一大助手了。"[4]《新教育》的办刊宗旨及其背后支持机构，重视且已运用电化教育手段的事实，决定了该刊关注国外电化教育发展的必然性与合理性。

在强调与关注中国电影市场教育导向的同时，《新教育》杂志还刊发同类文章给予舆论上的引导。1923年，《新教育》翻译并刊发了时任芝加哥大学教育科主任兼美国电影委员会会长贾德（Charles H. Judd）所著的《电影与教育之关系》一文。该文指出，美国国民"醉心于电影有减少之势"，原因在于美国人民对于"粗劣、重复、淫秽的电影已经饱尝滋味，以致发生了厌恶之心"[5]。出于挽回观众的需要，电影界人士在美国全国教育协会于波士顿召开会议期间，呼吁教育界人士和他们一起通力合作，改良电影事业。教育界人士因电影与教育有着密切的关系，亦愿假以一臂之力，遂设立全国教育

---

[1]《通俗教育进行之商榷》，《申报》1913年12月11日。
[2] 侯鸿鉴：《说社会教育与学校教育联络之改进》，《教育杂志》第6卷（1923年）第10号。
[3]《省教育会审阅明星片之评语》，《申报》1923年7月5日。
[4]《商务印书馆的影戏事业》，《电影杂志》1924年第3期。
[5]《电影与教育之关系》，《新教育》第6卷（1923年）第4期。

会电影委员会,以编排富含教育意义的电影。颇具意味的是,呼吁对电影进行教育改造的倡导者群体,在中美之间具有很大的反差,即在美国是由电影界人士自身发起并倡导,而在中国则大多由教育界人物提倡并呐喊。由于中国电影审查委员会的人员组构皆属教育界人士而缺乏电影艺术的专业背景,使其处于"外行"审阅"内行"的尴尬处境[1],加之对电影的审查主要基于是否符合"教育原理"的标准,而招致电影界人士的诸多质疑与诟病,其电影审查工作甚至被讥讽为"老学究的朱批"。相比之下,美国电影界却能从自身发展出发,主动联合教育界共谋电影的教育发展之路,这不能不令人反思。《新教育》作为教育界的喉舌,刊发此文表达心声也在情理之中。另外,从该文的写作主旨及内容上看,与以中华新教育共进社等文化机构为代表的中国教育界所倡导"电影者,通俗教育之一种利器也"[2]的主张,有着异曲同工之处。换句话说,《新教育》刊发的文章在一定程度上呼应了其时教育界对电影辅助教育发展的期望,或者说该文的刊发是《新教育》主动给予其时教育界的主张以舆论上的配合。不管怎样,《新教育》在倡导电影辅助教育以达到借助电影传递新知于民众、引导民众形成正确价值观方面,具有风向标的作用。

（二）在广告中宣介电化教育

从《新教育》创刊伊始,就以登载广告的方式介绍电化教育。据统计,在办刊的6年时间内,共刊登各种电化教育器材售卖广告19次,其中7次为英语或国语留声机片与留声机,7次为教育影片及电影机,5次为教育幻灯片及幻灯机等相关内容。

在《新教育》创刊号上,就登载了美国芝加哥函授学校委托中华书局售卖的英语留声机片广告,称所售卖的留声机"由美国名教师口授,蓄入留声机内,开机谛听,并展教科书读之,与口授丝毫无异",且"发音准确,不厌不倦",称赞其"远胜于寻常教师",[3]还突出多人可同时收听的规模优势。与留声机同时售出的还有留声机片15枚,并赠送教科书、英文双解词典及英文

---

[1] 谷秀青:《清末民初江苏教育会研究》,广西师范大学出版社,2009,第188页。
[2]《电影与通俗教育》,《申报》1923年8月3日。
[3]《英语留声机》,《新教育》1919年第1卷第1期。

尺牍各一部，同时，为"优待中国学生起见"，由原价200元优惠至180元，并可"当面开演"以验证效果。《新教育》以简洁、富有吸引力的语言，不仅突出留声机片由美国教师录音实施英语教学隔空传授的特点，也凸显了留声机在教授英语方面可反复播放与扩大收听规模的优势。同一内容的广告紧接着在《新教育》下一期即1919年第1卷第2期上登载。此类出售广告还有用于国语国音教学的留声机片。在新文化运动中，倡扬民主精神的一个重要表现，就是推行国语统一运动。在该运动中，推行全国统一的国语发音与注音符号是一项重要内容。针对国语教授中的困难，中华书局与商务印书馆分别聘请黎锦熙、赵元任等音韵与语言学专家，录制国语留声机片，借助《新教育》在教育界的影响，进行推广售卖。从标题、插图及内容上可看出，《新教育》在推广留声机于国语教学的热情较高。如在1922年第5卷第5期、1923年第6卷第1、2期分别以"请听！说的什么！"的醒目标题，并配以相关图片来吸引读者的注意。

在《新教育》推广电化教育器材的广告中，电影与幻灯教育影片类的广告占据了相当的比例，这两类影片既用于学校教学，也用于社会教育。从内容上看，主要有商务印书馆摄制的生理、动物、植物、物理、矿物及自然现象等幻灯影片，还有诸如孔林遗迹、北京宫苑名胜、各省名胜、西湖风景、上海风景、外国风景、革命事实、欧洲战争、田径运动等电影影片。在登载的广告中，以醒目的标题称教育影片为"社会教育之利器"（如图3-1）。

除教育影片外，还刊登售卖幻灯机与电影机的广告，如多次登载英国伊文思图书有限公司售卖的电影机广告，并连带影片"礼拜堂、学校、演说堂之用"（如图3-2）。

单纯地介绍国外各种电化教育手段运用于教育的实况，更多的是激发国内教育界改进教学手段的热情，只是由外而内的舆论引介，只有给教育界以具体而微的实际指示并支持与培育本土的电化器材市场，使电化教育器材真正在教育界流通起来，才能推动电化教育在中国的真正植根。《新教育》大量刊登电化教育器材的售卖广告，为电化教育向全国范围传播提供了有利的物质条件。

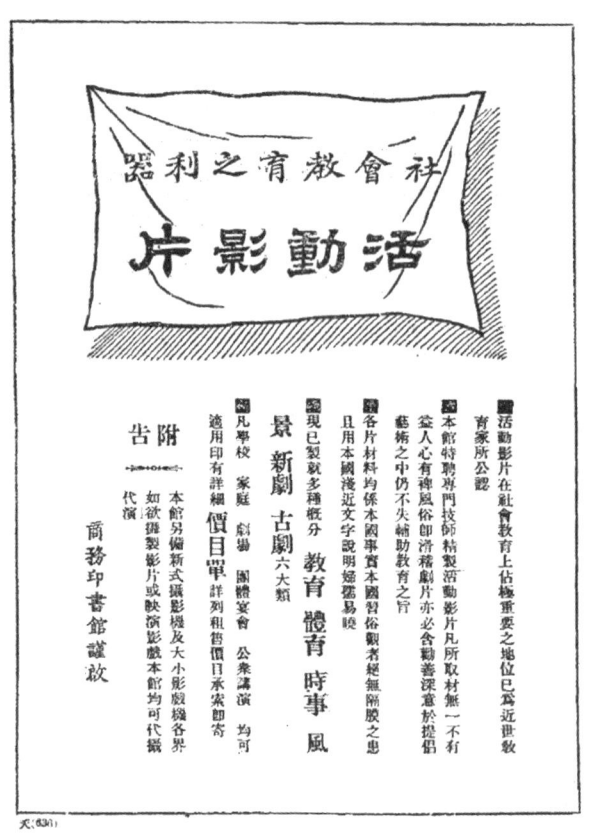

图 3-1 《新教育》所载商务印书馆摄制并出售教育影片的广告*

*图片来源：《新教育》第6卷第2期。

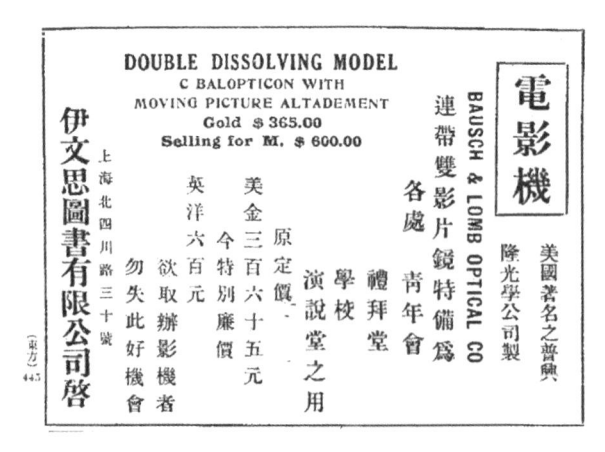

图 3-2 《新教育》登载的电影机售卖广告*

*图片来源：《新教育》1923年第6卷第3期。

总体而论,《新教育》作为创刊于新文化运动时期的杂志,在对新事物的传播、新思潮的引介上自然也毫不逊色。但办刊时间相对较短的事实,使其与《教育杂志》及《中华教育界》相比,自然在电化教育引介的具体文字数量上要相对少一些,然而作为教育类的专业杂志,《新教育》在20世纪20年代却是传播电化教育最有力的期刊。

第三节 其他报纸和杂志的传引

除上文所述的《申报》《教育杂志》《中华教育界》及《新教育》以外,长期而又较为密集地关注并引介电化教育的报刊有综合性杂志《东方杂志》《进步》等。

一、《东方杂志》的持久宣传

创刊于1904年而终刊于1948年的《东方杂志》,是商务印书馆的一个重要出版物,也是中国近代历时最长的大型综合性杂志。《东方杂志》秉承商务印书馆"以扶助教育为己任"的文化理念,努力介绍现代文明进化新成果,积极传播中西时新思想学说。创刊之初以选刊为主,虽然也注重于对西学的传播,但传播的内容主要是以立宪政治为主的西学,而鲜有对西方近代先进技术成果的介绍,自然就缺乏对近代电化媒体的引介。《东方杂志》对电化媒介技术及其教育功能的关注,开始于1911年杜亚泉就任主编后。

杜亚泉,原名炜孙,字秋帆,笔名伧父等,今浙江绍兴上虞人。自幼饱读诗书,起初致力于训诂、音韵之学和清初大家之文,为补实用,兼攻算学。甲午战争后,在维新变法思潮的鼓动下,开始由中学转向西学,由是对西学产生浓厚兴趣,阅读了大量的科技书籍。1900年来到上海,设立亚泉学馆,创办《亚泉杂志》,开始正式走上宣传科学知识的道路。1902年,受蔡元培邀请,担任绍兴中西学堂算学教员。在教学之余,把理化实验逐条整理,到众人聚集之处一边发表演说,一边演示实验,使民众于"惊眩变化之奇妙"中"增长事物之智识",并"响慕学问之旨趣"。杜亚泉对直观演示教学方法的重视,为其日后担任《东方杂志》主编后引介电化教育奠定了事业实践基础。

1911年杜亚泉担任主编之职后,对《东方杂志》进行了全新改革,增加了西学传播的内容。正如胡愈之对他的评价:"对于自然科学的介绍,尽了当时最大的任务。"[①] 每一期《东方杂志》上都有相关的科普类文章4篇到七八篇不等。如在第8卷第12期上就有《最近化学原子量之报告》《地球年龄说》等数篇介绍自然科学的文章。另外还有科普常识介绍,如第9卷第8期刊载的《近视眼之调护法》等。杜亚泉对《东方杂志》传播西学发挥了较大作用。关于这一点,后人有此评说:"因科学界的耆宿杜亚泉先生,曾主编本志十年,所以对于世界的新发明和新发现,从来不曾忽视。"[②] 作为西方近代新发明的电化媒介,自然也是杜亚泉担任主编时期关注与引介的新事物,《东方杂志》对电化教育的引介也由此起步。

《东方杂志》对电化教育的关注,主要集中于民国前期,尤其是1911—1919年期间刊载了一系列与电化教育相关的文章。这些文章或者译自美、英、日等国较为权威的杂志,颇重名刊效应,或者转述介绍欧美国家电化媒介及其在教育领域中的运用,反映了《东方杂志》对西方电化教育发展的关注。在7篇译文中,有4篇属于介绍电化媒介技术及其应用的文章,另3篇重点介绍了西方国家尤其是美国对电化媒介的教育功能的重视及教育领域内的应用情况。随后,《东方杂志》对电化教育虽有所关注,但内容不多。《东方杂志》刊登有关电化教育的文章主要从电化媒介的教育功能出发,介绍了摄影、幻灯、电影、留声机、无线电乃至电视等各项西方电化媒介技术的历史演进,探讨了电影等电化媒介对教育的推动,反映了《东方杂志》作者对利用电化媒介及其技术以改进中国教育的热切期望,成为解读民国前期中国如何引介电化教育的窗口。总体看来,《东方杂志》对电化教育的引介主要集中于以

---

① 胡愈之:《追悼杜亚泉先生》,《东方杂志》第31卷(1934年)第1期。
② 黄良吉:《东方杂志之刊行及其影响之研究》,台湾商务印书馆,1996,第70页。

下几个方面。

首先，重点介绍了西方电化媒介技术的发展情况。电化教育的发展依托于电化媒介技术的更新与进步。在清末乃至民国初期，中国工业发展落后，技术人才缺乏，不管是幻灯还是电影，放映的影片多来自英、美、法等国，如法国百代公司在上海、北京、天津都设有影片销售处，专门销售电化器材与影片。虽然一些有识之士已经意识到了电化教育手段在启迪教化、开导智慧上的显著作用，但专业技术性知识的缺乏，使其既无使用之方法，更无制造之技术。《东方杂志》敏锐地察觉到了这种情况，对电化教育发展所需的幻灯、电影、留声机、无线电以及电视等媒介技术，都进行了翻译介绍。

摄影技术为制作幻灯影片的基础技术，1911年《东方杂志》连续六期刊登了《摄影术发明之略史及现份之方法》，认为摄影"对于学术、工艺、军事、司法"等，皆可使之"受益无穷"，全面叙述了从16世纪中叶到20世纪初摄影的发生发展情况，介绍了不同时期不同发明家的摄影技术，可谓是一篇摄影技术简史。《活动及发音幻灯》，介绍了美国发明家爱迪生结合留声机的发声技术与活动幻灯技术而发明的发音活动幻灯。《留声机之过去现在及未来》，介绍了不同科学家发明的发声机原理、留声机的起源及改良进化过程，尤其重点介绍了爱迪生与毕德惠尔分别发明的留声机技术原理。1922年，《东方杂志》以《无线电最近的进步》为专题栏目，分别刊载了《无线电应用的推广》《无线电的音乐与讲演》《贝林氏无线电的改良及照相》《最简单的受话器》《无线电器的幼年发明家》以及《救生船上的无线电》等一系列文章。这些短文涵括无线电发明的历史、发明者、最新技术以及在教育上的功用等。随后在1925年与1930年，分别以《无线电之新事业》《小规模之无线电播音》为题，对无线电发展的最新技术加以介绍。20世纪20年代末，有声电影问世以后，《东方杂志》及时刊载了《发声电影及电传形象发明的经过》《有声影片的流行问题》等文章，介绍了有关有声电影技术发明经过以及与无声电影的优劣对比等。值得一提的还有对电视技术的介绍。世界上第一台电视机于1925年在英国诞生后，美国也加快了研制的步伐，很快取得了成功。在1927年第24卷第17期上，《东方杂志》及时地以《美国电视试验之成功》为题，介绍了这种最新电化器物的发明经过。1930年还连续刊载了《电视及其进步》，对电视技术的新进展加以介绍。

《东方杂志》在对电化教育发展所依托的各主要媒介技术进行专业性介绍或对其作为实业发展介绍的同时，最终都导向于其教育功能的发挥。如在《新实业中之汽车与活动影戏》中，将电影业与汽车业并称为近代世界新兴之实业。近代新兴实业中，其"进步之速，获利之厚"，能与汽车事业相抗衡而"称伯仲者"，唯"活动影戏而已"，论述了世界电影事业蓬勃发展的面貌。在电影事业最为发达的美国，电影已经"不特为公众娱乐之资"，在教育界已大显身手，"凡有新思想或新事物，为语言文字所不能尽述，则莫不借影片之力以曲折传出"，使观者得以心领神会。

其次，对电化媒介教育功能进行介绍。发表于1912年的《论影戏与文化之关系》一文，将电影与戏剧作比照，论述了电影作为娱乐方式深受时下观者喜欢的原因，同时指出电影是文化之一种，非常有益于教育，"如学校教授自然科学及历史、地理诸学等"，如果"以电影利用之"，则"生徒易于记忆，知识便于注入"，而且还可以应用于"道德伦理上之诸教科，使之易受其刺激"。该译文指出了电影不仅能用于学科知识的传授，也能用于道德教育，为电影走进学校教育教学作了理论上的铺垫。这对于刚刚进入中华民国新时代意欲以教育救国、教育立国的国人来说，无疑指出了以电化媒介辅助教育发展的方向。

《活动影戏发达之将来》一文，可谓是一篇介绍电影教育功能的专论。该文在开篇即指明，自印刷术发明以后，"一切科学上之发明发现，其影响于社会最大者，莫有如活动影戏者也"。该文进一步指出，电影对于不会阅读又足不出户且占人口大多数的无智识阶层尤为有用：他们通过观看有意义的电影，可以改良其"管窥蠡测之见识"，造成"宏深伟大之人生观"。同时指出中国应取缔不良影片，限制国外有害影片的输入，此论对其时中国影片多属进口欧美且鱼龙混杂的状况应加以限制与管理有较大的警示意义。在此基础上，指出活动影戏的发展应有四大区域：纯娱乐的、纯教育的、国家的及商业的。其中，应注重教育电影的发展，指出教育电影在美国及西欧各国已属普遍，在寻常学校、大学及专门学校中，"效用极为广大"，讲授地理、医学等学科皆可用之。在教育影片的管理上，应设专门的教育电影库，由"中央教育官厅管理，随时巡回各地学校，以作教课之辅助"，还应另设教师数人，"专供讲演之用"，该文非常详细地论述了教育电影在学校教学中的功用与管理方法。在电影教学寥寥无几的中国，其对唤起国人对电影教育的重视及加强对电影的管理有一定的指示意义。

在对电化教育及其媒介技术进行介绍时，为使抽象难懂的技术应用性知识变得通俗易懂，易于读者理解接受，《东方杂志》还配备了一些图画，如《新发明之单片活动影戏》在介绍幻灯片的制作与使用方法时，就配备了图片。另外其他的技术应用类文章如《活动及发音幻灯》《留声机之过去现在及未来》等，皆配以图片进行解释介绍。

总体看来，《东方杂志》对电化教育的引介力度虽然在民国后期极为微弱，但对电化教育的关注一直比较持久。《东方杂志》对电化教育的引介主要集中于民国前期，尤其是民国元年以后，这不仅与杂志主编杜亚泉注重西学引入的办刊宗旨及个人对现代自然科学的偏爱有关，也表现了《东方杂志》作为大众传播媒体对电化教育的敏感性及推动中国教育发展的责任心，反映了当时社会知识界对电化教育的认识程度。但综观这一时期《东方杂志》对电化教育的关注，发现它虽然介绍了大量的西方媒介技术的进展与欧美国家对电化教育的重视情况，并把这些内容详尽地展示给国人，这些介绍也无疑给中国电化教育的发展提供可资借鉴的参照，但它还称不上是中国近代电化教育的积极倡导者。面对国内大多数人均为文盲，急需先进教育手段扩大教育规模的现实，《东方杂志》虽然对教育"广人智、进文明"[1]的认识在创刊之时即极为明晰，但时值民国对电化教育手段在中国教育的运用上并未作出积极倡导的姿态，而且至民国后期宣介电化教育的文章极为少见。报纸、杂志是透射社会的镜子，透过《东方杂志》这面镜子，也可反射出社会及知识教育界的部分人士对电化教育这一手段的认识程度如何。

---

[1] ［日］长尾雨山：《对客问》，《东方杂志》第1卷（1904年）第2期。

二、《进步》的短暂介绍

除上述报刊外,《进步》杂志对电化教育的介绍也较多。如该刊 1913 年第 4 卷第 4 号以较大篇幅刊登了《活动影片教育上之实用》一文,介绍了美国、英国、法国教育领域对影片的运用情况及使用要求等,并称电化手段为"教育之利器","匪止适用于学校,尤为社会教育之珍具"。1913 年第 4 卷第 5 期上登载了《活动影片之新功用》与《盲人用之活动影片》;1914 年第 5 卷第 3 期上同样登载了两篇有关文字,即《留声机之注音器》与《传授外国语之留声机》;1914 年第 6 卷第 1 期、第 5 期、第 6 期又分别登载了《饶伯森君无线电电报演说》《影戏园中之天窗》《活动影戏滥觞中国与其发明之历史》《活动影戏可助投票》与《海底生物之活动影片》;1914 年第 7 卷第 2 期上登载了《记事之照相镜》;1916 年第 10 卷第 2 期登载了《活动影戏之有光影帘》;1916 年第 11 卷第 4 期上登载了《多片连奏之留声机》等。刊载在《进步》上的有关电化教育方面的文章,虽然均为短小精悍之作,但其内容较为广泛,包括了幻灯、留声机、电影这些电化媒介的使用技术以及用于国语、外语、生物等学科教学的情况。

综上所述,电化教育在引入中国的过程中,百科全书式的报纸——《申报》,专业性的教育类杂志中最有代表性的三种——《教育杂志》《中华教育界》《新教育》,以及综合类杂志《东方杂志》《进步》等纸媒,均发挥了重要的作用。这些代表性纸媒不仅见证了电化教育传入中国的整个历程,而且以自身文字载体的传播力与影响力,引介了西方先进媒体技术知识与电化教育理论,扩大了国人对电化教育的认知与接纳,为电化教育植根中国培植了强有力的舆论力量。同时,这些报刊为教育界人士搭建了交流电化教育应用技术知识及其学科理论的互动平台,对电化教育的实践探索与理论创新以及学科建设,均有较大的奠基作用。总体而论,上述报刊等纸质媒介,在电化教育传入近代中国的过程中,均发挥了重要的作用,实现了一种媒介形式对另一种媒介形式的有效引介与传播。

第四章

近代电化教育传入的实践表征

电化教育在近代来华传教士及其外围组织、出国考察人士、留学生以及来华教育界外籍人士等社会主体与《申报》《教育杂志》《中华教育界》《新教育》及《东方杂志》等纸媒的引介下,由最初传教士传教的工具,逐渐深入校园成为教育教学的辅助工具;由零星地散布于一些教会学校与国人自办新式学校,逐渐被更多的国人认知与接受,进而演变为教育的利器、移动的黑板,并扩展至中国的教育领域,成为深受中国教育界追捧的时代宠儿。在此基础上,电化教育相关课程与讲座开始在高等学校中开设,电化教育专业也开始创建,相应的专业学会与期刊也相继创办,并形成了一支电化教育的研究队伍。由是,电化教育传入中国后,一系列的电化教育实践活动奠定了中国近代电化教育学科化与体制化的基础,为电化教育的学科创建蓄积了实践能量。

第一节　新式学校的施为

中国近代的新式学校，根据创办的主体与性质，一般来说可以分为两类：一类是兴起于洋务运动时期，以学习西方格致之学为主的国人自办的新式学校，该类学校以创设于1862年的京师同文馆为开端；一类是鸦片战争后西方传教士在中国办理的教会学校。从创办的时间来看，教会学校要早于国人自办的新式学校，但二者对近代中国教育现代化均有开启与推动之功。这两类学校之所以"新"，就在于教学内容、教学方法与形式上均不同于中国传统的官学与私学，因此统归为新式学校。因其"新"，二者也成为电化媒介进入中国后的重点实践基地。

一、教会学校的展示

19世纪初，随着西方殖民势力的进一步扩张，海外传教活动也随之扩展至中国。为使传教活动更为有效地开展，兴办学校，传播西学，是传教士借以扩大影响的重要手段。1842年后，随着中英《南京条约》及其他丧权辱国条约的签订，西方传教士在一系列不平等条约的保护下，纷纷来华传教、办医院、兴学校。截至1860年，西方传教士在中国沿海通商口岸城市开设的确切可考的教会学校有38所。[①] 如前所述，创办于1850年的香港圣保罗书院[②]在1861年就发现配置有电机装置，并有幻灯及一套照相机设备。虽然无法知晓圣保罗书院置备幻灯与照相机设备的用意是否在于教育教学，但至少可以推断在1861年之前圣保罗书院就配有此类电化媒介装置了。1874年，狄考文在山东登州文会馆用亲手制作的幻灯机给学生做理化课展示，称学生们"学

[①] 熊月之：《西学东渐与晚清社会》，上海人民出版社，1994，第288—289页。
[②] 一说创办于1843年。

得很认真并且乐在其中"①。就目前手头掌握的材料来看,狄考文创办的登州文会馆当属中国首次引介电化教育手段辅助教育教学的学校。1885年,颜永京为赈灾集资,也曾在格致书院多次放映他本人环游世界的幻灯影片,影片内容为"各国风俗、人情、礼、乐、刑、政",以及"舟、车、屋宇、冠、裳、山、水、花、鸟"②等的描述并辅以颜氏本人"口讲指画"的讲解,可认定此次活动当属一次有意义的教育活动,以至于将近50年后的某一天,当有人回顾该事件时,除称颂其热心慈善外,还称此次活动为"启迪民智"的"教学活动"③。事实上,电化媒介作为教学的辅助工具真正登上格致书院讲坛,却是在1895年。是年,时任格致书院负责人的傅兰雅不仅把幻灯演讲作为格致书院教学的常设项目,还将其写进格致书院的授课章程中,彰显了傅兰雅对电化教学的重视,此举为中国教育史上前所未有的事情。1902年中西书院讲习"用影戏灯阐明格致之理",亦开始将幻灯引至教学过程,在授课过程中配以"泰西诸名胜画景,口讲指画,不惮辛劳",以期"于游戏之中寓攻错之意"④。上述这些教会学校均是较早运用电化手段辅助教学的教育机构。

19世纪末电影走进中国后,也很快于1898年舶入登州文会馆。该校在狄考文的主持下,还专门建造了放映幻灯与电影的大厅。1899年基督教长老会从美国运来三架电影机,其中一架分配给了南京汇文书院,之后汇文书院与其他教会学校合并而成的金陵大学成为校园与课堂电影放映的首批教会学校。随着教会学校的渐次开办与电化媒介技术的不断更新与改进,人们对幻灯、电影等媒介传播知识信息功能的了解日益深入,这些新型电化媒介也逐渐走进更多的教会学校中,或用以师生课外娱乐,或直接用以课堂教学。如南京金陵女子大学在创校初期,在仅有8名学生的情况下,还在化学实验室里设置幻灯机,由化学教师高切尔进行幻灯教学。⑤上海的圣约翰大学也经常开展校园电影活动,"每隔两个礼拜的礼拜六晚上演映影戏","每次开映,看

---

① [美]丹尼尔·费舍(Daniel W. Fisher):《狄考文传:一位在中国山东生活了四十五年的传教士》,关志远等译,广西师范大学出版社,2009,第136页。
②《观影戏记》,《申报》1885年10月17日。
③ 拾玖:《四十九年前的上海影戏谈》,《申报》1934年3月6日。
④《影戏大观》,《申报》1902年1月19日。
⑤ 张连红主编:《金陵女子大学校史》,江苏人民出版社,2005,第25页。

的人总很多"。[1]

前文已已述，青年会作为电化教育传播的先驱者之一，在电化媒介的应用实践上亦颇有建树。青年会文教事业不断扩展，开办了不少附属学校，如青年会附属中学、附属小学以及半夜学堂等，这些学校也较早运用了电化教育手段。除在课堂中较多地运用幻灯教学外，还经常在节假日以及开学、放假与毕业典礼上放映电影娱乐，这样的报道在上海《申报》上屡见不鲜。如1910年上海青年会附属中学、半夜学堂在放假与毕业会上，就分别"放映电影娱乐"及"放映电影《世界第一战舰》"。[2]在节假日放映电影，俨然成为该组织所主持或创办的学校的时尚之举。另外，如上文所论及的齐鲁大学、金陵大学在民国初期也均把运用电化器材作为常规的教育教学手段。总之，传教士及相关教会组织创办的教会学校，成为中国近代最早运用电化教育手段的新式教育机构。

二、国人自办学校的拓展

经过两次鸦片战争的沉重打击，清政府的腐败羸弱之态尽显，一批有识之士开始认识到中西之间的巨大差距，认识到中国羸弱落后的原因在于封建科举制度所培养的知识分子以考取功名获取高官厚禄为一生的追求，视界短浅，思想狭隘，虽饱读科举时文，但于国计民生的经世致用知识知之甚少，对自然科学技术知识不仅不屑而且鄙视。在西方的坚船利炮攻击面前，当时知识阶层固化的知识结构与苟且生存的能力顿时暴露无遗。培养这种知识阶层的教育制度，长久以来强调以"义、礼"为重心的圣贤之学，历来不重视器物之学。在静态的农耕时代，它的局限性并不显明。但是，时至工业时代，"蒸汽运千钧，电气达万里，以及系球升天，泳钟入海"，世界范围内科技发展突飞猛进，而这一切"有益于宇内者"的科技现象，皆从格致中来[3]，而中国

---

[1] 熊月之、周武主编：《圣约翰大学史》，上海人民出版社，2007，第259页。
[2]《青年会附属中学毕业放假》，《申报》1910年1月20日；《青年会半夜学堂放假》，《申报》1910年1月19日。
[3] 高时良：《中国近代教育史资料汇编》，上海教育出版社，1992，第729页。

教育缺乏的恰恰是这种实用之学。在国门被迫打开之时，如果不探求推动时代发展所需的自然科学与社会人文之学，中国必将落后挨打。1864年郭嵩焘在上疏中呼吁："奏为方今要务，莫急于崇尚实学，振兴人文。"[①] 于是，学习西方，重视格致之实学，开办新式学校成为其时洋务运动中的一项重要内容，中国新式学校的开办随着洋务运动而起步。

从1862年京师同文馆的创办到戊戌变法前，洋务派开办的各类新式学校大致有以下3类28所：以京师同文馆为代表的外国语学堂7个，以1866年开办的福建船政学堂为代表的军事学堂14个，以1876年开办的福州电报学堂为代表的技术实业学堂7个。这些学校以西方近代科技文化作为主要课程，在培养目标、教学方法及组织形式上，都与封建的官学、书院、私塾等中国传统学校有着显著的差异，因此人们常称其为新式学校。

在戊戌变法之前国人开办最早的一批新式学校中，较早记载电化媒介进入校园的是上海同文馆（即今人所称的上海广方言馆）。前文已揭，早在1866年《上海新报》就曾记载，传教士在上海同文馆放映地理风景与星象天文之类的幻灯片。虽然记载中没有明示播放幻灯片的用意在于教育教学，但其播放的地点是在学校的围墙之内，播放的内容也完全有利于满足学生增进智慧、开阔视野的需要，完全称得上是一种借助现代教育媒介开展教学活动的行为，是国人自办学校中运用电化教育手段的首次尝试。

随着洋务运动的深入开展，上述国人自办的新式学校也次第开办。由于教师多聘请自电化媒介较早应用的英、美、德、法等国，也可推断，在上述国人自办的学校里也应有运用电化媒介的事实。加之传教士在聘请的教师中占有相当的比例，而他们无论是在其本土国家还是来中国后，多有运用电化媒介的行动。因此，当他们走进中国人开办的学校，自然也会运用电化媒介。如德贞，他自幼便对摄影技术产品、播放幻灯片等物理光学知识极感兴趣，来到中国后，多次在其开办的医院中借助照相机、幻灯片来进行宗教宣传。经验告诉他，以照相术为代表的西方百余种应用科学技术依然是西方人打开中国各层人士心理防护之门的钥匙，尤其是"西方国家盛行的幻灯机最具吸

---

① 杨坚校补：《郭嵩焘奏稿》，岳麓书社，1983，第283页。

引力，既可寓教于乐，又可无限复制"。作为执教京师同文馆达23年之久的资深教习，德贞很有可能把这些"最有吸引力"的幻灯机及影片展示给他的中国弟子。但囿于资料的限制，对于京师同文馆这所中国开办最早的新式学校，无法证实其到底有没有运用电化媒介进行教学实践活动，只能做如上推断而已。戊戌变法期间，维新派领袖在教育上提出"广开民智"的口号，引起了一批士绅知识分子的响应。1898年夏，经元善响应维新派广开学校以启民智的号召，创办农工学堂于家乡余姚和上虞两县。经元善办学与众不同之处即在于教学方法强调理论与实际操作、形象教学相结合，[①]农工学堂除设立工作间供学生实习外，"更购外洋农事影灯，按图细讲，俾易领悟"[②]。这种教学方式在科举时代的县城学校内实属少见，农工学堂也是已知维新时期较早运用电化教育手段的国人自办学校。

　　庚子事变后，为了挽救专制统治，清政府不得不进行改革。1901年，清政府宣布实施"新政"，在各省设立新式学校是新政的一项重要内容。1902年清朝实施"新政"改革后，中国思想界的观念为之一变，在介绍国外新制度、新思潮以及对新事物的接纳上有了转变，这是电化教育手段在新式学校里得以广泛运用的契机。同时，摄影技术得到了进一步普及，摄影、照相成为时尚，为幻灯放映提供了较多的图片素材。教育界也追逐社会风尚，把幻灯与电影放映当作一种时尚，电化教育媒介开始更多地出现于新式学校里。1905年，上海召开孔子诞辰纪念大会，参会学校以各种形式表达纪念，其中龙门师范学堂就专门放映幻灯以庆祝孔子生日，[③]吸引了众多人士围观。1906年松江师范学堂开展游艺活动，放映幻灯以娱家长来宾。[④]一些女子学校，如浙江省女子师范学校，在校庆纪念活动中也运用幻灯娱乐。[⑤]1910年，一所学校经济困难，该校的学生即以幻灯放映筹款补助学校。[⑥]由上可见，幻灯已经进入了较多的学校。纵观晚清最后十年间，虽然电化媒介走进了更多的学校，被更多

[①] 陈科美主编：《上海近代教育史》，上海教育出版社，2003，第122页。
[②] 虞和平编：《经元善集》，华中师范大学出版社，2011，第213页。
[③]《孔子生日之大纪念》，《申报》1905年9月25日。
[④]《师范学堂开游艺会》，《申报》1906年7月13日。
[⑤]《浙省女子学校纪念会》，《申报》1907年5月3日。
[⑥]《学堂演剧筹款》，《申报》1910年10月27日。

的学生所接触，但放映内容与目的多为娱乐，真正将其作为常态教学手段的学校还比较少。

1912年南京临时政府成立后，在短短的3个月时间内，建立的资产阶级民主共和国，制定的反帝反封建内外方针政策，对促进民主政治、经济以及教育文化建设做出了巨大的贡献。这些措施使民主共和的观念深入人心，使当时人们的政治、思想和生活环境比君主专制下的晚清要宽松许多。这些为人们思想文化的解放与生产力的发展提供了极大的便利，从而为新思想的萌发以及新事物的发明与创新创造了空间。随后，新文化运动的兴起及其倡导的科学精神在全社会尤其是教育领域引起了巨大反响，促进了诸项教育改革运动的蓬勃发展，电化教育也因之得到国人的推介与运用。中华民国成立后，学校运用电化媒介的记载逐渐增多。其主要标志有二：一是电化媒介成为学校课堂教学的常规辅助手段，二是出现了在学校巡回放映幻灯的团体。

首先，电化媒介进入更多的学校，成为课堂教学的常规辅助手段。在把电化教育作为常规教学手段运用的学校中，清华学校是运用电化手段频次较高的学校。作为一所深受美国影响的留美预备学校，在其前身——游美肄业馆时代，就提出"延用美国高等初等各种教习，所有办法均照美国学堂，以便学生熟悉课程，到美入学可无扞格"。在此办学方针指导下，清华学校的教学方法、教学仪器及设备均引进自美国。所以，在国内学校里，清华学校属于较早引介电化媒介而且利用率较高的学校。仅据1916年《清华周刊》之"校闻"记载，幻灯与电影以各种形式出现的频次达22次之多，利用频率之高于同时期任何学校都难以比肩，而且清华学校运用电化教育形式多样，除运用于课堂教学外，多运用于演讲（即学术讲座）、团体活动及娱乐。讲座的学科涉及历史、地理、物理、生物等科，开展此类讲座的教师主要是外籍教师与外来讲学的专家及部分留学归国人士，其中外籍教员如狄玛、赫德劢、马伦、白雅礼、韦德穆等，常用幻灯为清华学子开展不同学科、不同内容的讲座。这些以幻灯辅助教学的措施，在学生中反映良好。如在地理课上辅以幻灯影片讲解五带动植物，不仅"以助课本所不及"，而且教学"皆能唤起精神"，被学生们称为"教授良法"；在历史课上，"佐以极有兴趣之影片，将古代遗迹及今日欧洲各大都会之景象,明白印证","观者莫不欣喜""颇饶兴趣",被称为"教授历史之良法也"。①在用幻灯机及幻灯片在校内开展教育教学活动之时,清华学校还与国内电化教育发展的大趋势相呼应,用之辅助校外通俗教育。自1916年"图书室购有教育影片数百,则校外幻灯演讲之事,由是以起"。每周六薄暮时分,由清华学校教师率领同学数人携带幻灯机外出演讲,至晚方归。除此之外,校内成立的组织如科学社、科学研究会、青年会等团体,均用幻灯、电影、留声机等电化手段开展活动,或邀请教师演讲,或用于学生娱乐。虽然清华学校较早地引介电影,但作为常态存在的电影教育始自1916年。是年11月,清华学校从美国新运来一架电影机及影片数套,其中"多有关教育之影片"。经与学生商议,入场券一角或二角,校中可以此费用另购新片②,此举得到绝大多数同学的赞同。此后,清华学校每周六晚售票放映电影成为惯例,放映内容多为外国经济、军事、工业、教育及风景影片。幻灯、电影、留声机等传播媒介在清华学校的引介与运用,不仅改进了学校教学模式,而且使清华学子对国外诸项事业的发展有了更为直观的感性认识,也推动了电化教育在清华学校的发展。

随着外来影片的增多与社会风尚的影响,人们与幻灯、电影的接触日益密切,逐渐认识到它们不仅能再现活动影像,而且还能用这些活动影像来讲述故事、表达思想,这是对幻灯片与电影认识的一大飞跃,这种认识便体现于其教育功能的显能。除清华学校外,其他国立学校也开始较多地运用幻灯、电影等电化手段。如1915年北洋大学校长赵天麟邀请美国体育专家柯拉克(Clark)先生来校演讲时,"佐以幻灯,按图讲授,深受学生欢迎"③。1918年上海浦东中学开始自制幻灯并用之于教学④。上海交通大学在1918年就开始筹建无线电台,是年12月,该无线电台装备最新式的收信器,法国巴黎、美国纽约各处电信都能收录,每日收录的信息,公示于学校走廊,供师生阅览。其时在中国学校内,该类作为科技新成果的仪器不仅用于实验教学活动,

---

① 《校闻》,《清华周刊》1915年第57期、1916年第64期。
② 《校闻》,《清华周刊》1916年第92期。
③ 李义丹主编:《天津大学·北洋大学校史简编》,天津大学出版社,2002,第25页。
④ 《浦东中学校之纪念会》,《申报》1918年10月1日。

还用于传播知识讯息，所以被认为是"所费极小，而所得至大"的教育教学设备。①

其次，新文化运动时期，还出现了巡回各校放映幻灯的团体。1918年9月，留日学生张民权在上海创办幻灯演讲会，深受人们的欢迎。在收到良好的教育效果后，他又开展巡回放映活动，深入上海浦东中学及其附属小学、中华育英义务学校、澄衷中学、三育高等小学、沪滨英文专门学校等，放映军事、历史、风景等爱国题材影片，引起教育界热烈反响，而且每次"莅会听讲者甚为拥挤"。②如在1919年的一次幻灯卫生演讲时，听众多达数千人而拥挤不堪，于是不得不另行择日而映，并于放映时请求警局协助维持。③是年9月，他还成立了幻灯演讲队，不仅在川沙城厢附近学校演映，而且还远赴四川明强学校演讲，④其电化教学得到教育界的广泛推崇。

随着幻灯、电影、无线电等新科技成果渐次进入校园，中国部分教育者及电影工作者也注意到了新媒体的科学传播功能，开始倡导将电化媒介运用于学科教学。1923年，竺可桢发表《中等学校地理教学法》一文，强调在地理教学中图画、照片能增进学生的兴味，给予学生观察的机会，并给学生较深刻的印象，因此具有较好的学习效果。他在此基础上，将电影与图画、照片进行对比，提出若用电影进行教学，学生就"更容易明了，效果就更大"⑤，突出了电影在地理教学中的积极作用。1924年，在昌明电影函授学校主讲《影戏概论》的周剑云和汪熙昌，把影片细分为20类，其中两类为"教育影片"和"科学影片"，指出两者均是学校教学的有益工具：前者"用以辅导教学，考察教育"；后者"阐明生物变化，灌输科学知识，借补讲义之不及"。⑥其不仅指出了电影教育的功效与范围，而且揭明了电影用于学科教学的意义与作用。在这些先驱人士的提倡与推动下，学校领域的电化教学开始渐次推广。

---

① 上海交通大学校史编纂委员会编：《上海交通大学纪事1896—2005》（上卷），上海交通大学出版社，2006，第113页。
② 《幻灯演讲继续进行》，《申报》1918年10月4日。
③ 《幻灯演讲队请警照料》，《申报》1919年8月15日。
④ 《幻灯演讲队赴川演讲》，《申报》1919年9月6日。
⑤ 竺可桢：《中等学校地理教学法》，《河南教育公报》1923年第13—14期。
⑥ 杨力、刘咏：《旧中国科教电影》，《电影艺术》2005年第6期。

第二节 社会教育领域的应用

幻灯与电影作为舶来品，分别在发明不久即传入我国。初入中国时，其娱乐性的内容及演映场所，决定了其播演对象多是一般社会民众。不管是传教士还是来华的商人，为实现传教目的或谋取商业利益的最大化，他们往往采取集会演讲或者在繁华的茶馆、戏院放映幻灯、电影的方式，招徕更多的观众，此举迅速引起一般民众的注意。一些有识之士从中看到了电化媒介的直观性及其传播知识的功能，更适于对中国广大民众进行道德与知识的灌输教化活动，于是，幻灯、电影等电化媒介被引介至中国广大的社会教育领域。社会教育作为中国近代教育中的重要一翼，对电化教育的推介与运用是普及民众教育的重要一环。从通俗教育时期的试办，到平民教育运动中运用的小高潮，电化教育手段在普及民众教育、推广社会教化中展现出其独特的风采。

一、通俗教育时期：电化教育的试办

晚清以降，民族危机日益深重，满目疮痍的国家现状使得教育与救国联系在一起。为取得教育救国的成效，一些有识之士意识到中国与西方国家之间的差距主要在于整个国家民众的知识文化素质，他们认为要改变国家面貌势必要从推行社会教育做起。在推行社会教育中，急于求成的心态使他们对国外的先进成果与方法进行了广泛的吸收和推广，其中包括将幻灯、电影作为普及教育工具的观念。他们认为幻灯与电影演映，能够"写形写影，惟妙惟肖，如义士豪杰，忠臣孝子，凡炮雨枪林之惨状，持节赴义之忠节，智识竞争之计画，举能一一演出，如身临其间，而动人感情，此于风俗尤不无裨益"[①]。于是在1907年4月27日，较早倡导社会教育的袁希涛等发起设立通俗教育社，并集资筹购一架电影机，试演各类战事、卫生、教育等影片，并

---

① 《论说》，《通俗日报》1907年7月27日。

聘请讲解员，随演随讲。①可见，早在清末国人就意识到了电影作为新兴媒介对普及教育的效用，开始把它引入到对最广大民众的教育之中。

如前所述，中华民国成立后，南京临时政府教育部也注意到了电影的教育功能，倡导全国各地在社会教育领域使用幻灯、电影等讲演方式向民众宣传政府决策以及时事等，以配合政府的社会改革。在各界人士的支持与倡办下，通俗教育研究会于1912年4月28日成立于江苏，并在上海召开的第四次会议上，决定创立通俗教育品制造所，也即活动影片幻灯制作所。1915年北京市政府教育部设立通俗教育研究会，并颁布《教育部公布通俗教育研究会章程》（以下简称《通俗教育章程》），在其职能中亦明确规定，负责"活动影片、幻灯影片、留声机片之审核事项"②，并负有对各类影片审查的职责。为引导电影制作偏重教育题材，通俗教育研究会"拟定审查影剧章程"并呈文教育部，认为"影剧一事，于社会教育关系綦重，其良者固足转移风俗，裨益社会，而稍涉偏激，亦易滋流弊，不可不详加审核，分别奖禁"③。为此，通俗教育研究会对百余部电影进行了审查。

中华民国初期，在政府的提倡下，社会各界开始在社会教育领域提倡并采用电化教育手段。为响应教育部《通俗教育章程》中"设专条采用幻灯"的号召，商务印书馆着手搜求"各种科学国粹图表"，依法"缩入影戏片内以供校外补习之助"。经过数年的筹备，商务印书馆于1914年制作出《古今人物》《孔林遗迹》《西湖风景》等各种幻灯片8类140余张，并由青年会试演，由是引起教育界的广泛关注。《申报》报道其"光彩照耀，观者莫不称许"④，《教育杂志》亦称赞其"惟妙惟肖，与原迹不爽毫厘，足令人起敬"⑤。随后，商务印书馆采用租借或应邀外出演映的方式，使其服务于通俗教育领域。

商务印书馆在随后幻灯片制作与放映的数年实践中，开始探索拍摄教育影片，将教育电影用于社会教育领域。1918年，商务印书馆派鲍庆甲赴美考

---

①《提倡通俗教育》，《申报》1907年4月27日。
② 舒新城：《中国近代教育史资料》（下册），人民教育出版社，1981，第812页。
③ 中国第二历史档案馆：《通俗教育研究会为禁止上演不良影片呈并教育部批令（1924年4月23日）》，载《中华民国史档案资料汇编》第3辑（文化分册），凤凰出版集团，1991，第176页。
④《商务印书报续演幻灯》，《申报》1914年4月14日。
⑤《通俗教育之补助——幻灯影片》，《教育杂志》第5卷（1914年）第11期。

察印刷业与电影业返国后，即宣告成立活动影戏部，指出电影是"通俗教育必须之品"，"与书籍之于学校者，为物虽异，功效无殊"。其不仅指出了电影的社会教育意义，而且也肯定了电影与书籍一样，在通俗教育中可达到殊途同归之效，并由此开始了摄制教育影片的活动，仅此即可见时人对教育电影在通俗教育中的重视程度。在商务印书馆摄制的教育短片中，《盲童教育》《慈善教育》《养真幼稚园》《驱灭蚊蝇》等，大都是为了配合当时的社会教育与学校教育而拍摄的。除注重电影对广大群众与学生的直观教育外，商务印书馆的影片放映也常常是配合某些演讲和报告来进行，并辅以口头讲解与书籍等文字资料的配合，以达到最佳的教育效果。如《驱灭蚊蝇》就是专为配合向民众开展卫生讲演而拍摄与放映的，主要以东南大学附设的昆虫局在当时所创造的一种消灭蚊蝇的方法为题材而摄制。[①] 商务印书馆拍摄的这些教育影片已初具电影教育实施的基本要求，为以后中国自摄教育影片及发展电影教育提供了仿行与借鉴的榜样。除此之外，商务印书馆还将创制的国语留声机片、拍摄的教育幻灯片等，发文各省教育厅，请其推广于各级学校。可见，作为一个文化机构，商务印书馆集摄制、推广于一体，对电化教育手段在社会及学校教育领域的推行与应用不遗余力，作为电化教育的一个专业组织已初见端倪，对国民政府时期的专门学术组织，如大夏大学、金陵大学等，在教学中运用电化教育手段、开设专门课程、开展专业教育、组建专业团体等，有着启蒙之功，而且商务印书馆以实际行动诠释了电化教育发展的大教育走向——既启迪民众、服务社会，又服务于学校教育教学的发展路线。

在社会教育领域提倡运用幻灯、电影的文化教育团体，还有在各地成立的通俗教育会。他们设置的讲演所在面向民众演讲时，通常采用幻灯展示、留声机播放及风琴唱歌等形式，以吸引更多的观众。另外像江苏省教育会也比较重视电化教育手段的运用，在会员集会时，常常放映教育影片。如1915年江苏省教育会在举行双十节集会时，特邀商务印书馆放映幻灯影片《光复纪念》及各种生理、植物、物理等教育影片，获得会员的好评，认为其制作

---

① 程季华主编：《中国电影发展史》第1卷，中国电影出版社，1998，第33页。

的影片"色泽鲜明,状态毕肖,足以增进智识,为教育上之要品"①。

除上述团体组织外,在社会教育领域提倡运用电化手段的文化教育团体,还有创办于1917年5月的中华职业教育社。作为中国近代第一个以提倡、研究、实验、推广职业教育为目标的全国性民间教育社团,中华职业教育社也竭力倡导电化教育。在1917年至1949年的32年间,中华职业教育社在宣传职业教育思想、发展社会职业教育中竭力运用电化教育手段。在该社成立初期,职业教育作为当时一种新引进的教育形式,并不被国人理解与接受,被时人讥讽为"咬饭教育"而不屑一顾。为此,以黄炎培为代表的中华职业教育社成员非常重视宣传职业教育。其中,开展演讲是他们进行宣传工作的重要形式,借用幻灯作辅助更是其常见的演讲方式。1918年6月,黄炎培与蒋梦麟一起赴东北三省、青岛等地开展演讲19次,开映幻灯演示职业教育6次。1919年1月,黄炎培赴南洋时,除用幻灯演示职业教育外,还购置了23种外国职业教育幻灯片。为了向社会广泛宣传职业教育,中华职业教育社还自制幻灯片22种。②1921年1月,黄炎培和王志梓赴新加坡等地宣传职业教育,携带幻灯片和书刊等,沿途演讲43次。③中华职业教育社的领袖人物如黄炎培、江问渔、杨卫玉等人都非常擅长演讲,特别是黄炎培,每年都外出游历,足迹遍及东北、华北、华东、华中等省,每到一处,必作演讲,少则两三次,多则数十次。④中华职业教育社骨干人物幻灯演讲的做法,使有声的语言与无声的幻灯图片展示相结合,效果自然显明,他们的很多演讲被当地媒体报道,这又增强了演讲的效果和范围。

除用幻灯宣讲职业教育外,中华职业教育社还借助广播电台宣讲。1926年9月,中华职业教育社数次在开洛公司无线广播电台广播演讲职业教育。1931年9月起,中华职业教育社成员黄炎培、江恒源、杨卫玉、潘仰尧、路叔昂、贾佛如等人利用亚美公司上海无线广播电台,分别以《怎样解决进退两难的教育问题》《怎样解决三万万数千万农民生活问题》《怎样组织快乐

---

① 《省教育会庆祝国庆纪盛》,《申报》1915年10月12日。
② 《中华职业教育社通讯:第二年度社务概况》,《申报》1919年6月4日。
③ 吴长翼:《中华职业教育社八十年(一)》,《教育与职业》1997年第3期。
④ 黄嘉树:《中华职业教育社史稿》,陕西人民教育出版社,1987,第41页。

的生产的家庭》《怎样救济失业青年》《乡村改进的效用》《中等工业教育的实例》等为题,于每星期六下午四时广播演讲职业教育。1932年7月又分别在亚美公司、建华公司广播演讲六次,题目为《我们怎样救中国》《战后之职业指导》《乡村改进之实际》《工商教育之实际》《国难中应有之觉悟》等。[①]中华职业教育社运用幻灯、无线电广播等电化教育手段宣讲职业教育的做法,不仅改变了国人对职业教育的偏见,而且扩大了电化教育在社会职业教育领域的应用与影响。综合而论,各类教育文化团体对电化教育技术的运用,既显示了电化教育已走进了社会教育领域,也表示教育界对其的认同与接纳。

二、平民教育运动:电化教育运用的小高潮

虽然传教士在最初将电化手段引入中国主要发生在学校教育领域,多用于辅助课堂教学,然而中国人对电化教育的运用主要在社会教育领域,甚至电化教育运用小高潮的出现也因于平民教育运动对其的运用。新文化运动对民主精神的热切呼唤,启发了人们的民主觉悟,直接促进了以教育权利和机会的平等、教育内容和方法的平民化与通俗化为标志的平民主义教育思潮的产生。幻灯、电影因"开通风气、扩张民智"而具有社会教育作用,加之来自西方的幻灯、电影,在这个时期便代表着"新",契合了新文化运动的西化观念。因此,幻灯、电影便很快引起了平民教育者的注意,而首先付诸行动的是一些教育社团及青年会。1919年北大平民教育演讲团成立后,为吸引较多平民前来听讲,"特于上星期购置话匣子新张多种,故近来听讲人数较前骤增数倍"。[②]他们通过运用留声机、幻灯等新奇手段吸引众多民众,借机进行一些常识新知的传授。北京高师平民教育社在周边地区开展的演讲活动中,也采取了这一方式。通过电化教育手段吸引民众听取演讲,不仅促进了平民教育的开展,也使这种新型的教育方式迅速被民众认识与熟知。1920年秋天,青年会成立平民教育科,聘请晏阳初与傅若愚分别担任正、副主任,

---

① 《上海中华职业教育社志》编纂委员会编:《上海中华职业教育社志》,上海古籍出版社,2007,第179—180页。
② 《平民教育演讲团通告》,《北京大学日刊》1921年12月13日。

指导青年会开展平民教育工作。面对全国民众大部分为文盲而教师又少的国情现实，晏阳初与傅若愚想到，要使平民教育收到好的结果，必须解决"教者少而被教者多"的矛盾，开始采用在法国对华工教育时运用幻灯教学的成功经验。晏阳初幻灯教学实验的首选之地为浙江嘉兴。在嘉兴，晏阳初、傅若愚选择了当地最为著名的一所教会学校——秀州中学，负责对开办的两所平民学校实施幻灯教学。在前期准备上，他们选择该校教师与学生担任平民学校的教师及助理，负责对学员施教。在具体的操作上，首先"用影片温旧课"15分钟，直到人人会读能写会运用为止。其次"用影片教授新课"30—40分钟。这一施教环节分为三个步骤进行：第一步，"先将颜色图片映出"，学生边看教师边讲；第二步，用影片显示课文里的字句，全班齐声朗读；第三步，将每课中所含的生字，轮流放映于银幕上，由教师诵读并加以解释。再次让学生自修20分钟。最后"用幻灯总温习"10分钟。[1] 这种运用幻灯开展识字教育的方法，收到了良好的教学效果。

嘉兴的两所平民学校利用幻灯教学取得了不俗的成绩，招收了300多名学生，仅用4个月的时间，就教完了4册《平民千字课》，毕业生共计140余人，取得了较好的教学效果。青年会在总结嘉兴平民教育取得如此优秀成绩的原因时，认为固然有参与者的热心，其中不可忽视的另一原因却是"幻灯教授的特色"。青年会使用先进的教学手段，取得了平民教育的巨大成绩，幻灯教授法也成为青年会平民教育的特色之一。中华青年会幻灯教学实验的成功，也吸引了朱其慧、陶行知等人的注意，并大力邀请晏阳初主持中华平民教育促进会工作。晏阳初离开青年会后，青年会领袖余日章请傅若愚担任平民教育科主任，继续利用幻灯教学，使接受平民教育的人数迅速扩张。据傅若愚后来统计："在过去15年中，全国各地青年会所教授过的平民学生，人数当在25万左右。"[2] 与幻灯教学配套使用的《平民千字课》教材亦销售了100万册，可见青年会利用幻灯教学开展平民教育取得的成绩确实不俗。

---

[1] 中华基督教青年会全国协会编：《平民教育初步成绩报告》，中华基督教青年会全国协会，1924，第13页。
[2] 傅若愚：《青年会对于平民教育之贡献》，载《中华基督教青年会五十周年纪念册（1885—1935）》，中华基督教青年会全国协会，1935，第48页。

青年会利用幻灯教学开展平民教育运动的成功，直接促进了全国性平民教育机构——中华平民教育促进总会（以下简称"平教总会"）于1923年成立后对幻灯教学的重视。作为领导全国平民教育的总枢纽，熊希龄的夫人朱其慧担任董事长，晏阳初为总干事，陶行知为董事会执行书记。平教总会下设八个教育部门，其中的直观教育科即为专门利用幻灯、电影、图表等实施平民教育的部门。平教总会还在北京开办了4所实验平民学校：一在虎坊桥模范讲习所，二在西单京师第五讲习所，三在北京女子高等师范学校，四在清华大学。前两处用挂图教学，后两处专门"用幻灯教学，吸取经验，供别处参考"。在平教总会的领导与支持下，全国一多半的省份成立了平民教育促进会，各大中城市也成立了平民教育组织，如陶行知、蒋维乔等成立了南京平民教育促进会。该会办理了3所实验平民学校，均用幻灯教学，取得了很大的成效，3个月后，平民学校增至11所。该促进会不仅用电化手段教学，而且还将其教学活动拍摄成电影，供他处平民教育仿行。与此同时，各省的平民教育对幻灯教学的采用达到了空前的高涨。1924年，广东省广州市的平民教育运动委员会在开办的10所平民学校中，就采用"影画方法教授四个月使其毕业"，[①]不论男女老幼，人人皆可入学。由于晏阳初、陶行知、朱其慧等人竭力提倡幻灯、电影等电化手段的运用，使电化教育这一手段随着平民教育运动的开展，迅速在全国范围内得到应用。

平教总会在晏阳初的领导下，大力采用电化教育手段开展各地的平民教育。随着城市平民教育运动的逐步展开，从1924年开始，晏阳初应张作霖、张学良、冯玉祥及李宗仁的邀请，携带大量的幻灯影片、放映机及识字课本，前往东北、包头、汉口等地军营开展士兵识字教育。推行军队识字教育的首站是奉天。为准备这一空前的军队识字教育活动，晏阳初准备了5000张彩色幻灯片、60部大幻灯机及50000套《平民千字课》[②]，采用嘉兴的成功经验，实施幻灯教学。由张学良担任奉军识字委员会主席，每一营以一官长任教师，能读写的士兵担任助教。讲授时，教师用幻灯片集体教学1小时，然后将全

[①]《广州市平民教育运动委员会劝学进行计划》，《广东平教月刊》1927年第2期。
[②] 吴相湘：《晏阳初传——为全球乡村改造奋斗六十年》，岳麓书社，2001，第51页。

营士兵分成15—20人一组，由助教个别教学1小时，全天上课2小时。张学良对推行这一识字教育非常热心，计划对东北三省所有军人都推行识字教育。然而，1924年9月直奉战争爆发，奉军第一届识字教育还未完成便匆匆奔赴战场，军队幻灯识字教育功败垂成。1925年夏，晏阳初又应冯玉祥邀请，前往包头、张家口两地实施幻灯识字教育。1928年，晏阳初、瞿世英、熊佛西等人携带新编印的《士兵千字课》第一册，到达奉军第23师驻地顺德府城（今河北邢台），开始向由60名优秀军官组成的师资班讲授平民教育的意义及幻灯教授法。在这次军队识字教育中，由于配合幻灯影片用幻灯机教学，受到万余士兵的热烈欢迎，识字教育进展迅速。

1926年平教总会搬迁至河北定县后，在实施的四大教育（文艺教育、生计教育、卫生教育、公民教育）中综合使用各种电化教育手段。除运用幻灯片、留声机外，还运用无线电广播。晏阳初说："我们的办法，是以四大教育为内容，制定节目，按时广播，就农民好奇心理，无形中使之受到所需要的教育。现在准备完成四大教育讲演材料，及选编唱片故事，并研究利用此等工具。"[①] 由于广播快捷、新颖、能引起群众好奇的特点，成为平教总会开展四大教育的重要方式。从1930年起，平教总会开始在定县进行无线电广播教育，针对四大教育内容，播放农民日用常识、科学小常识等。此外，晏阳初还从美国购置电影器材，运用电影作为向平民传播知识和信息的手段。幻灯、电影、无线电广播，成为其时人们推行平民教育的良好途径。

在20世纪20年代开展的平民教育运动中，一些平民教育社团与组织以及青年会对以幻灯为主的电化教育手段的运用，取得了平民教育运动的良好效果。不管是幻灯演讲，抑或是幻灯教学，均成为平民教育中民众喜闻乐见的一种新型教育方式。晏阳初与傅若愚领导的青年会平民教育开展的幻灯教学的成功，使幻灯教学大放异彩并逐步得到扩展。尤其是平教总会的成立，使平民教育运动达到高潮，使幻灯、留声机、电影等电化手段迅速扩展至全国平民教育运动中，出现了电化教育运用的小高潮，相应地也推动了平民教育的发展。平民教育运动对幻灯、电影、无线电等近代新型知识传播手段的

---

① 宋恩荣：《晏阳初全集》（一），湖南教育出版社，1989，第321—322页。

运用，主要是为提高平民教育的效率与扩大平民教育的规模，作为一种新型的识字教学手段与培育民众智慧的工具来应用。作为教育普及化与平民化的一种促进手段，电化教育开始得到重视以及运用，并由此促进了其自身的发展与所辅助的平民教育活动的开展。这也意味着，新型的教育手段已逐步成为推动教育平民化与普及化的重要力量，教育的进步赖于教育手段的发展进步，教育界人士已经注意到了这种教育上的新趋势。

第三节 电化教育运动的表现

20世纪30年代是中国电化教育发展的高潮时期，金陵大学、大夏大学、江苏省立教育学院等一些高校频繁开展电化教育活动，中国教育电影协会作为中国近代第一个电化教育学术团体也宣告成立。尤为重要的是，南京国民政府教育部意识到了电化教育的重要作用，开始参与并主导电化教育的发展。总之，不同参与主体对电化教育的参与与推动，形成了较有规模的电化教育运动。对电化教育手段的广泛运用，不仅加深了国人对电化教育的认识，也意味着电化教育已获得了国人普遍的认同与接纳，为电化教育学科的创建奠定了坚实的实践基础。

一、高等学校的电化教育

高等学校作为新思想与新事物传播的重要阵地，对中国电化教育的发展同样具有引领作用。金陵大学、大夏大学、江苏省立教育学院即是其中的代表。

金陵大学与电化媒介的结缘要追溯到20世纪初。有关资料表明，早在1898年，金陵大学的前身——汇文书院就拥有了从美国运来的电影机及若干影片。[①] 1903年，开创中国电影教育事业的先驱人物——毕业于山东登州文会

---

① 孙健三：《南京大学早期的电化教育实践》，《电化教育研究》2006年第1期。

馆的孙熹圣应邀到南京汇文书院短期任教，发现了该书院收藏的上述电影机及影片。于是，孙熹圣不仅把电影搬至课堂用以教学，还组织同学们在周末放映电影用以娱乐，此举被称作"在中国开校园电影和周末电影的先河"。①1913年，金陵大学农学专家裴义礼教授为求孙中山、黄兴等党政要人对其植树造林与防治洪水的支持，专程由美运来相关影片为其放映。在孙、黄等人的支持下，金陵大学创办了农林科，并用电影宣讲农林知识。1919年，金陵大学农林科邀请美国优良棉花推广专家郭仁凤（T. B. Griffing）来华任教，郭氏不仅带来了良种棉花种植的新兴技术，还带来了很多用以宣传良棉种植的电化教育器材。此后，金陵大学运用各类教育影片辅助开展各项教育教学的活动一直未曾停止。

1930年，金陵大学理学院成立，由留美归国的魏学仁担任院长。在校长陈裕光的支持下，理学院开始用电影改进教学方法，用科学教育影片辅助金陵大学理化、生物、地质等各科教学。同时，理学院成立电影教育委员会，拍摄各类教育影片，并把电影教学推广至南京附近中小学，"每月在校放映一次，招待附近中学学生来参观。鉴于人数激增，便每月派人到中学校映放一次"②。之后，金陵大学教育电影放映活动的规模日益扩大，1933年开始扩展到京沪沿线各中学及扬州、芜湖等各地学校。1936年，金陵大学成立教育电影部，进一步扩大了电影教学与推广活动的规模。1937年抗日战争全面爆发，金陵大学西迁入重庆后，与教育部合作开办电化教育专修科，利用电化教育专业人才继续推广教育电影放映活动，既为学生提供了实地实习的机会，也推动了附近地区电化教育活动的开展。

江苏省立教育学院的电化教育开始于1929年在无锡周边各地放映教育电影的活动。为了有效地推进电影教育，江苏省立教育学院决定拍摄教育影片。为此，特于1934年选派学生戴公亮专门到上海的电影公司学习摄影技能。1935年，在俞庆棠的带领下，戴公亮摄制了以日本侵略中国为素材的卡通片——《五十六年之痛史》，该部影片被认为是"生动明晰，极合一般民众

---

① 孙健三编著：《中国电影，你不知道的那些事儿：中国早期电影高等教育史料文献拾穗》，世界图书出版公司，2010，第5页。
② 陈友兰编：《电影教育论》，商务印书馆，1938，第52页。

之观览"①的教育电影。在此基础上，江苏省立教育学院于1936年9月创办了中国教育史上第一个电化教育专业——电影电播教育专修科。

除上述两校外，大夏大学也是较早实施电化教育的高等教育机构。1930年，大夏大学即在学校礼堂里装设收音机，在教室里安装幻灯机，利用电化手段开展教学活动。另外，大夏大学还创立了"中国教育电影社"，摄制出小型教育影片《纺织》《科学养鸡法》等，这些影片被"教育部尽数采购，分发各省市放映"。②

这些高校的电化教育活动不仅在本校校内开展，而且辐射到周边学校，带动了周边地区学校电化教育的推行。尤为值得注意的是，他们多年积累的电化教育实践经验，为后来电化教育专业在高等学府的诞生与电化教育学科在中国的构建，打下了良好的事业基础。

二、中国教育电影协会的电化教育

1932年，由郭有守、王平陵、褚民谊、彭百川等40余人提议发起，陈立夫、吴稚晖、陈布雷、方治等50余人列名发起，成立了中国教育电影协会。该协会成立后，即以"研究利用电影辅助教育，宣扬文化，并协助电影事业发展为宗旨"，开展电影教育。从立会宗旨来看，该协会主要侧重于电影事业。其成立初期也主要进行电影影片的审查工作，似乎与教育处于一种相对疏离的状态。其实不然，电影传入中国后，教育界及电影界一些人士就把电影作为社会教育教化的一种方式，赋予其教育社会民众的属性。中国教育电影协会成立后，其立会的宗旨也延续了电影的社会教化功能，其电影取材的五项标准③即说明了这一点。在其成立早期，中国教育电影协会关注的

---

① 赵鸿谦：《一年来江苏教育电影事业之概观》，载《中国教育电影协会第五届年会特刊》，中国教育电影协会，1936，第74页。
② 赵鸿谦：《一年来江苏教育电影事业之概观》，载《中国教育电影协会第五届年会特刊》，中国教育电影协会，1936，第75页。
③ 中国教育电影协会成立后制定的教育电影取材标准：发扬民族精神，鼓励生产技能，灌输科学知识，发扬国民精神，建立国民道德。并在《致欧美电影公司的一封公开的信》中提出此五项标准，无论中国的还是外国的电影作品，将绝对放弃妥协与讲情面的态度，唯根据上述的五项标准，采取取缔或奖励的措施。

重点虽然偏重电影事业，但其对电影进行审查的基本立意也在于强调电影的教育属性，这是中国教育电影协会提出"电影教育化"口号的真实写照，与其时中国强调电化教育在社会领域的发展有关，也是中国电化教育发展早期特征的基本反映。与"电影教育化"口号一起提出的是"教育电影化"，在教育电影化活动中，中国教育电影协会利用电影在学校及社会领域开展了一系列活动。

首先，在上海、南京两地推行电影教育。中国教育电影协会的电化教育活动开始于上海和南京两地。上海作为该协会实施电化教育活动的首站，是以实验的性质起步的。1933年，中国教育电影协会有感于欧美各国均利用"电影辅助教育，宣扬文化"的潮流趋向且"所得效果，成绩斐然"的事实，同时鉴于电影本身"绘影绘声，表现真切，感人至深且速"的内在特质，为了印证其教育力量"在各种艺术中至为伟大"这一说法，指定上海为教育电影实验区，委托上海分会在上海各级学校巡回放映教育影片。放映结束，"颇收相当之效果"。随后鉴于"推行教育电影，应首先从京市做起"的提议，1935年2月中国教育电影协会开始着手在南京推行电影教育，并从社会与学校两方面同时进行。前者主要在电影院放映，后者采用巡回各校放映的办法。在各电影院放映的教育影片主要有向国联教育电影协会购置的物理、化学、天文、地理、医学等教学影片30种，以及分别向金陵大学、内政部卫生署所借用的各类教育影片8种、卫生影片6种，另有会员褚民谊摄制的太极操等体育风景影片6种。同时，对于购买于国联教育电影协会的30种教学影片，中国教育电影协会呈请教育部分别介绍于公私立专科以上学校、各省市教育厅局，以租借的方式加以推广。在1935年，租借此类电影的学校有国立交通大学、厦门大学理学院、国立武汉大学、华中大学等。其中中国科学化运动协会天津分会租借的教学影片分别在天津市立师范学校、南开大学、南开中学、北洋工学院、女师学院、法商学院、天津中学，以及天津各地演讲所连续放映两月有余，收到了较好的效果。

其次，中国教育电影协会为京沪、沪杭甬、京芜、淮南四条铁路沿线中等学校放映教学影片。1935年中国教育电影协会计划在京沪等铁路沿线推行电影教学，在提及推行此项活动的原因时有此一说：

年来各国教育当局，利用教育电影，做教学辅助之工具，其效能日渐显著……据美国若干著名教授及制造教育影片之各公司，施行电影教学之实验所得结论，如：（一）用电影教学之学生较之不用电影教学者所得知识约增百分之十九。（二）用电影教学之中材生较之不用电影教学之高材生，其学习程度相等。（三）各学科教师，均赞许电影教学之功效。（四）能使创造力增长，参与设计工作与自我活动工作更多。（五）生活经验中所难获得者，用电影得来，全不费功夫。①

可见，欧美各国电影教学的成效是中国教育电影协会推行电影教学的一大动力，欧美各国用电影辅助教育的经验，如采用电影院放映与巡回各校放映教育教学影片的做法，也成为中国教育电影协会仿行的模式。1936年春，中国教育电影协会选择适合中等以上学校学生观看的物理、化学、生物学等教学影片，在上海—南京、上海—杭州以及淮南等铁路沿线的中学、师范及职业学校巡回放映教学影片，每校放映3次。放映时由各校担任该课程的教师参照说明书，自行编制教学方案，并在放映过程中加以详细解释。从4月15日至5月7日，不到一个月的时间内，中国教育电影协会携带放映器材先后到达上海、苏州、芜湖、嘉兴、镇江等地20余所学校放映，可见效率之高。

再次，迁川后的电影教学活动。抗日战争全面爆发后，中国教育电影协会于1938年在重庆恢复会务工作。鉴于此前在各中等学校推行电影教学"颇能增加学生学业成绩"，加之西迁的学校日益增多，于是从1938年春季开始，中国教育电影协会与金陵大学理学院合作，在重庆、成都、万县三地各中学免费推行电影教学。放映的内容除生物学、物理、化学三门教学影片外，为配合抗战需要，"增映'抗战教育'一学门"，即放映《防毒》《防空》《民族痛史》《我们的首都》等影片（如表4-1）。

---

① 中国教育电影协会总务组编：《中国教育电影协会会务报告》，中国教育电影协会，1936，第3页。

表 4-1　1938—1939 年中国教育电影协会放映的教学影片*

学期	学校类别	影片类别与名称		备注
1938年春季	中学	教学影片	《白喉》《蚕丝》《动物肥料》《提炼石油》《淮北海盐》《陶瓷》《电磁效应》《电光与电热》《电煅与气煅》	在成都放映时因购置的科学教学影片未到，仅放映了《我们的首都》《防毒》《民族痛史》三种抗战教育影片
		抗战教育影片	《防毒》《民族痛史》《我们的首都》	
1938年秋季	中学	教学影片	《海底动物》《电光与电热》《淮北海盐》《提炼石油》	
		抗战教育影片	《防空》《战时童子军》	
1939年春季	中学	教学影片	《海底动物》《电光与电热》《淮北海盐》《提炼石油》	
		抗战教育影片	《防空》《战时童子军》	
1939年秋季	中学	教学影片	《从树到新闻纸》《开采煤矿》《民国二十五年之日食》《夏威夷群岛》	本季在重庆时增映至小学
	小学	教学影片	《给小朋友们》《小学生课外运动》	
		抗战教育影片	《空军战绩》《我们的首都》	

* 资料来源：《电影与播音》1944 年第 3 卷第 1 期《中国教育电影协会概况》一文。

迁入重庆后，中国教育电影协会开展的电影教学活动，从 1938 年开始坚持了两年半的时间。1940 年秋季，日军空袭增多，人员出行极其危险，而学校大多分散于重庆市郊及乡村，此项工作遂告停止。在这两年半的时间内，中国教育电影协会深入重庆、成都、万县各中小学，开展巡回施教，这些学校共计 194 所，其中重庆 59 所，成都 125 所，万县 10 所。在到各校施教之前，中国教育电影协会均进行精细的准备工作，一面调查各校交通状况、电源供给情形以及理科教师姓名等，一面开列应注意事项，分函各学校进行准备。同时，在放映教学影片时，尽量做到与学期中所授课程一致，如放映生物学教学影片时，以该学期修习生物学的学生观看为主，放映物理与化学等学科影片时亦然。另外，在放映前发放影片说明书并加以解说等。中国教育电影协会巡回各校开展电影教学活动取得了较好的效果，师生观看后反映极好：

　　各种学校之科学设备颇感不足，实验缺乏，学理无从证实，教学电影，颇能补充实验之不足。

理科学理之抽象者，学生往往难以明瞭，看教学电影之带有活动画者，如电流在线路上之流动及游子在电解质内移动等现象，疑难既可迎刃而解，印象又至为深刻。①

为加强抗战教育而放映的教育影片，也同样成效显著，观影者反映良好，不仅增强了国人"同仇敌忾之精神"，而且"足以激发卫国之热忱与收复失地之决心"。

中国教育电影协会开展的电影教学活动，是中国第一次有组织、有系统地开展的送教学影片入校园活动，在一定程度上改变了抗日战争时期中学教育中实验教学不足、理化器材缺乏的现状，也加强了对师生抗日救国的爱国主义教育，对提高特定时局下学校教育的质量有较大的帮助。为推动电影教学在各学校的推广，中国教育电影协会主要通过向国联教育电影协会及其他国家购置教学影片，以及自制各种教学影片，来满足各科课程对教学影片的需求。在1933年，中国教育电影协会考虑到我国教育电影事业尚不发达，国产教育影片不多的情况②，特向国联教育电影协会购置了《历史的罗马》等物理、化学类教学影片30余套。在1936年、1937年的第四届、第五届年会上，又连续提出"根据中小学课程标准摄制切合各年级学生程度之影片以辅助教学案"。经过数年电影教学活动，中国教育电影协会观察到学校教学中由于仪器设备缺乏，补充不易，造成教学上诸种困难，同时对于自然现象、生物形象、生理模型、山川形势等教学内容，仅于课本上观其文字叙述，多无实物印证，因此"教学效率，日就低减，殊有设法补救之必要"。③有鉴于此，中国教育电影协会于1943年特邀教育部中等教育司、中华教育电影制片厂等机构，协商摄制有系统之中学教学影片，后经决议，先行摄制自然、卫生、地理、公民等教学影片共计50部。

中国教育电影协会通过在社会领域实施电影教育与在学校领域推行电影

---

① 中国教育电影协会总务组编：《中国教育电影协会概况》，《电影与播音》第3卷（1944年）第1期。
② 中国教育电影协会总务组编：《中国教育电影协会会务报告》，中国教育电影协会，1933，第23页。
③ 中国教育电影协会总务组编：《中国教育电影协会概况》，《电影与播音》第3卷（1944年）第1期。

教学活动，竭力践行教育电影化的理想与目标。在新媒体辅助中国教育发展的道路上，电影发挥着举足轻重的作用。而在培育电影成长为社会教化与学校教学的出色助手方面，几乎没有哪个机构能够与中国教育电影协会比肩。从中国教育电影协会利用电影施教的活动中，也可以看出该协会对学校电影教学的关注远远高于社会领域。因此，可以说中国教育电影协会的成立，标志着中国电化教育运动的开始，该协会利用教育电影与教学电影开展的社会教化与学校教学活动，使中国电化教育运动逐步展开并深入。

三、国民政府教育部的电化教育

教育作为一项公益性事业，它的进步与完善并不是单独个人或某个机构所能独力完成的，必须借助国家的力量才能实现。电化教育虽然在中国开始于晚清时期，然而一直没有得到有效的推广与发展，到了20世纪30年代依旧是"一种新兴的事业"，很大原因就在于政府参与的缺失。实施电化教育所需的器材、人才、技术、电力、交通等，需要多方的协调与沟通才能正常运转。所以，没有政府的有力支持与参与，电化教育推行的难度可以想见。南京国民政府成立后，即有意于将电化媒体作为政治宣扬的手段，但在电化教育方面一直没有大的作为，中国的电化教育一直呈现零散的自发发展状态。直到1935年，国民政府教育部才正式开始着手推行电化教育，中国的电化教育由是步入有序的发展阶段。

国民政府教育部从1935年开始参与领导中国电化教育的发展后，为确保电化教育的有效推进，相继颁布了57种电化教育法令。1943年教育部对所有的电化教育法令进行整理，采取彻底废止失去时效者，将性质相近者予以合并，内容不合时宜者逐渐修订完善等措施，到1947年经过重新整理后的电化教育政策有23种，其中工作纲领6种、组织规程7种、办法须知与人才训练各5种，形成了完善的电化教育政策。

为加强对电化教育的管理，国民政府教育部除颁布相关法令政策外，于1936年设置电影教育委员会与播音教育委员会，负责全国电化教育事业的设计与指导工作。同时通令各省划分若干"教育电影巡回施教区"与"播音教育指导区"，以便分别实施电影及播音教育。1940年国民政府教育部于社会教育司内增设第三科，专管电化教育行政事宜，同时责令各省教育厅增设电化教育股，专门办理全省电化教育器材设备及施教指导工作。1941年又将该股改称为电化教育服务处，1943年再更名为电化教育辅导处。

1936年各省遵照国民政府教育部指示，划分电影教育巡回施教区与播音教育指导区，以实施电化教育。据统计，当时共有电影教育巡回施教区81区，1938年增至120区，1939年有135区，1941年有149区。随后废区合并改组为电化教育巡回工作队，1942年全国共有41队，专门开展电化教育推广工作。同时，教育部统筹定购或定制放映器材设备，下发各省市教育厅局领用，教育电影的放映以不收费为原则。1937年成立教育部电化教育工作队，巡回施教于湖北、湖南、四川、贵州、云南等省。在播音教育方面，从1935年10月开始，教育部与中央广播电台合作实施播音教育，由各省市电台转播，借以扩大播音教育效率。起初以中等学校学生及一般民众为播音对象，后又加播民众学校课本。全民族抗战爆发后，播音内容重在抗战宣传。1938年以后，播放内容多为教育类讲题，主要由教育部主管单位派人亲自播送，或者由教育部分别向各中央委员、各省教育厅厅长、各专科以上学校校长以及各大学教育科系教授征稿送至中央广播电台代播。1947年教育部指定在教育讲话节目中每周播讲一次"法律教育讲话"，并责令社会教育司与法律教育委员会会同办理该项播音。所有播讲稿件，须经教育部整理编印，如《播音教育月刊》《教育播音讲演集》《教育播音小丛书》等。至于各省市的收音机构，有设在县政府内者，亦有在各省县立民众教育馆设收音室，如云南、江西、湖南、广西等省区，其余则将教育部发放的收音机分配于各级学校及社会教育机关。

为配合电化教育的顺利推行，教育部还积极自制或购买幻灯机、幻灯片、收音机及电影放映机、影片等各种电化教育器材。

幻灯机、幻灯片方面：全民族抗战爆发前，国民政府教育部购置幻灯机30套，分发各省市电化教育机关应用，幻灯片也陆续供应。1940年教育部电化教育委员会成立后，自制的幻灯片有《文天祥》《郑成功》《戚继光》《大禹治水》等7部。鉴于抗日战争期间国内幻灯机制造停顿，进口来源缺乏，且在乡村等没有电力供应的地方不便使用幻灯机等情况，教育部特内设幻灯制造室。该室成立后，成功试制了可放映玻璃幻灯片的植物油幻灯机及电石幻灯机各 30 架，又成功试制透明纸幻灯片，印成历代伟人事迹一套。这些幻灯机及幻灯片均分发至缺乏电源的学校及社会教育机关使用。教育部试制幻灯机及幻灯片的活动，被人们称为"在抗战期中艰苦奋斗的一项贡献"。[①] 另外，在 1947 年，教育部又购置了幻灯软片 598 种，共 1937 卷；幻灯单片 6000 种，共 10000 份。

电影放映机、影片方面：全民族抗战爆发前，国民政府教育部拥有的电影机片主要通过向他处购买获得，如向金陵大学、教育电影社、柯达公司等购置电影放映机 30 套，教育影片达 1000 余部，战时又购进电影放映机 42 套。1944 年向印度购进风景及教育短片 108 部，其中彩色片 10 部。1945 年向美国订购 20 部有声电影放映机及各项零件、配件、发电机及幻灯机等。1946 年教育部划拨的 30 万美元电教器材购置费中，三分之一用于购买电影放映器材。除此之外，教育部还自制教育影片，如战前自制了 16mm 教育影片《我们的首都》等 3 部，电化教育委员会成立后自制或剪接的影片有《看图识字》《法币》《世界风云》等 14 部。

为了满足各地对教育影片的需求，1941 年国民政府教育部还筹设中华教育电影制片厂。该厂于 1942 年成立于重庆北碚北温泉。教育部在制定的《中华教育电影制片厂制片纲要》中规定，教育影片分为"社会教育影片"与"学校教育影片"两类，并要求做到"兼筹并顾"。该厂成立时，正值太平洋战争爆发，交通阻隔，自印度及美国订购的制片材料均无法及时运到，而运到时又遇雾季，无法利用日光进行工作。因此，该厂成立时的制片计划大多搁浅。至 1945 年年底，该厂共完成 16mm 教育影片 50 部、幻灯片 2 部。其中，移风易俗的社会教育影片有《重九》《谷雨》，生产教育影片有《家庭副业》，科学教育影片有《采煤》《造船》《制造灯泡》《炼钢》等，青年军事教育影片有《青年军》《军事管理》《夏令营》等，卫生医药影片有《疟疾》《常山》等，地理影片有《新疆》等；另有《教育新闻》四辑及《收复后的长春》等新闻片。

收音机方面：从 1935 年开始，教育部每年均购置无线电收音机，分发各

---

① 杜维涛：《抗战十年来中国的电化教育》，《中华教育界》（复刊）第 1 卷（1947 年）第 1 期。

省市学校及社会教育机关,直至1946年,教育部购发至各地教育机关的收音机总数为4207架。同时,1935年至1940年还补助干电池8255套,1941年至1946年则以现款补助。另外,为专供后方相邻各省收音机关对干电池的需求,1939年教育部社会教育司与金陵大学理学院于重庆合作开办了播音教育电池厂。

中国于20世纪30年代大规模推行电化教育以来,一直缺乏电化教育技术人员。国民政府教育部鉴于该类专门人才短缺的情况,先后数次举办短期训练班。如1935年举办全国中等学校及民众教育馆无线电收音指导员训练班;1936—1938年连续举办三届电化教育人员训练班;1939—1940年,连续开办了四期"各省民众教育馆馆长训练班",每期均设有电化教育课程。为保证电化教育人才培养的持续进行,教育部分别于1941年与1946年颁布了《各省市电化教育人员训练办法大纲》和《利用暑期举办电化教育人员训练办法》,以解决各省市电化教育人员不敷应用的问题。

1935年国民政府教育部开始推行电化教育以来,采取的种种措施与具体实施活动,其重点均侧重于社会领域。但在推行将近十年后,意识到推行电化教育需要全盘考虑,如果只偏重于社会教育方面,"它最大的成功也只是一个雏形的,不能普遍发展",于是教育部决定在电化教育的实施过程中兼重社会教育与学校教育两个方面。1944年12月,重新修订的《电化教育实施要点》规定:"电化教育之实施,分学校电化教育及社会电化教育两部分,在各级学校及社会教育机关同时实施。"[1]抗日战争结束后,教育部迁回南京,即开始注重学校内电化教育的开展。1946年,教育部会同南京市社会局与美国新闻处,在80多个中小学中选择有广场的学校,设立20个中心放映站,每星期放映5站,一月一巡回,选映适合中小学生观看的教育教学影片,每站附近的中小学与周边民众都可参加。1946年上半年巡回两轮半,观影学生人数在3万人以上,下半年改在学校礼堂放映,放映站增至24个,每星期放映6站,观影人数更多。[2]

---

[1] 教育部教育年鉴编纂委员会:《第二次中国教育年鉴》第九编(社会教育),商务印书馆,1948,第1152页。
[2] 杜维涛:《抗战十年来中国的电化教育》,《中华教育界》(复刊)第1卷(1947年)第1期。

自 1935 年教育部开展电化教育以来，通过颁布各项电化教育法令规章、购买与制备各种电教器械与电教教材、开展专业人员培训、推行学校及社会领域电化教育活动等举措，使中国的电化教育进入有体系的全面发展时期，电化教育活动也逐渐扩延至偏远的贵州、云南、新疆、甘肃等地。中国实施电化教育的机构也开始增多，在教育部的支持下，金陵大学、国立社会教育学院等高等学校均相继开办了电化教育系科，电化教育的实施由个人或个别团体的单打独斗，开始过渡到以教育部为主导的、有组织的政府行为。教育部作为最高教育行政机关，在十多年的电化教育活动中，其政府意识也在逐渐增强，对电化教育的重视程度也日益提升。1946 年《教育部首次电化教育五年计划》推出，由于内战的爆发，这个计划并未落实，但它的出台标志着以教育部为代表的国人对电化教育的重视及对其寄予的厚望。从总体上来看，20 世纪 30—40 年代教育部主导的电化教育活动，使中国的电化教育进入了一个相对快速发展的时期，为电化教育学科建设提供了相对坚实的政策与实践基础。

由最初作为西方先进科技成果而传入的各种电化媒介，到发展为教育教学的手段而存在的电化教育，引导其发生转变的实践基地是中国广大的教育领域。根据其时中国的时代背景与教育状况，电化教育首先随着传教士由单纯传教转到依靠教育传教过程中，由招徕民众入教的工具转为吸引学生就学的手段，并逐渐转变为服务于教会学校教学的工具，同时扩展至同时期国人自办学校中。近代中国内外交困的现实，使一些有识之士意欲通过普及民众知识唤醒国人救国之心，电化教育在这个过程中被作为辅助通俗教育的工具，并在其后的平民教育运动中，被教育界所推崇，甚至出现了电化教育运用的小高潮。及至 20 世纪 30 年代一些高校的竭力运用、中国教育电影协会的推广与国民政府教育部的大力倡导，掀起了电化教育推广运用的高潮，电化教育由此进入全面发展时期。由是，上述电化手段运用于中国教育的一系列实践活动，尤其是一些突出的电化教育事件与运动，成为中国近代电化教育发展的显明标记，不仅勾勒了近代中国电化教育的发展领域由社会到学校再到社会与学校兼重的发展路线，也为电化教育学科创建打下了坚实的实践基础。

第五章

电化教育在中国的接受、吸纳

电化教育为中国所接纳首先是电化媒介的工具性价值与意义被国人承认与认同，由"奇技淫巧"到"教育利器"，这个认识过程反映了国人思想观念上的漫长转变。在认识的不断深化中，电化媒介的教育功能日益凸显，并被越来越多地应用于教育教学实践当中。与之相应，专门借鉴与吸纳国外电化教育实践与理论的著作翻译活动也开始起步，加大了对国外先进的电化教育实践与理论的吸纳。与此同时，一批教育家与电影界人士或著文倡导或身体力行，以各种方式推动了电化教育实践与理论研究的热潮，使电化教育开始植根于中国社会与教育的实际，呈现出立足社会教育、兼顾学校教育的发展格局，逐渐走出了电化教育的中国化道路。所有这些，为电化教育学科的创建提供了前期准备工作。本章将从国人思想观念的转变、教育家的电化教育实践与思想及电化教育著作的译介等方面，呈现国人对电化媒介从鄙视到对其教育功能的觉察，进而产生广泛的关注与兴趣，直到积极主动地接受与吸纳的整个思想观念演进历程。

第一节 观念的转变：由"奇技淫巧"到"教育利器"

在近代西方电化媒介与中国教育结合的过程中，人们对其在思想上的认识与观念上的转变起着相当重要的作用。人们对电化媒介观念的转变是电化教育植根并发展的首要条件。幻灯、电影等电化媒介作为近代西方科学技术的物化形式，国人将其应用于教育的态度转化，首先在于人们对于科学技术价值观念的转变。随着近代西方科技传入中国，人们对于科技的价值观念不可避免地被触动。

一、清末国人眼中的"奇技淫巧"与"洋玩意儿"

在中国悠长的封建时代，儒家思想一直为各代君王的治国理念，儒者重伦理、轻技艺的处事法则也长久地镌刻在中国人的思想意识中，成为对人、对物进行基本判断的一个价值标尺。因此，崇尚"义理"、轻视"末技"成为中国人价值观念中一个非常重要也是极为有害的行事准则。在中国漫长的封建时代里，科学技术被贬为"方技"，与巫术、占卜等处于同等之列。比如在《新唐书·方技列传》中就有这样的评论："凡推步（即天文数学）、卜相、医巧，皆技也……小人能之……故前圣不以为教，盖吝之也。"在这样的价值观下，人们对于只是小人之学、君子不为的所谓"方技"表示出极大的蔑视，诸如"巫医乐师百工之流"的从业群体，也被称为"君子不齿"的一类社会群体。明末时期传教士东来时，曾经传入了一些西方科学知识，但并没有受到应有的重视。正如梁启超所言："我国人所谓'德成而上，艺成而下'之旧观念，因袭已久，本不易骤然解放，其对于自然界物象之研究素乏趣味，不能为讳也。"[1]因此，中国古代硕士鸿儒对科学技术知识的轻视态度及由此形成的科技价值观，是中国近代科技不振的重要原因。

鸦片战争后，中国"天朝上邦"的地位一落千丈。面对西方各国由先进科学技术武装起来的火炮与军舰，顽固派仍不愿承认西方科学技术有什么高强之处，鄙斥西方各种先进技术均为"奇技淫巧"，以示轻蔑。当中国近代第一所新式学堂——京师同文馆要设天文算学馆时，也遭到了顽固派气急败坏的拦阻。这些都表明，虽然历史的车轮一直不断地前进，但当时大多数国人对科学技术的认识未曾有所提高，也表明了他们对科学技术的本质特性及其内在价值还不甚明晰，对科学技术全部认识就是对各种物化形态的器物的认识。对于近代西洋层出不穷的新出之器，国人或者认为其"机巧""求巧"，有害于"尚俭尚勤"的传统道德，易于导致人们偷懒取巧的恶习，滋长好逸恶劳之心；或者认为这些来自西方的"机巧"之器，并非有益于实际的生产生活，仅属赏玩之物，将其视为无用的"奇技淫巧"，对其价值高低的评判，往往依据其实用价值的大小而定。如1877年《申报》在一篇介绍法国新到留声机的文章中，先对留声机的"奇巧"大赞一番，接着评述："此物纵为奇巧，亦不过足见此人之巧思而已，尚不能如电线、轮船大有利益于人世之用也。"[2]这种对待科学技术的思维习惯是导致近代科技在中国整体缺失的主因，也在一定程度上阻滞了中国近代理性思维精神的顺利诞生。近代西方先进的科学技术于中国悠久的儒家文化而言，是一种外来的异质器物文化，凝结着西方文明与智慧的近代科技成果逐渐融汇中国各项事业发展的过程，也是国人文化心理逐渐调适与转变的过程。及至19世纪晚期，在西力东侵和西学东渐的共同作用下，优越、自我的民族文化心理在中西文化震荡中逐渐解体，国人逐渐认识到西人擅长的"机巧"亦即西方近代的科学技术，也是西方各国"民殷国富"的根本原因。一些先进人士在认识到"西人多巧"、西国"俗尚技巧"的同时，开始反观中国，开始反省中国何以不能有此"技巧"："奇巧之器首推西人，中国瞠乎其后也。然华人非无巧思，非无精艺，特以

---

[1] 梁启超：《清代学术概论》，上海古籍出版社，1998，第158页。
[2] 《论机器能言》，《申报》1877年5月24日。

素非所尚，故无人焉究心耳。"① 在中西比照中总结出国人素不崇尚科技是导致近代中国落后的原因所在。对于西洋科技器物的认识逐渐由最初的"群相诧怪"转变为"深加慕悦"："今日之中国已非复曩日所比，曩者见西人之事，睹西人之物，皆群相诧怪，决无慕效之人，近则此等习气已觉渐改，不但不肆讥评，而且深加慕悦。"② 对西方文化与科技器物由讥讽排斥到艳羡仿效的社会风气的转化，标志着西学东渐带来的文化变迁趋势的形成以及对西洋文明的认同心理的初成。就中国早期电化教育发展的物质基础——幻灯与电影而言，在初入中国时同样也经历了这一过程。

鸦片战争使国门被迫开启后，西洋事物纷至沓来，幻灯与电影即是传入中国的"奇技淫巧"之一。由于其时特殊的社会人文环境，这些新科技成果初入中国时，同样未曾受到国人的欢迎。一些社会上层人士认为幻灯与电影是登不得大雅之堂的"奇技淫巧"而对其不屑一顾。更有甚者，一些人认为电影放映是"西人收集人眼精华之法，常观之必至于盲"，力劝不可再看，只有那些好奇与胆壮之人略敢一观。③ 同时，不管是幻灯抑或是电影，以其能够记录和跨越时空限制而再现生活的高明技术，给晚清国人以强烈的视觉震撼，使他们颇感新奇与刺激："开演音巧影戏，并电气引火，格外光明"，"各国地方山川海景、禽兽百鸟，宛然如绘，奇巧万状，莫可名言"。④ 观者的反应表现出异常的惊奇与震撼，赞其为"影里乾坤，幻中之幻，殊令人叹，可望不可即也"⑤，"种种新奇，迥非昔比，座上诸客无不击节称赞"⑥。而且这些新奇玩意儿，"不特中国人未经见及，即在欧洲等处之人亦难得见之"⑦。同为舶来品的电影，于1896年传入中国时，也给国人以极强的震撼。一些来华商人为了谋取一定的利益，最初多将电影引介于繁华都市，如上海和北京等地的戏园、茶馆等娱乐场所。为了招徕更多的观众，来华商人在广告宣传中极力突出电影新奇、变幻逼真的技术特性："其火用电气引来故格外明亮"，

---

① 《论中国制造渐精》，《申报》1881年12月20日。
② 《风气日开说》，《申报》1882年2月23日。
③ 《北京电影事业之发达》，《电影周刊》1921年第1期。
④ 《叠演影戏》，《申报》1875年3月23日。
⑤ 《西洋影戏》，《申报》1875年5月1日。
⑥ 《观演影戏记》，《申报》1875年3月26日。
⑦ 《开演影戏》，《申报》1875年3月18日。

"新来电机影戏神乎其技，运以机力而能活动如生"。①通过凸显电影新、奇、特的技术亮点，来吸引民众的眼球。在这种放映环境之下，国人对电影的认识仅止于对其新奇、动态画面的惊叹，赞叹电影能"数万里在咫尺，不求缩地之方，千百状而纷呈，何殊乎铸鼎之像"，称赞其是"开古今未有之奇，泄造物无穷之秘"②。如果说这种观感文字即属于对幻灯、电影的初始印象，那么国人对幻灯与电影的最初认识也仅仅体现于"西来之奇技淫巧""视听之娱"的字眼中，人们往往怀着猎奇心理前往观看。因此，电影初入中国时，人们对它的认识大多是"供人消遣娱乐的新玩意儿"之类。虽然人们已经看出了它能够记录活动影像和再造时空等奇特功能，但对新兴科技成果的器物性认知及其时幻灯、电影所表现的娱乐性内容以及特定的呈现方式与场所，使得在一般民众的认识视域内，电影仅仅是夹杂在焰火、魔术之间的新杂耍节目，只是一种新型的游戏而已。

电影初传入中国后，随即也进入校园。对电影的不同理解，使其在不同学校内的用途也有很大差异。如前所述，在登州文会馆引入电影的同年，1898年南京汇文书院也从美国运来了第一台电影机。对电影的不同理解，使电影在两所学校内的用途迥异。登州文化馆在电影初入校园即用于教育教学，狄考文为此进行了不懈的努力。而汇文书院院长师图尔则把电影作为一种游戏，于是这架电影机就成为学生在周末的一种消遣娱乐用具，"周末电影"也成了汇文书院一项每周必有的玩事。③

对于幻灯、电影的此等认识，不独一般人士，就连那些如张德彝、王韬等出国考察与游学者，在国外初次见到幻灯放映时，一样地感到新奇与惊诧，同样也曾视幻灯为西方物质世界中的一种新奇玩物而已。

随着外来影片的增多以及中国人自己开始尝试拍摄影片，国人与幻灯、电影的接触日益密切，逐渐认识到它们不仅能再现活动影像，而且还能用这些活动影像来讲述故事、表达思想，这是对幻灯与电影认识的一大飞跃。正如有学者所言，中国人对西方现代性物质形式的接受往往按照一个典型的步

---

① 《请看美国新到机器电光影戏》，《申报》1897年7月26日。
② 《观美国影戏记》，《游戏报》1897年9月5日。
③ 孙健三：《南京大学早期的电化教育实践》，《电化教育研究》2006年第1期。

骤进行："初则惊，继则异，再继则羡，后继则效。"①人们对幻灯、电影认识上的改变，必将引起对幻灯与电影价值的重新思考。

1902年后，随着清末新政的逐步实施，人们的思想观念也发生了较大的变化，逐步倾向于接受外来新兴事物。其时，回顾中国的历史发展，在历次西学东渐过程中，相伴而来的物质文化与精神文化相比，物质文化更容易被接受，尤其在需要借助种种器物促成新政改革的晚清十年。这个时期人们对于幻灯与电影的接受，主要表现在两个方面：一方面电影作为一种新兴的娱乐方式逐渐成为时尚，是当时中国人心中"文明""先进"与"现代"的象征符号，尤其受到了知识阶层的欢迎。追求时尚与西方文化的知识阶层，鄙视低俗的文化娱乐方式，电影作为一种社会风尚逐渐成为知识界的娱乐新宠。在一次次的观影体验中，一些知识分子首先察觉到幻灯、电影的文化教育功能，如对幻灯的关注已由猎奇心理转化到可资涉历、广见闻、资劝诫的社会教化方面。对电影的认识亦然，如1905年一晚清文人在观看战争影片后，感叹电影"可以激发人尚武精神，殆不仅作游戏观也"，即认识到电影在作为新奇的洋玩意儿娱人耳目之外的更深层次的社会教化功能。另一方面，如前所述，一些知名报刊如《申报》《东方杂志》等，开始捕捉并报道人们对电影认识的转变。这些报刊的舆论引领作用使幻灯、电影的教化、教育功能迅速社会化，扩散至更多的社会人群与更广阔的地域范围。科举制废除后，各级学校渐次开办，放映幻灯与演映电影逐渐成为一些学校开学、散学、周年庆典中时尚炫目而又深受学生欢迎的必备节目。于是，随着人们对幻灯、电影教育功能认识的深化，幻灯、电影开始作为教育工具在社会及学校领域中发挥作用："影戏创于西人爱迪生，初亦视为游戏之一，后以其与社会教育有关，渐重视之，迄今则不独视为社会教育之辅助事业，其势力已几驾小学校、新闻纸而上之。"②从清末国人眼中的娱乐洋玩意儿到广泛运用于社会及学校领域，幻灯、电影等电化媒介日渐成为促进中国教育变革与发展的利器。

---

① 唐振常：《市民意识与上海社会》，《上海社会科学院学术季刊》1993年第1期。
② 陈伯熙：《影戏业之进步》，《上海轶事大观》，上海书店出版社，2000，第160页。

二、民国时期视为教育进步与变革的利器

1912年元旦，南京临时政府宣告成立。在孙中山的主持下，南京临时政府参议院通过了《中华民国临时约法》，以宪法形式确立了资产阶级民主共和制度。虽然《中华民国临时约法》之后被废除，但南京临时政府组建与完善的民主共和的政府机构，制定与执行的反帝反封建的内外方针政策，对促进社会观念的转变和平等自由思想的普及仍具有重要意义。它所推行的一系列改革措施，不仅使资产阶级民主共和制度得以确立，而且也使民主共和的思想观念深入人心，使当时人们的政治、思想和生活环境比君主专制下的晚清要宽松许多，这些为人们思想文化的解放与生产力的发展提供了极大的便利，从而为新思想的萌发与接受、新事物的发明与创新创造了空间。

然而，袁世凯的窃国行径及其在文化领域的倒行逆施，导致南京临时政府教育部规划的教育改革蓝图未能全面展开，在文化教育领域出现了复古的逆流。针对这种开历史倒车的行为，一场以激进民主主义知识分子为领导的新文化运动骤然兴起。资产阶级民主主义者高举"科学"和"民主"的大旗，猛烈批判封建复古主义思想文化，大张旗鼓地宣传资产阶级民主与科学思想。在教育领域，以民主与科学为武器的新文化运动者们认为，中国传统教育在"中体西用"的思想指导下，其教育目的、内容及方法等方面的弊端并无根本改变。中国教育虽经清末时期的各项改革，如废除科举制、模仿西方学制、开设近代自然科学课程等，但并未真正成为社会进步的推动力量，根本原因在于中国教育缺乏"真精神"，即远离民主与科学，由此导致近代中国模仿西方创办学校数十年，教育的状况仍不容乐观："学校处数固属过少，不能普及；就是已成学校，所教的非是中国腐旧的经史文学，就是死读几本外国文和理科教科书。"[1] 不仅指出了教育要扩大规模、走向普及的观点，也指出了教育内容的陈腐与教育方法的呆板、单调。

新文化运动使中国人民接受了一次民主与科学的洗礼。同时，留学欧美

---

[1] 陈独秀：《近代西洋教育》，《新青年》第3卷（1917年）第5号。

的留学生陆续回国，赴欧美考察教育的活动逐渐增多以及欧美教育界人士的陆续来华，为中国教育界陆续带来了实利主义教育、心理测验、蒙台梭利教学法等教育教学理念。这些教育理念正是19世纪末欧洲新教育运动和美国进步主义教育运动的一部分。这场教育运动的倡导人德克乐利、蒙台梭利、杜威、克伯屈等，虽然有不同的教育主张，但都重视改革传统教育、倡导新教育实验。在他们各自的教育实验中，或者强调以儿童活动为中心的体验式教育，或者关注儿童以获取直接经验为主的感官教育，但在关注儿童的个性与生活的总方向上是相通的。新文化运动期间，欧美教育界的做法开始引起国内教育界的关注，要求改传统教育中以课本、教师为中心为新教育中以儿童、活动为中心，突出关注教育教学效能的发挥，强调教育应最大限度地发挥促进儿童发展的功效。

建基于民主与科学理念之上的新文化运动，使教育界的关注对象发生了本质的变化，主要聚集于：（1）人的个性化。时人认为，"吾国文化较诸先进之国相形见绌"，主要原因在于"个性主义不发达"，教育欲为社会发展尽力，"非发展个性不为功"。[①]因此，教育不仅应"深知儿童身心发达之程序"，而且要善于选择"种种适当之方法以助之"[②]，强调了更新教育手段与方法在儿童个性发展中的重要性。（2）教育的平民化与普及化。新文化运动中的民主思潮在教育领域的一个重要回响即提出了教育的平民化与普及化。实施"庶民"教育，打破教育的社会阶级和阶层之间的巨大差异；提倡男女教育平等，打破学校教育的单性别教育，使教育惠及社会中的每一个人。（3）教育的科学性与效率性。关注教育领域科学精神的培养与科学方法的运用，以提高教育的整体效率，是新文化运动对教育领域的另一个要求。

因此，新文化运动中的民主与科学思潮，在教育领域的最大回响是教育平民化、普及化、个性化、科学化及高效性等现代教育观念的形成，要求在教育的宏观实施中扩大教育的规模、提高教育的效率，在教育的微观实践层面应注重适应儿童个性与发展的直观、有效的教学方法的改善，而电化教育

---

① 蒋梦麟：《个性主义与个人主义》，《教育杂志》第11卷（1919年）第2期。
② 蔡元培：《新教育与旧教育之歧点》，《新青年》第5卷（1918年）第1期。

的特质恰好契合了处于社会变革中的知识分子及民众对教育的整体要求。因此，以提倡科学与民主为主要内容的新文化运动，为国人对电化教育的接纳与推介提供了必要的思想文化动力。

中华民国成立前后，人们对幻灯、电影带来的新奇感与猎奇感逐渐消失，日渐重视幻灯、电影的育德、启智及教化功能。民主共和政治体制的确立，进一步解放了人们的思想观念，促发人们对新思想、新事物的接受。新文化运动高举民主与科学的旗帜，是思想文化领域一次彻底的变革，也是长久以来新旧文化、中西文化冲突的一次集中爆发。辞旧纳新成为文化思想领域的新趋向与新风尚，舶来的幻灯、电影、留声机以及无线电广播，自然迎合了新文化运动的趋新潮流。同时，新文化运动的开启，民主和科学的旗帜高扬，也激发了教育领域的平民主义教育思潮与教育改进运动的热情，幻灯与电影在扩大教育规模、给予不识字者以有效教育方面，契合了平民教育、公民教育及科学教育等教育运动的需要。因此，进入民国后，思想文化领域的革新运动，进一步促进了人们思想观念的转变及对新生事物的汲取与接纳，使电化教育手段成长为各教育领域急需的教育利器。

第二节　教育家的电化教育实践与思想

在本节的开篇，首先要申明的是，本书并未以电化教育家之名阐述他们的电化教育思想与实践，是因为电化教育在中国的植根首先是出于解决中国教育实际问题的需要，教育家的电化教育实践和思想几乎都与各自的教育实践相联系。他们作为教育教学中的一分子，在从事教育实践的过程中，将电化教育的应用与中国的教育问题相结合，从而推动电化教育实践与理论的发展。因此，从这种意义上来说，他们首先是教育家。他们在电化教育领域的理论与实践，不仅惠及了他们所面对的教育对象，而且给同行的教育界人士与从事电化教育的电影界人士以榜样与启迪，他们的理论与实践活动也指引了中国电化教育学科的发展方向。

一、陶行知与电化教育

陶行知，中国近代伟大的人民教育家，曾就读于教会学校崇一学堂、汇文书院、金陵大学。1914年赴美留学，先入伊利诺伊大学攻读市政学，次年获政治学硕士学位后入读哥伦比亚大学教育学院。1916年回国，任教于南京高等师范学校。1921年，任中华教育改进社主任干事并担任《新教育》主编。1923年，参与发起并成立中华平民教育促进会。1927年，在南京北郊晓庄创办晓庄乡村师范学校。1930年4月，晓庄乡村师范学校被查封，陶行知被迫流亡日本。1931年春回国，在上海创办山海工学团等。1939年，陶行知又在重庆创办了育才学校。1946年7月，因病在上海去世。

陶行知献身教育的一生始终在不断地探索与创造。在教育实践上，针对中国国情，为适应时代发展，陶行知先后倡导并推动了平民教育、普及教育、大众教育、国难教育、战时教育以及民主教育等多项教育运动。为了推动这些教育运动的开展，陶行知还开创了诸多的教育方法，竭力运用各项教育设施与手段。其中，对电化手段的运用贯穿于他的教育事业当中，丰富的电化教育实践及蕴含其中的电化教育思想，使其成为民国时期电化教育的领跑者与推动者。

（一）陶行知运用电化教育的渊源

回顾陶行知一生的教育活动，电化教育始终伴随着其事业的发展与前进。追溯陶行知与电化教育结缘的原因，主要有两点：一是西学影响与多次游历西方的经历；二是晏阳初幻灯教学法的启示。这些受教育的经历以及对晏阳初幻灯教学的直接观摩，为陶行知运用电化教育推动自身的教育事业提供了必要的电化知识与技能基础。

陶行知最早接触电化媒介是在教会学校学习时初识电影。除幼年时代曾在家乡歙县接受过传统教育的启蒙外，陶行知的中学与大学时代都是在教会学校里度过的。教会学校，在教育的很多方面都有着开风气之先的作用。如前所述，作为中国电化教育基本形式之一的电影，就是由教会学校最先用于教育教学，而陶行知于1909年前往就读的南京汇文书院也是较早运用电影供学生娱乐及传播知识的学校之一。1910年，汇文书院等三所教会学校合并为金陵大学后，该校外籍教师即从美国购来电影机与影片，放映有关植树造林、防治洪水的电影。1915年，金陵大学新校舍理科大楼建成，专门在大楼南侧建成中国第一处专用校园电影放映场地。由此可推知，电影作为新兴的教育媒介与传播文化知识的工具，一直活跃于金陵大学的校园。陶行知于1910年进入金陵大学，于1914年毕业。在汇文书院及金陵大学的5年间，陶行知与电影有了亲密的接触。其实，陶行知在进入汇文书院之前，就曾在崇一学堂学习了两年，对其颇有影响的西籍教师唐进贤，则是一位具有相当西学知识且在教会圈子内具有一定关系和影响的人物，这些学习经历奠定了陶行知运用电化手段的知识基础，对陶行知以后从事电化教育实践，实有启蒙之功。1914年后赴美留学的经历使陶行知对电化教育有了更深的体会和认识。在其留学美国期间，正值美国视觉教学运动的前期。美国将幻灯、电影用于教育教学已有很长的历史，尤其在直观教学理念的激励下，电影和幻灯成为美国人极为提倡的教学辅助手段。美国的视觉教学理念及以杜威为代表的美国进步主义教育思想，对陶行知倡导并躬身践行的中国电化教育和教学改进产生了较大影响。另外，20世纪30—40年代，陶行知因各种原因出行海外各国的过程中，也必然目睹各国不断发展的教育及对电影、广播等各种电化手段的应用，这些都丰富了陶行知对电化教育的认识。

陶行知最初提倡并运用电化教育手段于平民教育活动中，是在参观晏阳初主持的青年会平民学校幻灯教学法后。1923年，陶行知偕同朱其慧等人参观晏阳初在浙江嘉兴开展的平民教育，其中，晏阳初在两所平民学校中运用幻灯教学的做法，吸引了陶行知等人的注意。在陶行知看来，"用幻灯来做教授的工具"，比起晏阳初在长沙、烟台时纯用教科书开展识字教育"已快得多"。陶行知还对晏阳初平民教育中运用幻灯教学的方法进行了详细描述，指出该方法运用的工具主要为"课本"与"影片"。其中，影片共分三套：一是彩色画片，让学生自述画中情节；二则是"把课文的本身写在玻璃片上"，用幻灯"照出来"，让学生去认识；三即为课本，"每个字从幻灯里照出来，射在墙上"[1]，让学生边看边听，边念边写。陶行知认为，运用这种方法容易

---

[1] 陶行知：《提倡平民教育》，载《陶行知全集》第1卷，四川教育出版社，1991，第694页。

引起学生的兴趣，学生精神专注，学习也变得积极主动。同时，陶行知对于学生能够风雨无阻地来学习，感到"实为难得"之举，并认为此点足可证明幻灯教学的成绩。正是这次现场观摩，使他觉得幻灯教学法非常有效。在组织中华平民教育促进会后，"请了许多专门研究哲学、美术、国语、教育的人，合组编辑部"，一面组织编写平民教材，一面绘制幻灯片，"使平民能利用既得之工具继续增进学识与技能"。除此之外，陶行知还在其他有关平民教育的文章及著作如《平民教育概论》等，对电化教育手段多有提及。在晏阳初幻灯教学的启示下，陶行知随后在北京、南京、察哈尔等地开展的平民教育中，也积极运用电化手段。对新生事物敏锐的捕捉能力与善于学习的精神，使电化教育成为伴随陶行知一生教育事业的助手。

综合而论，陶行知的学习经历，使他不仅从青少年时期就成为校园电影的参与者与受益者，而且作为满怀爱国情感的青年知识分子，目睹美国先进的科学技术手段辅助教育教学的实况，不能不产生用之作为改造中国教育的手段与工具的想法。尤为重要的是，陶行知早年在学校所积累的有关媒体技术的知识及应用方法，以及在美国所获得的视觉教学的感知经验，为他从事电化教育活动提供了必要的电化知识与基础技能。晏阳初幻灯教学的直接启迪与观摩，也使陶行知对电化教育的功用有了更为真切的体会。这些为他以后在国内开展电化教育实践，推动电化教育深入发展奠定了坚实的基础。

（二）陶行知对电化教育的认识

在陶行知倡导与推动的历次教育运动中，均青睐于电化教育来助其发展。他对电化教育如此"重用"，建基于他对电化教育的深刻认识，以及实现自身教育梦想的宏大志愿。

陶行知身体力行倡导电化教育，透露着他对教育现代化的理解。陶行知真正提到"教育现代化"一词，是在为1925年世界教育大会所撰写的英文报告 *Education in China 1924*（《民国十三年中国教育状况》）。他在该报告中使用了 modernizing 一词，意即"使……现代化"。在该文中，他认为中国教育现代化进程已经进行了将近20年，而取得较大进展是在1919年后的几年间。他之所以把1919年作为分界线，在于是年杜威的到来所带来的实用主义教育思想在中国的传播与影响，以及随之而来的教育改进运动的兴起。由此开始，中国的教育者开始结合国情探索中国教育的现代化之路，而这一宏伟目标的实现首先要从教育的民主化与普及化开始。为此，陶行知等一批知识分子开始倡导平民教育及普及教育，主张让教育惠及每一个人。结合中国国情，陶行知认为，中国不民主的现实必须依靠普及化的教育来实现。为了扭转中国文盲比例高的现实情况，实现教育的规模效应，必须寻求方法与手段上的突破。因此，深受西学影响的陶行知，深知代表新兴科技成果的大众传媒在知识传播上所具有的大众性与直观性特质，可以很好地满足中国教育民主化与普及化的需要。由是，作为先进科技成果的媒介工具一经运用于教育，即会显示出其对教育普及化与平民化的巨大推动。陶行知正是看到了媒介工具对教育发展的特殊功用而身体力行，在不同时期他所提倡的不同教育运动中，均大力提倡并竭力运用电化教育辅助推行。

同时，陶行知认为，中国作为现代世界中的一个国家，它的教育必须顺应时代发展的潮流、跟随世界教育发展的趋势，一同前进。其中的潮流与趋势即电气时代的到来以及各项电气技术在教育领域中的运用。针对近邻日本和俄国已经开始实施大规模的"电化全国的计划"，他强调中国"决不可因循懈怠"。[1] 在此基础上，陶行知指出，"作为一个现代人必须取得现代的知识，学会现代的技能，感觉现代的问题，并以现代的方法发挥我们的力量"，即必须"拿着现代文明的钥匙才能继续不断地去开发现代文明的宝库，保证川流不息的现代化"。[2] 因此，在追求教育现代化的过程中，在教育内容、教育制度以及思想已经发生转变的情况下，必须及时采择与运用各项教育新技术，保证教育现代化持续向前发展。陶行知就是在对教育现代化的理解中，开始把电化教育媒介作为辅助教学的工具开始运用的。电化教育的特质特性也正契合了他所主张创造的"四通八达的教育""开放的教育"，适应了现代教育普及化、民主化及国际化发展的需要。

陶行知电化教育实践活动体现了其"知行合一"的思想。"知行合一"

---

[1] 陶行知：《怎样学爱迪生》，载《陶行知全集》第1卷，湖南教育出版社，1984，第384页。
[2] 中央教育科学研究所：《陶行知教育文选》，教育科学出版社，1981，第1页。

是陶行知毕生躬行的行为准则。从陶行知在汇文书院结识电影到实践电化教育的整个过程中,"知行合一"的哲学准则始终是其思想与行动的指导原则。总体上看,陶行知对电化教育的体认、运用,遵从了这样的一条认识路线:先对电化媒介与教育的耦合及其对教育教学的功用有了深刻的体认,继而表现出巨大的热情,之后渐次运用于各项教育实践活动中,并对其有了更为深刻的认识。因此,陶行知对电化媒介的认识过程与其曾经阐述的"接知如接枝"的知识认识过程有着较大的相符性。陶行知对媒介知识的体认与运用过程可以说是对其"知行合一"思想的合理运用。陶行知"知行合一"思想的核心是"行",只有通过"行",才能更好地进行创新,而"行"并非盲作盲动的"行"。在陶行知看来,"知行合一"之"行",包含着行动、思想及二者相互催化之下新价值的产生。关于行动与思想的关系,陶行知在《思想的母亲》一文中认为,行动是思想的母亲,科学是从把戏中玩出来的。在电化教育实践中,陶行知针对民众知识水平较低,利用幻灯、电影在教育民众中的直观性与娱乐性的特点,寓教于乐,让更多的民众喜闻乐见。他认为只有这样教育民众,才有利于"文化网"的形成并发挥更大的作用。同时,陶行知把电影、无线电作为解放民众守旧思想的重要工具,认为守旧的思想、守旧的头脑是"一切进步的大障碍"而且"尤其害人",要用"科学之光来轰动他,叫他起一种变化,向进步方向去思想",而"电影、无线电话是两种最重要的工具,我们要普遍的运用它们来改造我们的头脑"。[1] 在这里,电影、无线电不仅是思想和行动之间转化的工具,而且通过思想和行动的相互催化,使其更进步,创造新的价值。因此,陶行知的电化教育实践不仅很好地贯彻了"知行合一"的思想,而且电影与无线电广播作为媒介工具还助推了民众教育中"知"与"行"之间的转化。同时,为了提高这种转化的速率,陶行知还不时地对电教工具进行改良,力求使其更经济实用,以适应中国国情,满足更多民众的需求。如在平民教育初期,陶行知针对其时幻灯价格昂贵的问题,要求青年会不断地改良技术,最终研究出反光幻灯教学。

---

[1] 陶行知:《攻破普及教育之难关》,载《陶行知全集》第2卷,湖南教育出版社,1984,第800页。

（三）陶行知的电化教育实践

在陶行知一生的教育事业中，倡导并推动了平民教育、乡村教育、普及教育、国难教育、战时教育以及民主教育等教育运动。在这些教育运动中，陶行知均竭力运用电化教育推动各项事业的开展。

首先，运用于平民教育。1916年，陶行知在从美国归国的船上，立下要使全国人民都能接受教育的宏愿，回国后即投身于新教育运动的变革中。他对电化教育的初次运用，是在他于五四时期推行的平民教育中。为了改革中国教育的现实问题，1921年，中华教育界的一些精英人士创办了中华教育改进社，陶行知担任主任干事。为了推动中国教育的革新与改进，他以开辟与试验的事业精神，极为重视电化教育在平民教育的诸项实践活动中的应用。1923年，在他筹办的中华教育改进社第二届年会上，就放映了商务印书馆赠送的《盲童教育》《蒙养院》《慈善院》《猛回头》等教育影片。[①] 在平民教育运动中，开办平民学校是陶行知组织开展平民教育运动的主要形式。1923年，在与朱其慧等人创办的中华平民教育促进会成立前夕，陶行知就在北京开办了4所实验平民学校，其中分别附设于北京女子高等师范学校与清华大学的两所平民学校，均实验运用过幻灯教学，以供他处平民学校参考。[②] 在他于1923年5月，筹办于南京的3所实验平民学校中，也均使用幻灯教学，并取得了很大的成效。至当年12月，他亲手或指导创立的平民学校增至126所，受教学生5000余人。年内两届毕业生916人，男生684人，女生232人。平民学校进展顺利且取得较好成绩，一个重要的原因即在于陶行知利用电化媒介在教育教学中所产生的规模效应，主要运用幻灯教学法开展识字教育。为配合平民教育重要读本——《平民千字课》的普及，"辅助教具之最重要的有二：一是幻灯，二是挂图"[③]。在这些平民学校中，陶行知不仅运用幻灯教学，而且还将其教学活动拍摄成电影，供他处平民学校仿行。[④] 中华平民教育促进总会成立后，在其制定推行平民教育的方针与计划中，亦将"开演平民教育

[①] 陶行知：《中华教育改进社第二届年会筹备情形及各组事务报告》，载《陶行知全集》第1卷，四川教育出版社，1991，第555页。
[②] 陶行知：《中华平民教育促进会筹备之经过》，载《陶行知全集》第1卷，四川教育出版社，1991，第696页。
[③] 陶知行：《平民教育概论》，《中华教育界》第14卷（1924年）第4期。
[④] 朱泽甫：《陶行知年谱》，安徽教育出版社，1985，第49页。

活动电影"[1]列为推行平民教育的方法之一。

其次，运用于乡村教育。随着平民教育由城市到乡村的转移，陶行知在乡村教育中也注重对电化手段的运用，他不仅建议农村学校教师用留声机一类新式手段辅助平民教育，助长农民学习的兴趣，渐渐给农民输入需要的知识，而且还亲自借用或购买幻灯机、留声机等电化教育设施用于乡村农民教育。1930年，陶行知还在南京晓庄乡村师范学校装设了无线电收音机，并筹办建筑电影院，借以扩大普及乡村教育的效果与规模。为筹措电化教育器材，陶行知竭尽全力，想尽办法，对此，他在1933年9月给汪达之的信中写道："活动影戏机是乡村教育最重要的工具，我害单思病已有七年之久，到如今还没有到手。你如今也要做这个梦，那是再好没有了。从同病相怜到有钱买药，这期间我希望只有半年之久。我若得到这东西，他一定会到淮安游历。"[2]信中的字字句句都透露出陶行知对运用电影推行乡村教育的重视与渴望，反映了他欲用电化手段普及乡村民众教育的良苦用心。

再次，运用于普及教育。在推行普及教育的过程中，陶行知主张开办多种形式的学校，运用多种方法来推行普及教育，在这种普及教育运动中，他同样非常注重运用电化教育手段。为普及大众教育，陶行知先后创办了山海工学团、儿童科学通讯学校、民众学校等。其中，陶行知认为适合中国国情的、最好的普及教育方法就是"小先生"制，他要求"小先生"在实施普及教育时，要积极利用电化教育。1934年4月，陶行知在培养"小先生"的规划中提出，山海工学团从4月起要实现电化教育。电影说明书、无线电广播节目都要从新编过，使之成为活动教科书。1935年8月，陶行知指导汉口市立第三小学在汉口广播电台设立"小先生"普及教育讲台，制定"全国小先生通讯简则"，发起全国"小先生"通讯，受到各地"小先生"的响应。在他的指导下，儿童科学通讯学校成立，并在上海中心大药房无线电台开展普及教育运动，从1935年8月开始，每天半小时，播送诗歌、科学常识、世界大事、《老少通千字课》等，学习四个月即可毕业。这一普教活动被称作是"中国最早的空

---

[1] 陶行知：《中华平民教育促进会总会之进行方针与计划》，载《陶行知全集》第1卷，四川教育出版社，1991，第716页。
[2] 朱泽甫：《陶行知年谱》，安徽教育出版社，1985，第234页。

中教育"。①在广播播音时,要求每逢星期三就要换一首歌,接连广播一星期,歌词在星期二的《新夜报》上发表,"就是希望小先生预先把歌词教人,等到次日播音的时候,听者便能一面温习歌词,一面格外听得高兴"。因此,强调"小先生"在推行识字教育的过程中,要抓住利用留声机与无线电进行教育的机会,"聪明的小先生必定是抓住这个机会,要把这张歌词,写在黑板上,或用复写纸写几张,或用油印印起来,或叫个人分头预先传抄,教大家读,教会了再开唱片,无线电播音也要同样的把报纸上发表的词曲拿来教人"。②陶行知指导"小先生"要把握农民喜欢新奇与热闹的心理,充分运用无线电和留声机的力量来实施教育。

陶行知在指导各省开展普及教育中,也竭力运用电化教育手段。如在1935年年初,安徽省教育厅请陶行知介绍人员指导普及教育。这次普及教育辅导活动,陶行知派出电影放映技师与助理技师各一名,还代购了一台电影放映机,数十部新教育影片,新书挂图及留声机(包括唱片)各六套。出发前,在为这些普教人员办理的辅导班中,陶行知还专门培训了关于留声机、幻灯机及电影放映机的操作技术事宜。另外,在为其他省市制订的普及教育计划中,陶行知也规划了对电化教育的运用。如1936年在为上海市制订的普及教育规划中陶行知提出,在初步教授《老少通千字课》外,须充分运用无线电及科学电影施教,并谈论了实施电影教育与无线电教育的具体实施方法。同时,他还建议上海市在工厂、乡村及公共场所安置无线电收音机。③在《中国普及教育方案商讨》一文中,陶行知提出分别设立中央科学电影制造局与中央无线电收音机制造局,制备电影、广播等各种电化教育器材,免费分送全国各地教育机关使用。

最后,运用于国难教育与战时教育。1936年,陶行知针对国难教育在救亡运动中的重要作用,发起并成立了国难教育社,提倡国难教育。在这个教育运动中,陶行知同样重视运用电化教育。1937年,全民族抗战爆发后,他

---

① 胡晓风、金成林:《陶行知及其生活教育活动纪略》,载《陶行知全集》第12卷(补遗),四川教育出版社,2002,第1040页。
② 陶行知:《怎样做小先生》,载《陶行知教育论著选》,人民教育出版社,1991,第434页。
③ 陶行知:《对于上海市普及初步教育之意见》,载《陶行知全集》第2卷,四川教育出版社,1991,第451页。

将国难教育运动改为战时教育运动。1939年7月,陶行知创办了培养特殊儿童的育才学校。在该校,陶行知不仅手把手教孩子们用菜油做光源放映幻灯,还教会他们运用电化手段开展国难宣传与民众教育。1943年,该校音乐组的学生向南洋各地、印度、美国及苏联播放歌曲,并灌制了很多唱片;该校自然科学组的学生与音乐组的学生合作,用废料制作了两套简单的幻灯机,为在农村推广群众教育增添了一个良好的工具。

另外,陶行知也运用电化手段辅助民主教育等运动的开展。为了使中国最落后的地方能尽早实现民主,把民主教育的思想输送到中国最边远的角落,陶行知提倡应充分地利用广播、电影等教育手段,指出要把取得的解决国难真知识,立刻传给大众,要使电影、广播等电化媒介与报纸、杂志等纸媒一道,积极用作民族解放宣传的工具。①

回顾陶行知一生的教育活动,在他推行的各项教育运动中,均积极运用各种电化教育手段,在亲身躬行中推动电化教育的发展。同时,亦在倡行各类教育运动的文章中,呼吁实施各项电化教育手段,以其学术界、教育界以及著名民主人士的威望扩大了电化教育的影响。他对电化教育身体力行的倡导,给其时电化教育发展以积极的榜样与示范作用。综上而论,促使陶行知坚持不懈地运用电化手段辅助各项教育事业发展的内在动力,还在于他对实现教育现代化梦想的追求、在于对"知行合一"思想的坚守。

陶行知希望借助各项现代科学技术以实现其教育普及化与全民化理想的愿望,使其对电化教育的运用保持了长久的热情。对电化媒介推动教育现代化与全民化的功用体认上,突出了电化媒介的手段与工具价值,即把电化媒介作为教育的一种辅助手段,利用其独有的特性寓教于乐、增广受众。虽然陶行知对电化媒介的倡导方面,有着一般人难以企及的情怀,但其始终对此有着平实的认识,不拔高,不描红,这种媒介观对20世纪30年代的媒介决定论、技术决定论来说,不失是一种警示和规训。同时,这种媒介观对于今天信息化时代下,教师正确地认识多媒体等先进媒体技术的教育功用,突出教育教学中人的主体性地位,突出教育的本质有着较强的启

---

① 陶行知:《中国大众教育问题》,载《陶行知教育论著选》,人民教育出版社,1991,第434页。

示与指导意义。

陶行知的电化教育实践体现了一个实践家的实干精神。他以实际行动践行近代中国的电化教育之路,虽未对电化教育作出系统完整的论述,但他的相关思想与认识贯穿于运用电化工具辅助平民教育、乡村教育、普及教育、国难教育等具体的活动和实践中,他对电化教育身体力行的倡导,对中国近代电化教育的发展提供了较为持久的动力源泉,成为其他个人或教育机关倡行电化教育的榜样和领跑者。诚如电化教育前辈孙明经所说:"金大搞电教,其理论根据在很大程度上得之于陶先生的教育思想和实践。"[①]当今时代,由于信息技术突飞猛进的发展,学习化社会的到来,重温陶行知的电化教育实践以及其中蕴含的思想,对于实现中国教育信息化及教育强国的梦想具有较强的启发和指导意义。

二、雷沛鸿与电化教育

雷沛鸿,中国近代著名教育家。曾留学于英、美两国,在美期间,恰逢美国视觉教育运动开展之时,耳濡目染了电化媒介对美国教育产生的影响。1921年回国后,主要在广西从事教育行政工作。1927年11月,赴欧洲考察教育。1929年,任教于江苏教育学院,开始借用电化媒介辅助开展民众教育,之后又多次赴南洋诸岛及欧洲考察教育。1933年,回家乡广西担任教育厅厅长,发动普及国民基础教育运动。自此,雷沛鸿在创建国民基础教育研究院、制定并颁布国民基础教育法规政策、推行国民基础教育的实践中,始终把电化教育贯穿于各项事业之中,广西的电化教育因雷沛鸿的推动,"在当时堪称全国第一"[②]。

(一)实验研究先行,加强电化教育组织管理

集实验、研究、推广于一体的广西普及国民基础教育研究院,是雷沛鸿

---

① 万年:《回顾历史着眼当前展望未来——记金陵大学电化教育专业成立五十周年学术研讨会综述》,《江苏电教》第3期(1988年)。
② 蒋桂珍:《桂林抗战教育成就略论——兼谈雷沛鸿的作用和贡献》,《中共桂林市委党校学报》2009年第4期。

创建的第一个学术研究机构，而将电化教育作为辅助国民基础教育实施的工具，其活动开展也就起步于此。1933年12月11日，广西普及国民基础教育研究院成立，时任教育厅厅长的雷沛鸿兼任院长。至1934年下半年，该研究院院长办公处下设一处三部三委员会，包括实验中心区办事处、总务部、实验推广部、训练辅导部、编辑委员会、经费审查委员会和特别委员会等负责开展普及教育设计、生产教育设计、科学馆设计等国民基础教育诸项事业的研究，而在科学馆设计中就包括有标本模型、播音教育等工作。播音教育与其他研究事业一起，成为广西普及国民基础教育研究院开展实验与研究事业的一部分。从此，广西的电化教育不仅有了机构依托和组织保障，而且从一开始，广西的电化教育就被纳入学术研究行列，以学术研究推动电化教育的发展，使广西的电化教育发展植根于浓郁的学术环境与组织土壤，表现出与其他省市不同的独有特色。

广西普及国民基础教育研究院不仅把电化教育作为一种学术研究事业，而且还遵循先实验后推广的原则，开展了具体的电化教育活动。为了配合广西普及国民基础教育事业的发展，在雷沛鸿的领导下，1935年10月9日，广西普及国民基础教育研究院无线电广播电台成立，台址设于研究院院内。11月1日，该台正式播音。该广播电台专为辅导广西普及国民基础教育研究院实验中心区（以研究院为中心的周围20里地带，即邕宁城区、亭子东西街及24个村庄）各基础学校及各表证中心学校教育而设立，主要宣传国民基础教育思想及其内容，每天11：30—12：30及18：00—19：30播音两次，用国语和粤语播出，设置的播音节目有《国民基础教育》《简明新闻》《卫生常识》以及《中西音乐》等。[①] 这种新式的教育手段，不仅传递了各种教育信息，也丰富了当地群众的日常生活。

除开办广播电台辅助国民基础教育外，广西普及国民基础教育研究院还利用电化手段开展生产教育。作为国民基础教育骨干的生产教育，由雷沛鸿聘请南京金陵大学农学院的教师章之汶负责筹划办理。章氏把金陵大学用电化手段从事农事推广的经验用于生产教育中，指出幻灯、照片、图表、模型

---

① 广西壮族自治区地方志编纂委员会编：《广西通志·广播电视志》，广西人民出版社，2000，第16页。

等为开展"生产教育辅导时之良好宣传工具"[1]。在具体实施时,先由各生产指导员协同辅导干事拟订某种事业讲题之内容,交给材料股设计绘制图解或调制标本,在生产教育宣传时用幻灯展示。生产教育辅导股利用这种方式,在广西普及国民基础教育研究院实验中心区、邕宁县、南宁区以及表证中心国民基础学校等处,开展宣传辅导工作。1936年9月,广西省政府命令撤销广西普及国民基础教育研究院,雷沛鸿离职出国考察,但起步于广西普及国民基础教育研究院的广西电化教育事业,从此走上了辅助国民基础教育发展的道路。

1935年,南京国民政府开始关注电化教育,向各省分发放映机及收音机。广西省政府利用这些电教器材,继续推行国民基础教育。随着电化教育活动的逐步开展,需要有专门的电化教育机构来负责日常事务运转。1937年,广西省教育厅开始指定专司电化教育工作的科室与人员,是年6月,在教育厅第三科内指定职员一人"专司电影教育行政及指导巡回放映事宜,并兼办播音教育事宜"[2],即电化教育事业开始由教育厅第三科掌管,但仍无专属机构。1937年,全民族抗战爆发后,雷沛鸿特设一个收音室,将收听到的战时新闻印发出去,以帮助民众了解战事,及时撤离。1940年3月,雷沛鸿在收音室的基础上成立电化教育室,隶属于广西省教育厅,聘请疏散到桂林市的江苏教育学院广播电台的陈汀声任主任,叮嘱其"把广西的电化教育好好搞起来,以适应战时抗日救国的需要"[3]。广西电化教育室的成立,被称为是全国首家省一级的电化教育专门机构[4],在当时确实发挥了如雷沛鸿所设想的作用。电化教育室下设总务、电影、播音3组和收音、修机、制片3室,专司电影教育和播音教育。在电影教育方面,除成立了6个16mm电影巡回放映队,按区巡回放映《热血忠魂》《保卫家乡》《保卫我们的土地》《台儿庄》等抗战题材的教育影片及幻灯片外,还成立了1个35mm有声电影放映队,租用电影院影片,到桂林市各工厂、机关放映,受到人们的欢迎。在播音教育方面,

---

[1] 章之汶:《广西普及国民基础教育研究院二十四年度生产教育实施计划草案》,《生活教育》第2卷(1935年)第16期。
[2] 《广西省实施电影教育暂行办法》,《广西省教育公报》1937年第176期。
[3] 陈汀声:《宾南先生与电化教育》,政协广西文史资料委员会编:《雷沛鸿纪念文集》,政协广西壮族自治区委员会文史资料委员会,1988,第80页。
[4] 雷坚:《雷沛鸿传》,广西人民出版社,1997,第186页。

雷沛鸿除指示收音室收录外国主要电台新闻，将其按天刊印为《收音记录》供省政府有关领导参阅外，还指示电化教育室自行设计安装粤西广播电台，以迅速传达政令及传播新闻。在收听方面，广西省教育厅电化教育室将中央统发的及自购的收音机，逐年分配到广西各县中等学校（没有中等学校的县选在该县表证中心学校），并在各校设立收音点，由理科教师担任收音员，按时收听教育播音。1938—1941年，先后发给各县收音机800多部（每县4—6部不等），其中直流收音机所用的电池还由广西省教育厅电化教育室统购配发。电化教育室的成立是广西电化教育发展史上的一件大事，使电化教育的发展有了独立专管的行政机构，为电化教育的有效开展提供了有力的组织保证。1941年，该室遵照教育部要求各省设立电化教育辅导处的规定，遂改变称谓，但推动电化教育辅助各项教育事业发展的性质依然。

为动员民众积极参加抗战救国，广西省竭力发展播音教育。1940年，成立了桂林广播电台，广西省政府还专门组织了"广西播音事业指导委员会"，以从事设计与指导工作，并颁布《广西广播事业指导委员会组织大纲》，选任雷沛鸿、苏希洵、李四光、马君武、高践四、欧阳玉倩等人为委员。雷沛鸿为主任委员，主持全省的播音教育事业。综合观之，在广西电化教育行政的创制与发展中，从电化教育归口于学术研究机构到专司电化教育行政机构的建立，雷沛鸿均做出了不可磨灭的贡献。

（二）颁布政策法规，确保电化教育事业发展

1935年，广西省遵照国民政府电化教育政策指示，分发收音机到各中小学，并派专人到各地安装。1936年，组织考选电化教育人员送部培训，筹备组织巡回讲映队，开始实施电化教育。随着电化教育的逐步开展，在中央电化教育政策的基础上，广西省政府开始着手制定并颁布一系列相关的政策法规。1937年制定并颁布的有关播音教育方面的法规有《广西省各级学校收音机收音办法》《收音员之辅导与训练办法》以及有关器材供应、收音机修理等；电影教育方面颁布的法规有《广西省实施电影教育暂行办法》与《广西省教育电影巡回讲映暂行办法》等。按照法规把全省划分为4个教育电影巡回放映区，开展战时巡回民众教育放映，参加观览受宣传民众达356100人。电化教育的直观性特点，颇受民众好评。但因仓促行事，其

时广西电化教育未能与民众组训工作密切结合,"尚未达到预期结果"①。

全民族抗战爆发后,雷沛鸿继续投身于普及国民基础教育事业。1939年,《广西省成人教育年实施方案》(1939年2月4日广西省政府委员会第395次会议决议通过并公布)第43条规定:"运用本省原有教育电影及教育播音巡回讲映。"②为配合抗战救国的需要,保证电化教育有序、高效地开展,雷沛鸿进一步加强对电化教育的立法工作。首先,加强对电影影片的审查立法。广西省的电影检查工作一直由戏剧审查委员会附带审查,1938年3月制定并颁布的《广西省电影片检查办法》与《非常时期电影检查所暂行规程》,使电影影片的审查工作开始由专门的教育行政机构办理,强化了电影的社会教育作用。同时,为增进儿童科学知识,广西省政府饬令省内各电影院,选择有关儿童教育之影片放映。经过电影审查立法工作,广西省的电影市场得到净化,凡有害于社会之影片,"目前在本省可云绝迹"。其次,修正或颁布新的电化教育法规。1938年10月,颁布了《广西全省收音机统制办法》,从1940年开始广西省又相继制定并颁布了《广西省播音教育实施法》《修正广西省实施电影教育办法大纲》《广西省电影教育巡回施教队三十年度施教办法》《广西省播音教育指导员巡回指导办法》《修正广西省实施播音教育暂行办法》《修正广西省政府电化教育服务处章程》等。这些电化教育法规,保证了广西省的电化教育开始沿着有序、高效的方向发展。

在这些电化教育法规的指引下,广西省把教育电影巡回讲映队由4队扩充为6队,工作人员增至14人,1939年,经费计支国币5万余元,用于购买各巡回讲映队所需的器材设施。除主要机件以外,其他如扩声机、幻灯等,"均已逐渐充实",各队均经常在全省各县巡回工作,讲映内容以抗战影片为中心,另以唱片、幻灯片作为辅助施教的工具。在施教时,除解释影片内容外,还在每次工作开始时举行开会仪式,即宣读国民公约,领导全体民众依照仪式程序行礼及循声朗读国民公约,以增进"民众政治之训练与抗敌坚强心理"③。电化教育以其特有的直观性和规模性,在乡村教育实施中确实收到了特殊之

---

① 李彦福等编:《广西教育史料》,广西人民出版社,1990,第548页。
② 韦善美主编:《雷沛鸿文集续编》,广西教育出版社,1993,第593页。
③ 雷沛鸿:《广西省教育现状与检讨》,《教育杂志》第30卷(1940年)第9期。

功效。据统计，1939年度，电影讲映队到达77县662个乡镇，施教次数750余次，观众达130余万人。除此之外，湘桂铁路动工后，电影讲映队还先后奔赴桂林、柳南、桂柳等铁路段及河田公路与桂穗公路施工现场，开展路工电化教育，使"民工抗战心理得到改变，工作效率大增"。1940年1月到8月，讲映队在黔桂铁路施教，受教者人数众多，电化教育的功效在此得到彰显。

（三）重视师资培训，巩固电化教育人才基础

随着电化教育的逐步展开，收音器材损坏严重，亟须修理而又缺乏技术人才的问题日益突出。为解决这一问题，广西省教育厅在拟定1940年度的教育经费预算中，专列收音人员训练班经费。在雷沛鸿的精心筹划下，于是年8月调派全省各地中小学收音人员（主要是物理教师兼任）44人，在桂林开办为期一个月的中小学收音人员训练班，学习有关收音机管理与维修的知识与技能。雷沛鸿任班主任。他在看望学员时，阐述了收音人员在战时的特殊任务与使命，并勉励学员通过对民众实施播音教育，对国家、对民族"尽一份力量，尽一份义务"。其后，雷沛鸿派遣电化教育室主任陈汀声与播音教育指导员叶运升，携带器材到广西各地举办巡回讲习班，培训收音人员。1940年11—12月在梧州、玉林，1941年10—12月在南宁、武鸣、百色等地分别举办培训班，前后共举行4期，培训学员50余人。在培训过程中，受训人员将损坏的收音机随身带来，一边实习一边修理。由于采取理论联系实际的教学方法，学员的学习兴趣浓厚，学习效果良好，学员回去受到"全校师生欢迎"。广西省收音人员训练班次第开办，培养了大批收音人员，为利用广播宣传抗日、开展各项国民基础教育奠定了人才基础。

总体来看，雷沛鸿在广西电化教育发展的贡献上，更多的是躬行实践，以实际行动推动广西电化教育的发展，而有关电化教育的言论比较少见，唯一一次即是1940年他在收音人员训练班上的讲话。行动是思想的外显，从上述雷沛鸿电化教育的实践当中，结合他不多的相关言论，可以窥见他对电化教育及对广西实施电化教育的认识。

一是对电化教育特性与功能的认识。雷沛鸿认为，电化教育最大的特性便是能突破时空限制，扩大施教对象的规模。电化教育超越时空性和规模性

的特点，使其在中国特定的国情下，用于民众教育有着非同一般的优越性。结合对电化教育本质特性的理解，雷沛鸿从中西基本国情对比的角度指出，电化教育作为一种非定式教育，使之用于民众教育是符合当时中国国情与民情的。不同于欧美各国，多数人集中在工厂里，容易集中作定式的施教，中国属于典型的农业社会，加之地广人多，大部分人散落于乡村。因此，要想使他们"集中作定式的施教很是困难"。而电化教育的规模性，能扩大施教对象的数量，使教育易于普及，与他倡导的中国教育大众化主张比较契合。对电化教育的功能，雷沛鸿也有着极为深刻的独特理解。雷沛鸿认为，在抗战救国时期，动员民众、编训民众是最迫切、最紧要的工作，但是这要靠教育来协助完成，而完成这一工作的最好工具，"首推电影教育和播音教育"，"这完全是因为是出于他们的特性和特质，而使他们在现代教育里面占着极重要的位置"。[①]同时，由于抗日战争时交通的困难，消息的传递极为不便，甚至当敌人到达的时候，一般民众还不知道。针对民众对战事近况和时事新闻完全隔绝的状况，雷沛鸿指出，电化教育尤其是播音教育显得尤为重要。

二是对于广西实施电化教育的认识。正是基于对电化教育特性与功能的深刻认识，雷沛鸿在主理广西教育时，把电化教育广泛运用于学校教育、民众教育、儿童教育以及生产教育等一系列国民基础教育实践中。这也与他对广西实施电化教育的紧要性认识密不可分。首先，就广西其时的省情来说，广西地僻西南，交通不便，经济薄弱，人民教育文化水平偏低。自桂南战争爆发后，广西整个环境发生了很大的变化：民众疏散迁徙，各乡镇村街公所的流动停滞，造成了乡村电讯网的破坏，"政令传达困难，民众的向心力松懈"；学校文化团体的转移，使"精神食粮缺乏，民众深感生活的苦闷"；新闻报道的停滞，使民众"易为谣言所惑"。因此，这种巨变的环境，"非借电化教育，不足以适应"。另外，就其时的民众教育来说，一切工作的中心，必须以"动员民众支持西南战局"为中心任务。所谓加紧民众的教育工作，意即力求"国民基础教育的广泛普及，并发挥教育的机动性"，以配合政治、

[①] 雷沛鸿：《在广西中小学收音人员暑期讲习班的讲话》，载《雷沛鸿文集》（续编），广西教育出版社，1993，第434页。

经济、军事的需要。此种教育民众的工作，唯有借助电化教育才能收"普遍、迅速、深入的特效"[1]。正是基于对其时广西基本民情、战情的透彻了解，作为广西教育主理者的雷沛鸿才率先运用电化教育手段，使广西的电化教育处于"全国的领先地位"[2]。

综合而论，雷沛鸿在广西电化教育的发展历程中做出了不可磨灭的重要贡献。他从实验研究入手，加强对电化教育的组织管理；为配合抗战救国的需要，制定并颁布一系列的电化教育政策法规，并加强对电化教育师资的培训等工作；结合省情、国情等具体环境与时势，用电化教育这种"非定式"教育推动了广西其时各项教育事业的发展。所有这些，对今天在省域乃至全国范围内推广电化教育事业亦有借鉴意义。

三、舒新城与电化教育

舒新城，中国近代著名的教育家，他一生爱好广泛，除致力于教育史研究与辞书编纂领域之外，还倾情于电化教育实践与理论研究，在电化教育研究方面颇有建树。

（一）从事电化教育的缘由

进入20世纪40年代，电化教育已不再是一个新名词，教育界对其关注的热情在不断高涨，推行电化教育的团体与机构逐渐增多，电化教育系科已然创立，整个电化教育事业的发展在中国已渐有起色。舒新城于20世纪40年代倾情于电化教育事业，既是教育界对电化教育比较重视的一种反映，也有其深刻的个人原因。谈及自己从事电化教育研究的缘起，舒新城讲道："因为我是治教育的，而尤注意于近代中国教育史的发展，故凡属教育上可利用以发展教育的方法和工具，我都很注意。"[3]

诚然，电化教育作为教育的一种新工具，因是受到了舒新城的关注。其实，舒新城专注于电化教育研究，还有更深层次的原因，即从事电化教育还是他

---

[1] 卢显能：《怎样推进广西的电化教育》，《广西教育通讯》第2卷（1941年）第3、4期。
[2] 马清和：《雷沛鸿传略》，《晋阳学刊》1990年第5期。
[3] 舒新城：《电化教育的实际问题》，《中华教育界》（复刊）第1卷（1947年）第1期。

个人的一种长期的兴趣爱好与亲身经历，或者说是一种与电化教育有关联的、感同身受的、丰富的人生体验。诚如他本人在《十年来我的教育见解的递变》中所述及从事电化教育的四方面缘由：其一，个人身体康复受益于无线电广播，因而"联想到利用广播以为教学的工具"。其二，个人的兴趣爱好。"业余玩照相三十余年、玩电影二十余年，民国二十六年春并曾为中华书局计划教育电影制片方法，以'八一三'事起而中止，但欲利用之以为教学工具之念，则始终未忘。"其三，欧美国家的激励。在欧美，教育电影广泛运用于各级教育机构中，"教育影片已有代替课本之势"，尤其在民众教育方面，"利用影片者尤多"。而且美国在第二次世界大战期间，利用教育电影培训新兵的成效，"较任何直接训练方法为迅速而正确"。由人推己，因而想到世界各国运用电化媒介促进教育发展的潮流与趋势，已经把中国远远抛在身后，中外对比的巨大落差"绝不容我们躺在骡车上安闲自在"，我中华教育界人士"必得急起直追"。其四，从事电化教育的实践体验。舒新城在接触中国乡村社会与民众后，深刻地体会到"专用现在教育上传统方法去教育乡下民众"，不能普遍且快速地提升民众的受教育水平，最终只能导致与世界教育水平差距越来越大，他形容运用传统教育方法教育民众，在今日世界各国教育日新月异的情状下，简直是"乘骡车赶飞机"，只有"愈赶愈远"。在参与乡村民众教育的过程中，舒新城日渐觉得，提高民众教育水平"最快的工具是电影与广播"[①]。基于此等原因，舒新城极力主张运用教育电影与无线电广播等电化媒介来推行民众教育。

作为民国时期以研究教育历史见长的著名教育家，舒新城深知，一个研究者的切身经历与亲身体验，对于与之关联的学术研究，其意义颇为重大。所以，他在《十年来我的教育见解的递变》及《电化教育的实际问题》等文章中，对自己投身电化教育的思想根源均做了如上说明。这也让我们了解到，作为民国时期电化教育理论研究的资深专家，舒新城对电化教育的认识与看法有着丰厚的个人体验与实践基础。

---

① 吕达、刘立德主编：《舒新城教育论著选》（下），人民教育出版社，2004，第909-910页。

(二) 从事的电化教育活动

其实，除上述个人的电化教育实践外，舒新城还参与了其他诸多有组织社会性的电化教育活动。1946年秋，舒新城协助上海市教育局编制了两课用于识字教育的电影教材。是年8月至次年2月，他从美英新闻处与加拿大大使馆等处租借各种新闻、宣传及教育影片数万尺在浙江等地放映，收效极好。例如，仅在吴兴县菱湖区放映，"一周之间，观众有四万余人"。同时，作为中华书局的资深元老，舒新城对《中华教育界》复刊后推出"电化教育研究"专号也同样功不可没。

在《中华教育界》复刊词中，舒新城提到，世界已经走进了原子时代，中国却还停顿在复古和前进的十字路口，进退彷徨。虽然新文化运动已过去了二十余年，然而新文化运动提倡的民主与科学并未真正改变中国落后面貌，"所谓德先生和赛先生，还给那些顽固者之流缚住手脚，不得畅行一步"，以致于20世纪40年代的中国，"农村穷苦到极点，工商业衰退到极点，财政困难到极点，社会纷乱到极点，道德也不堪闻问地堕落到极点"。这一切问题的解决，舒新城认为急需崭新的教育方法以及教育学说来予以纠正，而这种新的教育方法与学说就包含着电化教育的方法与学说。基于此，他进一步提到，虽然全国上下已经认识到在建设现代国家的过程中科学教育、电化教育等所占地位的重要并加以提倡，但是"不是局促在一个地方，无法发展他的长处；便是横遭摧残，不能发挥他的见解；即有见到而鼓吹的，也往往只是原则理想或竟只是口号，从未见有切实的具体的办法提出来"。面对中国推行电化教育过程中的具体问题，舒新城认为教育界应联合起来，努力研究"究竟应怎样改变观念，确立教育路线，怎样着手集合全国力量，怎样努力迎头赶上"[①]，认为这些是解决上述电化教育问题中的"又一个迫切需要解决的问题"。因此，期待全国专家就此发表崇论弘议，集思广益，以期上述问题得到及时而有效的解决。为此，他于《中华教育界》1947年第1卷第7期，特辟"电化教育研究"专号，用以专门讨论上述问题。

---

① 舒新城：《〈中华教育界〉复刊词》，《中华教育界》（复刊）第1卷（1947年）第1期。

（三）对电化教育的认识

舒新城自身一系列的电化教育活动，为他的电化教育思想打下了坚实的实践基础；而对电化教育的钟情致意，又加深了他理论研究的深度。

舒新城认为，"一切教育之设施都是为改善受教者的生活，——包括知识、技能及德性"。诚然，电化教育在改善与提高学习者的知识、技能与品德方面，有较大的促进作用，自然属于教育教学中的一种得力设施，是教育设施随着历史发展与演进到现阶段的必然产物。到19世纪，随着时代与科技的发展，图表、模型与照片也成为教学的工具。及至20世纪中叶，科技发展突飞猛进，使电影与无线电广播成为"教育上更进一步的工具"。舒新城正是从教育发展史的角度，论证了电化教育作为一种教育方法的出现是历史的必然。在此基础上，他认为与其他教育设施相比，电化教育的出现是其时教育方法的一种革命。因为从施教方法与效果来看，电化教育与其他教育设施相比，是一种最经济、最广泛、最便利的施教方法。所谓最经济，从施教的角度看，电化教育设施中的一卷教育影片或者一座无线电广播电台，可以使无数人受教。与班级授课制相比，可节约大量的人力与物力，以较少的教育投入收到更大的教育效益，所以会"省得多"。所谓最广泛，从受教的角度看，电化教育方法扩大了受教者的范围，突破了阶层与性别等一切限制，"任何人可向广播台和影片受教，无男女老幼贫富阶级之分"，因此，与任何传统教育方法相比，要"广泛得多"。所谓最便利，从电化教育本身特质上看，电化教育可便捷地把教育输送到任何地方的任何个人。所以在施教方法上，电化教育因受教面广、经济实惠又能突破教与学的空间关系而成为一种独特的教育方法。

在电化教育的价值取向上，舒新城强调了电化教育是教育方法变革中的一种特别重要的方法，例如，利用这些工具，可以使学者对于其所要学的科目有具体而实际的了解，加速其课本阅读、从事实验与参加实际活动学习的时间等。同时，舒新城亦指出，"它们不过是自然科学实验室、公民教育作业室等等中比较有效的另一套实验与示范的工具而已"，即限定了电化教育工具性的价值取向，强调它只是教育教学中的一种辅助工具。他还提醒教育界人士，在看待与运用电化教育手段上应具有理性的眼光，电化教育"虽然是优良的教学工具,是有效的、必要的,其重要性不亚于各种仪器与图表",然而它们并不是万能的。在运用于教学时,不能替代教科书和仪器等,还需要其他教学上的工具如课本、图表、仪器之类的教育设施相互配合。尤为重要的是,它们更不能替代教师在教学中的地位,在对电化教育手段的选择与使用上,要求教师"善为利用",不仅要求电化教育适合于教学的内容,而且要求电化教育与其他教学工具灵活配合,真正给学生以"活的知识与技能"[①]。

舒新城对电化教育的教育设施论或者工具论的见解,摆正了电化教育在教育教学中的位置,对技术万能论把电化教育当作教育教学的灵丹妙药的认识,起到了一种纠偏的作用。因此,在电化教育的本质属性上,舒新城认为,电化教育作为实施教育的工具,其本质是辅助教育的,是教育设施演进到现阶段的一种新型设施。在对电化教育属性及价值论证的基础上,舒新城指出,既然电化教育是教育方法的一种革命,在电化教育盛行后,教育者的思想观念也要随之发生变化。那么怎么转变呢?在他看来,教育者的教育思想要朝着以下几个方面转变:其一,教育作为人类改善生活的一种工具,是全体人类必须享有的权利,教育必须面向所有人。其二,舒新城认为,电化教育不仅改变了知识传输的方式,而且师与生的分野、教与学的界限也将不再分明。教育者必得转变知识授受中由师到生的单向传递观念,要有师生角色互换的意识。其三,因电化教育的便捷而使教与学的时间缩短,学习的时间与机会增多,教育者要有终身学习的理念。其四,是电化教育的效力,可以"无远弗届,无孔不入",教育者要怀有接受并拥抱它的这种观念,使之成为沟通人类意识、消除人类隔膜的有力工具。基于此等认识,舒新城寄望于电化教育之发展进而促成大同世界的实现。在对电化教育属性及价值认识的基础上,舒新城对其时教育者教育思想观念转变所提的上述建议,在今天信息化时代的教育领域,依然具有较大的启示意义。

在对电化教育科学认识的基础上,舒新城指出了当时电化教育存在的问题及其建设国家的时代使命。在阻碍其时电化教育发展上,舒新城从自身推

---

① 舒新城:《电影教学问题》,《中华教育界》(复刊)第 1 卷(1947 年)第 4 期。

行电化教育的实践中，总结出其时中国实施电化教育存在的三大问题，即经费、电源与人才问题，尤其是人才问题。他认为，电化教育在中国现代教育史上已有十几年的历史，而成效极少，"人才问题是一大症结"。电化教育因需掌握技术、艺术与教育而难以得到合适人才。对于这些问题，舒新城在为教育部制定的《在基本教育中推行电化教育的计划》[①]中予以解答。如在人才训练上，舒新城认为，各种人才的训练需要工作去配合，而工作又需要适当的设备。因此，最好的人才训练办法是由现有机构如中华教育电影制片厂、国立社会教育学院电教系、金陵大学理学院影音部去负训练之责，并倡议仿行法国办法，即由国家设立专科大学，专门从事各项高级人才之教育与训练。

与同时代其他提倡或推行电化教育的人士不同，舒新城强调，电化教育不仅仅在于辅助民众教育与学校教学，更重要的是参与国家政治与经济民主建设，即赋予了电化教育建设国家的时代使命。针对当时很多教育家主张用电化教育来推进建设，但对于如何建设、应该建设什么而茫然无头绪的情况，舒新城认为，电化教育的发展，应以"中国在政治上和经济上应该建设成为怎样的国家"为推行的方向，如果在对国家、对社会、对经济等无确定的见解的情况下各自为政地干下去，就算不发生反作用，在时间、人力、物力上也是极不经济的事。同时，舒新城认为电化教育发展立足于国家建设的目标与任务，也是时代发展的呼唤。他指出，处于"燃料动力时代"并将迎接"原子能生产时代"来临的教育，应该"放弃旧路"，运用电化教育的力量"先着一鞭"，实现个人与社会的协调发展，并以此创造"政治民主与经济民主平行"[②]发展的文化大同社会。舒新城清晰地指出，既然时代呼唤政治民主与经济民主的大同社会，那么教育就应着眼于此种目标的实现。然而如何能使大家愿意走和怎样走这条道路，则"电化教育可能尽相当的力量"。于是他从教育为国家建设之工具的角度，论证了电化教育在其中的作用。他认为，要使教育成为促进中国建设的一种工具，那么首先要考虑的是，要使教育普及，

[①] 联合国教科文组织举办的"远东区基本教育会议"于1947年9月在南京召开。1947年7月10日，教育部召开"远东区基教会议预备会"，征求关于推行电教之意见，该文即为应教育部的征求而作。
[②] 舒新城：《电化教育与中国建设》，《中华教育界》第1卷（1947年）第7期。

要使普通民众认为教育对于他们来说"是一种必要而不是奢侈",即教育能与他们的日常生活相联系,能促进他们生活的改善。其次,要使教育普及于大部分民众是文盲的中国社会,就要尽快使民众在短期内掌握建设中国的现代知识与技术。要做到上述两点,舒新城认为,依靠传统的方法"专用文字去作教育工具"则是无法实现的,必须采取一种"最快最便"的方法,而这种方法就是"电影与播音教育"。在此,他不仅把发展电化教育的必要性与重要性同国家建设关联在一起,还赋予了电化教育构筑民主国家与创建和谐社会的重任。

应该说,舒新城对电化教育的优劣特点及其与教育关系的认识,以及在此基础上提出电化教育推动国家建设的时代使命等观点,均超出了同时代的其他电化教育研究者和实践者。另外,他对摄影以及电影拍摄、制片等技术问题的论述也相当简洁、精辟,远远超出了自谦为"电化教育业余者"的水平,而是一位电化教育理论与实践的真正推动者。

四、陈友松与电化教育

陈友松,湖北京山县人。1915年冬,入武昌博文书院,毕业后,相继留学于菲律宾马尼拉师范学院与菲律宾大学教育学院研习教育。1929年年初赴美留学,翌年转入哥伦比亚大学师范学院。1935年归国后,先后任教于国立西南联合大学及国立北京大学等高校。陈友松的学术研究多集中于20世纪30—40年代,于教育研究领域创获颇多,尤其在中国的电化教育与教育财政领域研究建有拓荒之功。现就他对中国电化教育发展中的开拓性贡献做一简单的梳理。

(一)电化教育发展的拓荒工作

陈友松于1929年赴美留学之际,正值美国视觉教育运动进入尾声之时,美国教育技术学科建设已经初具形态,相应的教材编著、人才培养、师资培训、期刊创办等已经蔚然成型。高等学校作为美国电化教育的主要推动机构,在各项相关事业上均走在前列。陈友松就读的哥伦比亚大学即是这样的一所高等学府。因而,在他求学期间,有幸聆听该校师范学院教师亚恩士倍杰博士(V. C. Arnspiger)讲授的视听教育课①。这段学习经历对陈友松大有助益,对他1935年归国后的电化教育教学及研究有较大的影响。20世纪30—40年代,陈友松在电化教育领域的开拓性贡献主要有以下几点。

一是首开电影教育课程。1935年,陈友松归国后即受聘于上海大夏大学,担任社会教育系主任。前文已述,大夏大学早在20年代末期即开始利用无线电广播开展电化教育活动,陈友松任教于大夏大学,两者之间可谓是互相迎合了彼此的需要。他任教于大夏大学后即开设了电影教育课,被称为近代中国大学最早开设的教育电影课程。他还经常带领学生去上海各电影制片厂参观。②其实,成立于1930年的大夏大学社会教育系,早在1931年就开设了"映画与教育"课程。"映画"一词来源于日本,既包括幻灯也包括电影的放映,而陈友松开设的课程则是第一次以"电影教育"命名。

二是创办与主编两种电化教育期刊。任教于大夏大学后,陈友松不仅开设了电影教育课程,还担任了该校教育电影专业期刊《电影教育》的主编一职。正如有关学者所指出,"尤其是陈友松主编的教育电影专业期刊《电影教育》,有力地推动了大学内外的学术交流,激发了师生的研究热情"③。陈友松主编的《电影教育》杂志对其时电影教育学术交流做出了很大的贡献,不仅活跃了该校电化教育研究的学术气氛,也为中国电化教育的学术研究搭建了一座很好的平台。除担任《电影教育》主编外,1936年他又应中国教育电影协会上海分会的邀请,创办了《电化教育》期刊并担任其主编。这是中国最早以"电化教育"命名的专业刊物。该刊共出版了5期,后因为全民族抗战爆发停刊。在仅有的5期刊物生产过程中,陈友松集结了一批致力于电化教育研究的专家学者,在探讨国内电化教育发展的基本问题和引介国外电化教育理论与实践的前沿成果等方面,做出了影响较大且成效较显的贡献。

---

① 方辉盛、何光荣:《陈友松教育文集》,社会科学文献出版社,2009,第10页。
② 孙明经:《回顾我国早期的电化教育》(上),《电化教育研究》1983年第2期。
③ 肖朗、李斌:《近代中国大学与电化教育学的发展——以大夏大学、金陵大学、国立社会教育学院为考察中心》,《高等教育研究》2014年第5期。

三是编著中国首部有声教育电影著作——《有声的教育电影》。《有声的教育电影》一书的写作，开始于陈友松任教大夏大学后，历时一年，1936年5月完成，1937年2月由商务印书馆出版。如上所述，该书的写作与陈友松留美期间的学习经历有关。1930年，陈友松由美国斯坦福大学转入哥伦比亚大学师范学院学习教育。其间，曾修习该院开设的视听教育课程。该课程由其时该院的两位电影教育讲师——担任美国西电公司（Western Electric）教学声片研究部主任的亚恩士倍杰博士与副主任布鲁士特博士（M. R. Brunstettor）共同主讲。关于该书的取材内容，陈友松在其序中有明确的交代："本书的前几章大半采自在他们班上所得的讲义，后几章也是他们的讲义。"这些讲义由两位教师合作著成《教育有声影片》（The Educational Talking Picture）一书，1933年由芝加哥大学出版，美国称之为第一本有声电影教育著作，曾风行一时。陈友松的《有声的教育电影》一书中关于影片的摄制、视听教育行政与实施及建筑与设备各章，则译自该书，即"是真译出来的"。在该书于1937年出版之前，关于电影教育的著作，国内已有许多有价值的相关书籍问世，然而对于"有声"教育电影的研究则尚付阙如。陈友松本着"抛砖引玉"的目的，写作此书"以作为有声教学影片之摄制与实施的参考"。无疑，他的《有声的教育电影》应是中国第一部有声教育电影的编译之作。

（二）电化教育研究的重要建树

20世纪30—40年代，陈友松有关电化教育研究的著述颇多。除上述《有声的教育电影》一书，他还有很多发表于《教育杂志》《电化教育》等期刊上的文章。通过对他有关电化教育论述的文本分析，他从事电化教育研究的真知灼见历历在目，这些著述也集中体现了他的电化教育思想。

1935年，陈友松在大夏大学开讲电影教育课程后，本着教学相长的精神开始了电化教育研究。据不完全统计，从他留学归国直至40年代末，公开发表的电化教育相关文章计有15篇、著作1部，这些电化教育研究成果多集中于1936年与1937年两年内。从他在电化教育研究方面著述的数量来看，此时期能够出其右者寥寥。电影教育作为民国时期中国电化教育的重要组成部分，陈友松的研究也主要关注于此。留美经历及对电影教育的兴趣与重视，使得陈友松译介了大量美国的相关研究成果。

表 5-1　陈友松有关电化教育的学术研究*

著述名称	类别	期刊或出版社	发表或出版日期
电影测量表编制计划	论文	教育研究通讯	第 1 卷（1936 年）第 1 期
《电化教育》发刊词	论文	电化教育	1936 年创刊号
电影教学的争论	论文	电化教育	1936 年创刊号
电影的势力及其研究	译文	电化教育	1937 年第 3 期
儿童电影最近的发展	论文	电化教育	1937 年第 5 期
芝加哥国际公寓教育电影的实验	译文	教育杂志	第 26 卷（1936 年）第 1 期
视觉教育的系统化	译文	教育杂志	第 26 卷（1936 年）第 2 期
美国教育电影馆刍议	译文	教育杂志	第 26 卷（1936 年）第 3 期
摄制教育影片的几个要点	译文	教育杂志	第 26 卷（1936 年）第 8 期
二十五年之美国教育电影	译文	教育杂志	第 26 卷（1936 年）第 10 期
六十三个教育电影实验研究的结论	译文	教育杂志	第 27 卷（1937 年）第 4 期
美国教育电影的展望	译文	教育杂志	第 27 卷（1937 年）第 7 期
中小学电影教学实验的几种结论	译文	教育杂志	第 27 卷（1937 年）第 9—10 期
美国教育议会对教育电影的工作	译文	教育杂志	第 28 卷（1938 年）第 1 期
小学教学法的发展及其新趋势	论文	教育短波	第 1 卷（1947 年）第 3 期
有声的教育电影	著作	商务印书馆	1937 年出版
各国的社会教育事业	著作	商务印书馆	1937 年出版
图书馆	著作	商务印书馆	1937 年出版

* 资料来源：方辉盛、何光荣主编《陈友松文集》，以及《教育杂志》《电化教育》《教育研究通讯》等。

通阅上述研究成果，我们不难看出陈友松在电化教育研究领域的学术贡献与思想主张。具体说来，他于电化教育方面的思想观念和理论建树主要有如下数点。

其一，电化媒介观：无线电、电影是教育的新工具。

在谈到无线电、电影在现代教育中的地位与作用时，陈友松认为它们是知识传播的媒介，是"教育工具演进的最近阶段的一种"。正像人类有了工具才得以发展一样，教育向前发展也要利用工具，并且要不断地改造工具。人类文化的发展随着工具的发展而进步，教育效率的提高亦随着教育工具的发展而提高，文字的发明、印刷术的出现均使教育的效率飞速提高。然而，当人类文明发展至20世纪，新知识与新技术等现代文明成果层出不穷，传统的教育工具与方法已经不足以应对上述改变，中国的教育工具必须随着时代发展的变化而有新的发展和发明。因此，针对中国教育中仍然以书本、粉笔、黑板为教育工具的状况，陈友松呼吁国人不可因循守旧、彷徨落伍，不能再把无线电、电影仅当作"一种奢侈品或玩物"，它们的"教学效率、感动力量的限度，已经科学试验证实了"。[1]陈友松结合电影、广播的特质特性，运用恰当的譬喻，指出国人应充分发挥电影与广播"千里眼和顺风耳"的长处与优势，利用它们"孙悟空式的神通"，充分发挥它们的教育功效。在此基础上，他呼吁教育界人士应该努力把这种新的机械工具运用到教育中，应该努力迎头赶上西洋国家。

其二，电影教育图解：对电影教育的理解与认识。

从上述可知，陈友松在电化教育方面的研究成果，主要集中于电影教育方面，他有一套完整的理论体系，并且用图解的方式表达了自己对电影教育的理解与认识。

在电影教育图解中，陈友松分别表达了电影教育的门户观、电影教育的工具观、电影教育与其他教育工具的比较观及电影教育领域的三面观。

电影教育的门户观。门户即人的感觉器官。陈友松认为，人类知识的门户就是感觉器官，知识传递是以各种感官为媒介的。人类的视觉、听觉、触觉、嗅觉、味觉等因进化的效用不同而处于不同的地位和拥有不同的功能，其中视觉与听觉是最为重要的感官媒介。因此，视听结合的视听教育所涉及的领域主要是"一切声片、默片与其他视听直观教育的领域"，也即图5-1中所侧重的实物示范及实物实事的代表方面。正因如此，视听感官不仅是知识的门户，也是情意的门户。据此可推断，依靠视听感官的有声电影教育则是知

---

[1] 陈友松：《〈电化教育〉发刊词》，《电化教育》1936年创刊号。

识传播与情意传达的门户延伸，或者说是视听感官的延伸。这一观点或说法，与20世纪60年代加拿大传播学家麦克卢汉提出的"媒介即人类器官的延伸"是同一道理，然而陈友松的电影教育的门户观在提出的时间上早了将近30年，可见陈氏电化媒介理念的超前性。

电影教育的工具观。陈友松指出，由于时空与感官机能的限制，人类获取的知识及能力非常有限。"图书虽然一向是最大的助力，然偏于抽象的符号知识……就是用起实物实事的直观教育，或实物实事的代表，也都为空间与时间所限制。"要想获取更为广泛的知识，必须借助一种能使知识普遍化与大众化的工具，这种工具"惟有电影能之"[1]。接着，陈友松从电影的优点与功用方面，即电影能突破时空限制，能栩栩如生地展示真实景物等特点，强调电影不仅是知识传播的工具，亦是表情达意的工具，从而论证电影是一个"集大成的教育工具"。此外，他还突出了电影在知识获取与教育效率提升上的工具特征，强调了电影具有可把人类知识由抽象、概念转化为直观、可视的功能，是一种能使教育内容普及化、教育方法简单化的工具。

电影教育与其他教育工具的比较观。虽然陈友松强调电影对教育有巨大的工具效用，但他也能够理性地看待电影教育与其他教育手段之间的关系。陈友松认为电影、无线电、参观旅行、科学实验、模型、文字、图画等，都是提高教育效率的工具。虽然电影是教育工具演进中的一种新工具，但它自身也有一定的局限，不能忽视其他直观教育及文字、图画的教育功效。同样，电影教育"也决不能取教师而代之"。总而言之，"电影不过是一个最有权威的教育工具罢了"。

电影教育领域的三面观。陈友松从三个不同的维度论述了电影教育包含的领域。第一，从人的感官及神经系统出发，论证电影教育的领域是一个深受视觉、听觉及全身神经系统影响的有机体。第二，从直观实物的对象来看，电影教育的领域就是所有的实物实事。第三，从教育的范围与种类看，电影教育的领域既包括社会教育也包括学校教育。

---

[1] 陈友松：《有声的教育电影》，商务印书馆，1937，第7页。

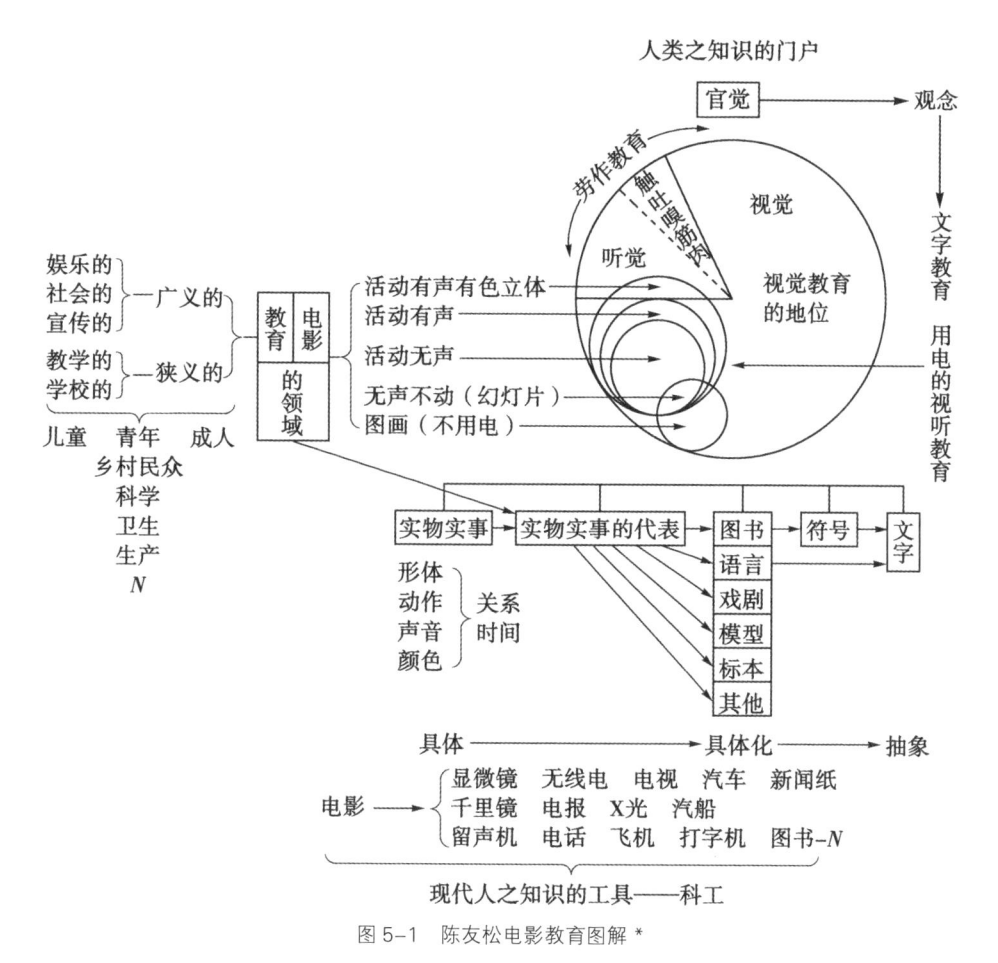

图 5-1 陈友松电影教育图解 *

* 资料来源：陈友松《有声的教育电影》

陈友松的电影教育图解，用简单、明了的方式解析了电影教育的内涵、本质及涉及的领域。据此，他对电影教育的含义进行了明确的界定："用电气电光机械，将实物实事的形体、关系或动作，或声音、颜色，或故事中的事物，表现在银幕上，借视听的官觉，做各种目标不同、方法不同、对象不同的经验改造的过程，教育电影就是应用这种过程的电影活动与设备。"[1] 从他对电影教育的定义中，可看出蕴含着三层含义：一是电影教育是作为近代科学技术成果的电影，经过各种改进措施与方法而成为教育上的一种有效工具。二是电影教育是人类经验改造的过程，将由于时空限制而无法直视的经

---

[1] 陈友松：《有声的教育电影》，商务印书馆，1937，第10页。

验改造为可视听的直接经验。三是电影教育是利用教育电影进行的一种教育活动。

其三，电影教育的定位：以教育为中心，始终围绕教育的发展服务。

陈友松认为，教育电影的母体为教育，属性为教育，所以电影教育的发展方向均需要围绕国家的教育宗旨、教育内容与方法而定，它的得失成败主要在于其是否与教育过程紧密相连。同时，教育电影毕竟是一种技术工具，教育工具应服务于教育的发展，应围绕中国教育的核心问题而存在与发展。在这里，陈友松不仅提出了教育电影的发展主旨与评价标准，而且申明了教育电影应以教育的核心问题为中心任务，一切应以教育为中心的发展方向。

教育电影以教育为中心的定位，要求电影教育"应与学校教育、民众教育打成一片"；电影技术人才"应与全国教育思想家、科学家、全国50万教师，13万民众教育的先驱者结合起来，沟通他们彼此的需要"。也就是说，普通教育电影的对象是4.5亿的民众，要增进他们的经验、提高改造的效能，电影教育必须要做到以下几点："第一须明了各级对象的心理。第二须取材于整个宇宙环境与生活经验。"陈友松从受众心理与传播内容方面对教育电影提出了要求。同时，以教育为中心的定位，还要求教育电影与其他教育工具互为补充，发挥各自的优长，共同服务于教育的发展。

（三）电化教育理论的贡献

陈友松留学美国，虽非专习视听教育，然而在美旁听视听教育课程的经历给予了他深厚的专业理论素养与宏阔的国际视野。从他对电化教育、电影教育的论述中，可以看到许多有关电化教育的名词术语，如视听教育、视觉教育、视觉辅助物、教学电影等。这些由美国引入的学术概念，对于充实其时电化教育词汇、拓宽人们对于电化教育范围及领域的认识，无疑有着较大的帮助。他第一次系统而深入地介绍了有声电影教育的作用、地位、定义及本质内涵等基本理论问题，在介绍各国视听教育进展情况的基础上，分析了中国电化教育发展的实情，并对在中小学、大学、成人教育中实施有声电影教育的策略进行了探讨。另外，陈友松在论证电化教育理论时引入了比较的研究方法，如电化教育与活动教学、小组教学的比较等。在电化教育术语的引进、电化教育研究的分析框架及研究方法方面，陈友松树立了中国电化教育理论研究的典范。他对电影教育的诸种观点论述简洁明了，往往寥寥数句即说明一个问题。文字表述的凝练不仅仅在于个人掌控语言的熟练能力，也往往表明他思想认识上的透彻与深邃。在陈友松的电化教育论著中，往往对中外人物的言论广征博引、信手拈来，如果不是博闻强记，没有广泛览阅视听教育专业书籍的积淀，没有对相关领域进行过系统、深刻的研究，那么他的引用必定不会那样出神入化，他也不可能会对电化教育理论的剖析如此透彻、深刻。在陈友松对电化教育的学术贡献中，其中亮点之一就是译介了较多的视听教育学术研究成果。这些理论成果不仅丰富了国内的电化教育理论，还给国人从事电化教育工作以实际的指导。有了丰富的国外电化教育理论积淀，剖析中国电化教育问题时，陈友松往往能够从中西对比中、从欧美电化教育经验中反思中国的电化教育问题。如《有声的教育电影》一书，就是他在这一超越性的国际视野中观察世界、鉴益中国的思想成果。他在介绍苏联、美国等国家利用广播、电影实施民众教育与学校教育后，提出当前中国虽然面临教育经费困难等诸多问题，但在有声教育电影的采用上，应该借鉴其他国家已经证实的有效经验："有声电影教育确是有收获的投资。"尤其是中国实施的识字教育，其"最有效最迅速的方法"还是"视听的电气化的教育"。

在电化教育的观点上，陈友松并非只就电化教育论电化教育，而是尝试把电化教育与其他学科相结合，扩大电化教育在教育领域的综合影响，充分发挥电化教育手段在全民教育中的工具作用。因此，他具有多维度、多视角的电化教育观。与美国倡导视听教育主要运用于课堂教学及中国教育者主要把电化手段运用于社会教育领域不同，陈友松倡导多学科、多领域综合运用电化教育手段。他既认为电化教育对于学生地理、历史、物理等学科教学有极大的帮助，同时也认为电影"是传播道德的、社会的，尤其是政治观念与思想形态的一个最有权威的媒介"，故而提倡电影在对民众实施公民教育、国难教育上应得到大力运用，并提倡与图书馆、巡回施教车等教育工具一起作为社会教育的有力武器。针对电影对教育领域的综合影响，陈友松认为，电影"利害不在它的本身，而在乎它的用途和用它的方术"。电影多维的用途决定了电影的多重影响，只要教育者能以开阔的眼光看待电影，灵活运用电影，电影就能在多种教育领域发挥巨大的作用。电影能否成为教育的利器及在教育上发挥作用的领域与程度有多大，关键在于使用它的教育者。正是这种对电化教育的看法与认识，陈友松有力地申明了"人是技术的主宰"这一科学论断。

第三节　电化教育著作的翻译

翻译作为教育交流的主要渠道之一，从古至今在人类教育交往中发挥着桥梁与纽带的作用。时至近代，随着国际交往活动日益频繁，翻译在中西科技文化交流与中国现代化进程中的作用与地位越发重要。中国近代电化教育是通过各种渠道与方式借鉴与学习西方国家的结果。其中，翻译国外电化教育著作也是重要的宣介方式，民国时期，这方面比较重要的文字成果应数金溟若翻译的《学校播音的理论与实际》与杜维涛所译的《视听教学法之理论》。

一、《学校播音的理论与实际》

《学校播音的理论与实际》一书于1935年8月由日本人西本三十二写就，1936年由商务印书馆作为"师范小丛书"中的一种而得以出版。西本三十二是日本著名的电化教育专家。《学校播音的理论与实际》，通篇读来，几乎没有晦涩难懂的地方，简洁流畅、通俗易懂。无疑，流畅清楚的语言对于科学的传播是最为重要的。

在《学校播音的理论与实际》序言开头，译者从教育要培养具备完整性格和完整生活的文化人出发，论证了完美教育的实现不仅仅依靠学校教育，还需要学校剧、童话、教育播音等教育内容，"其中尤以播音教育，其重要性和功效更伟大"。在序言中，译者言及自己翻译此书的原因：

学校播音这个名词，在吾国还是很新鲜的。固然因为无线电播音的产生离现在还没有多久，便在东西洋各国，也是把他列于新兴事业之中。可是这种新事业之被应用于教育上，已经有了十年以上的岁月。现在世界上所称为文明国的国家，可说没有一国不实施播音教育了。把新出世的无线电播音用于教育事业上，可以说是这个诞生不久的婴儿之益见其发育成长。①

借用著者的话，译者还表达了他翻译此书的目的：

　　（本书的翻译）若能给与黎明时期的教育播音以正确的认识，能补助这诞生不久的教育播音以健全的发育，使教育界将来对于这方面的研究和开拓得有许多的助力，则幸甚亦莫过于此了。②

译文遵照原作编排为十一章：第一章绪论，第二章学校播音之社会学的意义，第三章学校播音之心理学的意义，第四章学校播音之教育学的意义，第五章日本学校播音的特色，第六章日本学校播音的教育诸问题，第七章学校播音之实例，第八章学校播音上听讲的指导，第九章学校播音利用的实际，第十章世界各国的学校播音，第十一章结论。虽然在文章布局上遵循原著安排的次序，但对于第七章，译者做了删节，在译者序中做了如是交代："本书成于日人之手，除讨究原理及其一般作用以外，当然有些地方实为适合日本人的环境而作，译者曾于其中所引的实例一章，选译一部分而略其余，这是要向读者声明的。"并在书的最后附录了中国教育播音之实施办法，即中国颁布的有关播音教育法令。

《学校播音的理论与实际》一书，绪论部分从人类使用工具的演化过程出发，讲述了人类由口语文化过渡到文字的发明及至印刷文化，以至于无线电的发明这样的历史演进过程。最后点明该书是以小学校的播音教育为基本对象，研究日本教育及播音上最切要的问题。第二章论证了学校播音的社会学意义，主要是有利于社会舆论与国民文化的形成与统一、有利于社会融合与理解、有利于协同社会的形成与建设。第三章从学校播音有利于儿童兴

---

① ［日］西本三十二：《学校播音的理论与实际》"译者序言"，商务印书馆，1936，第1页。
② ［日］西本三十二：《学校播音的理论与实际》"译者序言"，商务印书馆，1936，第1页。

趣的培养、有利于人格教育、有利于个人指导方面，论证了学校播音的心理学意义。第四章从学校播音有利于缩小学校与社会的距离、有利于弥补教材的不足、有利于补充正课及有利于辅助课外教育上，论证了学校播音的教育学意义。第五章为全书的重点部分，主要讲述了日本学校播音有如下特色：（1）全国小学生于授课前或朝会前实行无线电广播体操。著者认为，无线电广播体操的创设，欧美各国虽然起步较早，但"有规则的'学校播音之无线电体操'，则谓日本独特之事"。（2）每周一早晨8：00开始，10分钟的朝会时间，播放知名人物或名士的讲话。（3）每周一至周五实施针对幼儿园儿童的播音节目《幼儿的时间》，著者称之为"日本学校播音的一大特色"。（4）每天下午12：05—12：40的35分钟为统一的学校音乐播放时间。（5）为小学每一年级的学生设置统一的专门时间用于播放与小学教科书相关的知识，称之为"欧美各国所未计及的最大特色"。（6）设置面向全体小学教师的《教师时间》播音节目，于周一至周六每天下午3：10—3：30播放教育理论，图画、手工等技能科目的教学法、国语科教学法、理科教学法、公民科教学法、教育演讲等，称此种学校播音为"足以夸耀于世界的日本学校播音的特色"。第六章讲述了实施学校播音的教育原则："须以简明的言语表现""须尽量应用音乐""务须视觉化""务须动作化""须用具体的易懂的说明""须饶有兴味""须选取新鲜的材料""务须综合的""须富于发展性""须与社会联络"以及"须与学校教育作巧妙地结合"。第七章列举了小学校播音中的一些具体实例。第八章讲述了学校播音应给予听讲前、听讲时、听讲后的系列指导。第九章以具有不同设备的六所小学的播音教育为例，讲述了学校播音如何有效利用无线电设备的问题。第十章介绍了英、德、美、法、丹麦、瑞典、捷克、比利时、澳大利亚、意大利及日本学校播音教育的概况。第十一章总结了前面的描述，并展望播音教育的未来。

《学校播音的理论与实际》一书出版时，正值电化教育在中国初步开展，它为中国播音教育初期发展提供了理论与经验上的借鉴。翻译用语的严谨与科学，保证了播音教育传入中国的科学性与畅通性，减少了播音教育传播过程中的误解与失真，对中国教育界人士尤其是从事播音教育的工作者正确理解、借鉴日本播音教育的理论与实践，起到了及时而积极的推动作用。

二、《视听教学法之理论》

《视听教学法之理论》一书译自《教学中的视听方法》（Audio-visional Method in Teaching），原书为美国著名视听教育先驱埃德加·戴尔（Edgar Dale）于1946年所著。该书出版后曾在美国风行一时，被多所大学选作教材，截至1949年，已经印至第14版。全书分为三篇：第一篇为理论；第二篇为教材教具；第三篇上部为课室应用教法，下部为行政管理与实施。翻译者杜维涛因感觉该书理论部分"系就一切视听教具教法加以系统的研究，获得圆满的结论"，所以"最为重要，首应介绍于国内教师"，而实施方面"多采自各国教师及著者本身的宝贵经验"。权衡之下，首先翻译了理论部分，并因之命名为《视听教学法之理论》，由中华书局于1949年出版。

埃德加·戴尔，师从著名教育家杜威的学生、课程理论先驱查特斯（W. W. Charters）。1928年获得博士学位后，戴尔即开始从事教育电影方面的工作，后来追随导师查特斯赴俄亥俄州立大学任教。1946年，戴尔出版了《教学中的视听方法》一书。在这本书中，他提出了著名的经验之塔理论，对美国视听教学的理论与实践进行了系统总结，因而成为视听教学领域的集大成者。

杜维涛，安徽人，1923年毕业于北京高等师范学校理化部，任教于河南信阳省立第三师范学校。后历任国民革命军政治指导员、国民党中央党部干事、教育部社会教育司科长等职，还曾任教于国立女子师范学院、四川省立教育学院等。1947年3月至翌年5月赴美为教育部订购电化教育器材期间，跟随美国俄亥俄州立大学教育研究所所长埃德加·戴尔学习视听教育。在学习期间，翻译了埃德加·戴尔的《教学中的视听方法》一书中的理论部分。出国前，杜维涛担任教育部社会教育司电化教育科科长，对电化教育颇有研究，所以对该书的翻译可谓得心应手。再加上译者本身

"在美一面随著者研究讨论，一面受其鼓励从事翻译，凡有疑问，俱得随时解决"，而戴尔本人也"特别喜欢中国学生"，据杜维涛说他"每星期给我讲三次他的著作，并叫我的大师兄 Mr. Finn 解决我文字上的困难"。[1] 所以，杜维涛对《教学中的视听方法》理论部分的翻译，最大程度地降低了纰漏的出现，忠实地翻译了原著。

除受埃德加·戴尔本人的鼓励与帮助而翻译此书外，杜维涛还谈到了他翻译此书的其他目的。"电化教育"一词创自中国，其意即利用电影、幻灯、播音等工具用以施教。作为教学法的一种新改革，电化教育已为其时国内教育界及社会人士所注意。"但此事并非由我国创始，原由欧美传来。"英美国家的"视听教育"（Audio-visual Education）是由早期的"视觉教育"（Visual Education）一词与后来的"播音教育"（Radio Education）合并而来。杜维涛认为，视听教育虽然"与我国'电化教育'一词相当，但内容则包括一切利用视觉、听觉教学的工具与方法"，即视听教育的范围远远大于电化教育，并认为视听教育是电化教育发展的"一般的趋势"。基于此种认识，他认为有必要翻译此书，以介绍西方国家的视听教育。另外，从中国其时教育发展的现状来看，"教育问题至多，而推广教育范围及改进教学未始非最迫切的需要"："可惜我国电化教育十余年来的推行，似偏重社会民众方面，各级学校因种种关系多未实验于教学方法上。今后各级教师同仁对于'电化教育'或'视听教学'应十分注重研究并努力推行。"[2] 中国电化教育发展偏重社会教育而对学校领域有所忽视的现实，使杜维涛认为有必要翻译此书，以研究并推行学校电化教育。

事实的确如此。中国电化教育虽引介于西方各国，但在发展道路上不同于国外，西方各国一开始即主要运用于学校领域，是作为教学方法的一种创新或变革而受到重视乃至追捧。在中国，电化教育的中国引介者们，往往把它当作普及知识、启迪教化的民众教育利器，而很少将其用于以学科教学为主的学校。杜维涛对《教学中的视听方法》理论部分的翻译，目的

---

[1] 杜维涛：《杜维涛致影音月刊》，《影音》第6卷（1947年）第5、6期。
[2] ［美］埃德加·戴尔：《视听教学法之理论》，杜维涛译，中华书局，1949，第1页。

在于引介视听教育理论，扩展中国电化教育涵括的范围，并引起教育界对学校电化教育的重视。杜维涛将《教学中的视听方法》一书中的前两篇与第三篇的上部即理论部分加以翻译，并重新分为五章：第一章视听教具，第二章"永记不忘"的教学，第三章使经验有用，第四章"经验锥体"，第五章前进后顾。仅从章目标题来看，并不能看出该书的写作内容，属于比较抽象的概念性标题。然而在通读之后，著译者用浅显易懂、简洁明快的语言，在一个个事例中深入浅出地向读者阐明有关教学、课程、有效教学、视听教具及其之间关系的诸多道理。该书在每章结束部分均附以4—5个思考性的问题，既提示读者该章的主要内容，又能引发读者的深度思考。

《视听教学法之理论》一书篇幅较短，仅79页，阐述了视听教具在教学应用上的相关理论。具体章节内容为：第一章首先在对教学概念与意义阐释的基础上，指出好的教学须"包含知识与情感两个方面"，而好的教具及教师对该教具的良好运用是达成有效教学的重要条件。其次指明视听教具是促进有效教学的手段与工具，是促进有效教学的一种方法，而不是仅有的方法。同时，视听教具也不是课程，不能把视听教具当作目的，教学是最终的目的。第二章阐释了有效教学的条件为适当地引起动机，明了教学的目的和动机，教学内容能够为学生体验、实验或应用。第三章以算术、地理、文法中的概念为例，说明了儿童对概念的认识与理解是从与直接经验相关的概念逐渐过渡到抽象概念，阐明了有效的教学必须联系到儿童的具体经验，而各种各样的教学工具可以使得教育更为具体。上述三章阐述了视听教具研究的背景性知识。第四章"经验锥体"也即"经验之塔"，是埃德加·戴尔《教学中的视听方法》中的重要组成部分。在该章中，戴尔用"经验之塔"设计了关于学习经验分类的理论模型，即有目的的直接经验位于塔的最底部，代表人类直接经历的真实事物本身，也是教育与学习的基础。不同的获取知识的方法依次由下向上排列，代表的知识越发变得抽象，也越来越难以理解，需要借助不同的工具或手段辅助理解。通过"经验锥体"，戴尔为所有的学习者构画了由下向上、由易到难、由直接到抽象的认知与学习的金字塔。第五章从文字主义形成的过程及近代教育史上反对文字主义

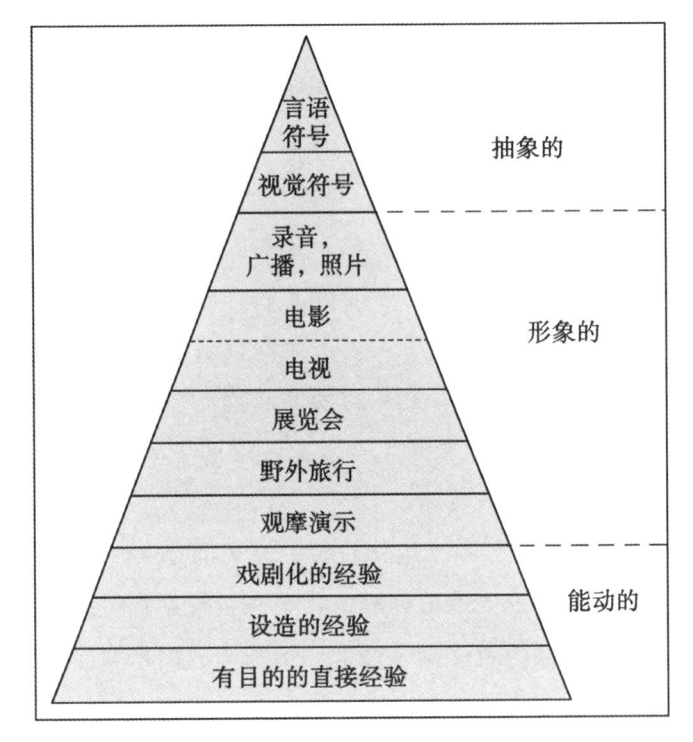

```
         言语
         符号              抽象的
        视觉符号
        录音,
      广播, 照片
         电影              形象的
         电视
        展览会
       野外旅行
       观摩演示
      戏剧化的经验           能动的
       设造的经验
     有目的的直接经验
```

图 5-2　埃德加·戴尔的"经验之塔"图 *

* 资料来源：杜维涛《视听教学法之理论》。

教育的呼声，揭示文字主义教育的危害，要求教学要与儿童实际生活相联系，强调儿童直接经验的获取及视听教学的重要性。

  杜维涛对《视听教学法之理论》的翻译，为近代中国早期电化教育理论经验的积累做出了重要贡献。在中国近代电化教育的理论体系中，一般以电影教育与播音教育理论为主。虽然为中国特有的电化教育理论体系，但从电化教育的本质来说，它的范围不应拘泥于这两者，而应包含具有电气化时代特色且能够优化教学的一切方法与手段。所以，该书的翻译，有助于拓展电化教育研究者的眼界和视野，对电化教育理论研究的内涵与外延扩展有较大的帮助。同时，《视听教学法之理论》从学校教学角度阐明了各种视听教具在教学上的意义与功用，对其时中国电化教育实践及理论均偏重于社会教育领域有一定的纠偏意义，对电化教育发展兼重社会与学校教育的大教育发展走向有一定的指示作用。另外，《视听教学法之理论》的翻译也对中国电化教育学的发展产生了重要影响，20世纪80年代以来，随着对电化教育研究的重新起步，在诸多的电化教育及其他教育学著作中，该书的内容多次被引用，尤其是戴尔的"经验之塔"理论，为新时期电化教育者的理论研究奠定了基础，也为媒体教材的分类以及媒体教材如何与学科课程相结合等实践活动提供了有益的指导。

第六章

电化教育在中国的学科建构

学科既是一种知识体系,又是一种学术制度。一门学科的创建过程,就是有关该学科的知识体系的学科化、专业化程度不断累积的过程。根据美国社会学家伊曼纽·华勒斯坦(Immanuel Wallerstein)的学科演进路径,学科创建的基本步骤或者说学科体系的基本构建一般包括:在大学中开设相关的讲座,进而建立有关系科,开设系统的课程以培养专业人才,同时创办专业期刊与筹建专业学会等。回顾近代各种学科的发展与成熟,无不经历这样的过程,或者说,无不依靠这两种力量的推动:"一是学者个人发表的研究成果,二是在高等学校中设立相关系科培养学生,成立专业学会,出版专业期刊,即所谓学科体制的建设工作。"[1] 据此来看,中国近代电化教育发展至 20 世纪 30—40 年代,已经初具学科形成的势态与条件,但中国近代电化教育学科仍属于初创时期。

---

[1] 阎明:《一门学科与一个时代:社会学在中国》,清华大学出版社,2004,第 7 页。

第一节　课程与学科：教育和培养电化教育人才的养料和基材

中国近代培养电化教育人才的专门化教育，实为开始于上文所述青年会开展图像教育培训活动，但这属于短期培训性质，真正在高等学校开设专门的课程并开设专业的系科，实施电化教育高等人才的培养活动，开始于20世纪30年代的数所高校，如大夏大学、江苏省立教育学院、金陵大学理学院以及国立社会教育学院。正是这些高等学府中电化教育课程的开设及电化教育系科的创建，标志着中国近代电化教育专门化与体制化工作的初步启程，因而也成为中国整个电化教育学科建构的重中之重。

一、大夏大学的电化教育课程

大夏大学创建于1924年，下设文、理、商、教育四科。1930年，大夏大学将教育科改为教育学院，其下设置的社会教育系当年即开设了2学分的映画与教育课程[①]，这是目前已知中国高校内最早开设的电化教育课程。1931年，映画与教育依然是社会教育系的必修课程。1932年，该系陆续开设电影教育讲座及电影教育课程，时任教育学院院长的留美生郆爽秋在谈及设置此门课程的初衷时指出："创设电教讲座系仿自美国各大学先例，盖大学为最高学府，对于此种教育园地新兴之学术，自不可不及早设置，以应需要。"[②] 基于此种考虑，大夏大学选聘学有专习的教师，引进这种新兴的教育学术。最初由对电影教育素有研究的原商务印书馆影片部主任徐公美担任授课教师，1935年徐氏赴日考察电影教育，该课程旋由曾在美国学习视听教育课程的归国留学

---

① 大夏大学编：《私立大夏大学一览》，大夏大学，1930，第8页。
② 陈友兰编：《电影教育论》，商务印书馆，1938，第51页。

生陈友松接任。如前所述,陈氏自1929年赴美国哥伦比亚大学求学,在哥大期间学习过视听教育课,回国后即投身于电影教育的实际教学中。

1936年开始,大夏大学社会教育系开设的电影教育课程大幅增加。对此,其时媒体做了如是报道:

> 大夏大学教育学院社会教育系对于电化教育素极重视,兹为造就电影教育实施人才、以应社会需要计,本学期起特增设电影教育概论、剧本作法、导演术、美术装置(布景)、电影发达史、电影教育行政等学程,并聘定专家洪深、罗刚、徐公美、姚苏凤、孙瑜、戴策、蒋楚生、刘呐鸥诸人担任讲师。该系除自备大批图书及机械供学生参考实习外,更得中央电影各机关及本市各影片公司之赞助,特许该系学生前往参观实习。①

从上述报道所列课程中,可看出大夏大学电化教育课程已由开设单门的电影教育课程发展到几乎包含了电影教育方向的全部专业课程,加之强大的师资阵容,几乎构筑了电影教育专业建设的初始轮廓。从20世纪30—40年代末,电化教育课程持续出现在社会教育系的课程设置中,如1947年与1948年分别开设了电化教育成人学习心理与电化教育课程。电化教育课程的持续开办,不仅培养了大批电化教育人才,也为大夏大学的教师们从事电化教育研究营造了良好的学术氛围。如中国社会教育学的创始人马宗荣把播音教育作为社会教育事业的重要途径及推进手段,撰写了《从教育播音的意义说到我国教育播音》等文章,并在多种著作如《社会教育事业十讲》《现代社会教育泛论》中,界定了播音教育的概念,对播音教育的作用及实施办法等进行了系统的论述。如前所述,其他电化教育骨干教师如徐公美、陈友松等人,对电影教育的若干理论问题也进行了深入而广泛的研究,使得大夏大学成为民国时期电化教育理论研究的重要园地。然而遗憾的是,拥有良好电化教育学科建设基础的大夏大学,最终却没有开办电化教育专业。

---

① 《大夏设电影学程》,《申报》1936年9月2日。

二、江苏省立教育学院电影播音教育专修科

1930年，在俞庆棠的操办下，江苏省立民众教育院与劳农学院合并成立江苏省立教育学院，院长由高阳担任。该校于1941—1945年间停办，1946年在无锡原址复办。

1936年，江苏省立教育学院电影播音教育专修科成立。该科的创办，是中国高校里设置最早的电化教育专业，"为我国高等教育系统中，电影知识正式设科传习之始"[①]。该科成立后，除以培养电影教育各种专门人才为主旨外，还着重于无线电播音教育人才的养成。其实，在该科成立之前，江苏省立教育学院已经有了七八年从事电化教育的经验积淀。1928年，中央大学民众教育学院第二民众学校专门运用幻灯进行教学。1929年，江苏省立民众教育学院就购置了35mm的电影放映机一架及若干卷电影影片，在附设的各处民众教育实验区内，开始实施教育电影巡回放映工作。随后为培养电影教育人才，除在实验工场内训练学生修理电影机件外，还让学生随同电影教育巡回人员学习放映技术。1932年，该院民众教育系和农事教育系分别设置了1学分的"幻术"（幻灯放映技术）作为公共选修课程，以及公共必修课程"影片之放映及管理""无线电之收发"及"无线电机之制造与装设"等有关电影教育与播音教育的技能类课程。1934年，派出教师戴公亮赴上海联华影业公司制片厂专门学习电影摄制技术，学习期满后，戴氏便能自制影片。1935年，受教育部指派，该院购备16mm的电影放映机与家庭发电机各一架，并增购教育影片若干，在无锡、太仓等八县实施巡回电影教育。1935年9月，江苏省立教育学院成立教育电影组，由民众教育学系二、三年级的学生参加，训练放映施教技术与开展教育电影学理研究。1936年3月，该院又购置16mm的特种摄影机及其他有关机件十余种，由戴公亮试行摄制以日本侵略中国史实为题材的卡通影片。该影片于半个月内即摄制完成，命名为《五十六年之痛史》，成为当时巡回电影教育中一部深受好评的教

[①] 戴公亮：《江苏省立教育学院电影教育事业概况》，《广东民教》第2卷（1937年）第5、6期。

育影片。因此，在该科成立之前，江苏省立教育学院在师资储备、课程开设、器材配备及培养学生方面已经有了一定的基础。

江苏省立教育学院在利用幻灯、电影等推行民众教育的过程中，因出现了一些专业问题，致使电化教育人才缺乏状况日益凸显。有鉴于此，筹设电化教育专业开始提上议事日程。于是，1935年秋，有了上述的教育电影组。1936年，在俞庆棠、戴公亮等人的筹办下，电影播音教育专修科成立，并于秋季招收了24名高中毕业生，1937年又招收学生25名。虽说由于全民族抗战爆发，该科存续的时间并不长，但在课程建设、师资队伍的召集、电化教育设备与器材的制备及推广电化教育活动方面取得了很大的成效，培养了一批优秀的电化教育专业人才。全民族抗战爆发后，江苏省立教育学院西迁广西桂林继续上课。1938年春，因设备不全，电影播音教育专修科暂停。同时，承广西省政府委托，代办收音人员师资进修班。1941年，因经费支绌，江苏省立教育学院电影播音教育专修科人员并入国立社会教育学院。1946年，江苏省立教育学院迁回原址后，该专修科改称为电化教育专修科。现将江苏省立教育学院的电化教育情形大致介绍如次。

首先，在课程建设方面。该校成立后，即明确其主旨不仅在于培养电影教育与播音教育实施及行政人才，还希望培养的人才能担负教育电影的制作任务并兼具综合技术与艺术的专长。该校学制为两年，学校全面开设电化教育课程，既有电影与播音教育理论与技术课程，还有一般基础课程与教育理论课程，综合覆盖了教育、技术、艺术三个方面。正如该科创始人之一的戴公亮所说，开设的课程"对于本项专修科卒业生之服务能力，已不难于获得原则的保证"。由于全民族抗战爆发，该科设备器材不足，招收的两届学生并没有完全毕业。

表6-1 江苏省立教育学院电影播音教育专修科学程表*

普通必修		专业必修						专业选修					
		普通课程		电影教育课程		电播教育课程		普通课程		电影教育课程		电播教育课程	
课程	学分	课程	学分	课程	学分	课程	学分	课程	学分	课程	学分	课程	学分
党义	2	英文	8	戏剧	2	无线电学	3	法学概论	2	电影导演术	2	广播事业发达史	2
★体育	4	国语及演说	2	电影教育理论与实施	3	无线电收音机之装置与修理	2	政治学	2	电影行政	1	广播事业研究	2
★音乐	2	物理学	3	电影放映机之使用与修理	1	无线电播音机之装置与管理	2	生物学	3	电影化装术	1	广播行政	1
军事训练（女生免修）	3	应用电工学	2	戏剧表演术	2	电播教育之理论与实施	2	国际问题	2	电影史及世界电影研究	2	广播音乐	2
看护（男生免修）	3	民众教育理论及实施	3	电影剧本作法	3	⊙播音教育实习	6	教育史	3	幻灯教育法及灯片装置	2	速记	1
★+国文	3	民众教育参观及实习	2	电影剧本选读	2			文学史	3	电影制置术	1		
教育概论	3			电影教育实习	6			群众心理	2	电影摄影术	2		
社会学	2							有声电影原理	1				
经济学	3												

* 资料来源：戴公亮：《江苏省立教育学院电影教育事业概况》，刊载于《广东民教》1937年第2卷第5、6期。

注："★"表示规定最低能力标准，不及标准者，不得毕业；+表示全院学生依能力分组；"⊙"表示各以4学分之时间分量，于第四学期内至院外实习。

抗战胜利后，江苏省立教育学院在无锡原址复校，电影播音教育专修科也随之于1946年恢复，并改称为电化教育专修科，分为电影教育与播音教育两组。1946年，科主任陈汀声重新修订了电化教育专修科的课程计划大纲，与全民族抗战前相比，在分组专业必修课程之外，还开设有专修科学生共同必修的专业课。在专业必修、分组必修与选修及普通必修课程的具体开设门类上更加的细化，开设的课程更多，如普通必修课17门，专业共同必修课9门，电影教育组与播音教育组的分组必修课分别为9门和8门，对应的分组选修课则各为6门。曾就读于该校的一名学生的说法也印证了上述开课情况："所要读的学程有三十多种，约八十个学分，除部分的基本功课外，教育上的课程与技术上的课程，平均注重。"[①] 江苏省立教育学院电化教育专修科如此细密的课程排布，兼重教育、技术、艺术三类基础课程，保证了人才培养的质量。同时，该科为适应电化教育专业发展的需要，还设置了电化教育馆供学生实习之用。

其次，在师资遴聘上。培育人才的关键是教师。江苏省立教育学院电影播音教育专修科成立后，为保证教学质量，招募了一批学有专长的专业教师，师资力量比较雄厚。全民族抗战爆发前，主讲教师主要有：担任第一任科主任的孙师毅，主讲编剧、导演课程；戴公亮，担任电影施教和摄影课。另外还从上海、南京等地聘请当时电影与广播界的知名人士，如许幸之、司徒慧敏、万古蟾、杨霁明等，分别担任置景课、音响课、动画课、摄影与洗印课以及无线电收音机等课程。抗战胜利后，科主任陈汀声担任播音教育方面的课程，后成为中国著名经济学家的秦柳方则负责指导学生的实习与实验工作。这些专任或兼职教师，为江苏省立教育学院电影播音教育专修科人才培养工作，都做出了不小的贡献。

再次，在电教器物的置备上。为满足教学和实习的需要，专修科还不断地充实教学与实习设备。在全民族抗战爆发前，该校就拥有很多仪器设备。如在摄影方面，有16mm的柯达特种摄影机、三脚架、望远镜、推车、16mm的接片机与剪片机等各一架，照相机6架，还有测光表、聚光灯、字幕机等。在放映方面，有35mm的无声有声放映机各一架，16mm的无声放映机3架，变压机3具，家庭发电机3具，银幕8方，黑幕28方，教育影片9部，还有冲印胶片的暗房等。在播音教育方面，有无线电收音机16种，75瓦的广播电

[①] 孟尔典：《介绍江苏省立教育学院电化教育专修科》，《影音》第7卷（1948年）第3期。

台2座。因此，全民族抗战爆发前，电影播音教育专修科在仪器设备的拥有量上就相当不错，基本可以满足教学与实习需要。但在日本悍然发动全面侵华战争后，大部分仪器设备毁于战火，在自有仪器设备方面几近于无，以至于电化教育专业重新恢复后面临着很大的教学与实习困难。正如该科一名学生所说："我们永远怕谈起我们的设备，正好像一位很穷的姑娘出嫁，怕谈到她的嫁妆一样，在开始的一学期，电影方面我们连一架有声放映机都没有，而影片更成问题。摄影方面摄影机很少，摄影场根本谈不上，连暗室都没有，倒是在无线电方面，稍微有一点器材做做实验，其他什么也没有。"[①] 但是，电化教育专修科并未因此而裹足不前，他们克服种种困难，通过修理残破仪器、筹资购备、临时借用及向外提供维修服务等方式维持日常教学与实习。

此外，在电化教育推广服务方面。全民族抗战爆发前，电影播音专修科在电影教育推广方面，主要在江苏教育学院辅导区内的各县中心民校与无锡市区各学校机关、工厂、兵营等处放映教育电影。除此之外，还于每周一在该院大礼堂放映电影一次。为限制人数过多造成的拥挤，放映前发放电影券，观众凭券入场。天暖时在操场露天放映，放映前在报纸上刊登教育电影放映消息，以号召观众入场观看，并不收券，每次观众平均在2000人以上。同时，在江苏省立教育学院附属的实验区内，亦每周放映一次教育电影。抗战胜利后，电化教育专修科利用有限的电影与播音设备继续开展电化教育的推广事业。在电影教育方面，从教育部与英美新闻处租借教育电影，到附近的学校、机关等公共团体放映，并拟定了电影特约放映办法。为加强电影的教育效果，还编制了电影说明书。另外，针对不同种类的电影影片，采取不同的应对措施，"凡遇到外文片要做翻译工作，遇到无声片要做配音工作，遇到教学影片要到附近学校里做课室教学工作"[②]。在抗战胜利后的两年内，在教育影片供给困难、仪器设备不足的情况下，电化教育专修科仍把教育电影送至昆山、苏州、江阴、常州、宜兴、镇江等地，"让当地的民众看到了许多新的事物"，观众累计692500余人。在播音教育方面，在电化教育专修科的努力下，教育

---

① 孟尔典：《介绍江苏省立教育学院电化教育专修科》，《影音》第7卷（1948年）第3期。
② 孟尔典：《介绍江苏省立教育学院电化教育专修科》，《影音》第7卷（1948年）第3期。

广播电台于1947年10月开始恢复播音,主要播送各种教育教学节目及无锡本地的商情信息。另外,播放的儿童故事更是受到了很多孩子的欢迎。除维持正常播音外,教育广播电台还开展与听众的互动交流,听众的来信经常日有数封,甚至还有来自浙江嘉兴及苏北南通等地的信函。因此,抗战胜利后的电化教育专修科,虽然办学条件不尽完善,但在从事电化教育事业推广、服务社会方面做出了较大贡献。

最后,在电化教育人才培养方面。创建电化教育专业的目的就在于培养服务电化教育事业发展的人才。江苏省立教育学院自1936年创办开始,在全面抗战爆发前招收了两届共48名学生。由于经费困难,"该科学生虽未能如期完成所学,但多半从事电教工作"。"各地电教之推行,该科学生均有份焉。"[①] 这些学生为抗日战争期间及中华人民共和国成立后的电化教育事业做出了贡献。如第一届招收的学生叶运升在学校西迁广西后,投身于该省的电化教育师资培训及推广服务事业。同届学生史锦棠(史行)离开学校后先后创作歌剧《刘胡兰》等,成为我国著名的歌剧编导与戏剧家。抗战胜利后继续培养的毕业生,多数也成为新中国电化教育事业发展的骨干力量。总之,江苏省立教育学院电影播音教育专修科,从高等教育层面培养了中国最早的一批电化教育人才,促进了中国电化教育事业的发展。

回顾江苏省立教育学院电影播音教育专修科创建的历程及该专业的发展概况,该科在艰难困顿条件下奋力前行的情形犹在眼前。该校能够排除万难躬身前行的一个重要原因,在于有一个支持电化教育事业发展的领导团队。这支领导团队的组成人员如高阳、俞庆棠等人,自设科以来,始终把电化教育作为推进民众教育事业的重要工具与载体,在推行民众教育的过程中大力倡导运用电化教育。自1930年至1941年,高阳担任江苏省立教育学院院长历时十余年,他认识到电影、广播在民众教育中的独特作用,组织成立无锡民众教育广播电台,支持并参与电影播音教育专修科的创办,积极主持并参与设置电化教育课程等。电化教育专业虽属草创,但在中国近代教育史上具有开创之功。另外,在师资力量上,高阳网罗了一批支持电化教育发展的人

---

① 江苏省立教育学院:《本院续办电化教育专修科计划大纲》,江苏省立教育学院,1946,第33页。

才和专家,除上述所列的专业教师外,还招募了傅葆琛、李蒸、古楳、甘豫源等教育家担任该院教师或部门负责人。这些教师将教学与研究相结合,在电化教育理论研究方面给电化教育专业的发展予以支持。除高阳之外,被誉为"民众教育之母"的俞庆棠作为电化教育专业的主要创建人,非常支持电化教育事业。她认为电化教育不仅能够给人以直观感受,并且能够寓教于乐,在其主持的民众教育实验区中经常利用电影与播音等电化教育工具实施民众教育。抗战期间,俞庆棠指导戴公亮等专修科师生共同摄制了记录日本侵略中国的历史题材电影《五十六年之痛史》,并到江苏各地巡回放映,增强了民众的民族爱国意识。她非常注重广播与电影的教育性,在电影摄制内容上希望"能多摄制培养民族意识的影片,灌输与国防有关的种种知识,揭露帝国主义侵略中国的阴谋与暴行",以使其成为"唤起民族的自觉与自信心,启发民众爱国的热忱,指示民众为国效劳的途径"。[1]另外,曾在该院任教的陈礼江、雷沛鸿等人均为该科的发展做出了较大的贡献。所以说,电影播音教育专修科的创建及发展,与其强有力的领导团队及教师集体的支持与指导密不可分。

三、金陵大学理学院电化教育专修科

金陵大学是中国创办较早的教会大学之一,与电化教育的结缘也早于其他学校。在该校电化教育专修科诞生之前,作为该科孕育生长的母体——金陵大学已经有了数十年运用电化教育的实际活动。正因为金陵大学丰富的电化教育活动,目前学界诸多学者将其作为中国电化教育的发源地,由此可见,金陵大学对中国电化教育发展的贡献与影响。在谈论金陵大学电化教育专修科之前,有必要对该科成立之前金陵大学的电化教育活动逐条梳理,以便了解该校电化教育专修科创立的基础与渊源。

---

[1] 俞庆棠:《欢迎中国教育电影协会第五届年会》,《教育与民众》第7卷(1936年)第8期。

表 6-2　1938 年之前金陵大学电化教育活动大事表 *①

序号	时间	事件
1	1899 年	美国美以美会、长老会、基督会将三架电影机和若干影片运至中国，其中一架分配给了金陵大学前身之一的汇文书院
2	1903 年	孙熹圣（孙明经之父）任教于汇文书院，在该校开"校园电影"和"周末电影"之先河
3	1911—1912 年	美籍教师裴义礼② 由美国采购了一批关于开垦土地、防治洪水及人工造林的影片，运抵金陵大学
4	1914 年	创办农林科，用电影宣讲农林知识
5	1915 年	建立专用电影放映场，并用广播配合电影进行校园和民众教育
6	1920 年	美国优良棉花推广专家郭仁凤应聘来到金陵大学，为推广良种棉花种植，郭仁凤摄制了很多幻灯片，并使用留声机等设备开展宣传工作
7	1923 年	郭仁凤自行摄制了几本电影影片，并购买了几部美国农业影片及两部 35mm 的电影放映机，在各地巡回放映，推广良种棉花种植。此活动持续至 1927 年
8	1930 年	化学系教授唐美森（J. C. Thomson）首先将科学电影应用于教学实践，取得良好效果
9	1930 年秋	理学院成立，魏学仁担任院长，成立推广委员会，尤为注重发展科学教育电影事业，并逐渐将其作为该委员会最为重要的工作
10	1930 年	理学院陆续引进理科专业教学电影，在院长魏学仁的倡导与支持下，联合各系教师成立电影教育委员会，在理科教学中首先广泛应用理科教学电影，并推广至附近中学
11	1931 年 4 月	理学院开始在该院无线电室定期放映教学影片
12	1932 年 11 月	理学院组织了科学教育委员会，工作之一即是推行科学教育电影
13	1934 年	理学院承办南京市各学校教育电影放映事宜，后推及沪宁、沪杭、津浦、江南诸铁道沿线的中学；理学院院务会议决议，将推广委员会改组为科学教育电影委员会；理学院与中国教育电影协会合作摄制本国教育电影，截至 1936 年已完成影片 10 部
14	1935 年	孙明经任金陵大学理学院讲师

---

① 孙健三编著：《中国电影，你不知道的那些事儿：中国早期电影高等教育史料文献拾穗》，世界图书出版公司，2010，第 5 页。
② 裴义礼，农林专家，金陵大学美籍教授。民国成立之初，他曾拜访孙中山、黄兴等人，恳求支持他所倡导的植树造林事业，并在 1913 年为他们放映植树造林影片。在他的倡导下，金陵大学创设了农林科。

续表

序号	时间	事件
15	1936年9月	理学院开始与教育部合作，开办电化教育培训班以培养电化教育人才。该训练班分别于1936年、1937年、1938年共举办三届。理学院院务会议决议，增设教育电影部。魏学仁赴日本北海道观察拍摄彩色电影，拍摄了当时世界上第一部也是唯一一部日全食彩色影片
16	1937年	为教育部代摄了《中华景象》等中小学教材影片；理学院拍摄《绥远省》《徐州》《连云港》等影片
17	1938年秋	理学院与教育部合办的电化教育专修科成立，12月在成都校区正式开学

* 资料来源：除标注外，其他资料均来源于《金陵大学校刊》、《金陵大学史》（张宪文主编，南京大学出版社2002年版）、《南京大学百年史》（王德滋主编，南京大学出版社2002年版）、《金陵大学史料集》（南京大学高教研究所校史编写组编，南京大学出版社1989年版）。

从上表可看出，金陵大学与电影结缘于1899年，但这则材料只能说明电影走进了金陵大学的前身——汇文书院，不足以说明此电影机与教育教学发生了关联。1903年，孙熹圣在汇文书院的电影活动，虽有开先河之意义，但并不明确其具体的放映内容。因此，金陵大学有确切材料证实的电化教育活动实开始于民国元年前后。另外，从上表也可看出，1938年电化教育专修科成立之前，金陵大学的电化教育活动主要发生在两个学院——农学院与理学院，相继承担了主要的活动角色。因此，此期的电化教育活动可以分为农学院时期与理学院时期。

金陵大学真正的电化教育活动开始于该校农林科的筹建过程，从美籍教师裴义礼运用电影影片宣讲植树造林的活动开始，农林科运用各种电化手段开展的教育活动逐渐增多。1920年，美国优良棉花推广专家郭仁凤应聘来到金陵大学，掀起了农学院运用电影、幻灯、留声机推广农业教育的小高潮，是项利用电化手段推广农业技术的活动一直持续到1927年。作为一项特殊的事业，电化教育推广农事服务需要多种学科技术、器材与人员的相互配合，"因农林科没有及时展开合作以得到理工部门的支持，使这一项革命性的工作受到很大的局限"①。1927年，局势动荡，随着郭仁凤返回美国，农学院的电教事业未能继续开展下去。

金陵大学电化教育活动重新启程得益于1930年理学院的成立及其院长魏学仁的领导。1930年，理学院成立后，院长魏学仁有感于化学系教授唐美森（J. C. Thomson）将科学电影应用于教学实践并取得较好效果的事实，乃决定加以大规模的推广。在他的领导下，理学院建立了一个以一会（科学教育电影委员会）一部（教育电影部）为中心的电影教育团队，开展了一系列的电化教育活动。理学院成立后不久，为了更好地推动电影教育，在魏学仁的倡议下成立了推广委员会，其重要工作职责即是推广科学教育电影。1934年10月，为推动电影教育由辅助教学向服务社会发展，理学院院务会议决议，在推广委员会的基础上，成立科学教育电影委员会，以便更好地开展电化教育推广事业。该委员会由化学系教授潘澄侯任主席，范德盛为副主席，化学系助教吴征镒，研究员孙明经，教务处副主任刘景禧，物理系讲师刘宝智、裘家奎、刘殿卿、魏学仁等八人担任委员。随着电影放映和摄制工作的蓬勃发展，理学院运用电化教育服务社会事业的任务量大大增加，科学教育电影委员会的推广工作已经远远无法满足社会需求。于是，1936年9月，理学院增设教育电影部，以专司推广之职，设置总务、编辑、摄制、流通四个部门，由潘澄侯兼任主任负责全局工作。②因潘澄侯当时已经由学校批准借调教育部一年，所以教育电影部的管理工作实际上多由孙明经负责。

理学院自1930年成立直至1938年，在科学教育电影委员会与教育电影部的具体负责下，译制科学影片开展电影教学、自行摄制教育电影影片、举办电化教育人员培训班等，为全民族抗战爆发前中国电化教育事业发展做出了不小的贡献，也为该院电化教育专修科的成立奠定了坚实的基础。

自1930年起，理学院开始以电化教育辅助教学。同时，鉴于其时社会上放映的影片多以侦探、言情等内容为主，鲜有能增进国民科学知识的实情，理学院特向美国柯达公司购买电影放映机和科学影片，将从该公司教学影片

---

① 孙明经：《中国文化大革命中的一个小实验》，《电影与播音》第6卷（1947年）第7—8期。
② 《金陵大学设教育电影部》，《图书展望》第2卷（1936年）第2期。

部引进的影片字幕译成中文，并编制说明。除运用于本校课堂教学外，还于校外开展科学电影巡回放映，以达到提倡科学教育、转移社会风气的目的。理学院推广委员会每学期除在南京市各大、中学校定期放映外，还到周边城市巡回放映，受到社会广泛欢迎。1934年，南京市社会局为提倡科学普及活动，委托理学院办理南京市内各学校、社教机关及民众的教育电影事宜，为此两者特制定了《南京市社会局委办、金陵大学理学院承办南京市教育电影办法》[①]，后推及沪宁、沪杭、津浦、江南诸铁道沿线的中学。随后，中央大学工学院、美国洛杉矶教育局、江苏省立南京民众教育馆及各地青年会等20余个机关单位先后与理学院订立了巡回放映合同，每月有8万余人观看影片。1936年，教育电影部成立后，还设有影片库，面向其他单位提供长期或临时的租借流通服务。另外，在各地还设立了10余处影片流通服务处，定期供应影片，服务范围远及山西、宁夏等。全民族抗战爆发前库存影片已达500部，但在战时西迁时仅运出四分之一，且后方交通不便，故影片流通服务亦暂告停顿。由辅助教学逐步向社会推广发展，推广科学教育电影工作成为理学院的一项重要事业。

理学院引进并译制外国电影进行科学教育电影巡回放映活动，受到了附近学校及社会各机关的欢迎与好评。虽说科学无国界，但电影作为一种视觉感受，其内容与表现形式毕竟取材于国外，必定有不符合中国国情之处，给观影者以隔阂之感，进而必然会影响科学教育的效果。如果以更贴近观众的内容，如国内的社会生活、工农业生产、科学技术、自然景观等题材来摄制电影，并以此辅助教育，必能获得科学教育的良效。基于以上认识，理学院购置了4架电影放映机、3架电影摄影机及其他电影教育相关设备，于1934年2月开始了有计划的摄制工作，这也是金陵大学理学院数年来推广电影教育工作实践的经验总结。1935年3月，理学院开始摄制的教育影片包括本国工业、应用科学、本国农业及地理名胜共四大类35项选题。[②]同时，理学院还与中国教育电影协会合作，摄制以科学教育为主旨的各种

[①]《南京市社会局委办、金陵大学理学院承办南京市教育电影办法》，《南京市政府公报》1934年第139期。
[②] 孙明经：《前辈老校友魏学仁博士》，载《金陵大学建校一百周年纪念册》，南京大学出版社，1988，第179页。

影片。截至 1936 年，已完成影片 10 部。1937 年，为全面开展电影教育，教育部特委托理学院代摄教育影片，与教育电影部陆续签订摄制合同后，首先摄制了中小学地理教材影片《中华景象》等。至 1937 年年初，理学院教育电影部除选购外国影片编译中文字幕外，另自行成功摄制各类影片 28 部。中外影片全部用于推广教育，供各中小学及社会机关选择放映。另外，教育电影部还在全民族抗战爆发前赶赴华北，抢拍了华北 8 省区的地理风光，并在西迁后，在日军飞机空袭威胁下整理完成，为中国各地留下了非常珍贵的历史镜头。除根据自己的计划或合同摄制影片外，理学院还本着提倡科学、服务社会的宗旨，接受外界委托代为摄制有关教育、科学和工业方面的各种影片。

理学院在成立后的几年间致力于电化教育事业的发展，成绩卓著。有鉴于此，教育部社会教育司遂与理学院于 1936—1938 年间合作开办电化教育培训班，借助理学院现成的师资与设备，利用暑假假期时间培养电化教育人才。①

抗战全面爆发后，国民政府与社会各界均感觉到应该对民众加强国难抗战教育，以激发民众同仇敌忾抗击敌军的意识。因此，利用电化教育宣传抗战成为当务之急，但各地电化教育人才普遍缺乏的问题尤为突出。鉴于金陵大学理学院开展电化教育多年且成效显著，国民政府教育部有意与之合作共育人才。同时，金陵大学理学院在多年从事电化教育活动的基础上，不仅积累了丰富的经验，而且磨砺了一支专业过硬的教师团队，完全具备了造就大批电化教育专门人才的基本条件。由是在各种因素的推动下，1938 年，理学院与教育部合作开办的电化教育专修科正式开学。

开办期间，经费由教育部每年补助 1 万元，其余从学校常年经费中开支。因为有了一支学识与技术过硬的师资队伍，加之有充分的经费支持，金陵大学电化教育专修科自创办起，就走上了相对顺畅的发展之路。

在招生方面，为使培养的电化教育人才均衡分布于各省区以及便利外省学生就读，理学院除在蓉、渝两地自主招生外，还通过各省市教育厅局保送

---

① 《金陵大学校刊》，1936 年 9 月 7 日第 2 版、1936 年 9 月 28 日第 1 版。

入学的办法招生。经过招考等前期准备工作,理学院电化教育专修科于1938年12月正式开学,学制两年,相继在成都与重庆两地开课。第一年为基础教育,集中学习;第二年为专业教育,分电影教育和播音教育两组。两组学生可相互选课,以便学生在理论学习和技术实践方面对电影与播音两者都有广泛的了解和学习,从而提高其服务社会的实际能力。1941年起,教学中心逐渐转到成都,不再分开两地上课。

在课程设置上,电化教育专修科共开设国文、物理、电磁学等共计29学分的公共必修基本课程,社会教育、无线电学等共计51学分的公共必修技术课程。[①] 此时理学院的必修课程学分总数已达到了80学分,超过了其时教育部规定的专修科79学分毕业的要求。此外,电影教育组和播音教育组还分别加修3—4门专业课。抗战胜利后,此科新增课程10门。1948年春,该科公布的课程有影音教育、摄影化学等14门。其中,既有影音音乐与美术等艺术类课程,亦有放映与播音技术等技术类课程;既有理论学习,也有实践实习,另外还有讨论会等活动。[②]

在抗战期间,电化教育专修科还设置专门的电影放映课程,于每周三下午4—5时举行,每次设置一个专题,由特聘专家教授分别讲解,以符合教学之需要,这样的放映活动受到了师生的欢迎。自1944年春起,教学影片示范放映成为固定课程,由该科教员主持,并邀请物理、化学、生物、地理等学科专家具体讲解,这种示范放映实际上是电化教育课程的一部分。在课程教学之外,电化教育专修科尤为注重培养学生临场实习的实际经验,除利用理学院各系公用实验室外,还设有冲洗照相室、摄影室、电影摄制室、电影放映室、无线电修造厂、电池制造厂等,供学生实习之用。不管是课程的开设,还是实验实习,金陵大学电化教育专修科规划的专业知识面特别广,涉及的学科领域较多,不仅有大量的理工科课程,还有美术、戏剧等人文艺术课程,除了有诸多理论课程学习,还有大量的实验和实习。因此,按此课程开设与实验实习条件,该科培养的毕业生均能达到社会需要的复合型人才标准。另外,

---

① 张宪文:《金陵大学史》,南京大学出版社,2002,第237页。
② 张宪文:《金陵大学史》,南京大学出版社,2002,第239页。

金陵大学电化教育专修科开办后"至感教材之困难",为补充课程开设中教材的不足,时任电化教育专修科主任并兼任《电影与播音》杂志主编的孙明经,还特意把期刊内容作为教材的一部分。所有这些,应该说是中国高等教育史上绝无仅有的人才培养先例。

在师资队伍方面,虽然金陵大学理学院有多年的电化教育实践经验,一些教师已经成为电化教育界的领军人物,但对于创建一门新的学科来说,师资方面也稍显匮乏。但该科的历届主政人员,如魏学仁、潘澄侯、孙明经、刘景禧、刘殿卿等人,皆能从学科整体发展出发,充分利用校内外一切可利用的优秀教师资源,充实教师队伍。20世纪40年代后,电化教育专修科的师资有较大的充实:研究摄影感光乳剂和摄影凝胶多年的吕锦瑗担任讲授"摄影化学"课程;有多年无线电研究经验的曹守恭开始讲授"放映技术"与"机械制图"课程;中国无线电先驱倪尚达讲授"无线电学"课程。[1] 电化教育专修科借助校内师资,实施优势互补,在课程开设中密切结合该校教师所学专业,使其各展所长。也就是说,电化教育专修科的任课教师除本专修科的专任教师外,还有多位理学院理工各系兼课教师。如物理学系教授许国梁讲授"摄影科学"课程的物理部分,还聘请魏荣爵教授开设"录音概要"课程。不仅如此,电化教育专修科有些课程还聘请国内其他学校教师或社会各界名家兼职任教,如电影技术专家罗静予、播音专家陈沅、录音专家雷永球、美术家杨建侯等先后参加教学工作[2]。另外,还借助金陵女子大学音乐等科教师的艺术优势开展相关教学工作。与此同时,自美国聘请的专家董远观(A. O. Rinden)以及赴美专门研究影片评选与农业影音推广的石咸坤,也先后加入了电化教育专修科的教师团队,分别讲授"静片摄制"与"影片评选"课程,使师资力量更为壮大。为充实教学工作,电化教育专修科还开办"影音讨论会",提高教师的科研与教学水平。有了这样一支教学团队,理学院电化教育专修科的课程建设发展迅速,课程体系更加全面、系统与专业,保证了电化教育专业人才培养的质量。

---

[1] 孙明经:《中国文化大革命中的一个小实验》,《电影与播音》第6卷(1947年)第7—8期。
[2] 孙明经:《我国在大学中培养电影和电教专业人才的先例》,《电化教育研究》1986年第1期。

在影片摄制方面，电化教育专修科在抗战期间与国家资源委员会合作，由该委出资150万元合作拍摄战时电力工业、机器制造业、重型金属工业、电力设备制造业、油田、汽车的各种代用品等工业电影6部。这批影片的完成，使金陵大学电化教育专修科名声大震。另外，电化教育专修科还在抗战时期为各省市培训电教人员200多名。鉴于电化教育专修科的优异表现，1943年11月，教育部特予以嘉奖，肯定了金陵大学电化教育专修科的成绩。以人才培养为基础，带动其他各项电化教育事业发展，金陵大学电化教育专修科成为当时电化教育领域一颗璀璨的明星。

四、国立社会教育学院电化教育专业

1941年8月，国立社会教育学院在四川璧山成立，由教育部聘请陈礼江担任院长。从国立社会教育学院创办伊始，就开始设置电化教育专修科，到1946年8月又增设电化教育学系，形成了本、专科两种人才培养层次，成为中国第一个培养本科层次电化教育人才的高等学府。1947年，停招专修科学生，只招本科生。在开办期间，该院成为电化教育专业人才培养的一支重要力量。

在课程开设与师资力量方面。1941年，该校电化教育专业初办时属专科性质，学制两年；1946年，增设本科，学制为四年。人才培养规格与学制年限不同，人才培养目标及课程开设也相应有所不同：专修科以培养高级电化教育技术人员为主，课程侧重技术；本科既侧重培养电化教育高级专门人才，还要求学生具有研究高深学术的能力，课程设置要求理论与实践兼重。但二者的课程内容均包括科学、艺术与教育，以"达成教育之终极目的"[①]。另外，在课程设置上，专科与本科均包括共同必修、分组必修以及选修三项。其中，专修科学生须修满66—76学分，经过考试及格，才能毕业；本科学生须修满132—148学分，经过考试及格，准予毕业，授予教育学士学位。本科生分为播音教育与电影教育两组，共同必修课有化学、微积分、电化教育以及毕业

---

① 国立社会教育学院：《国立社会教育学院概况》，国立社会教育学院，1948，第10页。

实习与毕业论文等，共17门。除此之外，播音教育组的必修课有无线电收讯工程、无线电传影学等11门，电影教育组的必修课有照相化学、电影放映术等共16门。两组还有休闲教育、电影戏剧研究以及电影欣赏等共8门公共选修课。[1]因此，播音教育组和电影教育组的必修课程分别达到了28门与33门。国立社会教育学院电化教育专业的师资力量也比较庞大，加上江苏省立教育学院西迁后并入，其师资力量主要由其时电影与播音领域的精英人士构成，如汪畏之、戴公亮、陈汀声、焦菊隐、许辛之、郑伯璋等，这些教师均为该院电化教育专业的高质量人才培养做出了贡献。

在仪器设备与电化教育实践方面。国立社会教育学院初成立时，仪器设备还比较缺乏，直到1947年春，在教育部的特别补助以及青树基金团、中华书局、上海市教育局的热心协助下，才逐渐购置了一批电影播音器材。在电影方面，有有声电影机两架、交流发电机一架、直流发电机两架、摄影机两架、采光表一双、卡通绘摄设备一套、冲洗暗室一间以及其他零件等。在播音方面，有100瓦的播音机一架、收音机两架、播音室一间以及其他零件等。[2]有了这些设备，就为学生的学习提供了学以致用的条件。为加强学生的动手操作能力，1947年，电化教育系成立了教育电影编摄委员会与教育电台管理委员会，成员由电化教育系教师与学生共同组成，主任委员由汪畏之担任，开展电影教育与播音教育相关活动。关于电影教育，主要开展教育电影放映与编摄影片活动。在电影放映方面，利用购置及借用的教育影片，定期由电化教育系学生分组轮流担任放映，并由有关教师在旁指导；在编摄影片方面，先从编摄民众识字教育影片入手，其次编摄学校补充教材影片、教学影片以及一般教育影片，"识字影片以常用字为准，用故事体裁，分配为前后连续的若干课，每课包含若干生字，然后摄成影片，可在十二分钟内放映一课。所有情景，或用实景，或用卡通。遇有必须认识的生字，便制成幻灯片，可停留教学。另外编印课本，使民众于观片之后，可自行阅读，得有复习的机会"[3]。

---

[1] 国立社会教育学院：《国立社会教育学院概况》，国立社会教育学院，1948，第32—36页。
[2] 国立社会教育学院研究部编：《国立社会教育学院设立旨趣和研究实验》，国立社会教育学院研究部，1947，第9页。
[3] 国立社会教育学院研究部编：《国立社会教育学院设立旨趣和研究实验》，国立社会教育学院研究部，1947，第10页。

到 1947 年，师生共同摄制识字教育影片《耕田》一部。在实习中学生们还摄制了史地教学片《今日之苏州》。关于播音教育，电化教育专业联系国立社会教育学院其他各系，供给广播人员和资料，定期播送国语、英语等各科的教学、家事、工艺指导及放送歌剧等节目。另外，还把播音教育扩展至校外，在乡镇公所及各社教机关分设收听站，定期播放医药、法律等问题的解答，报告时事、气象等。各种节目排定后，分别聘请有关人员或专家进行广播，必要时将内容印发给听众，以便随时研习。

为了增强学生的实践操作能力，国立社会教育学院还以定期讲映、特约讲映及巡回施教的方式施行电化教育推广活动，这些常态化的电化教育推广活动均让学生参加，使其可以收获较多的实践经验。

总体来看，从 1930 年中国第一次开设电化教育课程——大夏大学教育学院"映画与教育"课程的开设，到 1936 年中国第一个电化教育专科专业——江苏省立教育学院电影播音教育专修科的创办，以及 1938 年南京金陵大学理学院电化教育专修科的建立，直至 1946 年中国第一个电化教育本科专业——国立社会教育学院电化教育系的开创，中国的电化教育专业从课程开设到本科专业的建立，为当时中国教育界培养了一批电化教育人才。虽然这些学校与专业的名称已经成为历史，但这些学校创办的这些系科勾勒出了中国电化教育专业发展的初始轮廓，它们作为中国电化教育专业发展历史起点的事实，值得后人永远铭记。这些电化教育专业的创建者们站在唤醒民众、拯救民族危亡的时代制高点，把幻灯、电影、无线电广播当作教育改革与社会发展的时代利器，不仅开设了中国最早的电化教育课程，创办了中国最早的电化教育专业，培养了最早的电化教育人才，还撒播了教育应紧跟时代发展、努力促进教育手段的更新与现代化的思想种子。

尽管在 20 世纪 30—40 年代中国一些高校开设了电化教育系科，甚至在 1944 年教育部鉴于电化教育对于国家建设与民众教育的重要，还一度创设了专门的电化教育高等学校。但是，这些系科的规模普遍不大，学生人数也不多。江苏省立教育学院在全民族抗战爆发前共招收了 48 人，战后招收的学生数量也不多。国立社会教育学院截至 1948 年，"电教系一二年级学生三八人，专修科二年级学生二二人。毕业学生先后计有专修科四届，共六四人，均服务于各地电教界"①。至于南京金陵大学电化教育专修科，从1940年到1946年的在校生分别为：1940年春8人，1941年春10人，1942年春6人，1943年春3人，1944年春4人，1945年春1人，1946年春3人，总计35人。因此，在新中国成立之前，中国接受电化高等教育的人数相当有限，累计不足300人之数，但作为首批接受电化教育专业培养的专门人才，这些受过高等教育的电教者在中华人民共和国成立后成了中国电化教育事业发展的生力军。

第二节 论文与专著：创立与构建电化教育学科的学研结晶

20世纪30—40年代，大量电化教育相关的论文与专著相继问世，这既是近代学者构筑中国电化教育学科的理论结晶，也标志着电化教育成为一门独立的学科。这些学术研究及其成果，确立了电化教育的基本概念与学科研究领域，阐述了电化教育的基本理论，奠定了电化教育学科的理论体系基础。总括起来，其时学界有关电化教育的学术研究，主要集中于电影教育、播音教育、幻灯教学，以及对电化教育的综合研究。

一、电影教育研究

中国近代电化教育的理论研究开始于20世纪20年代，当时主要是一些零星的电化教育技术应用理论，直至20世纪30—40年代，各类报刊上与电化教育相关的文章层出不穷，有关电化教育研究的著作也频繁问世，这些论著多集中于研究电影教育的理论与实践。尤其是全民族抗战爆发前的1933—1937年间，发表的电影教育文章与出版的专著较为密集。这些专著的研究内

---

① 国立社会教育学院：《国立社会教育学院概况》，国立社会教育学院，1948，第9页。

容涵盖了电影教育的基本理论问题，如对教育电影的定义、教育电影的作用以及教育电影的类别进行了详细的阐述。

表 6-3 民国后期有关电影教育的著作*

专著名称	编著者	出版机构及出版时间
电影教育	徐公美	上海群学社 1933 年版
中国电影事业	陈立夫	上海《晨报》社 1933 年版
电影事业之出路	蔡元培	中国教育电影协会 1933 年版
中国电影年鉴	中国教育电影协会年鉴编辑委员会	中国教育电影协会 1934 年印行
电影教育实施法	刘之常、蒋社村	江苏省立镇江民众教育馆 1934 年版
教育电影	宗堂亮	上海商务印书馆 1936 年版
教育电影概论	宗亮东	上海商务印书馆 1936 年版
日本教育电影考察记	徐公美	上海商务印书馆 1936 年版
电影场	徐公美	正中书局 1936 年版
有声的教育电影	陈友松	上海商务印书馆 1937 年版
教育电影	谷剑尘	中华书局 1937 年版
教育电影实施指导	宗秉新、蒋社村	中华书局 1937 年版
非常时期的教育电影	徐公美	正中书局 1937 年版
电影教育实施概况	福建省立民众教育处	福建省立民众教育处 1937 年版
浙江省电影教育实施概况	浙江省教育厅第三科电化教育服务处	浙江省教育厅公报室 1937 年印行
电影教育论	陈友兰	长沙商务印书馆 1938 年版
电影教育	陈沂	福建省政府教育厅编辑委员会 1942 年版

* 资料来源：华中师范大学图书馆、中国国家图书馆官网等。

附注：受资料查找所限，本表所列定有遗漏，有待日后补充。

首先，对电影教育的界定。大多数人认为电影教育就是用电影作为方法或工具来实施的教育，然而在教育电影的具体定义上，却是仁者见仁，智者见智。谷剑尘认为，教育电影"专指以教育为目的的电影"。陈友兰认为，应根据电影制作的目的来区分是否为教育电影，专门以教育为目的而制作的电影则为教育电影，不能泛指一切电影所蕴含的教育意义。[①] 一些人从最为广泛的范围去定义教育电影，认为凡促进人类自身发展以及周围世界的改变的电影都可称为教育电影，这种观点可谓是电影的泛教育化主张，即几乎所有的电影都可称为教育电影。潘公展即持有这种观点。他认为，所有的电影都具有教育意义，因而都是教育电影。接着，他对"电影的教育"与"教育的电影"加以区分，认为前者可指代一切电影的教育作用，后者则指用作教育工具的电影。随后，潘公展从娱乐电影与教育电影的不同功效上，指出不能人为地在教育电影与娱乐电影之间划分鸿沟，而应该发挥所有影片正面的、积极的作用。从上述内容可以看出，其时的学者们不仅对教育电影的定义有广义与狭义之分，而且对教育电影与电影教育的边界限定上也有很大的差异。对教育电影的不同界定也决定了他们在教育电影分类问题上持有不同的看法，持广义教育电影的学者主张电影教育可以包括一切的娱乐、宣传、风景及教材影片，作用的对象是社会一般观众；[②] 而持狭义教育电影的学者则认为教育电影只能专指教材影片，作用的对象为教育界。尽管当时的学者对教育电影的概念与分类在看法上有分歧，但对于教育电影应该包括"社会教育电影"和"学校教育电影"两大类有着较为一致的看法。"社会教育电影"主要包括社会道德、通俗科学、保健卫生等内容，"学校教育电影"则分为教材电影与训导电影两类。

其次，对教育电影功能的认识。在对教育电影功能的认识上，普遍认为电影本身的特质使其在教育上具有巨大的能效：其一是普遍性；其二是真实性；其三是艺术性。[③] 由此，电影也获得了诸如"移动的黑板""教育的利器"以及"现代教育的新权威"等称号，电影的教育功能已经获得了普遍意

---

① 陈友兰编：《电影教育论》，商务印书馆，1938，第4页。
② 陈沂：《电影教育》，福建省政府教育厅编辑委员会，1942，第16—17页。
③ 宗秉新、蒋社村编：《教育电影实施指导》，中华书局，1937，第11页。

义上的肯定与认同。此外，这一时期的电影教育研究者在论证电影在教育上的能效时，几乎无一例外地大量援引国外教育界名人对电影教育的肯定言论，并对世界各国的电影教育情况加以大量的介绍。此类文字几乎形成了电影教育研究者论证电影教育功能的研究定式。因此，有学者把民国电影教育研究者的这种认识或者态度，解析为"把教育电影看作了教育现代性的重要构成因素和教育现代化的重要指标"[1]。客观而论，中国从19世纪60年代开始推行新教育以来，不断地引进西方自然科学知识充实教育内容，仿效日本与欧美不断改革教育制度，学习欧美教育新思潮，更新教育观念，一直在追求教育现代化的道路上奔忙，但对作为教育要素之一的教育手段的改革，一直漂移在教育改革的框架之外。教育现代化的内容及其实现，不仅包括教育制度、思想、方法的现代化，还必须包括并依靠教育构成要素之一的教育手段的现代化。20世纪30年代，以电影为首的电化媒介的教育功效已被教育界普遍认同，电化教育已经由前期的舆论宣传转而进入实质性的实施阶段，而这一新阶段则是"展开了现代教育上新的道路、新的手段和新的光辉"[2]。在推行电化教育运动的过程中，教育手段的现代化作为教育现代性增长的一个指标，逐渐被发掘与认识，这不能不说是其时教育界的一种远见卓识。

在对电影教育的基本理论进行探讨的基础上，有些电影教育专著因首次探讨电影教育问题或者对教育电影与电影教育的一些特殊领域进行了深入研究，而成为电化教育领域的开创之作。

蔡元培的《电影事业之出路》。该文由蔡元培口授，1933年由中国教育电影协会出版。蔡元培从中国社会存在的愚、穷、弱、私、乱五大根本问题出发，提出了电影在教育上应负的五大任务：指导民众以救贫致富之道、指导民众以起弱图强之路、灌输民众以切要的常识、提倡个人及集团的道德、指示民众以组织的知识和能力。[3] 短短14页，却勾勒了中国教育电影的发展方向，成为指示中国电影教育发展的纲领性文件。

---

[1] 虞吉：《民国教育电影运动教育思想研究》，西南师范大学博士论文，2008，第31页。
[2] 陈友兰：《电影教育论》，长沙商务印书馆，1938，第2页。
[3] 孙健三编著：《中国电影，你不知道的那些事儿：中国早期电影高等教育史料文献拾穗》，世界图书出版公司，2010，第391—404页。

徐公美的《电影教育》。1933年，上海群学社出版了徐公美所著的《电影教育》一书，作为中国高唱电影教育的第一人，该书"便是他年来呐喊的记录"。书中详细论述了电影教育的意义与领域、电影与教育之关系、儿童与电影、电影检阅、电影的学习指导法等问题，对电影教育所牵涉的方方面面均有论述。作为中国第一本研究电影教育并以之命名的专著，该书出版之时，正值中国电化教育运动的兴起之际，因此引起了学界的广泛关注，曾由中国教育电影协会特别登载于内政部与教育部合办之电影检查委员会公报上，加以郑重介绍。随后，上海大夏大学、江苏省立教育学院等校均将《电影教育》作为教材。该书被称为中国"电影教育最初期而且最高峰的权威书"。

陈友松的《有声的教育电影》。该书是中国第一部专门论述有声教育电影的专著，全书由12个章节构成，主要讨论了电影教育的基本问题，如意义与地位等，介绍了世界各国电影教育的现状、影片制造与行政管理等，并介绍了各教育阶段如中小学、大学以及成人教育领域实施电影教育的实验、方法以及各自如何提升电影教育的效率等。其中，陈友松肯定了教育电影在教育教学中的作用，指出教育电影作为教育工具的一种，不能代替其他教育手段，也不能取代教师。在"视听教育之总检讨"一章中，陈友松介绍了除有声电影之外的其他视听教育辅助品，如科学实验、学校旅行、学校博物馆、地图、标本、照片等视听教具的特点、功能及使用方法等，也介绍了无线电广播与电视的教育潜力。在"世界各国电影教育的现状"一章中，对苏格兰、美国、苏联、法国、意大利、加拿大、立陶宛、阿根廷、奥地利、罗马尼亚等27个国家的电影教育进行了介绍。

谷剑尘的《教育电影》。该书于1937年由中华书局出版，共12章，分别论述了电影的本质及对电影剧的理解，电影对社会的不良影响与教育作用，电影社会化、教育化的积极面与消极面，电影教育与教育电影的意义及其分类，电影在教育上的权威地位及其提高教育效率的实验研究，教育电影研究的途径，教育电影的宗旨与目标，对各国教育电影运动的介绍等。正如时人评价该书时称之为"研究教育电影诸问题之专籍"一样，对电影教育的诸问题均进行了详细而深刻的论述：

> 凡关于电影与电影剧，教育电影与营业电影，电影教育与教育

电影之本质特性，均经条举缕析，详为讨论，使读者一读是书，即能明了以上各问题之机构及特殊点、本能与作用。至于教育电影分类上的广狭义之解释，过去中国教育电影运动之诊断，与夫研究该学科途径之指导，实施方针之揭示，人才训练之介绍，非采诸东西各专家之学说，即根据编者研究心得，尤属是书特色。旁及世界各国教育电影运动之史的叙述，亦均采用最新材料，读之，可以了然此国际性的学术之发动展开的大概情形。①

如果说电影教育研究专著的大规模出版表明了对此进行专门研究的局面已经打开，而且也标志着电影教育研究群体的形成，那么大量研究文章的发表，也显示着该群体对推动电影教育研究所付出的努力。以目前国内民国期刊收集相对齐全的大成老旧刊数据库为统计源，分别输入"教育电影""电影教育""视听教育"进行按篇检索后，在剔除含有消息报道、政令通知、法规章程以及重复出现的无效条目外，一共搜索到的电影教育相关论文近100篇。综览这些文章，可以看出其时学界对电影教育的讨论范围比较广泛，几乎包括了有关电影教育的方方面面。这些文章无一例外地肯定了教育电影的教育功能，对电影教育的基本理论问题进行了阐述，对电影教育与民众教育、儿童教育、高等教育之间的关系以及电影教育与政局、时局的关系等问题都有论述，涉及的范围非常广泛。具体来说，其时学界对电影教育的研究论文主要集中于以下几个方面。

首先，对电影教育基本问题的探讨。如徐公美的《电影教育的分野及其展开》，对电影教育的分类及其每一类型的教育电影如何实施展开论述。孙振中的《电影教育与教育电影理论的认识》、宗秉新的《教育电影之意义与范围》、庄殿璧的《教育电影论》、陈东原与刘俊生分别所写的《论教育电影》、王补勤的《电影教育之理论与实施》、石叔明的《泛论电影教育》、潘澄侯的《科学教育之新工具》、范谦衷的《教育电影之概观》等文章，均肯定了电影教育的功能，对电影教育的意义、范围、分类等基本问题加以探讨。雷通群的《英人对于教育电影价值的认识》一文，则介绍了英国人对电影教育的价值认识

---

① 陈友兰：《电影教育论》，长沙商务印书馆，1938，第131—132页。

由肯定到否定再到肯定的认识过程。

其次，对国外电影教育情况的介绍。其中，对美国教育电影发展与实施情况的介绍较多，如张禹勤翻译的《美国的电影教育》、陈友松的《美国教育电影馆刍议》、陈东原的《美国之教育电影》、陈友松的《美国教育议会对教育电影的工作》、李纯青的《美国电影教育的最近发展》、鸠羽的《教育电影在美国》等文章，不仅介绍了美国电影教育发生发展的总体情况，而且还对美国一些教育机构如教育电影馆、教育议会开展电影教育的措施加以介绍。另外，在介绍日本电影教育方面的文章有崔叔青的《日本的电影教育》，以及登载于《陕西教育月刊》的《美日苏的电影教育》，对美国、日本、苏联的电影教育发展与实施情况进行了详细的介绍。

再次，对电影教育具体实施方法及经验进行探讨与总结。这类研究文章比较多，如孙月平的《中国电影教育之回顾与前瞻》、刘之常的《电影教育初步实施法》与《学校采用电影教育的指导法》、周凯旋的《一年来之浙江省电影教育》、吴振宗的《一年来的教育电影实施经过》、陈大白的《电影教育之教学实施》、潘澄侯的《两年来的中国电影教育》、潘公展的《实施电影教育的途径》、蒋社村的《本馆教育电影场开映一月记》、林建衡的《关于推行教育电影的商榷》、李清悚的《中国教育电影制片厂工作回顾与前瞻》等。

最后，对电影教育与其他教育类型以及与时局之间关系的研究。陈婉的《电影与民众教育》、倪有祥的《电影教育与民众教育》、孙振中的《电影教育的检讨与民众教育的展望》等，论述了教育电影与民众教育的关系及影响。黄玉居的《电影教育与儿童》、施文军的《漫谈电影教育和儿童电影》等文章，则从电影与儿童之间的关系、电影对儿童教育及对儿童心理的影响等诸方面加以介绍。潘澄侯的《教育电影与社会教育》与范谦衷的《教育电影与高等教育》等文，则分别论述了教育电影与社会教育、高等教育之间的关系。刘公望的《关于国防之电影教育》、曹宝琳的《新国民运动与电影教育》、展云的《新生活运动与电影教育》等文章，介绍了我国所处特殊年代及不同社会运动与电影教育的关系以及对电影教育实施的不同要求。

另外，还有一些专门探讨视觉教育的文章，如范谦衷的《视觉教育》与《模型与视觉教育》、陈友松的《视觉教育的系统化》与《视听教育的新权威——

有声教学影片》、刘之介翻译的《何为视觉教育》等。其中，范谦衷的《视觉教育》一文是中国首次介绍视觉教育情况的文章。这些文章从视觉教育、视听教育的角度，论述了电影教育的地位与作用，探讨了西方国家的视听教育、视觉教育概念，扩大了中国电化教育的内涵与外延。

在这些致力于电影教育研究的学者中，既有一直活跃于电影教育领域的徐公美、陈友松、潘澄侯、刘之常、蒋社村、宗秉新、范谦衷、孙明经等人，也有不少教育界人士如程其保与陈东原等人。如陈东原分别于1936年与1943年发表了《美国之电影教育》及《论教育电影》两篇文章，前者为陈东原在美国留学期间所写，探讨了教育电影的内容与功用、教育电影与普通电影的区别、教育电影在美国的趋势、教育影片的编制等问题。陈东原认为，教育电影作为视觉教育的一种，其学理在于杜威的经验改造理论、夸美纽斯与裴斯泰洛奇的直观教育理论以及福禄贝尔的恩物教育理论。他在介绍了教育电影在美国的发展趋势后，总结出美国的电影教育已由热烈地提倡渐趋平静，而中国在学校教育、社会教育以及义务教育都急需大力发展的时期尤须注意电影教育的运用，建议中国的电影教育应从选购外国佳片与培养电影教育人才做起。在选购外国教育影片上，陈东原提出要"学人所长，补己之短，不复有所犹豫"[1]。在人才培养方面，建议选派人员赴国外考察以及在国内大学教育学院内开设相关课程等。《论教育电影》则主要论述了学校式教育电影与非学校式教育电影的分类、电影教育的功用、中国实施电影教育的必要性、教育影片的复制以及电影教育人才的培养问题。陈东原看到了中国电影教育发展最大障碍之一即为人才的缺乏，再次重申了在教育学院开设电影教育课程的建议，呼吁教育部制定"电影教学科"课程标准，令各师范学校添设此课。可以说，陈东原对教育电影的研究，代表了其时中国教育界对电影教育的一般看法，即普遍肯定了电影的教育价值，中国政府尤应竭力提倡电影教育，在具体推行方面应首重教育影片的制备与人才培养，在借鉴国外经验的基础上发展本国电影教育等基本主张。[2]

---

[1] 陈东原：《美国之电影教育》，《学风》第6卷（1936年）第7—8期。
[2] 陈东原：《论教育电影》，《文化先锋》第2卷（1943年）第17期。

方治的《电影教育化与教育电影化》一文则提出应打破电影与教育之间的壁垒,喊出了电影教育化与教育电影化的口号,呼吁电影界与教育界联合起来加强合作。电影教育作为横跨电影与教育两个领域的新兴事物,不管失却哪一方,电影教育都将不复存在。这个口号的提出,无疑为电影界与教育界的合作以深切的思考。从这些发表的文章中,我们可以看出在20世纪30—40年代电影教育与教育电影作为教育界与电影界的热门议题,得到了广泛的关注,这些讨论推动了中国电影教育研究的纵深发展。

二、播音教育研究

20世纪20年代末,中国的播音教育开始零散地出现在一些高等学府,20世纪30—40年代,因于国民政府教育部的推动,中国的播音教育达到空前发展,成为中国电化教育运动的主要组成部分,由此也引发了诸多人士对播音教育的关注与探讨。其时,学界对播音教育的研究既有专著出版,也有大量的论文发表。

在专著方面,如前所述,由金溟若翻译、日本学者西本三十二所著的《学校播音的理论与实际》是中国最早的播音教育译著。该书作为师范小丛书之一,1936年由商务印书馆出版。全书详细介绍了日本播音教育具体实施概况,对其时中国正在广泛开展的播音教育具有较好的借鉴价值和指导作用。另外一本研究播音教育专著是徐卓呆的《无线电播音》。该书主要偏重于无线电应用技术方面的研究,作为社会教育辅导丛书之一,1937年由商务印书馆出版。全书分别探讨了无线电播音的特长、使用方法,分析了受众心理以及无线电教育播音中的注意事项等。

目前收集到的有关播音教育的研究论文,大多集中介绍技术应用理论与方法以及对播音教育实践进行经验性的总结,而关于播音教育理论探讨的研究文字较少,但研究者都比较青睐于对各国播音教育的介绍与研究,这点与电影教育研究有较大的相似性。

在播音教育方法上,教育部播音教育委员会的《怎样利用教育播音》堪称典范,该文详细论说了学校播音与民众播音的不同之处及注意事项等。赵光涛的《教育播音节目之理论与实际》，对教育播音节目的播出时间、听众心理、节目内容及播出方法等具体操作方面进行了论证，是一篇名副其实的播音节目指导文章。另外，陈汀声的《播音设备的研究》与徐朗秋的《播音演讲的技巧》两篇文章，则分别从播音设备的技术应用及播音教育的方法技巧等方面进行了详细的说明。

在播音教育的理论方面，徐锡龄的《教育播音的现况与问题》是较早论及播音教育理论的文章。该文从美国、英国与中国教育播音的比较中，强调了中国播音教育落后的主因在于科学程度不高和经济实力薄弱，探讨了中国实施播音教育的必要性与可能性以及提高教育播音效能的方法。马宗荣的《理想的教育播音行政》从社会学角度出发，论证了中国播音教育行政管理中需要注意的问题。陈东林的《播音教育的理论与实际》分别讨论了儿童播音教育、学校播音教育与成人播音教育的必要性与实施方法，还介绍了美国与英国的播音教育状况。范本中的《播音教育与娱乐》则从播音教育与娱乐的关系中论证了播音教育寓教于乐、重在教育的特征。

在播音教育实践经验总结方面，徐朗秋的《中国播音教育三年来之概况》与王义周的《抗战时期的播音教育》，分别介绍了1937—1939年间与抗日战争期间国民政府教育部实施播音教育的情况。江苏省立教育学院广播电台的《本院三年来电播教育的实施》一文，则总结了该院广播电台成立后三年间播音教育的实施情况。

在国外播音教育介绍方面，主要有赵光涛的《美国广播事业概况》与《苏联广播事业概况》，陈彪的《战时的英国国家广播公司》，秦柳方的《欧洲各国的农业广播》，以及杨宗万的《战后电播教育之概况与新趋势》等。这些文章分别介绍了欧美各国与苏联播音教育的发展情况。除此之外，上述文章中也有不少文字对各国播音教育加以介绍，这点与电影教育研究颇为一致。对国外电化教育发展情况的大量关注与介绍，折射出中国的电化教育研究者们意欲从模仿、学习以及比较中，探讨中国电影教育与播音教育的改进与提升之路。学习与借鉴意味着摄取与融合，为仍处于襁褓期的中国电化教育谋求进一步的发展，这其实是中国追求教育现代化进程中的一个基本路数。

三、幻灯教学研究

幻灯教学是近代中国电化教育实践中运用较早亦较多的一种教学方式。幻灯因其轻巧灵便、廉价易得的特点，在 20 世纪 20 年代的平民教育中得到了普遍的应用，尤其是得到了中华平民教育促进会的大力提倡。对幻灯教学的研究也开始于此时。如 1929 年中华平民教育促进会即出版了殷祖赫编著的《初级平民学校幻灯教学法》，全书论述了幻灯教学的意义、特点，幻灯教学发明与实施的经过，幻灯教学的组织、设备、管理、实施要则与顺序、注意事项以及幻灯的构造、使用方法等。该书既是著者个人从事幻灯教学的经验总结，也反映了平民教育运动中对幻灯教学的重视，是中国第一本系统研究幻灯教学的著作。

由于幻灯教学在民众教育方面的出色表现，所以一些民众教育馆对此有过较多的研究，如山东民众教育馆的《本馆实施幻灯教学》对该馆幻灯教学经验予以总结。另外，一些民众教育人物对幻灯教学也有较多的研究，如刘之常、蒋社村的《幻灯映画教学与灯片摄制法》论证了幻灯教学的特质、方法等，李穷之的《幻灯教学》一文则对幻灯教学的意义与概念，幻灯的构造与使用方法，幻灯教学的组织、方法及特殊优点等方面加以详细的介绍。幻灯作为近代普及教育运动中的重要工具，对之进行的相关研究以及对其运用经验加以总结，自然丰富了近代中国电化教育理论。

四、电化教育的综合研究

综观近代中国学者对电化教育的研究，主要分散于电化教育的两翼：电影教育与播音教育，尤其扎推于电影教育的研究，而对各种电化教育手段综合论之的研究相对较少。究其原因，一方面在于研究者的兴趣使然，另一方面也与电化教育的出现时间有关。作为中国特有术语，"电化教育"一词的普遍运用是在 1936 年，而其时中国电影教育与播音教育行之已久，其后由于全民族抗战的爆发，研究工作有所阻滞，故而对"电化教育"进行综合研究或者说以"电化教育"命名的研究，多出现在 20 世纪 40 年代后期。

这种综合性研究，在专著方面主要有舒新城的《电化教育讲话》与赵光涛的《电化教育概论》。

舒新城的《电化教育讲话》于1948年由中华书局出版，是20世纪40年代后期影响较大的电化教育专著。该书主要讨论了电化教育的经费、人才及电源问题；电影器材、场所、观众以及电影在教学上的优缺点；教育电影的教育观与艺术观；摄影方面的化学常识、摄影器材的构造，以及电影摄制题材的选择、特技、动画、剪接技术等。作为一名教育学者，舒新城十分关注电化教育手段，注重从教育方针与国家建设的角度论证电化教育的重要性，指出教育工具服务于教育方针，而教育方针又须有利于国家建设。其次，他强调应综合运用各种教育媒介，且各种教育工具不能相互替代。这种看法对教师在教学中正确定位电化教育，进而实施有效教学，具有较大的启示与借鉴意义。

赵光涛的《电化教育概论》于1948年由商务印书馆出版。该书主要讨论了电影与无线电的发明与发展史，苏联、日本、欧美各国以及中国电化教育事业的概况，教育电影与播音节目的内容，电化教育的方法以及中国电化教育行政等，全面而又详细地介绍了电化教育的理论与实际问题。

在论文方面，卢蒔白与李清悚当属代表。前者的《实施电化教育之商榷》，是较早综合论述播音教育与电影教育的文章。该文开篇即称"电影教育与播音教育二者，今之所谓电化教育"[①]，道出了其时大部分国人对电化教育所涵括内容的认识，接着还探讨了二者在实施过程中的器材问题。而后者的《战后中国之电化教育》，则对抗日战争后中国利用电影、播音、幻灯、电视等工具，实施电化教育以推行宪政、建设国家的必要性与重要性，以及如何运用这些教育工具提高教育效率进行了探讨。

综括近代学者在电化教育理论研究方面的贡献，即构建了电化教育学科的基础理论体系。首先，确定了电化教育学科的基础性概念。电化教育学科基本概念的确立是电化教育学科建设的基础，是构建电化教育基本理论体系的前提。对电化教育基本概念的界定，也就使电化教育的形态及活动领域得

---

① 卢蒔白：《实施电化教育之商榷》，《电化教育》1936年创刊号。

以与其他教育形态及活动领域相区别,划定了电化教育研究的领域,并构建了电化教育特有的、基本的学科特征。在电化教育学科领域里,有许多重要的基本概念,其中最基本、最核心的概念自然是"电化教育",该名词勾勒了"电化教育"作为其时学科存在的本质。该名词出现后,被人们理所应当地接受,并演变为习以为常的学科基本术语。虽然在20世纪40年代末期,孙明经等人曾为"影音"正名,提议将"电化教育"改为"影音教育",但电化教育作为特定时代的特定称谓,蕴含着极强的时代性,是其时学术界赋予此种教育形态的一种理想与期望。随着时代的进步,虽然所包含的内容与形式发生了很大的变化,但其优化教学、提高教育教学效率的本质并未改变。除"电化教育"这一名词外,如前所述,其时的电化教育界还对其他学科名词进行了统一审定工作,对电化教育名词的统一做了一些基础性工作。其次,阐释与发展了电化教育的基本理论,构建了电化教育学科的核心理论体系。电化教育基本理论反映了电化教育的内在规律与本质认识,是指导电化教育学科发展与电化教育实践活动的理论基础。近代学者们如舒新城、孙明经、赵光涛等人,不仅对电化教育的概念进行了界定,而且对电化教育涵括的范围与对象也做出了界定,确立了电化教育服务于中国社会教育与学校教育的发展走向。根据近代学者研究的主要倾向,对近代电化教育的理论研究主要集中于电影教育与播音教育。但根据电化教育研究内容属性的不同,近代学者对电化教育的基本理论研究可以大致分为两大类:一类是具有教育科学属性的理论研究,如对电化教育的必要性、重要性与本质属性的探讨,电化教育与社会诸环境之间关系的探讨等;另一类为具有技术科学属性的理论研究,注重对电化媒体本身及其应用的研究,如关涉电化教育的器材、设备、教材、教法以及应用技术等方面的理论研究。当然,很多理论研究都包含了这两类研究。电化教育作为新兴的学科,其时的研究者们尽管各自的研究起点不同,理论研究内容的创新值不同,但他们的学术研究囊括了学科构建的基本理论,界定了学科发展的基本概念,为电化教育学科的构建与成型提供了必要的理论基础。

第三节 学会与期刊：创建与发展电化教育学科的交流平台

专业学会与专业期刊的创办是学科创建的基础。某一领域的专业学会与专业期刊，均为该领域的学科发展提供了学术交流的平台。专业学会在纳聚专业人才集结研究队伍、交流学术思想拓展学术视野上，对学科发展有着促进作用；专业学术期刊在引领学科发展方向、促进人才的培养与发展以及补充和完善相关学科的教材建设上，对学科建设亦具有积极功用。本节从专业学会与期刊的创办、会务的开展与期刊内容的分析等方面，阐述此二者与电化教育学科创建的关系及特殊作用。

一、专业学会

专业学会作为学科建制化的重要一环，是学科成长与发展的重要平台。中国各类电化教育学会的创建不仅为电化教育学科的创建与发展提供了经验借鉴，而且还为电化教育人员提供了进行学术交往的舞台与机会。

（一）中国教育电影协会

1932年成立于南京的中国教育电影协会，是中国电化教育开始步入规范化、独立化发展轨道的标志。从此，中国电化教育有了专门的推广与研究组织，并开始逐步在全国范围内展开。该协会成立后，即迅速制定出电影取材的五项标准及电影在教育上的五项任务，并以此作为教育影片的选定标准与工作纲领。在协会成立的头两年，影片审定被定为主要工作，随后在教育电影化口号的激励下，努力开展了多项电影教育活动。

第一，开展电影教育推广活动。中国教育电影协会的电影教育活动，主要以委托放映、巡回放映、租借放映三种方式展开。1935年2月，协会委托南京市内各电影院放映教育影片。1936年，协会开始沿着京沪、沪杭、京芜、淮南四条铁路线实施巡回放映，为沿途的中小学、师范学校等各类学校放映各类理科教学影片。每学期放映三次，南京、嘉兴、杭州、合肥等40余所学校参加了巡回放映活动。[①]另外，该协会还常年向全国各地教育机构提供租借教育影片业务。这些教育电影推广活动，得到了社会广泛好评，为协会赢得了良好的事业声誉。

第二，购置、自制及交换教育影片。为推动教育电影化活动的深入开展，协会或购置或自制或通过与他国交换的方式，获取了更多的教育影片。如，1933年向意大利购置教育影片多部，1935年还向国联购置30多部科普影片和卫生教育影片。[②]1936年，由会员潘公展购置《美国百年进步》等影片23种。除购置影片外，协会还提倡并自制国产教育影片。1935年，与金陵大学合作摄制《大豆》《稻》《蚕丝》《陶瓷》等农业与工业影片多部；1936年，协会还与中央电影摄影场合作摄制了多部革命教育影片。另外，为了满足电影教育的需要，该协会还利用一切机会与他国交换教育影片。如1935年，中国教育电影协会用曾在"农村电影国际竞赛会"上获得大奖的《农人之春》，与意大利、法国、荷兰、瑞士等国交换《意大利水果之种植》等各类教育影片。如1936年，中美协进社主任孟治由美返华，调查各地电影教育事业设施，将由美携来之数种影片进行交换，中国教育电影协会认为"此举系沟通两国电影教育事业之始基"[③]，还将自制之《首都风景》等影片以及教育部自制的《献机祝寿》一并交由孟治携带办理交换。

第三，发行出版物及年会特刊以开展学术研究。1933年，中国教育电影协会特聘请陈立夫、王平陵、厉家祥等7人组织中国电影年鉴编纂委员会，制定编纂中国电影年鉴办法五项，开始编写《中国电影年鉴》。1934年，该年鉴出版发行，全面记录了中国电影发展的基本史实与实施电影教育的基本进展，并详细介绍了各国电影检查与电影教育发展的情况，在对比描述中展现了各国电影教育的优长之处。除编纂年鉴外，协会成立后还多次召开年会，

---

① 中国教育电影协会总务组编：《中国教育电影协会会务报告》，中国教育电影协会，1934，第5页。
② 中国教育电影协会总务组编：《中国教育电影协会会务报告》，中国教育电影协会，1935，第8页。
③ 中国教育电影协会总务组编：《中国教育电影协会会务报告》，中国教育电影协会，1936，第8页。

研讨电影教育并将有关研讨内容以《中国电影协会年会专刊》的形式出版。同时，鉴于"我国教育电影事业，历史不久，亟须借镜他国"[①]，中国教育电影协会特选取与电影教育有关的书籍，如意大利国立教育电影馆馆长萨尔迪所著的《电影与中国》与《意大利国立教育电影馆概况》，邀请会员彭百川与张培溁翻译成中文。

第四，加强国际教育电影交流与合作。中国教育电影协会的成立，缘起于中国政府国联外交的推动与留学生的积极倡办与筹办，是中外教育交流的结果。成立后，即以"内与全国教育学术界通力合作，外与国际联合会协同进行"为发展构思，力图凝聚中外各方力量，来促进中国教育电影事业的发展。首先，遣派会员出国考察电影教育。协会成立后，鉴于"教育电影事业，发源于欧美，亟应从事考察，俾得截长补短，以谋推进"，就有意派郭有守赴欧美考察电影教育。其后，协会又委托会员徐公美赴日本考察。1934年，陈鹤琴赴欧洲进行电影教育考察，临行前，中国教育电影协会上海分会"请其代表本分会顺便考察欧西电影教育事业"。[②] 其次，积极参加国际教育电影会议。1933年10月，在瑞士日内瓦举行"便利教育电影国际流通会议"，协会委托驻瑞士公使胡世泽为全权代表出席该会议。1934年，罗马举行国际教育电影会议，协会委托驻意大利公使馆秘书朱英代其出席，朱英还被推选为大会副会长。1935年，协会与金陵大学农学院合作摄制的《农人之春》，参加了在比利时举办的"农村电影国际竞赛会"并最终获得第三名，这是中国教育电影第一次在国际上获正式奖。[③] 1937年，世界教育会议将于日本举行，中国教育电影协会为此专门摄制了《中国教育实验活动》等短片，准备参会时宣传中国教育与电影教育实施情况，但由于日本邀请"满洲国"赴会，中国代表拒绝参加此次会议。

在中国电化教育发展史上，中国教育电影协会的成立是一个重要里程碑。该协会成立后，推行的电影教学活动，使电影辅助教育的观念深入至社会民

---

① 中国教育电影协会：《中国教育电影协会概况》，《民众教育通讯》第3卷（1934年）第10期。
② 中国教育电影协会总务组编：《中国教育电影协会会务报告》，中国教育电影协会，1934，第21页。
③ 陈智：《我国首部在国际获正式奖的影片实为〈农人之春〉》，《电影艺术》2004年第3期。

众以及学校师生，为电影教育的社会化发展打下了坚实的基础。该协会的成立也标志着中国电化教育的实施，已由零星的、小范围的点面发展转化到系统的、全国范围的展开。同时，中国教育电影协会积极参与教育电影国际交流活动，使中国教育电影开始在国际舞台上展示风采，也为中国教育事业提供了新的对外交流平台。在研究方面，中国教育电影协会的成立，通过发行出版物及年会专刊等一系列活动，为各界人士搭建了一个相互交流与研讨电化教育的学术平台，活跃了电化教育的学术研讨气氛，使电影教育研究由个别先行者的个人学术研究，发展成为有组织的学术团体。

（二）电影播音工作者座谈会

1944年7月，孙明经、罗静予、杜维涛等人在金陵大学影音部开会，筹备成立一个与电影播音工作相关的学术团体。经过长期酝酿，由金陵大学影音部主任孙明经等人发起，在宁30多个与电影和播音有关的机构于1946年联合成立"电影播音工作者座谈会"。该座谈会以"密切电教和播音工作的联系、合作和交流；进行学术和实践方面的讨论与研究；促进以大学为基地开展和推动电影、电化教育事业的研究与教学"[1]为宗旨，共举行会议60余次，先后选举产生首届主席罗静予，第二届主席孙明经，第三至九届主席朱其清、段天育、孙硕人、陈沅、罗寄梅、胡春冰等人，参加人员由首次的20多人逐渐增加到100多人，直到1949年春才停止活动。

电影播音工作者座谈会虽然只是一个比较松散的学术团体，然而在其存在的三年时间内，联合国内外人士开展了一系列的电化教育活动，为电化教育学术研究增添了一抹亮色。具体开展的活动包括四个方面：（1）介绍国内外电化教育动态。如孙明经、杜维涛、陈汀声分别以《我国教育电影与广播事业之回顾与前瞻》《中国电化教育行政过去设施与今后计划》《江苏省立教育学院电影播音教育专修科情况介绍》等为题介绍了国内电化教育的相关情况。另外，国外人士刘易斯（H. J. Lewis）与休姆（P. Hume）分别以《美国军队电影教育情况》与《英国广播公司（BBC）情况介绍》为题介绍了美国和英国电化教育的相关情况。（2）开展专题报告。如王绍清主

---

[1] 徐耀新：《南京文化志》（下册），中国书籍出版社，2003，第543页。

讲了《观众心理与形态美学》、英国文化委员会德雷克（G. S. Dreke）则做了《幻灯片制作中的美学问题》的专题报告。（3）开展观摩活动。每次座谈会均放映科教短片一个半小时，观摩教育影片与幻灯片。除此之外，还观摩有声幻灯机（唱片加幻灯片）、16mm露天放映机、钢丝录音机等电教器材，1948年的第40次会议还参观了中央广播电台。[①]（4）举行讨论活动。如曾讨论电化教育名词的统一问题等。

（三）中国教育学会电影与播音教育研究委员会

该学会由舒新城、孙明经等人发起并成立于1946年6月18日。委员会成员除召集人舒、孙二人外，还有教育部社会教育司司长英千里、中央广播事业管理处处长吴道一、教育部社会教育司第三科科长孙硕人、中华教育电影制片厂编导曹守恭、政治大学教授李清悚等15人。该学会于1948年6月16日与18日分别召开了两次会议，商讨召开全国影音教育会议、举办第一届全国电化教育展览会、促进幻灯片的摄制等议题。在第二次会议上，与会者们就电化教育名词术语进行商讨与厘定，经会议讨论，重新厘定的名词包括："动片代电影片；静片代幻灯片，静片分为静映单片、静映卷片；音盘代唱片；毫米作为millimeter之正确译名，不用粳、米、糎、耗、公厘等。"[②]该学会成立后，除召开两次会议外，由于其时整个教育事业陷于困顿之中，故而没有开展多少实际的活动。

二、专业期刊

专业性的学术期刊是相关学科专业进行学术交流的重要园地，因其具有的学术性与时效性特点，不仅引领学科建设的发展方向，而且还能及时反映学科建设的前沿及优秀成果，并由此形成一定的学术积淀而成为推动学科建设的重要力量。如前所述，近代一些教育类以及综合性期刊在引介电化教育理论与实践经验，使电化教育在中国产生社会化的认同效应并促进其在中国

---

① 曹永良：《首都影音工作者座谈记》，《影音》第7卷（1948年）第2期。
②《中国教育学会电影与播音教育研究委员会会议记录》，《影音》第7卷（1948年）第4期。

落地扎根方面功不可没。作为近代电化教育发展与成长的阵地与载体，电化教育刊物在阐释电化教育基本理论、会聚电化教育研究人员、介绍电化教育器材与技术，以及培植人们对电化教育的兴趣等方面，促进了电化教育学科的成长与发展。其中，《电化教育》与《电影与播音》二者，因其专业性与更高的学术性而成为电化教育领域相继出现的重要期刊。

（一）《电化教育》

1936年12月，《电化教育》月刊创刊，直至1937年6月5日，共出刊五期。虽说它存在的时间并不长，但给中国当时的电化教育以较大的影响，也是中国最早以电化教育为名的电教刊物。

《电化教育》月刊的主要创办者为中国教育电影协会上海分会。1933年，中国教育电影协会上海分会成立后，即在其组织章程之"总则"章中把"教育电影刊物之编辑事项"列为工作职务之一，但由于种种原因，刊印电影教育刊物的计划未能立即付诸实施。虽然如此，该分会成立后，在学校领域推行电影教学，在社会领域公映教育影片以及编译并出版专业书籍等，积累了丰富的电影教育理论与实践经验。尤为重要的是，该协会集结了一批对电影教育深有研究的会员，如徐公美、卢蒔白、陈友松、杨敏时、潘公展等人。1936年3月，中国教育电影协会上海分会召开第三届年会时，刊行电影教育杂志的事项又被重新提起，是年，经总会年会讨论后予以通过。1936年年底《电化教育》创刊，中国教育电影协会上海分会邀请留美归国的陈友松担任主编。

作为电化教育研究的首本专业杂志，在创刊之时就明确了办刊的使命及宗旨。主编陈友松在《发刊词》中明确指出，在中国政府全面提倡电影教育之时，"必须要有一个深入下层的刊物，作为宣传、研究、介绍、沟通和推动的喉舌"。可见《电化教育》创刊之时就首先明确了首要的任务是发挥舆论引领作用，宣传推介国家相关政策法规，下达上传各种政令民意，成为政府和社会之间沟通的桥梁。其次，研究的使命。要增进电影教育的效能，必须研究电影教学的对象与教育影片取材之间的关系等问题。因而也需要创办一种刊物，能够使关心电化教育的学者名流们集思广益，共同阐发电影与教育及与国民经济关系的看法与建议等。另外，电影作为教育工具演进阶段最近出现的一种，须兼顾其他视听教育工具与方法的特殊功用，所以必须"研究如何在实施电影教育时兼用其他一切视听用品"。因此，研究各类电影教育问题以服务国民经济建设是《电化教育》办刊的第二个使命。最后，沟通的使命。要使电化教育真正成为推动教育变革与发展的有效手段，必须发动一切人力资源参与进来，"教育电影不是单纯的电影界和单纯的教育界可以'闭门造车'的，亦当与全国各种学术团体连成一交通的密网"，使电影界与教育界、使各界人士相互联动合作亦为当务之急。因此，总括起来，《电化教育》办刊的使命与宗旨，在于宣传国家电化教育法令政策，研究各种电影教育问题，搭建电影界与教育界以及其他学术团体之间沟通的桥梁。

与杂志创办的任务与宗旨相应，该刊设置了五大栏目。其中，《教育节目播音预报》与《法令》两栏目呼应了《电化教育》办刊的首要使命。《教育节目播音预报》主要是预报当月教育部实施播音教育的时间、收音机关、讲演题目、讲师姓名和职务等，以便各民众教育馆和中等学校等收音机关收听。《法令》一栏，则专门刊登教育部、中央其他各部以及各省市教育行政机关发布的电化教育相关政策法规等，如教育部发布的《教育部电影教育委员会规则》《教育部播音教育委员会规则》等。《一月间》栏目主要利用杂志的时效性特点，侧重于报道当月发生的有关电影教育与播音教育等电化教育方面的重要事件，如"电化教育划全国为八实施区""参加世界教育会议""闽省实施电教计划""苏教厅积极摄制生计教育片"等教育短讯。《电教研究与讨论》与《电教技术》是集结电化教育理论及实践的主要栏目。在出刊的仅有五期中，《电教技术》一栏主要是连载刘之常、蒋社村合作撰写的《幻灯映画教学与灯片摄制法》一文，介绍了摄影与幻灯的制作技术。《电教研究与讨论》栏目则是探讨电化教育理论的专栏。这个栏目的文章性质主要分为两类：一为著文，如方治的《教育电影化与电影教育化》等。一为译文，这些文章主要译自欧美著名视听教育期刊，介绍欧美国家视听教育进展。如陈友松在创刊号上发表的文章《电影教学的争论》，就译自于美国《视觉教育》月刊，他的另篇译文《电影的势力及其研究》，则摘译自福尔曼（Foreman）于1933年出版的 *Our Movie Made Children*（《我们的电影造就了孩子》）一书中的第一章。

从创刊宗旨、栏目设置及其内容等方面综合分析来看，《电化教育》的创办具有以下特点：

第一，普及性与学术性并存。在创刊之初，主编陈友松就点明《电化教育》是"一个深入下层的刊物"，其阅读受众主要为广大普通民众，承担着普及推广电化教育的任务。《电化教育》本着推进电化教育的目的，在随刊发布的启事中也表明，每月均分赠万余份于全国各级教育机关阅览而分文不取。再是，在文字表达上，力求简单明了，易于阅读，体现了杂志的推广普及特点。另外，《电化教育》作为电教领域的首本杂志，也力求突出其学术性。这不仅体现在五项办刊使命中有三项都在强调研究的使命，而且在杂志内容上也确实彰显了高度的学术性，如卢芛白的《实施电化教育之商榷》、李祺锡的《巡回电化教育的商榷》等文章，不仅对电化教育基本理论问题加以探讨，而且还将基础理论与应用理论结合起来进行研究。在研究方法上采用比较研究方法，在中西对比中明晰中国实施电化教育的必要与重要以及需要借鉴学习的地方。在《电化教育》集结的撰稿人队伍中，有"特约撰述"方治、邱锦义、沈西岑、邰爽秋、周佛海、俞庆棠等。这些人士多为教育界与电影界的学者大家，虽说由于办刊时间短暂，大多数特约撰稿人并未发表文章，但借重他们的学术造诣与影响而提升杂志学术影响力的意图可见一斑。

第二，理论与实践并重。在栏目设置上，既有汇集电化教育理论的栏目，也有侧重于电教技术应用的栏目。杂志文稿多为从事电化教育的专家学者以及在电化教育一线工作的基层人员所撰写，他们大多积累了丰厚的理论与实践经验。因此在刊发的内容上，既关注电影教育与播音教育的理论前沿问题，又刊布大量的器材与技术应用方法以及电化教育推广的实践经验总结性文章。在理论研究方面，如方治的《教育电影化与电影教育化》、陈友松的《儿童电影最近的发展》等文章，界定与解释了教育电影与电影教育概念，电影对于民众与儿童的教育作用等。张尔椿翻译的《摄制优良教学影片之商榷》、胡云光所写的《编辑电影片之简易用具》、徐公美撰作的《小型电影的研究（一——五）》、卢芛白所著的《利用人造光源的摄影露光问题》等文章，则从技术应用角度对教育影片的摄制、电影器械的构造及摄影问题进行了技术性的探讨，对从事技术工作的电化教育者以实际的帮助。另外，刘之常、蒋社村的《幻灯映画教育与灯片摄制法》，则对江苏省立民众教育馆实施幻灯教学的情况与经验予以总结。这些来自实际工作中的电化教育经验，给从事电化教育的民众教育者以一定的启示与借鉴。

第三，立足国内放眼国外。在发展定位上，主编陈友松在《发刊词》中谈及教育电影的存在与应有的发展，归根结底应视其为是否围绕中国教育的核心问题，即其重心所在是能否帮助中国充实人民生活，扶植社会生存，发展国民生计，延续民族生命。[①]因此，《电化教育》倡导电化教育的理论与实践研究皆从中国教育实际出发，提倡电化教育教材自制，刊登教育影片自制与相应技术类文章；提倡电化教育实施兼重社会与学校的发展之路，谋求电化教育全面发展的中国之路。同时，《电化教育》办刊者也决不忽视"洋为中用"的借鉴意义。作为留学美国长达六年之久的主编陈友松来说，不仅耳闻目睹了美国视听教育理论与实践的先进与深厚，而且深知"现代教育学术在我国已有相当的基础，惟电影学术与技术，在我国犹是萌芽"。因此，介绍他国播音教育与电影教育的理论与实践以发展本国电化教育事业，也是他办好此刊的一大特色。在《电化教育》杂志中，陈友松刊载了大量介绍国外视听教育理论与实践的内容，这些内容或者以译文的形式直接介绍，或者以在文中引用的方式间接引介。如陈友松在《儿童电影最近的发展》中，专门介绍了英国和苏联儿童电影的发展情况。另外，还有卢蒔白的《美国之合作教育电影库》，主要介绍了美国各高校教育电影共享资源库的相关内容。既立足于本国又放眼于国外的办刊特色，反映了办刊人包容、开放的国际视野与办刊理念。

作为中国电影教育以及电化教育界首次出版的专业刊物，《电化教育》的办刊宗旨与办刊特色，对仍处于萌芽时期的电化教育学科来说，具有一定的催化与导向作用。一方面，该刊会聚了一批热衷电化教育的专业人士，集思广益，共同阐发对电化教育理论与实践的理解与看法，对引发国人关注电化教育研究、从事电化教育实践有一定的舆论引领作用；另一方面，教育电影等教育工具应围绕教育核心问题而存在与发展的理念，揭明了电化教育的

[①] 陈友松：《发刊词》，《电化教育》1936年创刊号。

价值定位与发展方向。皮之不存，毛将焉附。近代电化教育学科的初萌阶段就提出了电化教育应以整个教育发展大势为奋进的目标，而且其时的电化教育者提倡兼重社会与学校的大教育方向与开放的视野，使电化教育学科在奠基初始时期就有了更为宽阔的发展空间与丰富的发展内容。

（二）《电影与播音》

1942年3月，由金陵大学理学院创办的《电影与播音》（后改名为《影音》），在创刊时间上虽不及其他电化教育期刊早，但诞生于电化教育学科发展的基础上，汲取了学科建设中的养分与力量，由是办刊的质量及效果俱佳而在全国相关行业颇具影响力。[1]该刊从1942年创刊到1948年9月停刊，刊载了大量的高质量文章，充分研讨了电化教育学科发展中的理论与实际问题，成为中国高校创办电化教育专业期刊的典范。

如上所述，《电影与播音》创刊之前，作为中国近代电化教育发展重镇的南京金陵大学已有多年实施电化教育的经验，该校曾经的农林科与1930年创办的理学院都是电化教育发展中的领头羊，金陵大学的校长陈裕光与理学院院长魏学仁都是电化教育的积极倡导者。在他们的支持下，无论是在电化教育学术研究方面，还是在电化教育的社会推广方面，金陵大学始终都处于该领域的前端位置，以至于获得了其时教育部的频频青睐：人员借调、合作开办电化教育人员训练班及拍摄教育影片等。在此基础上，1938年电化教育专修科创办，隶属于金陵大学理学院。诞生于抗战大后方的电化教育专修科，坚守金陵大学教学、科研、推广三位一体的教育理念，坚持理论与实际相联系，不仅教学与科研有声有色，而且电化教育推广活动更是声名卓著，赢得了广泛的社会声誉，也赢得了教育部的嘉奖。为推进金大电化教育事业的进一步发展，电化教育专修科的中流砥柱孙明经于1940年赴美专门研习视听教育，回国后即创办了《电影与播音》杂志。谈及该刊创办的缘由，1945年，主编孙明经在《办刊三周年纪念》中谈到其中一个重要的原因，即为电化教育专修科成立后"至感教材之困难"。俨然《电影与播音》创刊的基本目的就在于为电化教育专修科提供辅助教材，协助电化教育专修科的发展，宣传国外

---

[1] 朱敬、辛显铭、桑新民：《解读孙明经教授》，《电化教育研究》2006年第11期。

电化教育理论与技术，意欲成为中外电化教育学术交流的阵地与平台。这也是主编孙明经创办《电影与播音》杂志最朴素、最美好的初衷与愿望。因此，《电影与播音》的创刊不仅伴随学科创建与发展而生，而且也有着深厚的电化教育理论与实践积淀。

从 1942 年 3 月创刊直至停刊，《电影与播音》在每一期上都会鲜明地标出自己的办刊宗旨在于专门介绍"电影与播音技术及施教方法"，专门传播"文化最有效之新工具"，专门介绍"各省及国外教育实施之近况"。在此宗旨的指导下，《电影与播音》的内容主要集中于对电化教育、电影、广播、电视教育理论及其技术方面的研究，并着重于对国外电教技术与理论的介绍。

首先，对电化教育、电影、播音以及电视教育理论的研究。这部分的文章来源主要有两大部分，其一是国内学者的原创性研究，如杜维涛的《电化教育实施问题》《电化教育漫谈》《电化教育的回顾与前瞻》，孙明经的《电化教育与战后建设》《电化教育与西康建设》《发展我国电化教育当前之急务》，范谦衷的《模型与视觉教育》和段天煜的《战后的电影教育》等。其二是译文，主要有屈应琛的《视觉教育的价值》，节译自欧内斯特·阿诺德（Ernest T. Arnold）所著的 *Why Visual Education–The Values of Motion Pictures in Religious Education*；孙明经的《三种电影教学法效用之比较》，节译自约翰·韩逊（John Elmore Hanson）所写 *A Study of Comparative Effectiveness of Three Methods of Using Motion Pictures in Teaching*；刘之介的《何谓视觉教育》，译自美国俄亥俄州立影片处处长奥金堡（Aughinbaugh）所写的 *What is Meant by Visual Education*；蒋锡鑫的《学校播音系统》，译自美国堪萨斯大学视觉教育处主任邓特（Ellsworth C. Dent）所著的 *Audio Visual Education Handbook* 以及张士正翻译的《在战争与和平中的广播大学》等。从《电影与播音》所刊载的这些文章内容来看，主要阐释了有关播音教育、电影教育、电化教育的概念、功能、本质等电化教育基本理论问题，辨析了电化教育与视觉教育的区别，介绍了电影教学的方法与步骤等。这些原创研究或者翻译文章，深化了电化教育的理论研究。

其次，对电影、广播、电视以及幻灯等电化媒体的技术研究。《电影与播音》对新媒体、新工具、新技术介绍的力度较大，刊载了较多的技术研究文章。总括起来,《电影与播音》的内容比较侧重于对电影器材、电影摄制、电视技术三方面的研究,尤其是对电视技术的研究在当时国内出现较早。如《摄影原理》《柯达天然彩色片》《声音与电影》《感光材料之基本认识》《摄影感光片》《电视的新发展》《暗中电视》等,这些文章主要论述了摄影技术、声音技术、彩色影片技术、电视分像原理、电视高清图像技术以及感光材料的原理、分类与应用等,并且探讨了这些先进的西方技术如何发展才能适合中国国情等问题,提出了西方技术中国化的建议。

再次,对国内外电化教育发展动态的关注。《电影与播音》创刊后,依托金陵大学沟通中西的资源优势与主编孙明经的宏阔视野,不仅介绍了大量国内电化教育发展的新动态,而且在介绍国外先进的电化教育技术与理论发展动态方面也不遗余力。在国内消息方面,杂志连续报道了电影播音工作者座谈会及电影与播音教育研究委员会的会议情形,对教育部播音教育、电影教育与各省民教馆电化教育的实施情况以及本校电教动态都给以及时的关注。在国外方面,《电影与播音》杂志利用编辑们自身留学或考察欧美电化教育的经历,以及他们娴熟的外语翻译能力,及时对美国、英国、苏联等国家的电化教育技术、教育电影新进展以及电影课程等予以同步介绍,给国内同行提供国际先进的电化教育资讯。

《电影与播音》的创刊,不仅为热心电化教育的学界人士提供了专业的学术交流园地,也对电化教育学科的发展起到了极大的促进作用。作为其时国内高校首次创办的电化教育专业学术期刊,《电影与播音》在创刊之时,就已明确地把电化教育学科建设列为创刊的宗旨之一。事实也的确如此。《电影与播音》创刊后,即把刊登最新的电化教育研究论文、报道国内外领先的相关研究成果当作责无旁贷的任务,引领了电化教育学科的前进方向。按照其时国内电化教育工作者对电化教育范畴的界定,主要指电影教育与播音教育两个方面。《电影与播音》创刊以后,恪守办刊宗旨,对这两个方面的研究文章多有刊载。围绕这一中心,电化教育研究内容也不断细化,并旁及更多的先进理论与技术研究。从1942年直至1948年,《电影与播音》对电影教育与播音教育的理论与技术研究关注较多,所刊载的文章既有国内电化教育领域一直关注的话题,如电影教育与播音教育的基本理论、电影与播音技术、器材的应用管理研究、视听教育与电化教育的区别等，也有随着电化教育各类技术的新发展而出现的新内容，如电影广播新技术以及电视技术及其在教学上的应用研究。这些成果既有国内学者理论与实践经验的总结，也有对国外相关理论与技术研究的译介，甚至还有编辑部约请国外专家的稿件。这些与电化教育相关的理论与技术研究，在电化教育学科初期发展阶段，对丰富国内电化教育研究，填补国内电影、广播新技术知识的不足，推广电影、广播等媒体工具在教育上的功效方面有极大的作用。

《电影与播音》对各类教育媒体研究的广泛关注与持续报道，对电化教育学科的发展起到了很好的促进作用。电视是科学技术发展到一定阶段的产物，中国第一台黑白电视机于1958年问世，然而中国对电视的研究却在此之前许多年就已经开始了。《电影与播音》早在20世纪40年代就开始密切关注与电视相关的研究，1942年《电影与播音》第一次刊载了介绍电视的文章——《电视向电影挑战》。该文由罗无念节译自美国贝弗利（Beverly Budley）所写的 *The Challenge of Television*（《电视的挑战》）一文，文中盛赞美国联邦委员会所举办的电视展览，称赞其虽为长距离转播，但"甚少失真现象"，预测其商业化后，观者"可任意选择及享受有声有像有色之广播节目，电影无疑将受严重的影响"[①]。随后，《电影与播音》又连续刊发了《电视剧院》《美国电视事业之近况》《战后的电视》《电视放映》等多篇关于电视发明、电视原理及其新技术的文章。尤其值得关注的是，自1943年起，《电影与播音》杂志分十期连载由孙明经翻译的世界上第一本电视专著——《电视》一书。这种有重点、有计划地刊出同一专题的研究文章，促进了电化教育学科向更广阔的领域与范围扩展，引领电化教育学科由电影教育、播音教育、幻灯教学等扩展至电视教学等更为新型的教育技术领域。

不仅如此，针对国外电影、广播、摄影以及电视等先进的媒介技术及其在教育领域内的最新发展动态与研究进展，《电影与播音》专门开辟了《海外文摘》《海外资料》《海外消息》栏目，编辑部通过种种渠道搜罗各种报道于外国报刊中的消息，或者组织人员翻译，或由编辑摘译成文，随时刊发。

---

① 罗无念：《电视向电影挑战》，《电影与播音》第1卷（1942年）第7—8期。

这些栏目的内容，对其时国内电化教育学科的规范化与专业化发展，对国内人士于电化教育领域内尚未形成共识的问题达成统一认识是一种较好的促进。同时，这些栏目对国外电化教育最新及热点知识的介绍，开阔了当时国内该领域人员的眼界，使他们能够及时了解学习其他国家电化教育发展的前沿成就及新锐理论。

电化教育专业在创建时期，在专业课方面大多并无教材，授课内容多为主讲教师的理论研究或者实践中的经验积累。《电影与播音》的创办者魏学仁与孙明经在陈述办刊缘由时，都强调电化教育专修科成立后"至感教材之困难"，"必须为学生准备一些中文的参考书籍"，即创办杂志的动机之一就为解决教材缺乏的难题。在当时电化教育知识信息匮乏的情况下，专业期刊的创办，成为电化教育专修科学生学习的重要资源。《电影与播音》不仅为金陵大学理学院电化教育专修科的学生提供了学习素材，而且也为其他学校的电化教育学员提供了学习的资源，如乡村建设学院在1948年办理影音施教队后，"器材奇缺，参考书也旧得可怜，除《影音》月刊为唯一新材料外别的便没有了"。作为依赖各种电教媒介与技术而生的电化教育，其技术更新换代往往很快，依靠一成不变的教科书确实无法满足需要，而期刊可对此做出迅速反应，及时介绍最新电化教育技术进展情况，可弥补电化教育教材的不足及空白。例如，20世纪40年代，电视理论与技术知识传入中国，作为电化教育领域一项新出现的教育工具，对电视的研究不仅必要而且重要，但这些内容在教科书中尚未涉及，也没有相关出版物可供参考。因此，从1942年起，《电影与播音》对国际电视研究内容的翻译及连续刊出，给意欲了解电视及其技术的电化教育专业师生们提供了较为全面的最新的参考资料，补充、完善了其时电化教育教材的内容，从而有利于充实电化教育专业学生的学科知识。

从一定意义上讲，《电影与播音》的创办也为青年学者提供了学术提升的平台。电化教育专业初创时期，国内并无真正意义上的电化教育专家，授课教师多为摄影、电影、播音领域的应用技术型人才，像陈友松这样留学美国时曾旁听视听教育课程的人物毕竟是少数，像孙明经与杜维涛能够获得出国考察机会并顺便研习视听教育的人士也不多见。学科建设如若没有专业人才,何谈持续不断地发展?《电影与播音》在创刊之时,"因无薪给,写作编辑以至出版发行大都由孙明经主任自任,其后电专同学协助写稿"[1]。在长期参与翻译及协理其他编辑工作的过程中,金陵大学电化教育专修科一些学生的电化教育类译文以及著文,开始频频在《电影与播音》上发表,他们优秀的工作表现以及学术上的独到见解使之很快脱颖而出。《电影与播音》编委会的成员也开始扩充,一些青年教师如区永祥,不仅"协助编辑工作,出力至多",而且在《电影与播音》上发表了《立体电影之演变》等多篇文章,在发文篇数上仅次于主编孙明经。《电影与播音》的这种办刊方式,虽说是出于专业编辑不足的无奈之举,但在一定程度上培养了电化教育发展的后继人才。初入某一专业的青年科研人员,常常是通过不断的练笔写作逐渐积累学科知识及沉淀学术素养而逐步获得专业成长。从这个角度上看,《电影与播音》也辅助培养了电化教育专业人才。

20世纪30—40年代,在中国教育领域里,电化教育像一棵青翠的幼苗一样生发,虽处于战乱时代而生长缓慢,然而它始终洋溢着盎然的生机。在引进和消化国外电化教育理论与实践的基础上,逐步开始形成中国本土化的电化教育理论体系,并构建具有中国特色的学科体系。在学科构建的过程中,积累了大量的学术研究成果,力图克服欧美国家尤其是美国电化教育学科过于拘泥于注重学校领域的弊端,把学术研究与学科建设的范围扩大到整个教育领域,逐步形成独有的理论范畴与逻辑框架,并逐步提高学科的完整性。

综括电化教育学科建设所取得的历史实绩,首先值得称道的是逐步形成了一支茁壮成长的研究队伍,构建了电化教育学科的基础理论体系。这些研究人员在各自的领域笔耕不辍,发表或出版了大量的电化教育学术论文与译作。在此基础上,出版了大量的研究专著,如徐公美的《电影教育》与《非常时期的电影教育》、陈友松的《有声的教育电影》、陈友兰的《教育电影概论》等,逐步形成了以电影教育与播音教育为主的学术研究体系。而综合性的电化教育学科研究成果,《电化教育讲话》与《电化教育概论》则成为

---

[1] 电影与播音编辑室:《本刊三周年纪念——追述草创经过》,《电影与播音》第4卷(1945年)第2期。

该领域的理论代表，从而构筑了电化教育学科的基础理论。类同于渐趋规范化与体系化的电化教育学科的建设热潮，在中国20世纪30—40年代的教育史上是颇为少见的。这种情势反映了在电化教育学科创建之初就已经开始渗透现代科学思维与理性精神，并在研究者的研究方法中表现出来。研究者们无一例外地肯定了新技术对教育革新与发展的推动力量，而且在研究方法中大多运用古今比较，即文字、印刷术的发明与新媒介工具教育效果的比较以及中西比较，把中国其时的电化教育发展放置于国际发展大环境中进行比较，明晰各国的优长之处以供中国借鉴。电化教育作为新兴的学科，其时的研究者们尽管各自的研究起点不同，理论研究内容的创新值不同，而且更多的研究属于经验性的总结，然而对于电化教育隶属于教育、服务于教育与国家建设的学科方向，这种定位却是一致的。

电化教育新学科建设所取得的实绩，其次值得称道的是开始了电化教育专业人才的培养工作。人才培养是学科建设最重要又最有生命力的一环，人才培养质量的高低也反映并决定着学科建设的水平。作为初创时期的电化教育学科，取得的实效之一便是开始了电化教育专业人才的培养，开始将学科建设中取得的研究成果转化为教育资源，让学生掌握电化教育的各种理论与实践技能，培养电化教育事业的后继人才。大夏大学早自1930年就开设电化教育课程，江苏省立教育学院电影播音教育专修科、金陵大学电化教育专修科相继在1936年、1938年开办，国立社会教育学院于1941年创办电化教育专修科，为中国电化教育事业培养了许多专业人才。虽然各校的人才培养目标与旨趣有所不同，但都为中国电化教育事业发展打下了坚实的人才基础，而且这是一种各方面有所需即有所供的人才基础：

> 大夏则以研究电影教育的高深学理与技术，造就编剧、导演、摄影、录音、表演等广泛的电教各种专门人才为主；金大则以利用该院之人才及设备，摄制教学影片、增进教学之效率为主，锡教则以养成电影教育之实施及行政人员为主。[1]

中国近代电化教育学科建设的第三个实绩，在于创办了一批电化教育专

---

[1] 陈友松编：《电影教育论》，商务印书馆，1938，第50页。

业刊物。专业学术刊物因其具有学术窗口与学术园地的地位，在学科建设中往往发挥着培养人才、促进学术研究、传递学术信息以及催生新兴学术领域的作用。在近代中国电化教育专业建设中，除上述的《电化教育》与《电影与播音》两种重要的专业期刊外，像南京中央广播事业管理处于1934年创刊的《广播周报》，中国教育电影协会历届年会的特刊等，也刊出了很多播音与电影教育理论与技术研究的文章。另外一些教育类期刊，诸如江苏省立民众教育馆主办的《民众教育通讯》，在1934年第3卷第10期推出了"电影教育专号"，正中书局主办的《教与学》在1935年第1卷第8期推出了"电影教育中心号"，江苏省立教育学院主办的《教育与民众》在1936年第7卷第8期推出"教育电影的实施论文十五篇"，《中华教育界》在1947年复刊后也于第7期上专门开设了"电化教育研究专号"。如此等等，既为电化教育研究成果提供了发表与相互交流的渠道，鼓舞了人们对电化教育的研究热情，也促进了电化教育学科的发展成型与学科教育质量的提升。

结　语

　　本书通过对电化教育在近代中国的传入及其学科构建成型历程的梳理，展示了电化教育传入的传播者、传播渠道、传播内容，以及国人对电化媒介由武断地不屑到产生兴趣，到觉察其教育功能，再到积极主动地接受这一逐步吸纳的心理变化路径，为电化教育学科的诞生做足了准备并直接促发了电化教育学科的诞生。从 19 世纪末期电化教育传入中国开始，直到 20 世纪 30—40 年代中国电化教育学科的创建，经历了半个多世纪的漫长过程。这一过程大致可分为前后两个既有所不同又相互衔接的历史时期：一是电化教育传入的早期，时间为 1874—1919 年；二是电化教育传入的高潮期，时间为 1919—1949 年。在这一连续的传入与引介的过程中，每一个阶段都有各自不同的特点，表现出明显的时代特征。从电化教育引介与传播的全程上看，传播主体由西方传教士为主转为以国人为主，传播渠道由单一到多元，传播内容由应用技术知识为主转为理论研究与技术应用并重，传播效果则从中国人对其接受与吸纳的过程即可看出，同时这一效果也促进了电化教育学科的诞生乃至成型。除此之外，从对电化教育在近代中国的传入及其学科建构基本史实的梳理中，也得出了一些对作为教育手段的电化教育与作为学科存在的电化教育的认识。海德格尔曾说："历史并不仅仅是已经过去的事物。因为完全过去的东西对我们没有任何影响。相反，过去的事物左右着我们的现在，预示着我们的未来。"有鉴于此，在行文的结尾，拟对电化教育传入的总体特征以及电化教育在近代中国的传入及其学科创建历程加以简单的总结和评析。

一、电化教育在近代中国传入的总体特征

回顾电化教育在近代中国的传入及其学科创建的过程，在传入的早期，传播主体的人数少，内容以少量技术应用为主，主要在少数的教会学校内得以应用，但对人们的思想观念产生了一定的冲击。20世纪初，中国的新政改革、共和政体的初创以及新文化运动中民主与科学的倡导，对国人于电化媒介的接受与吸纳都有一定的积极影响。新文化运动前后，在一系列政治文化思想因素的影响下，电化教育传播的主体、内容及效果都有了明显的变化，尤其在20世纪30年代后，出现了理论传播与实践运用的高潮，并由此创建了电化教育学科。总体看来，从19世纪末到中华人民共和国成立之际，电化教育在中国传入的总体特征主要表现为下述三点：

（一）传播主体由西方传教士为主转为以国人为主

历史上，中西文化交流的活动源远流长。就中国来说，受外来文化的影响规模广大者有三次：一次为两汉至隋唐时期佛教的传入，一次为明末清初来华耶稣会士带来的西方宗教与学术，三为晚清以来大规模的西学东渐。就历次传输西学的主体来说，宗教人物始终处于播撒西学的主角位置。当然，这一现象完全由他们传播宗教教义与宗教信仰的使命与角色所决定，传播西学也只是他们掩饰播撒教义的工具以及诱导中国人皈依宗教的饵料。然而，来华耶稣会士传输的些许西学，却在一定程度上给理学桎梏中的士大夫带来了清新的科学之风，甚至改变了他们对身边物体、自然界乃至整个宇宙的认识。他们带来的西方科技文明成果，虽然是以科技玩具的形式受到帝、后、贵胄们的欢迎，但它们的运用技术让一些士大夫着迷并效仿，从而由社会上层走向民间。如前所述，幻灯及其技术就是这样而被耶稣会士传入中国的。

鸦片战争后，大规模的西学东渐潮流涌起，中国受到外来文化影响的程度更为深广，而充当西学输入排头兵的依然是西方来华传教士。由于特殊的时代背景，西方来华传教士在人数与自身文化素质上自然优于明末清初的耶稣会士，耶稣会士的成功经验也为他们提供了借鉴：近代自然科技成果依然是吸引中国人的不二法门。于是，西方的自然科学知识与近百种自然科技成

果被来华传教士所引介，并随着教会学校的开办而成为主要的教学内容与辅助器材。其中，于后世教育影响甚大的幻灯与电影也先后走进教会学校。狄考文、德贞、李提摩太、傅兰雅与林乐知等传教人物，或通过报刊等渠道宣介电化媒介技术与应用，或在教会学校里实地运用电化媒介教学而成为电化教育的实际宣介者与电化教学的实践应用者。与之相应地，作为基督教的外围团体——青年会，在其开展的德、智、体、群四育活动中，以演讲、宣道、娱乐、授课等方式广泛地运用幻灯、电影、留声机等电化媒介，以组织的形式进一步扩大了电化教育在社会与学校教育领域的影响。正是这些传教士个人与青年会组织对电化媒介技术的介绍以及将其运用于教学活动的事实，使电化媒介的教育功能得以发挥并得到社会化传播，改变了国人视之为"奇技淫巧""娱乐洋玩意儿"的观念。

  在传教士传播西学的同时，中国当局出于内忧外患的压力，转而学习西方。由是，直接到西方学习的留学教育与政府官员出国考察的活动开始兴起，并在清末十年间形成了蔚为大观的留日热潮。进入民国后，随着留学风向的转移，留学教育的主流方向转为科学技术更加发达的欧美各国，而且有更多的教育考察团体与个人走出国门远赴欧美考察。在目睹西方国家先进的科学技术及其背后发达的教育时，这些走出国门的留学生与考察者们不只感叹外国的先进，更多的是思考中国该如何追赶、借鉴什么及如何借鉴。于是，西方的各种理论学说、制度规章以及形式不一的教育方法、观念等，一并被引介到中国，正如时人所言，这是一个"旁流杂出"的时代。电化手段在20世纪初期的西方发达国家已然成为促进教育发展的重要手段，留学生与教育考察者在耳闻目睹中真切感受到了电化手段的教育功效。他们中的一些人，如蔡元培、吴稚晖、陶行知、晏阳初、袁观澜等，或著文倡导，或身体力行，纷纷在教育领域付诸实践运用，以各种形式倡导与推介电化教育。在他们的倡行之下，迅速在国内形成了一支以留学生与教育考察者为主的推介电化教育的新生力量，电化教育的传播行动由其接力向社会纵深层面推进。虽然此时西方来华人士如孟禄、推士、萨尔迪等人，也在电化教育的引介上做出了较大贡献，但毕竟是少数人的一时活动。因此综而观之，新文化运动或者说五四运动之后，电化教育的传播主体已开始转为以国人自主传播为主。

（二）传播渠道由单一到多元

根据传播学的基本理论，传播渠道主要是指传输信息内容的各类媒介或通道。在电化教育传入的早期，传教士对电化教育的传输主要是通过书刊对电化技术知识加以介绍，借助电化器物和技术开展演讲，以及在学校中运用电化技能教学等；早期出国考察的国人对电化教育的引入，主要是通过考察日记、考察报告以及著文发表等方式予以介绍。上述这些传播渠道还较为狭窄，如传教士传播电化技术知识的媒介主要有《格物汇编》与《上海新报》。其中《格物汇编》囿于西人报纸的身份而与中国人的距离甚为遥远，而《上海新报》的办刊时间颇为短暂而使其受众面相当有限，并且二者的受众主体是当时中国社会的知识分子。与之同时，清末出国考察官员的考察日记、报告，又多作为考察结果汇报于官场上级或者作为个人自藏而很少流传，所以受众范围极为狭窄。因此，晚清时期引介电化教育较多且其受众面较广的传播渠道要数《申报》。作为历时最长、影响最大的中文报刊，相对来说，《申报》是晚清时期引介电化媒介技术、宣传电化媒介教育功能最有力的纸媒载体。中华民国元年以后，《东方杂志》《教育杂志》《中华教育界》以及《新教育》等纸媒，相继成为引介电化教育的文字载体，尤其是教育类的刊物《教育杂志》与《中华教育界》，长期保持着对各国电化教育发展状况的报道与电化教育理论的引介。20世纪30年代后，传播电化教育的刊物逐渐增多，有的杂志甚至还刊出了"电影教育专号""电化教育专号"等。尤其是专业的《电化教育》与《电影与播音》的创刊，以及有关电化教育的译著与著述不断问世，更是扩大了电化教育的传播通道，使电化教育的理论传播呈现出前所未有的发展势头。值得一提的是，专门的电化教育考察者的派出与电化教育留学生的派遣，则为电化教育的引介提供了更为便捷而直接的传播通道。于是，电化教育引介的渠道或者说途径，基本上达到了"人的活动与物的流动"的全面启动，传播渠道逐渐由最初的单一变为多元。

（三）传播内容由应用技术知识为主转为理论研究与技术应用并重

作为早期电化教育的物质基础，幻灯、电影等电化媒介是西方近代科技发展的成果，在晚清时期随着西学东渐的潮流而传入中国。与此同时，作为声、光、化、电之西学一部分的摄影技术，幻灯与电影技术知识，也随着其他西学知识一起传入中国。其时,幻灯器具及其技术由于传入较早,而运用于传教与教学活动的时间也较早。19世纪末期,随着电影器材的传入,相关的技术应用知识也随之传入中国。虽然幻灯、电影在晚清的十年间已经在一些社会教育与学校教育领域中得以零星应用,且在民初的几年间,其教育功能被广泛地认知,并被频繁地用于教育活动当中,但引介的相关知识多是科普类的技术应用知识,涉及教育理论的篇章也只是蜻蜓点水式的轻描淡写而已。新文化运动前,随着留学欧美学生的相继归国以及出国考察的教育团体与个人的不断增多,在他们的著文中多有对各国电化教育发展情况的介绍。20世纪20年代,与电化教育相关的理论文章也开始出现。究其原因,不仅在于留学生与教育考察人士的引介,还在于西方各国自身的电化教育在不断地发展与进步。20世纪20年代,欧美各国、日本等,不仅把各种电化手段广泛运用于教育领域,而且各国的电化教育已经作为课程进入高等教育领域,并运用于师资培训过程中。同时,有关电化教育的实验与理论研究均已开展,还出版了相关的教材和著述。这些表明其时欧美各国的电化教育已经进入学科建设时期。正是在这种国际教育变革与进步的时代背景下,中国于20世纪20年代开始出现了电化教育理论研究的译介文章。进入20世纪30年代,随着电化教育的广泛推广应用与学科建设的起步,电化教育理论及相关的技术应用理论得到了广泛的传引。

  关于传播内容的筛选与流通,传播主体起着至关重要的决定作用。作为拉斯韦尔传播模式中的首要因素,传播主体即传播者对传播内容及其通道拥有至关重要的选择权与决定权。传播主体对传播内容及其渠道的控制情况,也同样符合美国社会心理学家卢因所提出的"把关"与"把关人"概念。卢因指出,根据传播现象的研究,在群体传播的过程中,传播主体被称为"把关人",他们可以是个人也可以是组织,负责对社会生活中流通的信息内容进行过滤或筛选,这一行为称为"把关"。只有符合社会群体规范、社会需求或"把关人"价值评判标准的信息内容或文本内容,才有可能被筛选保留,才能最终顺利地进入传播的渠道。可以说,上述电化教育传播的主要内容均由不同时期的"把关人"筛选与决定,他们负责电化教育传入的具体成分,同时他们的传播行为与传播内容也受时代发展与受众的制约。如上所述,在传播近代电化技术知识与电化教育理论的过程中，传教士应时势之需，为了迎合中国人的口味和吸引中国人的眼球，选择了中国大众喜闻乐见的应用技术知识。随着国人对电化教育功能认识的深化，国内电化教育实践活动的开展，急需各种经验的借鉴与理论的指导，中国社会主体中的留学生与教育考察者引入了各种电化教育理论，以及对各国电化教育实践的具体而真切的介绍，无疑是应时之需。不同传播主体对传播对象需求的把握，是电化教育内容得以顺畅流通的基本前提和必要条件。

二、电化教育传入中国与学科成型的历史反思

电化教育不仅是中国教育现代化的组成部分，也推动了中国教育现代化的发展；电化教育在近代中国的接受与吸纳，既需要人们思想观念的转化，也需要强有力的政府领导；电化教育的传入不仅推动了教育的技术革新，而且促进了电化教育学科的创建。

（一）电化教育的传入是教育手段现代化的应然需求和必然趋向

19世纪中叶以后，历经两次鸦片战争的打击，中国被迫开启全面的变革救亡之路，以应对外来势力的侵略和冲击。为适应国内外大环境的变化，中国教育也开始由封建传统教育向现代化教育模式转化，1862年，京师同文馆的创办标志着这种教育历史转型的起步。洋务运动时期，中国教育的主体依然为封建教育，但现代教育的种子已开始在传统教育的母体上孕育发芽。随着洋务运动的开展，洋务派兴办了一系列洋务事业，中国传统教育培养出的封建文人自然无法满足其需要，发展洋务事业急需新型人才。于是，培养洋务事业所需的新型人才成为洋务派的重要事务，而他们培养人才的主要途径即为开办洋务学堂与派遣留学。与此同时，传教士开办的教会学校获得了长足发展，与洋务学堂并称为新式学校。洋务教育与教会教育所促发的新的教育形式，不仅拓开了封建传统教育之外的新天地，也改变了中国教育的整体面貌，为中国教育注入了新的血液，中国教育的内容、思想、方法与制度也开始走进现代化的发展阶段。其后，中国教育历经了维新时期和"新政"时期的教育变革，以及延接而下的民初直至新文化运动时期的教育改革与发展，

中国教育早期现代化进程虽然曲折起伏，但已逐渐显露出由封建专制教育向现代民主教育过渡的特征：新式教育制度随着时代的发展逐渐规范，新式教育内容逐渐由反映时代发展的成分替代封建教育的主体内容，新式教育思想逐渐摆脱封建专制主义的桎梏而形成自身的理论体系，新式教育方法也逐渐体现民主和科学精神的景象。

教育现代化是教育全面而整体的转化乃至转型的过程，不仅仅包括教育制度、教育思想、教学内容以及方法的现代化，教育手段的现代化也是其重要的组成部分。在中国教育启动现代化步伐的同时，教育手段的现代化也开始起航，只不过开航的力量及主体是其时来华的传教士及其创办的教会学校。中国新式教育启动后，一些先驱人物针对国人自办新式学校教育效果不好的事实，指出了这些学校普遍存在的师资、管理、学习年限等方面的问题，同时也发现了教学手段与方法不适应新的教学内容与教学模式的问题。如李端棻即指出，"格致制造诸学或非试验测绘不能精，或非游历查勘不能确。今之诸馆，未备器图，未遣游历，则日求于故纸堆中，终成空谈，自无实用"①。随着新的教育内容与教学模式的采用，中国人在传统教学中总结出的那套所谓行之有效的方法与手段，已经不再适合西学学科，由于教学方法与手段上的制约，教学效果自然可想而知。随着教育内容逐渐为西学所取代以及人们的教育思想和观念的更新，一些先进人物开始尝试着运用先进的教育手段。如在1898年，曾开国人自办女子教育机构之先的先驱人物经元善，就为自办的农学堂购买了幻灯机，还为附近农民放映农事幻灯片。在晚清的通俗教育教学中，著名的教育家袁希涛也开始将幻灯运用于通俗演讲。随着教育现代化进程的启动，不管是传教士还是国人自身，都在努力寻求教育手段的改进。晚清新式学校对电化手段的运用，虽然零星且非常态，但教育手段改进的历史之门已经打开，电化教育在中国上演的帷幕已经掀起。中华民国成立后，南京临时政府教育部对社会教育领域运用电化手段的提倡，使电化教育的发展逐渐掀开了自己的盖头。新文化运动在思想领域涤荡了人们的思想观念，民族资本主义经济的发展不仅对教育提出了新的时代要求，同时也为电化教

---

① 高时良：《中国近代教育史资料汇编·洋务运动时期教育》，上海教育出版社，1992，第33页。

育的成长与广泛运用提供了必要的物质基础,以至在20世纪20年代形成了在教育领域运用电化手段的小高潮,以优化教学、提高教育教学效率为目的的电化教育开始受到国人的青睐或关注。到20世纪30年代,人们已从思想到实践、由理念到操作都认可了电化教育,并出现了全国范围内的电化教育运动。作为教育现代化组成部分的教育手段,虽然在晚清时期得到了传教士与其创办的教会学校以及青年会的倡导,但直至20世纪20年代才得到国人的普遍重视,相比于教育制度、教育内容现代化的启动,教育手段的现代化似乎要晚得多。究其原因,除教育手段现代化要依赖于技术、物质、人才而难以在短期内取得突破性的进展外,自然也应归因于国人对于技艺与教育关系的传统看法或观念的转变。

(二)思想观念的转变是电化教育被接受与吸纳的必要条件

思想认识指导着实践活动,思想认识水平的高低,直接决定着实践活动的畅阻与成败。电化教育在中国的接受与吸纳经历了一个较为长期而缓慢的过程,其原因除技术、物质与人才发展的阻滞外,思想认识的转化无疑是其中重要的影响因素。教育手段的改进与更新,不仅仅只是媒介范式的转变或异型,也不仅仅是技术设备的替换或更新,更多的是一种思想层面的文化观念与思维方式的蜕变和适应。

1840年第一次鸦片战争后,西方文化大规模涌入,中华文化与西方文化逐渐接触与碰撞,中西文化传统的差异,自然使中国人与中国文化迅速形成一个全面的防卫与迎击阵线。面对强势而来的西方文化,中国人对以基督教为代表的西方精神文化与以坚船利炮为代表的西方器物文化,具有截然不同的看法与态度:对前者,国人保持高度的警惕与抗拒;对后者,国人在鄙视中接受和借用。据汤因比(Toynbee, A.)所创的"文化反射率",器物文化是来自西方"文化射线"中所受阻力最小、最具穿透力的一束光线。也就是说,在中西文化最初阶段冲突中,来自西方的器物及其技术成为冲破中国文化防线的第一束光线。事实的确如此,面对中国逐步沦为西方殖民者口中饕餮大餐的危机,一部分先进的中国人在坚决主张反抗侵略的基础上,反思自己落后的原因在于缺乏坚船利炮,开始主张学习西方的科学技术,并移用中国传统儒家经典中的"格致"一词来指代。在他们的认识中,西方的科学就等同于中国的格致。在对科学与格致之间关系的最初理解中，他们认为西方擅长的"长技"，无非是能工巧匠的精湛技艺，科学无异于这些技艺之学，是一种"形而下"的东西，远比不上中国传统文化中的儒家之道，中国的"形而上"之学。换言之，这些"器艺"之学远远构不成对中国圣道之学的杀伤力。于是，在洋务派人物的领导下，中国开始全面学习西方军事与工业技术。与此同时，西方先进的科技成果也再次成为来华传教士打开中国人心理防护之门的钥匙。一面主动学习，一面主动送来，19世纪中后期，中国掀起了学习西方先进技术的热潮。代表西方近代先进文明成果的幻灯、电影也于此时传入中国。当然，幻灯、电影作为西方"器艺"之学的一部分，自然无法与中国传统文化强调儒家经典的"圣道之学"相提并论，又怎能与传输"圣道之学"的教育联结在一起？在传入的最初自然获得"奇技淫巧"的待遇而混迹于戏院、茶园之类的娱乐场所，成为来自西方的"洋玩意儿"。

在对科学的理解上，洋务派注重从器物层面去定位科学的价值，维新派人士则从制度层面来宣传与阐释科学并用于指导维新运动，虽然同样也招致了失败，然则对科学理解上却前进了一步。一部分接受过西方科学熏染的知识界人物，在总结二者相继失败的经验教训基础上，开始相信并大力介绍自然科学知识与科学观念，在此基础上倡导"科学救国"，号召热血青年走出国门，远赴欧西，学取西方先进的自然科学知识，以科学挽救危亡的民族国家。还有一些知识界先驱，在与西方科学的不断接触中，逐渐走出认识的误区，将救国之路由单纯依靠自然科学技术救国或者社会科学救国转向科学和人文同时并举，主张用科学来开启民众智慧、用教育来改造国民性中的弱点。对科学的正确释义与理解，开始刺激国人对反映西方近代科学的一切有益成果的摄取与吸纳，西方自然科学与社会科学，包括一切物化的技术与物品，成为国人学习与引介的对象。对洋物、洋货的追求不仅成为时尚的象征，物化其中的科学与技术也是他们渴求学习的知识。随着国人对"科学"内涵认识的深化，对作为近代科学成果的幻灯与电影等自然有了新的认识，不仅被赋予新的文化内涵，其作为新媒介的传播特性也渐被挖掘，成为国人心目中传播科学文化知识的利器。

科举制的废止与民国元年时期民主共和政治体制的确立，强调儒家经典的圣道之学逐渐退让出历史舞台的主席地位,科技与人文并举的现代知识体系逐渐成为新的"圣道之学"。同时强调科学和民主的现代教育被赋予新的内涵,并被寄予厚望。发展现代教育不仅成为挽救国家危亡的强劲口号,更被定作追赶世界发展步伐的重要路径。随着国人对"科学"含义认识的深化以及对教育社会功能的寄托,人们对教育效能的提高越发显得迫切,不断尝试运用新方法、新手段、新工具,以期促进教育发展,电化教育日益得到国人的重视并被日渐频繁地运用于实际的教育教学活动之中。因此,国人对电化教育的接受与吸纳是建立在国人对"科学"内涵的认识深化以及对教育寄予厚望的基础上。

(三)电化教育的引入和应用是电化教育学科创建的历史基础

20世纪30年代,中国的电化教育事业呈现出蓬勃发展的局面:一些学术研究团体先后建立,电化教育学术研究成果层出不穷,培养电化教育专业人才的系科与专业期刊相继创办,在政府、高校与团体机构的联合推动下,电化教育推广活动得到进一步扩展,中国的电化教育学科也由此得以创建和成型。

从电化教育的整个发展脉络上看,中国电化教育学科建立的过程也即建制化过程,走过了一段较为漫长的道路。这个过程自电化教育传入初期即已开始,直到电化教育体系的建立乃至逐步完善,具体时间范围是从清末传教士对各种电化器材与技术应用理论的输入开始,直至20世纪40年代电化教育学科的逐步成型。电化教育在中国的植根与发展的过程,就是西方各国的电化教育实践经验与理论不断被宣介与传入中国的过程——西方国家怎样实施和为什么实施电化教育的有关实践与理论的传入,为中国电化教育学科的创建奠定了基础。这一过程开始于晚清时期以传教士为主体的中西人士对各种技术应用理论的介绍与教学实践中的具体应用,新文化运动前后传播主体转变为以留学生与出国考察教育者为主的国人,西方各国开展电化教育的实践经验与理论被大量引介。与此同时,国内的平民教育运动使电化教学手段大放异彩,电化教育的成效得到实践性的验证。进入20世纪30年代初期,电化教育的理论研究与实践推广得到了进一步的拓展。在实践应用方面,从电化教育在清末由传教士开始应用于教学,到民初被国人作为教育的利器而广泛运用于社会教育领域，再到20世纪30年代实现学校与社会兼重的发展局面，从器材引进到自制各类教材影片有近半个世纪的历史，为中国电化教育学科的诞生积累了丰富的实践经验。在理论研究方面，由于电化教育学科与生俱来的跨学科特色，加之电化教育活动对象的复杂性，所以电化教育研究呈现出不同的研究视角与多层次的研究维度，构筑了近代电化教育的理论大厦，为电化教育学科的创建提供了理论上的支撑。总之，电化教育学科与近代中国很多其他学科一样，很明显不是一个从母体学科中剥离出来的学科，而是一个被接受、被吸纳而逐渐生成的学科。这个生成前的中间过程同时也是学科建立的准备过程。在这个过程中，不仅有中国人对电化教育的认识与心理上的转化，也有实践领域的不断尝试、探索与推广，更有一批权威人士或理论或实践的倡导与验证，直至得到社会化的认同与国家政府层面的接受，这个过程亦即电化教育学科成立前的准备，或者说是过渡，虽然不明显，但很重要，因为它提供了电化教育学科具体化或成型的条件。

（四）政府的积极参与和强力推动是电化教育发展的重要保证

电化教育的良好运转，需要相应的人才、器材与电力持续不断地供应，而这些条件在晚清与民国时期，均不是某一个一般的学校或者组织以一己之力所能提供的。尤其是电力供应，"电源没有办法解决，电化教育很难推进"。"而电源的解决，必待工业发展到相当的时期。"[①]在电化媒介传入的早期，之所以能在一些教会学校及清华学堂里被引介运用，关键在于这些学校在地理位置上处于经济发达且开化较早的上海、南京、北京等地，比较容易获得这些条件。纵观近代中国电化教育发展的历史，在1935年国民政府开始实施电化教育之前，中国的电化教育缺少统筹与统一的领导，学校电化教育抑或是社会领域电化教育的开展，均处于自发、自流的状态。没有政府的参与与协调，电化教育无法持续开展，更不可能全面铺开。1935年，南京国民政府开始参与并协调全国电化教育，利用中央广播电台播送教育节目。1936年，成立电影教育委员会与播音教育委员会，分别主持全国电化教育各类事业，由是中国的电化教育的推进与发展有了统一的行政组织。自此而后，南京国民政府

---

① 古楳：《电化教育与民众教育》，《中华教育界》（复刊）第1卷（1947年）第7期。

教育部开始着手利于电化教育实施和发展的具体事宜，诸如颁布电化教育相关法令法规、购置或编制电化教育教材教具与教法、设置中华教育电影制片厂等，同时还与金陵大学、中国教育电影协会等机关团体联络协商共同开展工作，把电化教育扩展至川康、甘肃、宁夏等西南、西北的边疆地区，还与金陵大学合作开办电化教育师资培训班、创建电化教育专修科等，推动了全国范围内的电化教育运动。由于抗日战争的影响，南京国民政府教育部经费短绌、器材与影片缺乏，使电化教育的开展几乎停顿，由此也招致了一些人士的批评。对于电化教育陷入困境的原因，教育部负责电化教育行政的杜维涛认为，"根本问题，是在各级教育行政机关并没重视这项教育！"[①]客观地说，从晚清到1949年之间的历届政府，只有南京国民政府参与并积极支持了电化教育的推行，其时电化教育才出现蓬勃发展之势。由是可见，南京国民政府在电化教育的推广与学科创立上还是有所作为的，而这种作为也为电化教育成为一门真正的学科提供了一定的"动力"保障。

综合而论，19世纪末期电化教育的器技及知识开始传入中国，直至20世纪30—40年代电化教育学科得以在中国学校教育领域创建，经历了半个多世纪的漫长历程。在这一过程中，传教士及其外围团体——基督教青年会出于宗教目的，充当了电化教育不自觉的传入者。他们或通过报刊介绍电化教育技术应用知识，或在学校运用电化技能进行教学等途径，成为电化教育早期传入的先行者，也触发了国人对电化媒介的思考、接受及应用。新文化运动前后，以归国留学生与教育考察者为主体的国人，或发文著述，或身体力行，而成为电化教育理论引介与实践应用的领军人物。进入20世纪三四十年代，在政府、高校与团体组织的参与和推动下，出现了电化教育运用的高潮，电化教育发展的实践体系与理论体系基本形成，在此基础上，电化教育学科得以构建成型。回顾电化教育从传入中国到其学科建构的整个历史进程，人们不难发现，电化教育的传入是中国教育手段现代化的应然需求和中国教育整体现代化的必然趋向。在探索教育手段现代化的历史征途中，国人思想观念的转变是电化教育被接受与吸纳的必要条件；不同社会主体对电化教育器

---

① 杜维涛：《电化教育的实施问题》，《申报》1946年12月2日。

材、技术、理论及经验的引入，以及在各教育领域内的应用是电化教育学科创建的历史基础；政府的积极参与与强力推动是近代中国电化教育发展的重要保证。电化教育传入近代中国的历程昭示我们，电化教育传入中国的历程，就是幻灯、电影、广播等电化技术走进中国教育并与之联结的过程，这一过程的实现不仅凝结着先驱人士的努力与智慧，政府的强力支持与国人的认同与接纳也同样至关重要。在时代进步与科技发展的今天，以技术促进教育改革与发展已成为国人的共识，实现信息技术与学校教育的有效融合也已成为当下教育变革发展的一大主题。随着微课、慕课（MOOC）、翻转课堂等新的技术不断进入课堂，不仅要求教师及时掌握并运用这些新兴的教育技术，而且也要求其个人教育教学观念的开放与更新，遵循信息技术与教育教学深度融合的理念，使教育信息化和技术化真正成为带动和促进我国教育现代化的推动力量。正因如此，探究和总结中国近代以幻灯、电影、广播等为代表的电化技术走进教育并与之联结的历史及其经验教训，为目前我国提倡信息技术与教育深度融合的教育改革理念的生成，以及实现我国教育以科技化和信息化为时代标识的现代化发展愿景，提供了有益的历史参照与借鉴。

主要参考文献

[1] 北京市教育科学研究所.陈鹤琴全集：第3卷[M].南京：江苏教育出版社，1989.

[2] 北京市教育科学研究所.陈鹤琴全集：第4卷[M].南京：江苏教育出版社，1990.

[3] 范源濂.范源濂集[M].长沙：湖南教育出版社，2010.

[4] 方辉盛，何光荣.陈友松教育文集[M].北京：社会科学文献出版社，2009.

[5] 高平叔.蔡元培书信集[M].杭州：浙江教育出版社，2000.

[6] 高平叔.蔡元培教育论著选[M].北京：人民教育出版社，2011.

[7] 华中师范学院教育科学研究所.陶行知全集：第1卷[M].长沙：湖南教育出版社，1984.

[8] 胡适.胡适文存：第2集[M].北京：首都经济贸易大学出版社，2013.

[9] 吕达，刘立德.舒新城教育论著选：上[M].北京：人民教育出版社，2004.

[10] 宋恩荣.晏阳初文集[M].北京：教育科学出版社，1989.

[11] 陶孟和.孟和文存[M].上海：亚东图书馆，1925.

[12] 韦善美.雷沛鸿文集[M].南宁：广西教育出版社，1993.

[13] 虞和平.经元善集[M].武汉：华中师范大学出版社，2011.

[14] 中华职业教育社.黄炎培教育文选[M].上海：上海教育出版社，1985.

[15] 马歇尔·麦克卢汉.理解媒介：论人的延伸[M].何道宽，译.北京：商务印书馆，2000.

[16] 威尔伯·施拉姆，威廉·波特.传播学概论[M].陈亮，周立方，李启，译.北京：新华出版社，1984.

[17] 伊曼纽·华勒斯坦.开放社会科学：重建社会科学报告书[M].刘峰，译.北京：生活·读书·新知三联书店，1997.

[18] 丹尼尔·费舍.狄考文传：一位在中国山东生活了四十五年的传教士[M].关志远，苗凤波，关志英，译.桂林：广西师范大学出版社，2009.

[19] 丁韪良.花甲记忆：一位美国传教士眼中的晚清帝国[M].沈弘，译.桂林：广西师范大学出版社，2004.

[20] 托马斯·库恩.科学革命的结构[M].金吾伦，译.北京：北京大学出版社，2003.

[21] 怀礼.一个传教士眼中的晚清社会[M].北京：国家图书馆出版社，2012.

[22] 理查德·利基.人类的起源[M].吴汝康，吴新智，林圣龙，译.上海：上海科学技术出版社，1995.

[23] 陈科美.上海近代教育史[M].上海：上海教育出版社，2003.

[24] 杜成宪，丁钢.20世纪中国教育的现代化研究[M].上海：上海教育出版社，2004.

[25] 杜恂诚.民族资本主义与旧中国政府[M].上海：上海社会科学院出版社，1991.

[26] 樊洪业，张永春.科学救国之梦[M].上海：上海科技教育出版社，2002.

[27] 范鹤，任孟良.中国革命史论[M].昆明：云南大学出版社，1989.

[28] 高晞.德贞传：一个英国传教士与晚清医学近代化[M].上海：复旦大学出版社，2009.

[29] 顾卫民.基督教与近代中国社会[M].上海：上海人民出版社，1996.

[30] 顾长声.传教士与近代中国[M].上海：上海人民出版社，1981.

[31] 顾长声.从马礼逊到司徒雷登：来华新教传教士评传[M].上海：上海书店出版社，2005.

[32] 谷秀青.清末民初江苏教育会研究[M].桂林：广西师范大学出版社，

2009.

[33] 戈公振. 中国报学史 [M]. 北京：人民出版社，1995.

[34] 黄嘉树. 中华职业教育社史稿 [M]. 西安：陕西人民教育出版社，1987.

[35] 蒋梦麟. 蒋梦麟自传：西潮与新潮 [M]. 北京：团结出版社，2004.

[36] 雷坚. 雷沛鸿传 [M]. 南宁：广西人民出版社，1997.

[37] 柳诒徵. 中国文化史 [M]. 北京：中国大百科全书出版社，1988.

[38] 梁启超. 清代学术概论 [M]. 上海：上海古籍出版社，1998.

[39] 南国农. 中国电化教育（教育技术）史 [M]. 北京：人民教育出版社，2013.

[40] 舒新城. 近代中国留学史 [M]. 上海：上海文化出版社，1989.

[41] 石建国. 卜舫济传记 [M]. 北京：社会科学文献出版社，2011.

[42] 陶孟和. 社会与教育 [M]. 福州：福建教育出版社，2008.

[43] 田正平. 中外教育交流史 [M]. 广州：广东教育出版社，2004.

[44] 卫道治. 中外教育交流史 [M]. 长沙：湖南教育出版社，1998.

[45] 吴在扬. 中国电化教育简史 [M]. 北京：高等教育出版社，1994.

[46] 王伦信. 中国近代中小学科学教育史 [M]. 北京：科学普及出版社，2007.

[47] 辛向阳. 世纪之梦：中国人对民主与科学的百年追求 [M]. 济南：山东人民出版社，2000.

[48] 余英时. 十字路口的中国史学 [M]. 李彤，译. 上海：上海古籍出版社，2004.

[49] 余子侠. 中（俄）教育交流的演变 [M]. 济南：山东教育出版社，2010.

[50] 杨倩，许毕基. 名家留学记：大师们的留学生活 [M]. 济南：济南出版社，2010.

[51] 阎明. 一门学科与一个时代：社会学在中国 [M]. 北京：清华大学出版社，2004.

[52] 章开沅，余子侠. 中国人留学史 [M]. 北京：社会科学文献出版社，2013.

[53] 朱敬. 影音教育中国之路探源：关于中国早期电化教育史的理解与解

释[M].天津：天津大学出版社，2010.

[54]陈学恂.中国近代教育大事记[G].上海：上海教育出版社，1981.

[55]大夏大学.私立大夏大学一览[G].上海：大夏大学，1930.

[56]高时良.中国近代教育史料资料汇编[G].上海：上海教育出版社，1992.

[57]高平叔.蔡元培年谱长编：上[G].北京：人民教育出版社，1996.

[58]教育部社会教育司.电化教育[G].重庆：正中书局，1940.

[59]教育部教育年鉴编纂委员会.第二次中国教育年鉴[G].上海：商务印书馆，1948.

[60]金陵大学南京校友会.金陵大学建校一百周年纪念册[G].南京：南京大学出版社，1988.

[61]李楚才.帝国主义侵华教育史资料：教会教育[G].北京：教育科学出版社，1987.

[62]南京大学高教研究所校史编写组.金陵大学史料集[G].南京：南京大学出版社，1989.

[63]舒新城.中国近代教育史资料：上[G].北京：人民教育出版社，1961.

[64]舒新城.中国近代教育史资料：中[G].北京：人民教育出版社，1981.

[65]孙建三.中国电影，你不知道的那些事儿：中国早期电影高等教育史料文献拾穗[G].北京：世界图书出版公司，2010.

[66]中央教育科学研究所.中国现代教育大事记[G].北京：教育科学出版社，1988.

后　记

此书是在博士论文《电化教育在中国的传入及其学科构建》的基础上修改而成。书稿的最终完成，既是对电化教育传入中国与学科定型这一论题的艰难思考，也是对三年博士学习生涯的反馈总结。字里行间凝聚着恩师的帮扶与指导，渗透着亲人朋友的关心和鼓励。在此，向所有帮助和支持我的老师和家人表示最诚挚的谢意。

感谢我的导师余子侠教授，余老师是我学术路上的领路人与鞭策者。自从2005年有幸成为余老师的硕士生后，受教余老师门下已有十余年，其间，虽因工作不在老师身边学习，但老师的关心未曾停止。当年，我由农学转为教育，专业跨度巨大，幸蒙余老师不弃，才使我得以实现研修教育继续深造的梦想。在叹服老师高尚的品德、渊博的学识、严谨的治学态度和敏锐洞察力的同时，他惯有的严谨、严厉也让我敬畏。读博期间，与老师近距离的学习相处和交流，更深刻地感受到老师的学术魅力与人品修养，他看似不经意、不强求的点拨，却是点睛指引，使思索困顿中的我茅塞顿开，不再惧怕的同时也理解了他的舐犊情深与良苦用心。坦白地说，我本不是一个十分勤奋刻苦之人，是余老师耳提面命甚至当头棒喝催我奋发，让我不敢懈怠；也是余老师的语重心长与悉心指导，才使论文最终得以成型。而且，在我博士毕业之后，余老师依旧对我的文稿进行了详细的修改与完善。从字词的修饰到标点的更正，文稿上红红一片的批注让我羞愧，让我感动，也催我奋进。能够受教于余老师的门下，实在是一种幸福。

感谢喻本伐教授，感谢喻老师在选题、构架中给予我中肯的批评与深切的指导，老师渊博深厚的学术功底在给予我们学术滋养的同时，宽厚谦逊的待人风格也时时感染着我们，谢谢喻老师！感谢华中师范大学教育史专业导师组周洪宇教授、杨汉麟教授、申国昌教授在平时授课与开题时的谆谆教诲与悉心指点，感谢各位老师在文稿框架与写作中给予我的各种建议和指导，这些教导都启发我深入思考。感谢各位朋友与同学，带给我无尽的快乐，也给了我真诚的帮助，正是他们的帮助和陪伴，才使得我在枯燥的资料查阅与写作期间，不寂寞、不孤单，我们之间也建立了深厚的友情。他们是谭颖芳、刘天娥、李淑芳、黄红、李艳莉、刘京京、向华、刘红、高查清、吴险峰、王忠政、王乐、徐莉等。各位好友同窗在美丽的华师校园欢声笑语、相互帮助与鼓励，留下了许多美好的回忆。

感谢我的家人，他们一直是我的坚强后盾，尤其是我的丈夫程川金先生。正是他无怨无悔的付出，使我能够心无旁骛地查阅资料与潜心写作，才得以完成此书稿，在此对他的付出表示感谢。

乔金霞